주의 뜻대로 이루어지이다

주의 뜻대로 이루어지이다
사도행전 강해 3

초판 1쇄 발행 2023년 10월 10일

지은이 박건일
펴낸이 장길수
펴낸곳 지식과감성#
출판등록 제2012-000081호

교정 김서아
디자인 이은지
편집 이현
검수 김지원
마케팅 김윤길

주소 서울시 금천구 벚꽃로298 대륭포스트타워6차 1212호
전화 070-4651-3730~4
팩스 070-4325-7006
이메일 ksbookup@naver.com
홈페이지 www.knsbookup.com

ISBN 979-11-392-1327-0(04230)
ISBN 979-11-392-1324-9(세트)
값 17,000원

- 이 책의 판권은 지은이에게 있습니다.
- 이 책 내용의 전부 또는 일부를 재사용하려면 반드시 지은이의 서면 동의를 받아야 합니다.
- 잘못된 책은 구입하신 곳에서 바꾸어 드립니다.

지식과감성#
홈페이지 바로가기

사도행전 강해 3

주의 뜻대로 이루어지이다

박건일 목사 지음

좋은 믿음은 어떤 것입니까?

그 대상이 되시는 하나님이 누구시며, 그분이 요구하시는 것이 무엇인지 정확하게 알고 그 말씀에 온전히 순종하는 것입니다. 그렇지 않고 믿는 자의 행위, 그가 드리는 진심과 정성이 중심이 되면 '우상에게 절하는 죄'와 같은 것이 됩니다.

추천사

박건일 목사는 훌륭한 목회자입니다. 신실하고 성실히 교회를 섬기며 말씀 사역에 성심을 다하는 목회자이기 때문입니다. 박건일 목사의 설교는 매우 모범적인 설교라고 할 수 있습니다.

첫째로 성경 본문에 철저히 기초한 설교입니다.
성경은 기독교의 근본입니다. 하나님과 인간과 세계에 관한 모든 것이 성경에 담겨 있습니다. 성경을 떠나서는 하나님을 알 수도 없고 인간의 존재에 대해서도 깨닫지 못합니다. 설교의 홍수 시대라고 할 만큼 많은 설교가 쏟아져 나오고 있지만, 성경에 기초한 설교는 생각보다 많지 않습니다. 자의적 경험이나 이해, 사회나 정치 사건을 설교라는 타이틀로 내보내는 경우가 많습니다. 따라서 하나님의 말씀인 성경에 철저히 기초한 설교는 매우 소중하다고 할 수 있습니다.

둘째로, 개혁주의적 교리를 충분히 반영하는 설교입니다.
현대 교회는 기독교 교리에 관하여 너무 무심합니다. 교리가 없는 신앙생활을 한다 해도 과언이 아닙니다. 교리를 공부하기보다는 은사 체험을 하려 하거나 성경 자체만 공부하려 합니다. 하지만 참된 진리에 뿌리내린 신앙으로 성장하려면 교리에 관한 지식이 절대적으로 필요합니다. 교리는 성경의 핵심을 가장 적절하고 알맞게 정리한 것입니다.

교리에 관한 충분한 이해는 진리에 바로 서게 하며 신앙생활을 올바르게 이끌어 줍니다. 종교 개혁자들이 교리 교육을 매우 중요하게 여겼고, 교회에서 가르친 이유가 여기에 있습니다. 이런 점에서 박건일 목사의 설교는 매우 모범적인 설교입니다. 사실 신앙 고백서와 교리 문답서의 내용을 설교에 반영하는 일은 많은 수고와 노력 그리고 헌신이 필요한 작업입니다. 그럼에도 불구하고 매주 한 편 한 편 정성을 다해서 교리를 설교에 반영하고 있습니다. 이는 매우 고무적이며 높이 평가되어야 한다고 생각합니다.

셋째로, 마음에 큰 울림이 되는 설교입니다.

학문적으로 잘 준비된 설교라 할지라도 청중의 마음에 울림이 되지 않는다면 설교 사역은 실패한 것입니다. 그야말로 허공을 치는 소리에 불과할 것입니다. 설교자의 사명과 책임은 하나님의 말씀을 통해서 청중을 참된 그리스도인으로 변화시키는 것입니다. 따라서 청중의 마음에 울림이 되는 설교는 매우 중요하며 귀하다고 할 수 있습니다. 박건일 목사는 성도들의 생활과 삶을 이해하고 깊이 기도하며 설교를 준비합니다. 따라서 박건일 목사의 설교에는 마음에 큰 울림이 있습니다.

모쪼록 이 책을 통해서 하나님의 풍성한 은혜가 널리 전파되기를 기도합니다. 박건일 목사의 동역자로서, 그리고 장로교회의 목사로서 《사도행전 강해》 출판을 진심으로 기쁘게 생각합니다.

대신총회신학연구원 김대회 교수

목차

추천사 / **4**

믿는 자들에게 많은 유익을 주니 (행 18:24~28) / **8**
예수의 이름으로 세례를 받으니 (행 19:1~7) / **24**
놀라운 능력을 행하게 하시니 (행 19:11~20) / **43**
어찌하여 모였는지 알지 못하더라 (행 19:28~32) / **61**
생명이 그에게 있다 하고 (행 20:6~12) / **79**
주 예수께 받은 사명 (행 20:16~24) / **95**
교회를 보살피게 하셨느니라 (행 20:28~32) / **111**
은혜의 말씀에 부탁하노니 (행 20:29~32) / **128**
사나운 이리 (행 20:29~32) / **146**
다 크게 울며 (행 20:36~38) / **163**
주의 뜻대로 이루어지이다 (행 21:8~14) / **180**
다 율법에 열성을 가진 자라 (행 21:19~26) / **196**
그들과 함께 결례를 행하고 (행 21:19~26) / **213**
그들이 그를 죽이려 할 때 (행 21:30~36) / **230**
주님 무엇을 하리이까 (행 22:10~21) / **245**

떠들며 옷을 벗어 던지고 (행 22:17~23) / **260**
나는 나면서부터라 하니 (행 22:24~29) / **275**
부활로 말미암아 심문을 받노라 (행 23:6~10) / **290**
로마에서도 증언하여야 하리라 (행 23:11) / **306**
죽이거나 결박할 사유가 없음 (행 23:26~30) / **321**
총독 앞에서 바울을 고발하니라 (행 24:1~9) / **336**
내가 틈이 있으면 너를 부르리라 (행 24:24~26) / **353**
가이사에게 갈 것이라 (행 25:6~12) / **369**
바울이 주장하는 그 일 (행 25:17~22) / **384**
나와 같이 되기를 원하나이다 (행 26:24~29) / **400**
너로 종과 증인을 삼으려 함이니 (행 26:15~18) / **415**
그러므로 여러분이여 안심하라 (행 27:21~32) / **430**
머리카락 하나도 잃지 않으리라 (행 27:33~37) / **446**
기도하고 안수하여 낫게 하매 (행 28:1~10) / **461**
담대하게 거침없이 가르치더라 (행 28:30~31) / **476**

사도행전 18:24~28

믿는 자들에게 많은 유익을 주니

"알렉산드리아에서 난 아볼로라 하는 유대인이 에베소에 이르니 이 사람은 언변이 좋고 성경에 능통한 자라 25. 그가 일찍이 주의 도를 배워 열심으로 예수에 관한 것을 자세히 말하며 가르치나 요한의 세례만 알 따름이라 26. 그가 회당에서 담대히 말하기 시작하거늘 브리스길라와 아굴라가 듣고 데려다가 하나님의 도를 더 정확하게 풀어 이르더라 27. 아볼로가 아가야로 건너가고자 함으로 형제들이 그를 격려하며 제자들에게 편지를 써 영접하라 하였더니 그가 가매 은혜로 말미암아 믿은 자들에게 많은 유익을 주니 28. 이는 성경으로써 예수는 그리스도라고 증언하여 공중 앞에서 힘있게 유대인의 말을 이김이러라"

본문에 알렉산드리아 출신의 '아볼로'라 하는 유대인이 등장합니다. 사도행전이 초반에는 베드로를 중심으로, 후반에는 '사도 바울'의 전도 행적을 중심으로 기록되어 있기에 다른 사람에 관한 기록은 그리 많지 않습니다. 하지만 '아볼로'는 초대 교회, 특히 고린도교회에 많은 은혜를 끼친 목회자입니다.

24절에 '아볼로'를 소개하면서 '알렉산드리아 출신'이라고 설명하고 있습니다. '알렉산드리아'는 B.C. 332년에 알렉산더가 세운 도시로, 로마 제국에서 '로마' 다음으로 큰 도시였습니다. '알렉산드리아'는 철학과 수학, 과학 등 학문이 발달했던 도시였고, 기하학의 창시자로 불리는 '유클리드'가 활동했던 곳이기도 합니다. 신학적으로도 사도들의 뒤를 이은, '오리겐'이나 '아타나시우스'와 같은 신학자들이 바로 '알렉산드리아' 출신의 목회자들이었습니다.

이처럼 당시 '알렉산드리아'는 철학이나 신학처럼 인간의 내면세계를 추구하는 학문뿐만 아니라, 수학과 과학처럼 실용적인 학문에도 가장 앞선 도시였습니다. 사도행전을 기록한 '누가'가 '아볼로'를 소개하면서 '알렉산드리아' 출신이었다고 밝힌 것은, '아볼로'가 성경뿐만 아니라 세상 학문에도 능통했던 사람이었음을 의미합니다.

> 24, "알렉산드리아에서 난 아볼로라 하는 유대인이 에베소에 이르니 이 사람은 언변이 좋고 성경에 능통한 자라"

비록 '아볼로'가 '아굴라, 브리스길라' 부부를 통해서 성경에 기록된 '하나님의 도'를 배우기는 했지만, '바울'과 비견될 만큼 그의 영향력은 대단했습니다.

> 고린도전서 3:6-7, "나는 심었고 아볼로는 물을 주었으되 오직 하나님께서 자라나게 하셨나니 7. 그런즉 심는 이나 물 주는 이는 아무것도 아니로되 오직 자라게 하시는 이는 하나님뿐이니라"

바울의 이 말은, 바울과 아볼로 모두 하나님 앞에서 똑같이 쓰임을 받았다는 것을 강조함과 동시에, 고린도교회에서 '아볼로'의 영향력을 인정하는 것입니다. 같은 맥락에서 고린도교회에는 '바울파', '베드로파', '그리스도파'와 더불어 '아볼로파'가 있었습니다. 같이 언급된 이름들의 면면이 대단하지 않습니까? 이렇게 보면 고린도교회에서 '아볼로'의 영향력이 얼마나 컸는지 알 수 있습니다. 비록 '아볼로'라는 목회자가 오늘날 성도들에게 잘 알려지지 않은 사람이기는 하지만, 성경을 연구하는 학자들은 '아볼로'의 실력을 크게 평가합니다.

지난 시간에도 말씀드렸던 것처럼, '히브리서'를 기록한 저자가 누구냐고 할 때, '바울'로 보는 사람만큼이나 '아볼로'라고 생각하는 학자들이 많습니다. 히브리서는 내용상 '구약 성경'에 능통한 사람이어야 하는데, 초대 교회 내에서 그만한 실력이 있는 사람은 '바울'밖에 없다고 보기에 '바울'이 기록했다는 것입니다. 하지만 '아볼로'가 썼다고 생각하는 사람들은, 바울의 서신서로 알려진 다른 서신서에는 '바울이 썼다'라며 밝혔는데, '히브리서'에는 그 말이 없다는 것입니다. 그래서 '바울'처럼 구약 성경에 능통하면서도, 자신을 드러내지 않고 '히브리서'를 쓸 수 있는 사람이 '아볼로'였을 것이라고 주장하는 것입니다. 이렇듯 '히브리서'의 저자에 관해서는 지금까지 공통된 의견이 없지만, 분명한 것은 '아볼로'가 그만한 실력이 있었다는 것은 학자들로부터 인정받은 것입니다.

본문은 아볼로를 소개하면서 "언변이 좋고 성경에 능통한 자"[24]라고 했습니다. 반면에 고린도교회 성도들은 바울에 관해 이렇게 말하는 것을 보게 됩니다.

고린도후서 10:10, "그들의 말이 그의 편지들은 무게가 있고 힘이 있으
　　나 그가 몸으로 대할 때는 약하고 그 말도 시원하지 않다 하니"

　바울은 "몸이 약하고 그가 하는 말도 시원하지 않다"라는 평을 들었습니다. 바울이 이런 말을 듣게 된 이유는 아마도 '아볼로' 때문이었을 것입니다. 앞서 살펴본 것처럼, '아볼로'는 성경에 능통하고 언변이 좋았기 때문입니다. 안타깝게도 우리는 성경에서 '아볼로'의 설교를 찾아볼 수 없습니다. 하지만 성경을 연구하는 어떤 학자들은, 구약에서는 '이사야 선지자', 신약에서는 '아볼로'의 설교가 가장 뛰어났다고 말하기도 합니다.

　바울 역시 고린도교회 성도들이 자신의 설교에 대해서 '박하게' 평가하는 것을 부정하지 않았습니다. 그들에게 "무슨 말이야, 나도 설교 잘해." 이렇게 항변하지 않은 것입니다. 그 대신 내가 설교를 시원하게 못하고 편지로 쓰는 것만 잘한다고 하는데, 내가 비록 웅변에서는 부족한 면이 있을지 모르겠지만 선포한 말씀대로 실천하는 부분에서는 말과 행동이 언제나 같았다고 말했습니다.

　　고린도후서 10:11, "이런 사람은 우리가 떠나 있을 때에 편지들로 말하
　　는 것과 함께 있을 때에 행하는 일이 같은 것임을 알지라"

　바울의 이와 같은 표현은 처음 고린도교회에 보낸 편지에서도 똑같이 나옵니다. 내가 너희에게 하나님의 증거를 전할 때, '말과 지혜의 아름다운 것'으로 하지 않았다는 것입니다.

> 고린도전서 2:1-3, "형제들아 내가 너희에게 나아가 하나님의 증거를 전할 때에 말과 지혜의 아름다운 것으로 아니하였나니 2. 내가 너희 중에서 예수 그리스도와 그가 십자가에 못 박히신 것 외에는 아무 것도 알지 아니하기로 작정하였음이라 3. 내가 너희 가운데 거할 때에 약하고 두려워하고 심히 떨었노라"

바울의 이 말은 참으로 의미심장합니다. 많은 신학자와 목회자들이 사도행전을 가리켜서 '바울 행전'이라고 부르기도 합니다. 3차에 걸친 바울의 전도 여행과 로마 전도로 인해서 복음이 '유대교'만의 것이 아니라, 땅끝까지 전해졌기 때문입니다. 하지만 너무나 아이러니하게도 바울은 '언변'에 능하지 않은 사람이었습니다. 보통 '전도'는 '말'로 하는 것인데, 바울은 "하나님의 증거를 전할 때에 말과 지혜의 아름다운 것으로" 하지 않았다고 하는 것입니다. 그러면서 뭐라고 합니까? 자신의 전도가 "설득력 있는 지혜의 말이 아니라 성령의 나타나심과 능력"으로 되는 것이라면서, '전도'는 자신의 능력으로 한 것이 아님을 분명히 한 것입니다. 사람들이 믿음을 갖게 되는 것도, '사람의 지혜'에 설득되어 믿음을 갖게 되는 것이 아니라 '하나님의 능력'으로 갖게 되는 것이라고 했습니다.

> 고린도전서 2:4-5, "내 말과 내 전도함이 설득력 있는 지혜의 말로 하지 아니하고 다만 성령의 나타나심과 능력으로 하여 5. 너희 믿음이 사람의 지혜에 있지 아니하고 다만 하나님의 능력에 있게 하려 하였노라"

이 말씀을 통해서 우리는 분명한 한 가지 원리를 발견하게 됩니다. 우리가 교회에서 어떤 일을 할 때, "주와 복음을 위해서 일하는 데 꼭 필요하니, 우리에게 능력을 더해 달라."라며 기도할 때가 많습니다. 물론 우리가 주와 복음을 위해서 일하면서 성령의 도우심을 구하고, 성령의 능력을 힘입어서 해야 하는 것은 분명한 사실입니다. 하지만 교회는 '달성해야 할 목표'를 정하고, 각자 채워야 할 몫을 그래프로 표시해서 '목표 달성'을 향해 정진하는 보험 회사나, 방문 판매 회사가 아닙니다. 때때로 교회는 비효율적이고, 더 많은 비용이 소모되는 일을 하기도 합니다.

우리 어릴 적 교회를 생각해 보시기 바랍니다. 성탄절 이브가 되면, 저녁에 교회에 모여서 떡국을 끓여 먹고 기다리다가, 자정이 되면 성도들 가정을 돌아다니면서 '새벽송'을 불렀습니다. 그러면 그 집의 성도님들은 과자를 비롯한 각종 간식을 내주셨습니다. 새벽송을 마치고 돌아온 뒤에는, 받아 온 과자를 다 뜯어서 새로 포장했습니다. 성탄 예배에 나온 주일 학교 아이들에게 나눠 줄 선물을 만들고, 보육원이나 경찰서, 소방서 등에 전달할 선물 상자들을 만들어서 예배 후에 나눠 줬습니다. 사실 효율적으로 일하려면, 일 잘하는 몇 사람만 있으면 금방 합니다. 그런데 그 일을 누가 할까요? '제사보다 젯밥에 관심이 더 많은' 학생들이 합니다. 그래서 어떤 때는 주일 학생들에게 줄 선물보다, 그것 만들면서 까먹은 과자가 더 많을 때가 있습니다.

하지만 어른들 누구도 학생들을 야단치지 않았습니다. 교회는 그런 것을 하는 곳이기 때문이고, 그렇게 교회 일을 배우기 때문입니다. 그러면 철없는 학생들만 그렇게 할까요? 어른들도 똑같습니다. 수련회나, 성경 학교나, 무슨 행사를 준비하면서 기관의 임원들이 회의할 때 모이고, 사전 답사 다녀오고 하면서 쓴 식사비와 교통비가 행사비만큼 많이 나옵니다. 그렇다 보니 행사 후 결산 회의할 때마다, 그것 때문에 다툼이 생기기도 합니다. 그런데 교회는 그런 곳입니다. 두세 명이 하면 한 시간이면 끝날 일을, 열 명이 네 시간을 해도 못 끝내고, 밥만 먹고 다음 날 또 모여서 하기도 하는 곳입니다. 그래서 우리에게 '능력'을 더해 달라고 할 때 그 '능력'은, 목표했던 '일'을 성공적으로 잘 마치는 것만이 아니라, '함께 모여서 같이하는 능력'이기도 합니다.

그와 같은 모범을 가장 잘 보여 주신 분이 '예수 그리스도'이십니다. 예수님은 능력과 속성과 영광에 있어서 하나님과 본체이신 분입니다. 예수님은 인간을 구원하기 위해 세상에 오신 분이시며, 그 구원의 사역을 이루는 데 있어서 인간의 도움을 받아야 하는 분도 아닙니다. 하지만 예수님은 '혼자서' 감당해야 하는 일을 홀로 하지 않으시고, '제자들'을 불러서 그들과 함께 지내시면서 본을 보여 주시고, 전도의 사명을 맡기셨습니다.

> 마태복음 28:18-20, "예수께서 나아와 말씀하여 이르시되 하늘과 땅의 모든 권세를 내게 주셨으니 19. 그러므로 너희는 가서 모든 민족을 제자로 삼아 아버지와 아들과 성령의 이름으로 세례를 베풀고 20. 내가 너희에게 분부한 모든 것을 가르쳐 지키게 하라 볼지어다 내가 세상 끝날까지 너희와 항상 함께 있으리라 하시니라"

전도하는 가장 좋은 방법은 무엇일까요? 전도할 대상자에게 천사를 보내고, 마귀를 보내는 것입니다. 꿈이나 환상으로 보여 주시든지, 사고나 중병에 들거나 특별한 방법으로 천국과 지옥을 보여 주면서, "내

말 안 들으면 이렇게 된다." 한 마디면 끝날 것입니다. 그런데 가장 쉬운 전도의 방법을 택하지 않고, 제자들에게 그 일을 맡기셨습니다. 이게 이해되시나요? 사람들은 자기를 과대평가하는 경향이 있습니다. "내가 공부를 조금만 더 잘했으면, 부모님이 조금만 도와줬으면, 나에게 한 번만 기회가 있었으면 지금보다 나았을 것이다, 성공했을 것이다." 이렇게 생각합니다. 예수님께서 주신 이 명령도 "하늘과 땅의 모든 권세"까지는 아니어도, 신유의 은사라든지, 손만 내밀면 쓰러지는 능력만 주시면 세상 모든 사람을 전도할 것 같습니다.

그런데 정말 그럴까요? 그러면 바꿔서 이렇게 생각해 보겠습니다. 주님께서 은사나 그런 능력을 그 사람에게 주면서 시키는 것과 그냥 주님께서 직접 하는 것 중에서 어떤 것이 더 빠르고 효율적이겠습니까? 여기에 "하늘과 땅의 모든 권세를 내게 주셨으니"라는 말씀은, 세상을 구원할 권세를 예수님께 주셨다는 말씀이지, 그 권세를 우리가 받았다는 뜻이 아닙니다. 우리가 받은 것은 무엇입니까? 예수님께서 "세상 끝 날까지 너희와 항상 함께 있으리라."라고 하신 약속입니다. 그래서 우리가 해야 할 일은 무엇이죠? "세상으로 가서 모든 민족을 제자로 삼아 아버지와 아들과 성령의 이름으로 세례를 베풀고, 주님께서 우리에게 분부한 모든 것을 가르쳐 지키게" 하는 것입니다.

'제자로 삼고', '세례를 베풀고', '가르쳐 지키게' 하려면 어떻게 해야 할까요? 그 일을 어떻게 하는지 가르치는 자가, 베푸는 자가 본을 보여 줘야 합니다. 예수님께서 제자를 택하고 부르신 이유가 바로 이것 때문이고, 승천하시기 전에 이와 같은 명령을 제자들에게 하신 이유도 바로 이것 때문입니다. 그리고 교회는 바로 이와 같은 주님의 명령 위에 세워졌습니다. 교회는 일 잘하는 사람이 혼자 빨리 끝내고, '임무 완수'를 외치는 곳이 아닙니다. 교회는 '제자로 삼고', '가르쳐 지키게' 하기 위해서 답답함을 참는 곳입니다. 예수님께서 베드로를 참으시고, 도마를 참으시고, 가룟 유다를 참으셨습니다.

오늘 본문에 보면, '아볼로'는 언변이 능한 면 때문에 쓰임을 받았습니다. 하지만 바울은 말이 능하지 못한 것 때문에 쓰임을 받았습니다. 이것은 바울이 고린도교회 성도들로부터 박한 평가를 받았던 부분이기도 하고, 바울 스스로 인정한 부분이기도 합니다. 그런데 성경에는 바울과 아볼로 두 사람이 서로 비교하면서, 자기가 갖지 못한 부분을 질투하고 서로 갈등하다가 끝내 갈라섰다는 말씀이 없습니다.

> 고린도전서 4:6-7, "형제들아 내가 너희를 위하여 이 일에 나와 아볼로를 들어서 본을 보였으니 이는 너희로 하여금 기록된 말씀 밖으로 넘어가지 말라 한 것을 우리에게서 배워 서로 대적하여 교만한 마음을 가지지 말게 하려 함이라 7. 누가 너를 남달리 구별하였느냐 네게 있는 것 중에 받지 아니한 것이 무엇이냐 네가 받았은즉 어찌하여 받지 아니한 것 같이 자랑하느냐"

바울이 하는 말이 무엇입니까? 자신과 아볼로가 협력하는 것을 보라는 것입니다. 지난 시간에 순종에는 두 가지 의미가 있다고 말씀드렸습니다. 첫째, "내게 명령하신 분이 있고, 나는 그것을 해야 하는 의무"를 하는 것입니다. 둘째, "내가 가진 것 중에서 남는 것, 넉넉한 것을 주는 것이 아니라, 내게 명령하신 분께서 받아야 할 사람에게 전하라고 내게 주신 것을 전해 주는 것"입니다. 7절 말씀이 바로 그런 의미입니다. "누가 너를 남달리 구별하였느냐?" 하나님께서 너를 택하여 특별히 맡기셨다. "네게 있는 것 중에 받지 아니한 것이 무엇이냐?" 하나님께서 다 너에게 주신 것 아니냐? 그런데 "네가 받았은즉 어찌하여 받지 아니한 것 같이 자랑하느냐?" 지금 너희가 가진 모든 것이 하나님께서 주신 것, 하나님께 받은 것인데 왜 너희는 하나도 받은 것이 없는 것처럼, 마치 네 것처럼 자랑하느냐는 것입니다.

그래서 바울이 하는 말이 무엇입니까? 아볼로와 나를 보라는 것입니다. 남보다 하나 더 잘하는 것 가지고 교만해지거나, 남이 나보다 좀 더 나은 것을 눈꼴 사나워하면서 대적하는 것은 말씀 밖으로 넘어가는 것이라는 것입니다. 바울과 아볼로가 서로 다른 것을 갖고 있으면서 싸우지 않는 이유가 무엇입니까? 하나님께서 각자에게 주신 능력을, 남과 비교하면서 자기를 증명하는 쪽이 아니라, 하나님께서 맡기신 것을 그분의 뜻을 따라 사용한다고 생각했기 때문입니다. 하나님께서 바울에게 주신 것이 있고 아볼로에게 주신 것이 있습니다. 두 사람 모두 한 하나님께서 그들에게 주신 것이기 때문에, 그들이 서로 다른 것을 가졌더라도 그들이 받은 것들은 전부 하나님 안에 있는 것입니다.

그래서 그들 각자가 가진 부분 부분이 합해져서 전체를 나타내야 하지, 서로 대적하고 교만한 마음을 갖게 되면 전체인 하나님을 나타낼 수 없게 됩니다. 마치 어린아이들이 좋아하는 레고 블록 장난감 같은 것입니다. 레고 블록은 '조각 하나'만 가지고는 아무것도 만들 수 없습니다. 그 조각 하나하나가 하나의 완성된 형상을 위해 서로 연합하고 모여야 합니다. 그 조각들 중에도 어떤 것은 큰 조각이 있고, 어떤 것은 작은 조각이 있습니다. 큰 조각에는 여러 개의 작은 조각들을 연결할 수는 있겠지만, 큰 조각들만 가지고는 세밀하고 예쁜 형상을 만들 수 없습니다. 그리고 혹시 아실지 모르겠지만, 비싼 레고 블록일수록 작은 조각들이 많습니다. 그런데 레고 블록뿐만 아니라 우리 인간이 사는 사회도 사실 같은 이치로 움직입니다. 각자가 가진 재능과 방법대로 자기의 역할만 잘하면 큰 문제는 일어나지 않습니다.

하지만 죄의 본성을 가진 인간은 자기가 가진 것에 만족하기보다는, 내게는 없는데 다른 사람에게는 있는 것을 빼앗아서라도 내 것으로 만들고 싶어 합니다. 세상에서 전쟁과 분쟁, 갈등과 대립이 그치지 않는 이유가 이런 이유 때문입니다. 바울은 "너희를 위하여 이 일에 나와 아볼로를 들어서 본을" 보였다고 합니다. 비록 바울에게는 아볼로가 가진 언변이나 건강함은 없었습니다. 하지만 하나님께서 바울에게 주신 것이 있었습니다. 아볼로 역시 바울이 부러워할 만큼 좋은 면을 가진 것이 있었지만, 그것을 바울과 비교하면서 자기를 자랑하는 쪽으로 사용하지 않았습니다. 두 사람 모두 하나님으로부터 받은 것이었고, 그들이 받은 좋은 면들이 하나님의 뜻을 이루는 데 사용됐기 때문에, 하나님 안에서 충돌이 없었던 것입니다.

오늘날 교회와 성도들이 배우고 연습해야 하는 부분이 바로 이런 모습입니다. 우리 각 사람이 하나님에게서 받은 것이 서로 다른 것은, 하나님의 온전하심과 광대하심을 연약한 우리 한 사람 한 사람이 다 담아낼 수 없기 때문입니다. 만약 우리 각자가 하나님의 속성, 그분의 성품, 그분의 일하심을 모두 드러낼 수 있다면, 우리가 모든 것을 다 가질 수 있었을 것입니다.

하지만 우리는 하나님의 속성 하나도 온전히 해낼 수 없는 연약한 존재입니다. 예를 들어서, 사람들은 '하나님은 사랑'이라고 말하고, 그런 줄 알고 있습니다. 그러면 우리는 그 '하나님의 사랑'을 온전히 담아내고 전해 줄 수 있는 사람입니까? 하나님에게 있는 수많은 속성 중에서, '사랑'이라는 그 한 부분조차도 온전히 담아낼 수 없는 존재가 바로 우리 인간입니다. 그래서 어떤 사람은 이런 모양으로 그 '하나님의 사랑'을 표현해 내고, 또 다른 사람은 저런 모양으로 그 '하나님의 사랑'을 표현해 내는 것입니다.

그런데 이런 원리를 이해하지 못하고, 마치 자신만이 '하나님의 사랑'을 다 표현해 낼 수 있는 것처럼 생각한다면, 그것이 바로 '교만'입니다. 다른 사람이 표현하는 '하나님의 사랑'을 인정하지 않으려는 것은 '독선'입니다. 다른 사람이 표현하는 '하나님의 사랑'을 자기의 방법으로 바꾸려고 하는 것은, 하나님께서 그 사람에게 주신 은사와 명령을 무시하고 침해하는 '월권'입니다. 이와 같은 '교만', '독선', '월권'은 모두 죄의 본성에서 나오는 열매들입니다. 그래서 오늘 우리가 살펴보려는 것은, 오늘날 교회에서 잘 알려지지 않은 '아볼로에 관한 재발견', '그의 능력과 성취' 이런 것을 이야기하려는 것이 아닙니다. 오히려 어떤 면에서 '아볼로'는 바울보다 뛰어난 능력을 지니고 있었음에도 불구하고 그는 철저하게 하나님 앞에 순종했던 사람이었음을 발견합니다.

'아볼로'는 자신을 '바울'과 대등한 실력이 있는 사람으로 여긴 적이 없었고, 오히려 스스로 자신을 감추고 하나님께서 자기에게 주신 사명에 순종한 사람입니다. 오늘 우리가 배워야 하는 부분이 바로 '아볼로'의 이런 모습입니다. 우리가 교회의 몸이신 '예수 그리스도'의 지체가 되어 신앙생활을 한다는 것은, 하나님께서 각자에게 맡겨 주신 일을 책임 있게 잘 순종한다는 것입니다.

> 고린도전서 12:14-20, "몸은 한 지체뿐만 아니요 여럿이니 15. 만일 발이 이르되 나는 손이 아니니 몸에 붙지 아니하였다 할지라도 이로써 몸에 붙지 아니한 것이 아니요 16. 또 귀가 이르되 나는 눈이 아니니 몸에 붙지 아니하였다 할지라도 이로써 몸에 붙지 아니한 것이 아니니 17. 만일 온 몸이 눈이면 듣는 곳은 어디며 온 몸이 듣는 곳이면 냄새 맡는 곳은 어디냐 18. 그러나 이제 하나님이 그 원하시는 대로 지체를 각각 몸에 두셨으니 19. 만일 다 한 지체뿐이면 몸은 어디냐 20. 이제 지체는 많으나 몸은 하나라"

"이제 지체는 많으나 몸은 하나라", 바울과 아볼로가 보여 준 모범이 이것입니다. 하나님께서 바울에게 맡기신 일이 무엇입니까? "내 이름을 이방인과 임금들과 이스라엘 자손들에게 전하기 위하여 택한 나의 그릇"입니다. 그 일을 위해 바울은 많은 고난을 받아야 했습니다[행 9:15-16]. 그러면 아볼로에게 맡기신 일은 무엇입니까? "성경으로서 예수는 그리스도라고 증언하여 공중 앞에서 힘있게 전하는" 것입니다.

하나님께서 바울에게 맡기신 일이 있고, 아볼로에게 맡기신 일이 있습니다. 그리고 그 두 사람은 하나님께서 자기들에게 맡기신 일에 충성했지, 사람들이 두 사람을 비교하고 평가하면서 편을 만들고 수군대는 것에 휘둘리지 않았습니다. 죄의 본성을 타고난 사람들은 다른 사람과 경쟁하는 것을 좋아하고, 남과 비교하면서 조금이라도 상대보다 나은 위치에 있을 때 성취감과 만족을 느낍니다. 이런 죄의 본성을 가진 사람들은 자신만 경쟁하는 것이 아니라, 가만히 있는 다른 사람도 경쟁하도록 부추겨서 끝내 그 사람들이 다투고 싸우도록 만듭니다. 고린도교회 성도들이 바울과 아볼로를 비교하면서, '누가 더 잘하나!' 편을 나누어 다퉜던 이유가 바로 그런 것 때문입니다(고전 3:4).

그런데 교회는 서로 경쟁하여 승자와 패자를 결정하는 '스포츠'가 아닙니다. 오히려 교회는 많은 사람이 모여서 노래하는 '합창'과 같습니다. 교회마다 '성가대'를 두는 가장 중요한 이유가, 이와 같은 교회의 원리를 보여 주는 것입니다. 합창은 '소프라노, 알토, 테너, 베이스' 서로 다른 음역을 맡은 사람들이, 하나의 노래를 조화롭게 화음을 만들어 노래를 부르는 것입니다. 합창하는 사람들이 가장 잘해야 하는 것이 뭘까요? 자기가 맡은 파트의 노래를 틀리지 않고 아름답게 부르는 것일까요? 아니요, 서로 경쟁하지 않는 것입니다. 합창하는 사람마다 자기 목소리를 더 크게 낸다면, 그 합창은 망한 노래입니다. '소프라노, 알토, 테너, 베이스' 네 개의 파트도 서로 경쟁하지 않아야 하지만, 같은 파트 안에서도 자기 목소리가 튀지 않아야 아름다운 합창이 됩니다.

> 고린도전서 12:21-27, "눈이 손더러 내가 너를 쓸 데가 없다 하거나 또한 머리가 발더러 내가 너를 쓸 데가 없다 하지 못하리라 22. 그뿐 아니라 더 약하게 보이는 몸의 지체가 도리어 요긴하고 23. 우리가 몸의 덜 귀히 여기는 그것들을 더욱 귀한 것들로 입혀 주며 우리의 아름답지 못한 지체는 더욱 아름다운 것을 얻느니라 그런즉 24. 우리의 아름다운 지

체는 그럴 필요가 없느니라 오직 하나님이 몸을 고르게 하여 부족한 지체에게 귀중함을 더하사 25. 몸 가운데서 분쟁이 없고 오직 여러 지체가 서로 같이 돌보게 하셨느니라 26. 만일 한 지체가 고통을 받으면 모든 지체가 함께 고통을 받고 한 지체가 영광을 얻으면 모든 지체가 함께 즐거워하느니라 27. 너희는 그리스도의 몸이요 지체의 각 부분이라"

눈만 많이 있는 사람이나, 손만 많이 달린 사람을 상상할 수 없습니다. 성경에서 교회를 설명할 때 그리스도를 머리로, 우리 각 사람을 몸의 지체로 표현하는 것이 바로 이런 이유 때문입니다. 우리 몸에는 자주 사용하는 지체도 있지만, 몸 안에 감춰진 지체도 있습니다. 손이나 발, 얼굴처럼 외부로 드러난 신체들은 없어서는 안 될 만큼 요긴하게 사용되기는 하지만, 때에 따라서는 한 부분이 없어도 생명에는 지장이 없습니다. 하지만 심장이나 간, 폐, 뇌와 같은 장기들은 겉으로 봐서는 있는지 없는지 모르지만, 실제로 그 장기 가운데 하나라도 기능을 상실하면 생명을 유지할 수 없습니다. 그래서 "우리가 몸의 덜 귀히 여기는 그것들을 더욱 귀한 것들로 입혀 주며"(고전 12:23)라고 말한 것입니다.

중요한 것은 "몸 가운데서 분쟁이 없고 오직 여러 지체가 서로 같이 돌보게 하셨느니라"(고전 12:25)라고 하신 것입니다. 교회는 우리 가운데 분쟁이 없고, 서로 같이 돌보는 곳입니다. 그런 면에서 바울과 아볼로는 너무나 귀한 신앙의 모범을 우리에게 보였습니다. 고린도교회 성도들이 자기가 좋아하는 팬클럽을 만들어서, 두 사람을 비교하면서 경쟁심을 부추겨도 그들이 깔아 놓은 무대 위에서 춤추지 않은 것입니다. 바울은 하나님께서 바울에게 맡기신 일에 순종하고 충성했고, 아볼로 역시 자기에게 맡겨 주신 일에 순종하고 충성했습니다. 그 순종과 충성은 어떤 면으로 열매를 맺었을까요? '제자로 삼고', '세례를 베풀고', '가르쳐 지키게' 하는 교회를 세운 것으로 열매를 맺었습니다.

저와 여러분, 우리 하와이한빛장로교회도 이 일을 위해서 부름을 받았습니다. 먼저 온 사람은 먼저 온 대로 모범을 보여야 하고, 나중에 온 사람은 나중에 온 대로 잘 배워서, 자기보다 늦게 오는 사람에게 모범을 보여 줘야 합니다. 자기도 지키지 않는 말씀을, 남에게 지키라고 요구할 수는 없는 것입니다. 하나님 나라에서 누가 먼저고 나중이냐를 따지고(마 20:16), 누가 높고 누가 낮은 사람이냐고 경쟁하는 것은 아무 의미가 없습니다(눅 22:24-27). 하나님 나라는 "하나님의 뜻대로 행한 사람"이 가는 곳이고, 그런 사람이 칭찬받는 곳입니다(마 12:50, 21:31). 오늘 우리는 어떤 면에서 '무명'에 가까운 '아볼로'의 위대한 순종을 배웠습니다. 저와 여러분도 그와 같은 순종을 잘하게 되길 기원합니다.

사도행전 19:1~7

예수의 이름으로 세례를 받으니

"아볼로가 고린도에 있을 때에 바울이 윗지방으로 다녀 에베소에 와서 어떤 제자들을 만나 2. 이르되 너희가 믿을 때에 성령을 받았느냐 이르되 아니라 우리는 성령이 계심도 듣지 못하였노라 3. 바울이 이르되 그러면 너희가 무슨 세례를 받았느냐 대답하되 요한의 세례니라 4. 바울이 이르되 요한이 회개의 세례를 베풀며 백성에게 말하되 내 뒤에 오시는 이를 믿으라 하였으니 이는 곧 예수라 하거늘 5. 그들이 듣고 주 예수의 이름으로 세례를 받으니 6. 바울이 그들에게 안수하매 성령이 그들에게 임하시므로 방언도 하고 예언도 하니 7. 모두 열두 사람쯤 되니라"

아볼로와 바울의 만남이 계속 엇갈리고 있습니다. 바울이 아굴라와 브리스길라 부부와 함께 에베소에 와서 복음을 전하다가 안디옥으로 돌아갔습니다(행 18:18-22). 바울이 떠난 후 알렉산드리아 출신의 아볼로가 에베소로 왔습니다(행 18:24). 아볼로는 성경에 능통하고 언변이 좋은 사람이었지만, 요한의 세례만 알 뿐이었습니다(행 18:25). 그런 아볼로에게 아굴라와 브리스길라 부부는 하나님의 도를 정확하게 풀어 가르쳐 주었고, 그 후 아볼로는 고린도로 가게 되었습니다(행 18:26-27). 고린도에 온 아볼로는 예수는 그리스도라고 힘있게 증거했습니다(행 18:28).

이렇게 아볼로가 고린도로 떠난 뒤에 바울이 다시 에베소로 돌아오게 됩니다[(1)]. 바울에 에베소로 돌아온 이유는, 처음에 아굴라 부부와 함께 에베소에서 복음을 전하다가 안디옥으로 떠날 때, 다시 돌아오겠다는 약속을 했었기 때문입니다.

> 사도행전 18:20-21, "여러 사람이 더 오래 있기를 청하되 허락하지 아니하고 21. 작별하여 이르되 만일 하나님의 뜻이면 너희에게 돌아오리라 하고 배를 타고 에베소를 떠나"

에베소로 돌아온 바울은 제자들을 만나서 성령을 받았느냐고 물었습니다[(1-2)]. 성경에서 '제자'라고 할 때 보통 '예수님 믿는 사람들'을 가리키지만, 바울이 만난 '제자들'은 예수님의 제자라기보다는 '요한의 제자'였던 것으로 보입니다. 그래서 바울이 에베소에서 만난 '어떤 제자들'은, 아굴라 브리스길라 부부가 있었던 에베소교회의 성도들은 아니었던 것으로 보입니다. 왜냐하면, 그 제자들은 예수 그리스도의 이름으로 세례를 받았다면 당연히 받았을 '성령'을 받지 못했을 뿐만 아니라, '성령'이 계신 줄도 몰랐기 때문입니다.

> 2, "이르되 너희가 믿을 때에 성령을 받았느냐 이르되 아니라 우리는 성령이 계심도 듣지 못하였노라"

바울이 만난 '제자들'은 회당에서 복음을 전하던 아볼로를 통해서 예수님에 관하여 들어 보기는 했지만, 예수 그리스도로 말미암은 속죄의 도리는 몰랐던 것입니다. 그래서 바울이 그 제자들에게 이렇게 물었습니다.

3. "바울이 이르되 그러면 너희가 무슨 세례를 받았느냐 대답하되 요한
의 세례니라"

여기에서 우리가 반드시 알아야 하는 중요한 개념의 단어가 나옵니다. '요한의 세례'라는 말입니다. 에베소에 있던 제자들은 '요한의 세례'만 받았습니다. 그런데 바울은 그들에게 "너희가 믿을 때 성령을 받았느냐?"라고 묻고 있습니다. 바울의 이 질문은, 기독교회 안에 있는 어떤 사람들로부터 예수 믿어서 받는 세례가 있고, 성령의 은사를 받는 성령 세례까지 받아야 한다는 오해를 받습니다.

분명한 것은, 예수를 믿게 되는 계기에 또는 중병이나 긴박한 상황에서 성령님의 직접적인 간섭을 통해 큰 은혜를 경험하는 사람들이 지금도 많이 있습니다. 또는, 성령께서 주시는 특별한 은혜로 인해서 병 고치는 은사처럼 일반적이지 않고, 보편적이지 않은 영적인 은사를 받은 사람들도 있습니다. 그런데 이른바 '성령 사역'하는 사람들의 주장처럼, 기독교에는 일반 세례와 성령 세례라는 두 종류의 세례가 존재하느냐고 할 때, 그것은 성경을 근거로 확인해 봐야 합니다. 그리고 오늘 우리가 살펴보고 있는 본문은, '성령 사역'하는 사람들이 '일반 세례와 성령 세례'라는 두 가지 세례가 있다고 주장하는 대표적인 말씀입니다.

그러면 오늘 본문이 정말로 일반 세례와 성령 세례를 표현하는 말씀인지, 성경의 증거를 따라 하나씩 확인해 보도록 하겠습니다. 일단 우리가 확인해야 하는 것은, 오늘 본문에 '세례'라는 표현이 어떻게 등장하고 있는지를 먼저 살펴봐야 합니다. 앞서 우리가 읽은 말씀처럼, 에

베소에 있는 제자들은 '요한의 세례'를 받았습니다. 그리고 바울을 만난 뒤에 그들은 "주 예수의 이름"으로 다시 세례를 받았습니다[5]. 이렇게 본문에는 '요한의 세례'와 '예수님의 이름으로 받은 세례'가 기록되어 있습니다. 그러면 '성령 세례'라는 말도 있나요? 본문에 '성령 세례'라는 말은 없습니다. 대신 바울이 "너희가 믿을 때에 성령을 받았느냐?"라고 물었습니다[2]. 그리고 에베소에 있는 제자들이 "예수의 이름으로 세례"를 받은 후에, 바울이 그들에게 안수하니 "성령이 그들에게 임"하셨습니다.

> 6. "바울이 그들에게 안수하매 성령이 그들에게 임하시므로 방언도 하고 예언도 하니"

그래서 우리는 본문에 기록된 '요한의 세례'와 '예수님의 세례'가 의미하는 바가 무엇인지, 그 차이점이 무엇인지 그것부터 확인해야 할 것 같습니다. 첫째, '요한의 세례'란 무엇일까요?

> 마태복음 3:11-12, "나는 너희로 회개하게 하기 위하여 물로 세례를 베풀거니와 내 뒤에 오시는 이는 나보다 능력이 많으시니 나는 그의 신을 들기도 감당하지 못하겠노라 그는 성령과 불로 너희에게 세례를 베푸실 것이요 12. 손에 키를 들고 자기의 타작마당을 정하게 하사 알곡은 모아 곳간에 들이고 쭉정이는 꺼지지 않는 불에 태우시리라"

'요한의 세례'는 세례 요한 본인이 증언한 바와 같이, "사람들이 자기의 죄를 회개하게 하도록 물로 주는 세례"입니다. 다시 말해서 요한의 세례는 '구원'이나 '심판'을 결정하는 세례가 아닙니다. 세례 요한이 이런 말을 했던 이유는, 많은 바리새인과 사두개인들이 요한이 세례 베푸는 현장을 찾아오는 것을 보면서, 책망과 권면을 함께 담아 한 말입니다.

> 마태복음 3:5-6, "이 때에 예루살렘과 온 유대와 요단강 사방에서 다 그에게 나아와 6. 자기들의 죄를 자복하고 요단강에서 그에게 세례를 받더니"

예루살렘과 유대와 요단강 주변의 사람들이 세례 요한을 찾아와서 자기들의 죄를 자복하고, 그에게 세례를 받았습니다. 이러한 사회 현상을 목격한 예루살렘에 있는 제사장, 레위인, 바리새인들은 혹시 세례 요한이 자기들이 기다리는 '그리스도'가 아닌지 확인하고 싶었습니다. 그래서 사람들을 세례 요한에게 보내서, 그가 누구인지 물어봤습니다.

> 요한복음 1:19-22, "유대인들이 예루살렘에서 제사장들과 레위인들을 요한에게 보내어 네가 누구냐 물을 때에 요한의 증언이 이러하니라 20. 요한이 드러내어 말하고 숨기지 아니하니 드러내어 하는 말이 나는 그리스도가 아니라 한대 21. 또 묻되 그러면 누구냐 네가 엘리야냐 이르되 나는 아니라 또 묻되 네가 그 선지자냐 대답하되 아니라"

바리새인과 사두개인들이 세례 요한에 대해 가졌던 불편한 점이 무엇입니까? 예루살렘과 유대와 요단강 주변의 사람들이 세례 요한을 찾아와서 자기들의 죄를 자복하고, 그에게 세례를 받는 것입니다. 그러면 사람들은 왜 세례 요한을 찾아왔을까요? 세례 요한의 아버지는 제사장이었고, 그의 어머니는 아론의 자손이었습니다.

> 누가복음 1:5, "유대 왕 헤롯 때에 아비야 반열에 제사장 한 사람이 있었으니 이름은 사가랴요 그의 아내는 아론의 자손이니 이름은 엘리사벳이라"

엘리사벳은 잉태하지 못하는 사람으로, 늙을 때까지 아이를 갖지 못했습니다. 그런데 어느 날, 주의 천사가 사가랴를 찾아와서 엘리사벳이 아들을 낳을 터인데 그 이름을 '요한'이라고 지으라고 말해 줬습니다.

> 누가복음 1:13, "천사가 그에게 이르되 사가랴여 무서워하지 말라 너의 간구함이 들린지라 네 아내 엘리사벳이 네게 아들을 낳아 주리니 그 이름을 요한이라 하라"

그리고 주의 천사는 사가랴와 엘리사벳에게, 하나님께서 그들에게 주실 아들의 이름을 '요한'이라고 지어야 하는 이유에 대해서 이렇게 말해 줬습니다.

> 누가복음 1:15-17, "이는 그가 주 앞에 큰 자가 되며 포도주나 독한 술을 마시지 아니하며 모태로부터 성령의 충만함을 받아 16. 이스라엘 자손을 주 곧 그들의 하나님께로 많이 돌아오게 하겠음이라 17. 그가 또 엘리야의 심령과 능력으로 주 앞에 먼저 와서 아버지의 마음을 자식에게, 거스르는 자를 의인의 슬기에 돌아오게 하고 주를 위하여 세운 백성을 준비하리라"

세례 요한의 출생은 당시 유대 사회에서 모르는 사람이 없었고, "앞으로 이 아이가 어떤 사람이 될까?" 하면서 궁금해할 만큼 특별함이 있었습니다.

> 누가복음 1:65-66, "그 근처에 사는 자가 다 두려워하고 이 모든 말이 온 유대 산골에 두루 퍼지매 66. 듣는 사람이 다 이 말을 마음에 두며 이르되 이 아이가 장차 어찌 될까 하니 이는 주의 손이 그와 함께 하심이러라"

'요한의 세례'를 설명하면서 '세례 요한의 출생'에 관해서 말씀드리는 이유는, 당시 종교 지도자들이 '세례 요한'에 대해 가졌던 생각을 알아야 하기 때문입니다. 앞서도 말씀드렸던 것처럼, 세례 요한의 아버지는 제사장이었고, 그의 어머니는 아론의 자손이었습니다. 만약 세례 요한이 제사장 가문의 다른 사람들처럼, 성전에 살면서 제사장이 누릴 수 있는 권리를 누리며 살았다면 아론의 후손에게서만 대제사장이 나오는 관례에 따라서 어쩌면 세례 요한이 대제사장도 될 수 있었을 것입니다. 그런데 세례 요한은 성전에서 사는 것을 포기하고, 광야로 나가서 거기서 사람들에게 회개를 촉구하고, 자기를 찾아오는 사람들에게 세례를 베풀었습니다. 태어날 때부터 남다른 이야기가 있는 세례 요한이, 그가 하는 일도 기존의 다른 제사장들과 구별되는 일을 하고 있기에, 많은 사람이 요한을 찾아온 것입니다.

바리새인과 사두개인들이 세례 요한을 불편해했던 이유가 바로 여기에 있습니다. 회개하고 세례를 받는 행위는 '종교적 의식'을 의미하는데, 세례 요한이 하는 종교 행위는 유대 사회 안에서 종교적 대표성을 가진 자기들의 허락을 받고 하는 것이 아니었습니다. 그래서 세례 요한을 찾아와서 묻지 않을 수 없는 것입니다. "당신은 뭐 하는 사람이오, 당신이 그리스도요? 혹은 엘리야나 선지자쯤 되오?" 바리새인과 사두개인들이 이런 질문을 하는 이유는, 당신이 행하고 있는 종교 행위는 우리의 허가를 받지 않은 불법적인 행위라는 것입니다.

하지만 그들의 허락을 받지 않고도 '종교 행위'를 할 수 있는 사람이 있습니다. 누굽니까? 하나님 허락을 받은 사람, 즉 그리스도나 선지자쯤 되는 사람입니다. 그런데 세례 요한이 하는 말이, "나는 엘리야도 아니고 선지자도 아니"랍니다. 그래서 다시 물었습니다. 엘리야도 아니고 선지자도 아니라면, 너의 정체는 도대체 뭐냐? 네가 누구이기에 사람들에게 회개를 촉구하고 세례를 주느냐는 것입니다.

> 요한복음 1:22-23, "또 말하되 누구냐 우리를 보낸 이들에게 대답하게 하라 너는 네게 대하여 무엇이라 하느냐 23. 이르되 나는 선지자 이사야의 말과 같이 주의 길을 곧게 하라고 광야에서 외치는 자의 소리로라 하니라"

23절에 "외치는 자의 소리"라는 표현을 사용하고 있습니다. 이것은 왕이 행차할 때, 왕이 지나가려고 하는 길을 앞서서 가면서 "물러서거라, 왕이 지나가신다." 하며 왕의 행차를 알리는 사람이 하는 행위를 가리킵니다. "너는 누구냐?"라고 묻는 사람들에게, 세례 요한은 "나는 외치는 소리를 맡은 사람"이라고 대답했습니다. 세례 요한이 '외쳐야 하는 사람'으로서 한 일이 무엇이었습니까? "너희는 그리스도가 필요하다, 그리스도께서 오셔서 너희를 구원하실 것이다."라는 것입니다. 생각해 보십시오. 왕보다 앞서가면서 '왕의 행차'를 알리는 사람이 있습니다. 소리치는 그 사람만 보면, '왕의 행차'는 아직 보이지 않습니다. 하지만 얼마 지나지 않아서 '왕의 행차'가 확인될 것입니다.

만약 누군가 '외치는 사람'에게 궁금한 점이 있다면, 무엇을 물어야 할까요? "왕께서 지금 어디쯤 오고 있는지" 그 위치를 물어야 할 것입니다. 그런데 바리새인들은 세례 요한에게 무얼 물어보고 있습니까? 넌 그리스도도 아니고, 엘리야도 아니고, 선지자도 아닌데, 왜 그런 일을 하고 있냐는 것입니다.

> 24. 그들은 바리새인들이 보낸 자라 25. 또 물어 이르되 네가 만일 그리스도도 아니요 엘리야도 아니요 그 선지자도 아닐진대 어찌하여 세례를 베푸느냐"

지금 저와 여러분은, 세상 답답한 사람들을 확인하고 있습니다. 시대극 드라마 같은 것을 보면, '왕의 행차'를 알리는 소리를 들은 사람들은 어떻게 합니까? 왕이 아직 오지도 않았는데 길을 비켜 주고, 바닥에 엎드립니다. '요한의 세례'는, 외치는 자의 소리처럼 '그리스도의 오심'에 관해서 사람들에게 경각심을 일깨워 주고, 기대감을 일으켜 주는 효과와 같은 것입니다. 세례 요한이 "나는 외치는 자의 소리"라고 말을 했으니, 정상적인 사고를 하는 사람이라면 그의 뒤에 오실 분이 누구신지, 언제 오시는지 물었어야 합니다. 그런데 바리새인들이 하는 말이 무엇입니까? "너는 그리스도도 아니면서, 왜 그리스도인 것처럼 사람들에게 세례를 주는 것이냐?" 이렇게 따지고 있습니다. 그래서 세례 요한이 이렇게 대답했습니다.

> 마태복음 3:7-10, "요한이 많은 바리새인들과 사두개인들이 세례 베푸는 데로 오는 것을 보고 이르되 독사의 자식들아 누가 너희를 가르쳐 임박한 진노를 피하라 하더냐 8. 그러므로 회개에 합당한 열매를 맺고 9. 속으로 아브라함이 우리 조상이라고 생각하지 말라 내가 너희에게 이르노니 하나님이 능히 이 돌들로도 아브라함의 자손이 되게 하시리라 10. 이미 도끼가 나무뿌리에 놓였으니 좋은 열매를 맺지 아니하는 나무마다 찍혀 불에 던져지리라"

7절에 "누가 너희를 가르쳐 임박한 진노를 피하라 하더냐."라고 번역된 말씀의 뜻은, "너희는 무슨 근거로 '나는 심판을 피할 수 있다'라고 생각하느냐?"입니다. 다시 말해서, 그들이 성전에서 생활하고 종교적인 일을 하고 있기 때문에 하나님의 진노를 피하고, 구원은 당연히 받게 되는 것은 아니라는 의미입니다. 같은 맥락에서 '임박한 진노'는 당시 유대 땅을 점령하고 있는 로마나 이방인을 향한 하나님의 진노가 아니라, 그리스도를 영접하지 않는 사람이 받는 것입니다. 그래서 세례 요한이 '외치는 자의 소리'로서 사람들에게 '회개'를 촉구하고, 세례를 베푸는 것은 그의 뒤에 오실 예수 그리스도를 기대하게 하는 것이었습니다. 그리스도께서 오시면, 찍혀 불에 던져질 나무와 구원받을 열매가 구별될 것입니다. 그때가 되면 예수님을 믿고 영접한 사람은 구원을 받을 것이고, 예수님을 믿지 않은 사람은 도끼에 찍힌 나무처럼 영원한 심판의 불에 던져질 것입니다.

'요한의 세례'는 무엇입니까? 마음의 준비를 하는 것입니다. 지금까지 이스라엘 백성들은, 구약의 선지자들로부터 언젠가 '메시아'가 오실 것이라는 예언을 들었고, 막연하게 기다려 왔습니다. 그런데 세례 요한이 '외치는 자의 소리'가 되어, "이제 곧 그리스도께서 오신다."라고 가르쳐 주고 있으니, 그리스도를 맞이할 '마음의 준비'를 하라는 것이지요. 그러면 오늘날 성도들도 '요한의 세례'를 받아야 하나요? 아니요, 필요 없습니다. '요한의 세례'는 왕의 행차를 알리는 '외치는 자의 소리' 같은 것이라고 했습니다. 그러면 '왕의 행차'가 지나간 뒤에는 '외치는 자의 소리'가 필요할까요? '요한의 세례'는 그리스도의 오심을 들어야 했던, 당시의 사람들에게 필요했던 것입니다.

그러면 우리는 어떤 세례를 받아야 합니까? '예수님의 세례'를 받으면 됩니다. 그래서 둘째로 우리가 알아야 할 세례가 '예수님의 세례'입니다. 세례 요한은, 예수님이 베푸실 세례에 관해서 설명하면서, 자기가 주는 세례와 예수님께서 베푸시는 세례가 어떻게 다른지 이렇게 설명하고 있습니다.

> 요한복음 1:33, "나도 그를 알지 못하였으나 나를 보내어 물로 세례를 베풀라 하신 그이가 나에게 말씀하시되 성령이 내려서 누구 위에든지 머무는 것을 보거든 그가 곧 성령으로 세례를 베푸는 이인 줄 알라 하셨기에"

여기에 "나를 보내어 물로 세례를 베풀라 하신 그이"는 성부 하나님입니다. 그 성부 하나님께서 자기에게 어떤 말씀을 해 주셨다는 것이죠. 어떤 말씀입니까? 요한이 누군가에게 세례를 베풀 때, "성령이 내려서 누구 위에든지 머무는 것을 보거든", 성령이 그 사람 위에 머무는 것을 보게 되리라는 것입니다. 그것을 보거든 "그가 곧 성령으로 세례를 베푸는 이인 줄 알라" 여기에 '그'는 누구입니까? 예수 그리스도이십니다. 그리스도께서 오시면 사람들에게 '세례'를 베푸실 것인데, 그분은 무엇으로 세례를 베푸십니까? '성령으로' 베푸십니다. 그래서 요한이 또다시 강조해서 하는 말이, "나는 너희에게 물로 세례를 베풀었거니와 그는 너희에게 성령으로 세례를 베푸시리라"(막 1:8)였습니다.

앞서 '요한의 세례'를 설명하면서, '마음의 준비'를 하는 것이라고 말씀드렸습니다. '물'은 몸의 더러운 것을 씻는 효과는 있지만, 그 '씻음'은 씻은 그때만 깨끗하지 그 효과가 오래가지 못합니다. 그래서 요즘 같은 코로나 시대에는 건강을 위해서 자주 '씻을 것'을 권유받습니다.

그런데 그리스도의 세례는 '물'이 아니라 '성령으로' 베푸시는 세례입니다. 그러면 "성령으로 세례를 베푸신다."라는 말씀의 뜻은 무엇일까요?

> 에베소서 1:13, "그 안에서 너희도 진리의 말씀 곧 너희의 구원의 복음을 듣고 그 안에서 또한 믿어 약속의 성령으로 인치심을 받았으니"

"성령으로 받는 세례"는, '하나님께서 우리의 소유주와 보호자'가 되셨다는 내적인 확증을, 교회 공동체 안에서 외적으로 확인할 수 있는 표시입니다. 성령으로 인해 받은 내적인 확증이, 외적으로 어떻게 증명될 수 있습니까?

> 에베소서 1:14, "이는 우리 기업의 보증이 되사 그 얻으신 것을 속량하시고 그의 영광을 찬송하게 하려 하심이라"

여기에 "이는 우리 기업의 보증이 되사"라고 했습니다. 성경에는 '기업', '유업', '상속'이라는 표현이 자주 등장합니다. 세 가지 표현 모두 자녀가 부모나 조상으로부터 당연히 받게 되는 재산입니다.

> 민수기 26:52-55, "여호와께서 모세에게 말씀하여 이르시되 53. 이 명수대로 땅을 나눠 주어 기업을 삼게 하라 54. 수가 많은 자에게는 기업을 많이 줄 것이요 수가 적은 자에게는 기업을 적게 줄 것이니 그들이 계수된 수대로 각기 기업을 주되 55. 오직 그 땅을 제비 뽑아 나누어 그들의 조상 지파의 이름을 따라 얻게 할지니라"

이스라엘 백성이 자기 조상 지파의 이름을 따라 받게 되는 '기업'은, 그들의 수고와 노력의 결과로 얻은 것이 아니라, 하나님께서 은혜와 선물로 주신 것입니다. 이제 이스라엘 백성들은 자기들이 기업으로 받은 땅에서, 자기들이 원하는 것을 하면서 그 기업의 혜택을 마음껏 누리며 살 수 있었습니다.

야고보 사도는 우리가 예수님으로부터 '성령으로 세례를' 받았다고 했을 때, 그것은 "우리가 받은 기업의 보증"과 같은 것이라고 설명했습니다. 비록 '우리가 받은 기업'이 육체 이스라엘처럼 부모나 조상으로부터 물려받는 땅은 아니지만, 그것과 비교할 수 없는 은혜와 혜택이 있다는 것입니다. '기업의 보증'이 지닌 혜택에 대해서 사도 요한은 이렇게 설명합니다.

> 요한계시록 21:1-3, "또 내가 새 하늘과 새 땅을 보니 처음 하늘과 처음 땅이 없어졌고 바다도 다시 있지 않더라 2. 또 내가 보매 거룩한 성 새 예루살렘이 하나님께로부터 하늘에서 내려오니 그 준비한 것이 신부가 남편을 위하여 단장한 것 같더라 3. 내가 들으니 보좌에서 큰 음성이 나서 이르되 보라 하나님의 장막이 사람들과 함께 있으매 하나님이 그들과 함께 계시리니 그들은 하나님의 백성이 되고 하나님은 친히 그들과 함께 계셔서"

기업을 운영하는 사람들이 바라는 것이 무엇일까요? 직원들에게 줄 월급을 걱정하지 않고 경영하는 것, 좋은 인재와 시스템이 갖춰져 있는 것, 사업장에 예상치 못한 사고가 발생하지 않는 것 등일 것입니다. 그런데 누군가 든든한 후원자가 있어서 기업을 경영하면서 발생하는 모든 위험에 대한 책임은 내가 질 테니, 당신은 경영이나 잘하라고 하면 행복하지 않을까요. 그런데 '우리가 받은 기업'이 바로 그런 것입니다. 2절에 "신부가 남편을 위하여 단장한 것처럼 준비된 것"이며, 3절 말씀과 같이 "하나님이 그들과 함께 계시리니 그들은 하나님의 백성이 되고 하나님은 친히 그들과 함께 계시는 것"입니다. 사도 요한은 "하나님께서 친히 우리와 함께"하신다고 했을 때, 그 의미와 효과가 어떤 것인지에 대해서 보다 분명하게 가르쳐 주고 있습니다.

> 요한계시록 21:4, "모든 눈물을 그 눈에서 닦아 주시니 다시는 사망이 없고 애통하는 것이나 곡하는 것이나 아픈 것이 다시 있지 아니하리니 처음 것들이 다 지나갔음이러라"

'성령으로 베푸시는 예수님의 세례'가 의미하는 바가 무엇인지 확인하고 있습니다. 우리가 '세례를 받은 것'은 '성령을 받은 것'과 같은 의미입니다. 또한, 우리가 하나님의 자녀가 되어 하나님과 함께 살게 되었다는 시작점이 바로 '예수님의 세례'를 받는 것입니다. 이에 대해서 사도 바울은 로마서 8장에서 이렇게 설명합니다.

> 로마서 8:14-16, "무릇 하나님의 영으로 인도함을 받는 사람은 곧 하나님의 아들이라 15. 너희는 다시 무서워하는 종의 영을 받지 아니하고 양자의 영을 받았으므로 우리가 아빠 아버지라고 부르짖느니라 16. 성령이 친히 우리의 영과 더불어 우리가 하나님의 자녀인 것을 증언하시나니"

성령으로 세례를 받은 우리는 하나님을 '아빠, 아버지'라고 부를 수 있게 됐습니다. 성경을 잘 모르는 사람들, 기독교 진리를 이해하지 못하는 사람들은 우리가 하나님을 '아빠, 아버지'라고 부르는 것이 얼마나 큰 은혜이고 축복인지 잘 모릅니다. 우리가 2021년에 신앙생활을 하고 있고, 교회 다니는 사람들이 기도할 때나 신앙에 관해 이야기할 때 '하나님 아버지'라고 하니까 당연한 줄로 생각합니다. 그런데 성경이 기록되던 예수님 당시에는, 하나님을 아버지라고 말하는 사람은 '신성 모독'이라고 해서 죽이려고 했습니다.

> 요한복음 5:17-18, "예수께서 그들에게 이르시되 내 아버지께서 이제까지 일하시니 나도 일한다 하시매 18. 유대인들이 이로 말미암아 더욱 예수를 죽이고자 하니 이는 안식일을 범할 뿐만 아니라 하나님을 자기의 친아버지라 하여 자기를 하나님과 동등으로 삼으심이러라"

이처럼 예수님 당시만 해도, 아브라함의 후손이라는 자긍심을 가진 유대인들조차 하나님을 아버지라고 부르는 것에 대해서 상상할 수도 없는 일이었습니다. 그런데 우리가 예수께서 성령으로 베푸시는 세례를 받고 나니, 이제는 우리도 하나님을 '아빠, 아버지'라고 부를 수 있게 되었습니다. 그러면 우리가 하나님을 '아빠, 아버지'라고 부를 수 있게 됐다고 했을 때 얻을 수 있는 가장 큰 유익은 무엇일까요?

> 마태복음 1:23, "보라 처녀가 잉태하여 아들을 낳을 것이요 그의 이름은 임마누엘이라 하리라 하셨으니 이를 번역한즉 하나님이 우리와 함께 계시다 함이라"

하나님이 우리와 함께 계시는 분, 우리를 편들어 주시는 분이 됐다는 것입니다. 하나님께서 내 편을 들어 주신다는 것보다 큰 복이 없다는 것을 아십니까? 우리가 살면서 여러 가지 실수를 하게 됩니다. 그중에는 이해하고 넘어갈 수 있는 실수도 있지만, 치명적인 실수도 있습니다. 만약 그 잘못이 중대한 범죄로 이어졌다면, 아마도 얼굴을 들지 못할 것입니다. 그래서 뉴스에 등장하는 범죄자들을 보면, 대부분 모자를 쓰고 얼굴을 가립니다. 그런데 하나님은 어떤 분이시냐 하면, 우리가 어떤 죄를 범했더라도 내 편을 들어 주시는 분입니다. 이해하고 용서해 주시는 분입니다. "하나님 잘못했어요, 아빠 용서해 주세요!" 한마디면, "그래 내가 너를 용서한다, 너의 잘못을 기억하지 않겠다."라고 해 주시는 분이 우리 아버지 하나님입니다.

> 이사야 1:18, "여호와께서 말씀하시되 오라 우리가 서로 변론하자 너희의 죄가 주홍 같을지라도 눈과 같이 희어질 것이요 진홍같이 붉을지라도 양털같이 희게 되리라"

저와 여러분이 이 은혜와 사랑을 받은 사람들입니다.

마지막으로, 그러면 '성령 세례'는 무엇입니까? 성령 세례에 관한 가장 가까운 말씀을 찾자면 사도행전 1장의 말씀일 것입니다. 예수님께서 제자들과 성도들 앞에서 승천하시기 전에 그들에게 하신 말씀입니다.

> 사도행전 1:4-5, "사도와 함께 모이사 그들에게 분부하여 이르시되 예루살렘을 떠나지 말고 내게서 들은 바 아버지께서 약속하신 것을 기다리라 5. 요한은 물로 세례를 베풀었으나 너희는 몇 날이 못 되어 성령으로 세례를 받으리라 하셨느니라"

5절에 예수님께서 "몇 날이 못 되어 성령으로 세례를 받으리라."라고 했습니다. 실제로 제자들은 예수께서 승천하신 후 열흘이 되던 오순절에 '성령의 충만함'을 경험했습니다(행 2:1-4). 그러면 그것이 '성령 세례'냐? 라고 했을 때, 저는 그렇지 않다고 생각합니다. 왜 그것이 '성령 세례'가 아닐까요? 세례는 모든 믿는 사람들이 받는 것입니다. 그리고 그 세례는 '성부와 성자와 성령, 삼위 하나님의 이름'으로 받습니다.

앞서도 살펴봤지만, 예수님께서 베푸시는 세례는 '성령으로 베푸시는 세례'입니다. 우리가 예수님께서 성령으로 베푸시는 세례를 이미 받았는데, 또다시 '성령 세례'를 받아야 할 이유가 있을까요? 오순절 마가의 다락방에 임했던 '성령의 충만함'은, 예수님께서 십자가 사건 이전에 제자들에게 약속했던 '성령의 보내심'을 경험하기 위한 것이었습니다. 만약 우리가 '예수님의 세례' 외에 '성령 세례'까지 받아야 한다면, 성경에 '성령 세례'도 추가로 더 받아야 한다고 분명히 말씀해 주셨을 것입니다.

하지만 성경에는 '성령 세례'라는 말씀이 없습니다. 그러면 5절에 "몇 날이 못 되어 성령으로 세례를 받으리라."라고 한 말씀은 무슨 뜻일까요? 이 말씀은 그 앞의 4절에, "내게서 들은 바 아버지께서 약속하신 것을 기다리라."라고 하신 말씀이, 머지않아 곧 이루어질 것이라는 확증으로 주신 말씀입니다. 내가 그동안 너희에게 말해 주지 않았느냐? 내가 아버지 하나님께로 가면, 하나님께서 너희에게 나 대신 또 다른 보혜사를 보내 주실 것이다. 무엇이죠?

> 요한복음 14:16, "내가 아버지께 구하겠으니 그가 또 다른 보혜사를 너희에게 주사 영원토록 너희와 함께 있게 하리니"

예수님께서 제자들과 함께 계시는 동안은 그들에게 성령이 임하지 않았습니다. 하지만 예수님께서 아버지께로 가시면, 또 다른 보혜사를 보내 주실 것입니다. 그분이 바로 성령님입니다.

> 요한복음 16:7, "그러나 내가 너희에게 실상을 말하노니 내가 떠나가는 것이 너희에게 유익이라 내가 떠나가지 아니하면 보혜사가 너희에게로 오시지 아니할 것이요 가면 내가 그를 너희에게로 보내리니"

그래서 "성령으로 세례를 받으리라."라고 하신 것은, '예수님의 세례' 말고 '성령 세례'가 하나 더 있다는 말씀이 아니라, 성령을 보내 주신다는 말입니다. 이렇게 보면, "성령으로 세례를 받는다"(행 1:5)라는 말씀은, '성령으로 세례를 베푸시는' 예수님의 세례와 같은 뜻이라는 것을 알 수 있습니다.

오늘날 기독교 진리를 '신비한 현상'으로 이끌어 가려는 사람들이 많습니다. 물론 천지를 지으신 하나님께서는 특별한 계시의 방법으로 당신의 백성들을 부르기도 하시고, 그들에게 나타내 보이시기도 하십니다. 하지만 특별한 방법은, 일반적인 방법으로 어떤 일을 할 수 없을 때 사용하는 일종의 비상수단이고, 임시적인 방법입니다. 만약 어떤 일을 할 때, 계속 특별한 방법을 사용해야 한다면 어떻게 해야 할까요? 그때는 법을 바꿔서, 그 특별한 방법이 일반적인 방법이 되도록 해야 합니다.

구약 이스라엘 백성들에게 선지자를 보내서, 특별한 방법으로 기적을 행하게 하시고 예언을 통해서 하나님의 뜻을 전달하셨습니다. 하지만 언제까지 그런 특별한 방법으로 하나님의 뜻을 전할 수는 없습니다. 그래서 그 특별한 방법을 일반적인 방법으로 법을 바꿔서 우리에게 주셨습니다. 그 법이 무엇입니까? '예수 그리스도'입니다. 이제 누구든지 예수 그리스도를 영접한 사람은, '하나님이 그들과 함께하시는 것'을 경험할 수 있고, 하나님이 그들의 편이 돼 주심을 느낄 수 있습니다. 그것을 어떻게 확인할 수 있습니까? '예수님의 세례'를 받음으로 확인합니다.

우리 기독교는 천지를 지으신 하나님께서 당신의 사랑과 은혜로, 죄로 멸망받아 마땅한 우리를 구원하여 하나님의 자녀로 삼아 주신 것을 감사하는 종교입니다. 그래서 우리가 기뻐하고 감격해야 하는 것이 무엇입니까? 예수 그리스도의 대속의 은혜로, 하나님과 우리가 '아버지와 아들'이라는 특별한 관계가 맺어졌다는 사실입니다. 이 특별한 관계는 우리가 뭘 잘해서 맺어진 것이 아니라, 우리가 심각한 죄를 지어서 모든 사람으로부터 공공의 적이 되더라도 깨지지 않는 관계입니다. "내가 너를 용서한다, 내가 너를 흰 눈보다 흰 양털보다 깨끗하게 했다, 그러니 기죽지 말고 고개 들고 당당하게 살아라." 이것이 바로 예수님께서 우리에게 베풀어 주신 '세례'의 의미입니다. 바른 진리를 알지 못하면, 엉뚱한 곳에 가서 힘을 쏟게 됩니다. 하나님의 큰 사랑을 받은 저와 여러분이, 예수 그리스도를 주로 고백하고 받은 세례의 은혜 안에서, 더욱 기쁘고 감사한 신앙생활을 하게 되길 기원합니다.

사도행전 19:11~20

놀라운 능력을 행하게 하시니

"하나님이 바울의 손으로 놀라운 능력을 행하게 하시니 12. 심지어 사람들이 바울의 몸에서 손수건이나 앞치마를 가져다가 병든 사람에게 얹으면 그 병이 떠나고 악귀도 나가더라 13. 이에 돌아다니며 마술하는 어떤 유대인들이 시험삼아 악귀 들린 자들에게 주 예수의 이름을 불러 말하되 내가 바울이 전파하는 예수를 의지하여 너희에게 명하노라 하더라 14. 유대의 한 제사장 스게와의 일곱 아들도 이 일을 행하더니 15. 악귀가 대답하여 이르되 내가 예수도 알고 바울도 알거니와 너희는 누구냐 하며 16. 악귀 들린 사람이 그들에게 뛰어올라 눌러 이기니 그들이 상하여 벗은 몸으로 그 집에서 도망하는지라 17. 에베소에 사는 유대인과 헬라인들이 다 이 일을 알고 두려워하며 주 예수의 이름을 높이고 18. 믿은 사람들이 많이 와서 자복하여 행한 일을 알리며 19. 또 마술을 행하던 많은 사람이 그 책을 모아 가지고 와서 모든 사람 앞에서 불사르니 그 책 값을 계산한즉 은 오만이나 되더라 20. 이와 같이 주의 말씀이 힘이 있어 흥왕하여 세력을 얻으니라"

사도행전 19장~21장까지는 바울의 3차 전도 여행에 관한 기록으로, 오늘 본문과 연관해서 바울의 에베소 전도 사역에 대한 개요를 말씀드리면 이렇습니다. 바울은 에베소에서 상당히 오랫동안 머물면서 복음을 전했습니다. 처음에는 회당에 들어가서 세 달 동안 복음을 전했지만, 마음이 굳어 순종하지 않는 어떤 유대인들의 방해로 인해 다른 장소로 옮겨 가야 했습니다[8-9]. 그렇게 옮겨 간 장소가 '두란노 서원'이라는 곳이었습니다.

바울은 '두란노 서원'에서 날마다, 그리고 무려 2년 동안 하나님 나라에 관하여 강론했는데, 그 2년 동안 놀라운 복음의 역사가 일어났습니다.
첫째, 유대인이나 헬라인을 막론하고 아시아에 사는 사람들이라면 거의 모든 사람이 복음을 듣게 되었습니다[10].
둘째, 바울이 사용하는 손수건이나 앞치마를 가져다가 병자에게 얹기만 해도 치유될 만큼, 하나님께서 바울의 손으로 놀라운 능력을 행하게 하셨습니다[11-12].
셋째, 에베소에서 마술로 먹고살던 사람들이, 오만 드라크마(데나리온)어치나 되는 마술책을 불태울 정도로 대대적인 회개의 역사가 일어났습니다[19].
넷째, 우상을 만들어 팔던 사람들이 경제적으로 타격을 입게 되자 사람들을 선동해서 소요를 일으켰고, 그로 인해 바울은 마케도니아로 떠나게 됩니다[20:1].

오늘 살펴볼 말씀은, 에베소에 일어난 복음의 역사 가운데 두 번째 사건입니다. 바울이 2차 전도 여행을 마치고 안디옥으로 돌아가던 길에 잠시 '에베소'에 들러서 복음을 전했었는데, 떠나면서 다시 돌아오겠다는 약속을 했었습니다[행 18:21]. 그리고 3차 전도 여행을 시작하면서 자기가 약속했던 대로, 가장 먼저 '에베소'에 와서 사람들에게 복음을 전하고, 예수의 이름으로 세례를 베풀어 주었습니다.

사도행전을 기록한 누가가, 바울이 에베소에서 만난 어떤 제자들에게 '예수의 이름으로 세례'를 베풀었다고 기록한 것은, 그들이 '요한의 세례'만 알았기 때문입니다. 비록 성경에 능통한 '아볼로'가 에베소의 회당에서 성경과 예수에 관해서 가르치기는 했지만, 아볼로 역시 요한의 세례만 알았을 뿐이었습니다(행 18:25). 아굴라와 브리스길라 부부는 아볼로에게 그리스도에 관한 하나님의 도를 더욱 정확하게 풀어 가르쳐 주었고, 그 후 아볼로는 고린도로 갔습니다(행 18:26-27).

지난 시간에 말씀드렸던 것처럼, '요한의 세례'는 마치 왕의 행차를 알리는 '외치는 자의 소리'처럼, 그리스도의 오심을 알리고 준비하게 하는 것이었습니다. 세례 요한은 자신을 찾아온 바리새인들에게, "자신은 그리스도가 아니며, 자기가 베푸는 세례도 그리스도께서 베푸실 세례와 근본적으로 다름"을 말해 줬습니다. 요한 자신은 '물로만 세례'를 베풀지만, 그리스도께서는 '성령으로 세례'를 베푸실 것이라고 대답한 것입니다(막 1:8).

바울이 에베소에서 만난 어떤 제자들, 곧 '요한의 세례'를 받은 제자들에게 '예수님의 이름으로 세례'를 베푼 이유가 바로 이것입니다. '요한의 세례'는 왕이신 '그리스도'를 기다리며 회개하는 의미에서 받는 세례였기에, 그들은 구속의 사역을 완성하신 '예수 그리스도'의 세례를 받아야 했습니다. 그리고 그들이 예수의 이름으로 세례를 받았을 때, 성령이 그들에게 임하시므로 그들이 방언도 하고 예언도 하는 역사가 일어났습니다(5-6). 주 예수의 이름으로 세례를 받은 이들에게 성령이 임했다는 것은, 이제 그들이 진정한 그리스도인들이 되었다는 것을 보여 주는 것이었습니다.

오늘 우리가 읽은 본문에 기록된 기적들은, 그전에 성경에서 읽었던 다른 기적들과 비교했을 때, 한 차원 더 높은 기적처럼 보이는 면이 있습니다. 바울이 병자나 귀신 들린 자를 위해서 기도하거나 안수했을 때 고침을 받는 그런 종류의 기적이 아니라, 바울이 사용하던 물건만 얹어도 기적이 일어났습니다. 그렇다 보니 오늘날 이와 같은 기적을 흉내 내는 어떤 사람들은, 성령의 이름을 부르면서 자기들의 겉옷이나 손수건을 던지거나, 나팔을 불기도 합니다. 그 사람들이 자기들이 하는 행동을 정당화하는 근거는, 6절에 "바울이 그들에게 안수하매 성령이 그들에게 임하시므로 방언도 하고 예언도" 했다는 것입니다. 그리고 그 연장선상에서, 성령 충만함을 입은 바울이 사용하던 손수건이나 앞치마를 가져다가 병든 사람에게 얹으면 그들도 낫게 되더라는 것입니다.

그래서 우리가 성경을 읽을 때, "내가 보고 싶은 부분만 봐서는 안 되고, 기록된 문맥을 따라서 성경이 전체적으로 무엇을 말씀하는지 자세히" 읽어야 합니다. 백번 양보해서 그 사람들의 주장이 옳게 여겨지려면, "하나님이 바울의 손으로 놀라운 능력을 행하게 하시니"[11]라는 말씀이 6절 바로 뒤에 나와야 합니다. 그런데 6절과 11절 사이에, "바울이 하나님 나라에 관하여 강론"했고[8], "유대인이나 헬라인이나 다 주의 말씀을 듣더라"[10]라는 말씀이 있습니다.

그래서 11~12절에 기록된 놀라운 기적들을, 바울이 사람들에게 안수하자 성령이 임하셨고, 그 결과로 일어난 현상으로 이어서 붙이기에는 무리가 있습니다. 그렇다면 오늘 본문에 기록된 기적들은 우리가 어떻게 이해해야 할까요? 성경에는 본문에 기록된 기적들뿐만 아니라, 수많은 기적이 기록되어 있습니다. 그리고 그러한 기적들이 성경을 읽는 사람에게 주는 공통의 메시지가 있습니다. 그것은 그러한 기적들이, '기적' 자체로서 효능으로 인간에게 주어진 것이 아니라, 그 일을 행하신 하나님께서 인간을 하나님과의 관계로 부르신다는 것입니다.

바다를 갈라서 이스라엘을 구원하시고, 40년간 만나를 내려 주시고, 바다 위를 걷고, 오병이어의 기적을 행하신 기적들이, 그 자체로 의미가 있는 것이 아닙니다. 만약 그렇다면, 우리 기독교는 우상을 섬기는 이방 종교와 다를 바가 없어집니다. 기적은 기독교에만 있는 것이 아니라 이방 종교에도 있기 때문입니다.

> 출애굽기 7:8-12, "여호와께서 모세와 아론에게 말씀하여 이르시되 9. 바로가 너희에게 이르기를 너희는 이적을 보이라 하거든 너는 아론에게 말하기를 너의 지팡이를 들어서 바로 앞에 던지라 하라 그것이 뱀이 되리라 10. 모세와 아론이 바로에게 가서 여호와께서 명령하신 대로 행하여 아론이 바로와 그의 신하 앞에 지팡이를 던지니 뱀이 된지라 11. 바로도 현인들과 마술사들을 부르매 그 애굽 요술사들도 그들의 요술로 그와 같이 행하되 12. 각 사람이 지팡이를 던지매 뱀이 되었으나 아론의 지팡이가 그들의 지팡이를 삼키니라"

하나님께서 모세를 통해 아론의 지팡이가 뱀이 되도록 하셨습니다. 그랬더니 애굽 왕 바로도 요술사들을 명해서, 그들의 지팡이도 뱀이 되도록 만들었습니다. 애굽에 '피 재앙'을 내리실 때, 애굽의 요술사들도 똑같이 따라 했습니다(출 7:22). '개구리 재앙'을 내리셨을 때도 애굽의 요술사들이 따라 했습니다(출 8:7). 이처럼 '기적' 자체는, '하나님의 하나님 되심'을 구별되게 설명하지 못합니다.

왜 그렇습니까? '기적'은 다른 종교에도 있는 현상일 뿐만 아니라 '기적'이 필요한 인간은 '신'이 아니라 누구를 불러서라도 자기의 소원을 이루고자 하기 때문입니다. 그래서 '신'뿐만 아니라 바위나, 나무나, 달과 별이나, 심지어 돼지머리라도 상 위에 올려놓고 그 앞에 절하면서 소원을 빌고, 기적을 기원합니다. 이처럼 '기적'은 인간이 초월적인 신의 도움을, 우연한 기회로라도 쟁취해서 자신의 소원을 이루고야 말겠다는 하나의 '수단'에 불과할 뿐으로 '기적' 자체가 하나님을 증명하는 것은 아닙니다.

이에 비해서 하나님께서 기적을 행하실 때는, 인간의 소원을 들어주는 수단이 아닙니다. 그 '기적'을 통해 인간을 '하나님과의 특별한 관계'로 부르시는 것입니다. 그래서 하나님께서 기적을 행하실 때는, 하나님의 주권과 능력, 그리고 그 일을 베푸시는 대상에 대한 하나님의 사랑과 은혜를 증명하는 '방법'으로 등장합니다. 따라서 우리가 성경에서 '기적'을 볼 때, 하나님께서 우리를 '특별한 관계'로 부르시고 있다는 것을 먼저 기억해야 합니다. 그런 면에서 오늘 본문에 등장하는 '스게와의 일곱 아들'은 우리에게 특별한 교훈을 줍니다. 바울의 몸에서 손수건이나 앞치마를 가져다가 병든 자에게 얹기만 해도, 병이 치료되고 귀신이 쫓겨나는 기적이 일어나자, 따라 하는 사람들이 생겨났습니다.

13, "이에 돌아다니며 마술하는 어떤 유대인들이 시험삼아 악귀 들린 자들에게 주 예수의 이름을 불러 말하되 내가 바울이 전파하는 예수를 의지하여 너희에게 명하노라 하더라"

여기에 '마술하는 어떤 유대인'들은, 이스라엘이 멸망할 때 포로로 끌려갔거나 흩어졌던, 유대인의 혈통을 가졌지만, 외국에서 태어난 사람들로 보입니다. 비록 이들은 모세의 율법과 절기를 지키는 유대인이기는 했지만, 오랜 외국 생활 속에서 이방의 미신과 혼합되고 변질된 신앙을 가진 사람들이었습니다. 비록 이들이 악귀 들린 자들에게 '주 예수의 이름'을 사용했지만, '예수'가 누군지도 모르고 예수와 관계도 없이, 단지 '시험 삼아' 불러 본 것에 불과했습니다.

그래서 혹시 '예수 이름'을 불렀을 때 바울이 했던 것처럼 '기적'이 일어나면 좋겠지만, 그렇지 않더라도 별로 상관없는 이름이 '바울이 전파하는 예수'였습니다. 그런데 문제는 어떤 유대인들뿐만 아니라, 제사장의 아들들까지도 그와 같은 일을 따라 하더라는 것입니다[14]. 우리 성경에는 '유대의 한 제사장'이라고 번역됐지만, 헬라어 원문에는 스게와가 대제사장이었다고 언급되고 있고, 여러 영어 성경에도 그렇게 되어 있습니다. 그러면 왜 대제사장이 예루살렘이 아니라 이방 나라인 에베소에서 사는 것일까요? 유대인의 문헌에는 '스게와'라고 하는 대제사장의 이름은 없다고 합니다. 그런 면에서 이들은 대제사장 가문에 속한 사람이 아님에도, 자기들의 이익을 위해 대제사장 가문에 속한 사람인 것처럼 사람들을 속여 왔던 것으로 보입니다.

지금까지 '스게와'와 그 아들들은 사람들을 속이고 잘 지내 왔습니다.

마술하는 어떤 유대인들처럼 속임수로 사람들을 현혹하면서도, 대사장이라는 직분을 이용해서 마치 대단한 영적인 능력이 있는 것처럼 꾸며왔던 것입니다. 그래서 악귀 들린 사람에게 "내가 바울이 전파하는 예수를 의지하여 너희에게 명하노라."라고 하면서, 자기들도 영적 능력이 있는 것처럼 보이려고 했습니다. 그런데 이들의 정체는 귀신들에 의해 드러나게 됩니다.

> 15-16, "악귀가 대답하여 이르되 내가 예수도 알고 바울도 알거니와 너희는 누구냐 하며 16. 악귀 들린 사람이 그들에게 뛰어올라 눌러 이기니 그들이 상하여 벗은 몸으로 그 집에서 도망하는지라"

이 말씀을 통해서 우리가 확인할 수 있는 것이 있습니다. 그것은 바로 '악귀'라고 표현된 귀신들은 예수님이 누구신지, 그리고 예수님께서 왜 세상에 오셨는지 이미 알고 있었다는 사실입니다.

> 마가복음 1:23-24, "마침 그들의 회당에 더러운 귀신 들린 사람이 있어 소리 질러 이르되 24. 나사렛 예수여 우리가 당신과 무슨 상관이 있나이까 우리를 멸하러 왔나이까 나는 당신이 누구인 줄 아노니 하나님의 거룩한 자니이다"

귀신들은 예수님께서 세상에 오신 이유가 자신들을 멸하러 오셨음을 알았습니다. 그런데 본문에 보면, 귀신들은 예수님뿐만 아니라 바울도 알고 있었습니다. 귀신들은 어떻게 바울도 알았을까요? 오늘 말씀드리려는 부분이 바로 이것입니다. 하나님께서 '기적'을 통해서 우리를 '특별한 관계'로 부르신다고 말씀드렸습니다. 그리고 성경에 기록된 모든

'기적' 중에서 가장 큰 '기적'은, 하나님께서 예수 그리스도를 세상에 보내 주신 것입니다.

> 로마서 8:32, "자기 아들을 아끼지 아니하시고 우리 모든 사람을 위하여 내주신 이가 어찌 그 아들과 함께 모든 것을 우리에게 주시지 아니하겠느냐"

하나님께서 '자기 아들도 아끼지 않으시고 모든 사람을 위해 내주신' 이유가 무엇일까요? 사람을 구원하여 하나님과의 관계를 회복하시려고 보내신 것입니다. 어떤 관계입니까? 아버지와 아들의 관계, 즉 혈연관계처럼 만드는 것입니다.

> 요한복음 17:21-22, "아버지여, 아버지께서 내 안에, 내가 아버지 안에 있는 것 같이 그들도 다 하나가 되어 우리 안에 있게 하사 세상으로 아버지께서 나를 보내신 것을 믿게 하옵소서 22. 내게 주신 영광을 내가 그들에게 주었사오니 이는 우리가 하나가 된 것 같이 그들도 하나가 되게 하려 함이니이다"

21절에 "아버지께서 내 안에, 내가 아버지 안에 있는 것 같이"라고 했습니다. 예수님과 아버지 하나님은 한 분이십니다. 그런데 하나님과 한 분이신 예수님께서는 자신을 포도나무로, 우리를 포도나무에 연합된 가지로 설명하면서 예수님이 우리 안에, 우리가 예수님 안에 거하는 관계라고 말씀했습니다.

> 요한복음 15:5, "나는 포도나무요 너희는 가지라 그가 내 안에, 내가 그 안에 거하면 사람이 열매를 많이 맺나니 나를 떠나서는 너희가 아무것도 할 수 없음이라"

"우리가 예수님 안에, 예수님이 우리 안에 거하는 관계"라는 말은 무슨 뜻일까요? 포도나무와 가지는 하나로 연결된 관계라는 뜻입니다. 다시 말씀드려서, '가지'가 '포도나무'를 붙잡고 있는 것이 아니라, '포도나무'가 '가지'에 모든 영양분을 주어 열매를 맺게 하는 서로 분리할 수 없는 관계라는 뜻입니다.

> 16, "너희가 나를 택한 것이 아니요 내가 너희를 택하여 세웠나니 이는 너희로 가서 열매를 맺게 하고 또 너희 열매가 항상 있게 하여 내 이름으로 아버지께 무엇을 구하든지 다 받게 하려 함이라"

가지가 포도나무를 택한 것이 아니라, 포도나무가 가지를 내는 것입니다. 그러면 열매는 무엇입니까? 가지가 뭔가 좋은 것을 만들어서 나무에 갖다 바치는 것입니까? 아니요, 가지에 열매가 항상 있도록 나무가 공급해 주는 것입니다. 그래서 예수님께서 하신 말씀이 무엇이지요? "이는 너희로 가서 열매를 맺게 하고 또 너희 열매가 항상 있게 하여"라고 했습니다. "열매를 맺게 하고, 그 열매가 항상 있게" 하는 것은 나무가 할 일입니다. 여기서 가장 중요한 것은 무엇일까요? 가지가 포도나무에 붙어 있는 것입니다. 포도나무와 하나된, 연결된, 연합된 관계의 가지라야 열매를 맺을 수 있습니다. 그래서 "나를 떠나서는 너희가 아무것도 할 수 없음이라"[5]라고 말씀한 것입니다.

앞서 성경에 기록된 모든 '기적' 중에서 가장 큰 '기적'은, 하나님께서 예수 그리스도를 세상에 보내 주신 것이라고 말씀드렸습니다. 왜 그렇습니까? 죄로 인해 하나님과 영원히 단절됐던 인간이, 예수 그리스도의 십자가 대속으로 인해 '하나님과 하나되고, 연결, 연합'됐기 때문입니다.

　오늘 본문 15절에, 악귀가 예수님뿐만 아니라 바울도 안다고 했습니다. 악귀는 어떻게 바울을 알았을까요? 바울이 기적을 많이 행해서 알았을까요? 사람들이 바울이 사용하던 손수건이나 앞치마만 가져가도 병든 사람이 고침을 받으니까 알아본 것일까요? 아니요, 그가 예수님과 하나된 존재였기 때문입니다. 다시 말씀드려서 악귀가 바울을 볼 때, 많은 기적을 행하는 능력 있는 사람으로 본 것이 아니라, 바울을 붙잡고 있는 '포도나무이신 예수님'을 보고 안 것입니다.

　그래서 이러한 지식을 배경으로 15절을 다시 보시기 바랍니다. "악귀가 대답하여 이르되 내가 예수도 알고 바울도 알거니와 너희는 누구냐 하며" 악귀가 하는 말은, 예수라는 인물과 바울이라는 인물을 안다고 한 것이 아닙니다. 예수와 바울이 하나입니다. 그래서 예수를 알면 바울을 알고, 바울을 알면 예수도 아는 것입니다. 그 '관계'가 서로 분리할 수 없는 하나이기 때문입니다.

　바울이 예수의 이름으로 병든 사람을 고치고, 귀신을 내쫓았습니다. 심지어 에베소 지방에서는 바울이 쓰던 손수건만 가져가도 귀신이 쫓겨 나갔습니다. 일반적인 세상의 이치로만 생각하면, 병의 증상이 똑같은 사람에게 똑같은 약을 처방하면, 같거나 비슷한 결과가 나오는 것이 상식이고 우리의 경험칙입니다. 본문으로 비유하면, 병든 사람에게 약봉지만 가져가도 그 병이 치료된 것입니다. 그래서 스게와의 일곱 아들도 예수의 이름을 이용하여 귀신을 쫓아내려 했습니다. 그런데 귀신

들린 사람에게 똑같은 '예수의 이름'을 말했는데, 악귀가 "너희는 누구냐?"고 하면서 스게와의 일곱 아들에게 달려들었습니다.

> 16, "악귀 들린 사람이 그들에게 뛰어올라 눌러 이기니 그들이 상하여 벗은 몸으로 그 집에서 도망하는지라"

왜 이런 현상이 일어났을까요? 스게와의 일곱 아들은 예수님과 아무런 관계가 없었기 때문입니다. '예수 이름'은 아무나 가져가서 써도 되는 '무가지 신문' 같은 것이 아닙니다. 누군가의 '이름'은 그 사람의 존재와 가치와 능력을 나타내는 힘입니다. 그래서 귀신이 쫓겨나는 것은, 바울이 '예수라는 이름'을 사용했기 때문이 아니라, 포도나무와 가지처럼 바울과 예수님이 한 몸이기 때문에 된 것입니다. 이와 비슷한 예가 누가복음 5장에도 기록되어 있습니다. 예수님께서 '거라사'라는 지역에 가셨을 때, '군대 귀신'이 들린 자가 멀리서 예수님을 보고 달려와서 절을 하면서 이렇게 말했습니다.

> 마가복음 5:6-10, "그가 멀리서 예수를 보고 달려와 절하며 7. 큰 소리로 부르짖어 이르되 지극히 높으신 하나님의 아들 예수여 나와 당신이 무슨 상관이 있나이까 원하건대 하나님 앞에 맹세하고 나를 괴롭히지 마옵소서 하니 8. 이는 예수께서 이미 그에게 이르시기를 더러운 귀신아 그 사람에게서 나오라 하셨음이라 9. 이에 물으시되 네 이름이 무엇이냐 이르되 내 이름은 군대니 우리가 많음이니이다 하고 10. 자기를 그 지방에서 내보내지 마시기를 간구하더니"

'군대 귀신'이 들린 사람은 하나님이 누구신지, 예수님이 누구신지,

하나님과 예수님의 관계가 어떠한지 다 알고 있었습니다. 그런데 이렇게 하나님과 예수님을 잘 아는 사람이 왜 예수님을 보고 괴로워했을까요? '군대 귀신'이 들린 사람은, 예수님과 아무 관계가 없는 사람이었기 때문입니다.

오늘 본문을 통해서 우리가 점검하고 확인해야 할 부분도 여기에 있습니다. 저와 여러분도 하나님을 믿고, 예수의 이름으로 기도를 합니다. 그런데 우리가 하는 기도가 어떤 차원에서 드려지고 있는지 점검해야 합니다. 우리가 드리는 기도가 세상에서 이루고 싶은 욕심과 소원을 이루기 위한 수단으로 사용된다면, 스게와의 일곱 아들이 불렀던 '예수의 이름'과 다를 바 없어집니다. 왜 그렇습니까? '예수의 이름'으로 드리는 기도는 '하나님과의 관계' 안에서, '그 관계가 여전히 친밀하다'는 전제하에서 드려야 하는 것이기 때문입니다. 가장 대표적인 예를 드리자면, 야곱이 요셉을 축복하며 했던 기도를 들겠습니다.

> 창세기 49:22-26, "요셉은 무성한 가지 곧 샘 곁의 무성한 가지라 그 가지가 담을 넘었도다 23. 활 쏘는 자가 그를 학대하며 적개심을 가지고 그를 쏘았으나 24. 요셉의 활은 도리어 굳세며 그의 팔은 힘이 있으니 이는 야곱의 전능자 이스라엘의 반석인 목자의 손을 힘입음이라 25. 네 아버지의 하나님께로 말미암나니 그가 너를 도우실 것이요 전능자로 말미암나니 그가 네게 복을 주실 것이라 위로 하늘의 복과 아래로 깊은 샘의 복과 젖먹이는 복과 태의 복이리로다 26. 네 아버지의 축복이 내 선조의 축복보다 나아서 영원한 산이 한 없음 같이 이 축복이 요셉의 머리로 돌아오며 그 형제 중 뛰어난 자의 정수리로 돌아오리로다"

26절에 보시면 "네 아버지의 축복이 내 선조의 축복보다 낫다."라고 합니다. '네 아버지'는 축복을 빌어 주는 '야곱'이고, '내 선조'는 아브라함과 이삭입니다. 그러면 아브라함과 이삭과 야곱 중에서 누구의 믿음이 가장 좋다고 생각하십니까? 당연히 아브라함이 가장 좋습니다. 사실 야곱은 아브라함과 이삭과 더불어 '믿음의 사람'으로 그 이름이 언급되는 것이 정말 합당할까라는 생각이 들 만큼, 그의 생애 전체가 별로인 사람입니다.

그런데 야곱이 하는 말이 "네 아버지의 축복이 내 선조의 축복보다" 낫답니다. 무슨 뻔뻔함과 당당함일까요? 그런데 여기에는 이런 원리가 숨겨져 있습니다. '축복'이라는 말의 의미는, "내가 가지고 있는 것을 너에게 준다."라는 것이 아니라, "너에게 복을 주실 수 있는 하나님께 내가 빌어 준다."라는 뜻입니다. 야곱이 요셉을 축복하며 하나님께 기도했을 때, 야곱이 요셉에게 빌어 준 축복이 그의 선조인 아브라함이나 이삭보다 더 나으려면 어떤 조건이 필요할까요? '하나님과 맺은 관계'가 아브라함이나 이삭보다, 야곱이 더 깊어야 가능한 것입니다.

야곱의 생애는 아브라함이나 이삭보다 더 믿음이 있어 '보이지 않고, 그가 살아온 인생 전반을 살펴봐도 별로 본받고 싶은 부분이 없습니다. 형과 아버지를 속이고 어린 나이에 삼촌 집으로 멀리 도망가야 했습니다. 마치 고아 같은 모습으로 찾아온 자기를 받아 준 삼촌과 사촌 형제들을 속이고, 그들이 가진 양 떼 중에서 가장 좋은 것들을 자기 것으로 만든 사람이 야곱입니다.

야곱의 인성은, 그가 고향으로 돌아오는 길에 더 분명히 드러났습니다. 자기 형 에서가 400명을 거느리고 야곱을 만나러 오고 있다는 소식을 들었을 때, 부인과 자녀들까지 모두 앞서 보내고 혼자서 살길을 찾았던 사람입니다(창 22장). 그 와중에도 야곱은 새로운 축복을 받아 보겠다고 자신의 환도뼈(허벅지 고관절)가 부러질 때까지 하나님을 붙잡고 씨름했던 사람입니다(창 32:25-26). 그런데 야곱은 그와 같은 경험을 통해 깨달은 바가 있었습니다. 그것은 자기가 하나님 앞에 늘 야단맞고, 매 맞을 일만 했음에도 불구하고 하나님께서 늘 자기를 찾아와 주시고, 자기를 편들어 주셨다는 것입니다.

대한민국 의전 서열(권력 순위)을 보면, 대통령이 1위이고 그 뒤를 이어서 국회의장, 대법원장, 헌법재판소장, 국무총리 등으로 되어 있습니다. 그런데 그것은 헌법에 명시된 의전상의 서열이지, 실제적인 권력의 2인자가 누구냐고 할 때, 대통령과 거리로나 마음으로나 가장 가까운 사람이라고 보는 사람들이 많습니다. 그래서 대한민국의 역대 정부를 보면 대통령의 비서실장이나 경호실장이 권력의 실제적인 2인자 역할을 했던 사람들이 적지 않습니다. 야곱이 요셉을 축복하면서 "네 아버지의 축복이 내 선조의 축복보다 낫다."라고 자신 있게 말할 수 있는 근거가 무엇이었을까요? "하나님에 대해서 나보다 더 잘 아는 사람은 없다." 이런 자신감입니다. 내가 하나님 앞에 잘못할 때도 하나님께서 나를 편들어 주셨는데, 내가 하나님 편에 잘 붙어 있다면 하나님께서 얼마나 자기를 더 위해 주겠냐는 것입니다.

바울이 에베소의 두란노 서원에서 2년 동안 머물면서 하나님의 말씀을 강론하고, 그 후로도 그들에게 신앙상으로 가르쳐 주고 싶었던 것이 무엇이었을까요?

> 에베소서 1:17-19, "우리 주 예수 그리스도의 하나님, 영광의 아버지께서 지혜와 계시의 영을 너희에게 주사 하나님을 알게 하시고 18. 너희 마음의 눈을 밝히사 그의 부르심의 소망이 무엇이며 성도 안에서 그 기업의 영광의 풍성함이 무엇이며 19. 그의 힘의 위력으로 역사하심을 따라 믿는 우리에게 베푸신 능력의 지극히 크심이 어떠한 것을 너희로 알게 하시기를 구하노라"

하나님께서 지혜와 계시의 영을 너희에게 주셔서 하나님을 알게 하길 원하며, 너희 마음의 눈이 밝아져서 하나님께서 너희를 부르신 뜻이 무엇인지 알기 원하고, 우리에게 강한 능력으로 역사하시는 하나님의 권능이 얼마나 큰지 알기 원한다. 바울이 에베소교회 성도들에게 하고자 하는 말이 무엇입니까? 너희가 하나님을 알기 원한다, 너희를 향한 하나님의 뜻과 능력이 얼마나 크고 위대한지 알기 원한다, 즉 '하나님과 너희의 관계'가 더 깊어지기 원한다는 것입니다. 하나님을 더 많이 알게 되고, 하나님과 우리의 관계가 더 깊어지게 되면 어떤 일이 생길까요?

> 골로새서 1:9-12, "이로써 우리도 듣던 날부터 너희를 위하여 기도하기를 그치지 아니하고 구하노니 너희로 하여금 모든 신령한 지혜와 총명에 하나님의 뜻을 아는 것으로 채우게 하시고 10. 주께 합당하게 행하여 범사에 기쁘시게 하고 모든 선한 일에 열매를 맺히시며 하나님을 아는 것에 자라게 하시고 11. 그의 영광의 힘을 따라 모든 능력으로 능하게 하시며 기쁨으로 모든 견딤과 오래 참음에 이르게 하시고 12. 우리로 하

여금 빛 가운데서 성도의 기업의 부분을 얻기에 합당하게 하신 아버지께 감사하게 하시기를 원하노라"

신령한 지혜와 총명으로 하나님의 뜻을 알고, 모든 선한 일에 열매를 맺게 되고, 그의 영광의 힘을 따라 모든 능력으로 능하게 되면 어떻게 된다고 했습니까? "기쁨으로 모든 견딤과 오래 참음에 이르게" 된다는 것입니다. 그런데 '모든 견딤과 오래 참음'은, 우리가 즐겁고 좋을 때 하는 경험이 아닙니다. 그런데 하나님을 알고 나니, 그분의 힘을 따라 모든 능력으로 능한 일을 하면서 보니, '견디고 오래 참아야 하는' 일들이 늘 있더라는 것입니다.

디모데후서 3:10-11, "나의 교훈과 행실과 의향과 믿음과 오래 참음과 사랑과 인내와 11. 박해를 받음과 고난과 또한 안디옥과 이고니온과 루스드라에서 당한 일과 어떠한 박해를 받은 것을 네가 과연 보고 알았거니와 주께서 이 모든 것 가운데서 나를 건지셨느니라"

바울이 전하는 교훈과 그의 행실과 사도로서 봉사하는 그의 의향(목적)이 하나님의 뜻에서 조금도 벗어나지 않았어도, 바울은 늘 박해와 고난을 받았습니다. "네가 과연 보고 알았거니와", 디모데도 그 사실을 보고 알았다는 것이지요. 그러면서 바울이 디모데에게 덧붙이는 말이 무엇입니까?

디모데후서 3:12, "무릇 그리스도 예수 안에서 경건하게 살고자 하는 자는 박해를 받으리라"

대제사장 행세를 하고, '예수의 이름'까지 팔면서 에베소 사람들을 미혹하던 스게와의 일곱 아들은, 악귀 들린 사람에게 제압당하고 쫓겨 도망갔습니다. 똑같은 '예수의 이름'을 불렀지만, 그 이름이 바울과 함께 할 때는 악귀가 쫓겨났고, 스게와의 일곱 아들이 부를 때는 악귀가 덤벼들었던 것입니다. 그 이유가 무엇입니까? 그 '예수의 이름'을 부르는 사람과 예수님과의 관계입니다.

창세기부터 요한계시록까지, 하나님께서는 당신이 사랑하는 자기 백성을 '하나님과의 특별한 관계'로 부르고 있습니다. 예수님께서는 그 특별한 관계를 '아버지와 아들'의 관계라고 말씀해 주셨습니다. 세상에서도 부모와의 관계에는 아무 관심도 없으면서, 부모가 가진 재산에만 관심이 있는 사람은 좋은 사람이라고 할 수 없습니다. 천국을 소망하고, 하나님과 영원한 삶을 살겠다고 하는 사람들이 '하나님과의 관계'에는 관심을 두지 않고, 기도만 열심히 하면 하나님이 다 들어주실까요? 그런 기도는 하나님께서 들어주셔도 우리가 미안한 마음을 가져야 할 것입니다.

저와 여러분이 하나님을 더욱 잘 알아 가기 원합니다. 10년 신앙생활 했으면 10년만큼, 30~40년 신앙생활 했으면 그렇게 오래 한 만큼 하나님을 더 많이 알고, 하나님과 맺은 관계가 더욱더 깊어지기 원합니다. 그래서 언젠가 우리가 누군가에게 축복을 빌어 주게 된다면, 야곱처럼 "내가 빌어 주는 축복이 그 누구의 축복보다 낫다."라고 자신 있게 말할 수 있기 원합니다.

사도행전 19:28~32

어찌하여 모였는지 알지 못하더라

"그들이 이 말을 듣고 분노가 가득하여 외쳐 이르되 크다 에베소 사람의 아데미여 하니 29. 온 시내가 요란하여 바울과 같이 다니는 마게도냐 사람 가이오와 아리스다고를 붙들어 일제히 연극장으로 달려 들어가는지라 30. 바울이 백성 가운데로 들어가고자 하나 제자들이 말리고 31. 또 아시아 관리 중에 바울의 친구된 어떤 이들이 그에게 통지하여 연극장에 들어가지 말라 권하더라 32. 사람들이 외쳐 어떤 이는 이런 말을, 어떤 이는 저런 말을 하니 모인 무리가 분란하여 태반이나 어찌하여 모였는지 알지 못하더라"

본문 23절부터 마지막 41절까지는 '데메드리오'라 하는 은 세공사에 의해서, 에베소에서 일어난 소동에 대한 기록입니다.

"그때쯤 되어 이 도로 말미암아 적지 않은 소동이 있었으니"[23]라고 했습니다. 여기서 말하는 '그때'가 정확히 언제를 말하는지는 알 수 없습니다. 하지만 본문을 통해서 추정해 보면, 바울이 '두란노 서원'에서 날마다 그리고 2년 동안 복음을 전했을 때 주의 말씀이 흥왕해서 세력을 얻었습니다[20].

이렇게 복음을 듣고 예수를 믿게 된 사람들이 많아졌는데, 그렇게 믿음을 가진 사람 중에는 마술을 하던 사람들도 있었습니다. 예수를 믿게 된 마술사들은 자기들이 가지고 있던 책들을 밖으로 가지고 나와서 한 곳에 모아서 불태워 버렸는데, 그 금액이 오만 데나리온이나 됐습니다[19]. 아마도 에베소교회는 이 시기에 큰 힘을 얻었을 것으로 보입니다. 이처럼 에베소교회가 안정되어 가자, 바울은 다음 전도 여행을 계획했습니다.

> 21-22, "이 일이 있은 후에 바울이 마게도냐와 아가야를 거쳐 예루살렘에 가기로 작정하여 이르되 내가 거기 갔다가 후에 로마도 보아야 하리라 하고 22. 자기를 돕는 사람 중에서 디모데와 에라스도 두 사람을 마게도냐로 보내고 자기는 아시아에 얼마 동안 더 있으니라"

바울이 2차 전도 여행을 시작하면서 디모데를 찾아가 그와 함께 다녔지만, 자신의 다음 목적지를 로마로 정한 후에는 그를 고린도교회로 보냈습니다. 바울이 디모데를 끝까지 데리고 가지 않고 고린도교회로 보낸 이유가 뭘까요? 그가 고린도교회에 보낸 편지를 보면 그 이유를 짐작할 수 있습니다.

> 고린도전서 4:17, "이로 말미암아 내가 주 안에서 내 사랑하고 신실한 아들 디모데를 너희에게 보내었으니 그가 너희로 하여금 그리스도 예수 안에서 나의 행사 곧 내가 각처 각 교회에서 가르치는 것을 생각나게 하리라"

고린도교회에는 성경과 언변에 능한 '아볼로'라는 귀한 목회자가 있었습니다. 하지만 고린도교회에 분쟁이 있다는 소식은 끊이지 않았고[고전 1:11-12], 그런 이유로 바울은 '디모데'를 고린도교회로 보내서 아볼로를 돕게 한 것입니다. 이렇게 바울이 디모데와 에라스도 두 사람을 고린도교회로 보내고, 바울도 예루살렘으로 돌아가야겠다고 생각하고 있던 차에 본문의 사건이 발생한 것입니다.

> 24, "즉 데메드리오라 하는 어떤 은장색이 은으로 아데미의 신상 모형을 만들어 직공들에게 적지 않은 벌이를 하게 하더니"

'은장색'이라는 직업은 '은 세공사'를 말합니다. 그런데 데메드리오라 하는 은장색이 "아데미의 신상 모형을 만들어 직공들에게 적지 않은 벌이를 하게" 했다고 했습니다. '아데미'는 그리스 신화에 나오는 '달과 사냥의 여신인 아르테미스'를 말합니다. 당시 아테네에는 '아르테미스 신전'이 있었는데, 신전의 규모가 너무 커서 '고대 세계 7대 불가사의'에 해당할 만큼, 널리 알려진 건축물이었습니다. 그렇다 보니 당시 아테네에는 신전을 보기 위해서 방문한 여행자들이 많았고, 그런 여행자들에게 기념품을 만들어서 파는 사람들도 많았습니다. 데메드리오가 직공들에게 적지 않은 벌이를 하게 했다는 말이 그 뜻입니다.

'은 세공사'였던 데메드리오는, 직공들이 나무나 돌로 조각한 아르테미스 여신상에 은을 덧입혀서 더 비싼 가격으로 관광객에게 팔아 부자가 된 사람이었습니다. 그런데 우상 숭배가 만연했던 도시에 복음이 들어가니, 믿는 사람들이 많아져서 자기들의 죄를 회개하고 하나님께 돌아오는 문제가 생겼습니다[17-18]. 그뿐만 아니라 관광객에게 마술을 보여 주면서 호객하던 사람들조차, 마술책을 불태우고 지금까지 하던 생업을 포기하고 복음에 합당한 삶을 살게 됐습니다[19]. 어차피 우상이 만연했던 도시였기 때문에, 누가 어떤 신을 믿든지 상관할 바는 아니었습니다. 그런데 복음을 듣고, 예수님을 영접한 사람들이 우상 숭배하는 것을 포기하자, 우상을 만들어 팔며 돈을 벌던 사람들이 벌이에 심각한 타격을 입게 됐습니다. 그래서 데메드리오가 우상을 만들던 직공들을 선동해서 바울을 고발한 것입니다.

> 25-27, "그가 그 직공들과 그러한 영업하는 자들을 모아 이르되 여러분도 알거니와 우리의 풍족한 생활이 이 생업에 있는데 26. 이 바울이 에베소뿐 아니라 거의 전 아시아를 통하여 수많은 사람을 권유하여 말하되 사람의 손으로 만든 것들은 신이 아니라 하니 이는 그대들도 보고 들은 것이라 27. 우리의 이 영업이 천하여질 위험이 있을 뿐 아니라 큰 여신 아데미의 신전도 무시당하게 되고 온 아시아와 천하가 위하는 그의 위엄도 떨어질까 하노라 하더라"

은장색 데메드리오가 사람들을 선동하면서 내세운 논리가 이것입니다. 첫째, "우리의 풍족한 생활이 이 생업에 있다."라는 것입니다. 둘째, 그런데 바울이 "사람의 손으로 만든 것은 신이 아니"라고 했다는 것입니다. 셋째, 그 결과 "우상을 만들어 파는 자기들의 직업이 천해질 위험이 있고, 그들이 자랑하는 신전도 무시당하고, 여신의 위엄도 떨어질까 염려"된다는 것입니다. 구구절절 많은 말을 하고 있지만, 결국 하고 싶은 말이 무엇입니까? "바울 때문에 우리가 먹고살 일이 막막해졌다, 손해보게 됐다."라는 것입니다.

지금 데메드리오가 하는 말을 들어 보면, 우상을 만들어 팔던 사람들은 바울 때문에 큰 손해를 입은 것처럼 보입니다. 그러면 물질적인 손해를 본 사람들은 오직 우상 장사하던 사람들뿐이었을까요? 사실은 마술로 돈을 벌던 사람들이 더 큰 손해를 입었습니다. 그 사람들은 장사가 덜 된 정도가 아니라, 아예 생업을 포기했기 때문입니다.

> 19, "또 마술을 행하던 많은 사람이 그 책을 모아 가지고 와서 모든 사람 앞에서 불사르니 그 책값을 계산한즉 은 오만이나 되더라"

오늘 우리가 살펴보려고 하는 부분이 바로 이것입니다. 예수를 믿는 사람과 믿지 않는 사람, 복음을 받아들인 사람과 그렇지 않은 사람의 차이가 무엇이냐고 했을 때, '삶의 목표와 기준'이 근본적으로 다릅니다. 복음을 듣고 예수를 믿은 사람들은, 지금까지 생업의 근간이 됐던 마술책을 광장으로 가지고 나와서 불태우고, 생업까지 포기할 만큼 삶의 목표가 바뀌었습니다. 그렇다면 마술사들은 어떤 확신이 있었기에 이런 결단을 할 수 있었을까요? 바울이 에베소교회에 보낸 편지를 보면, 그 이유를 확인할 수 있습니다.

> 에베소서 4:21-24, "진리가 예수 안에 있는 것 같이 너희가 참으로 그에게서 듣고 또한 그 안에서 가르침을 받았을진대 22. 너희는 유혹의 욕심을 따라 썩어져 가는 구습을 따르는 옛사람을 벗어 버리고 23. 오직 너희의 심령이 새롭게 되어 24. 하나님을 따라 의와 진리의 거룩함으로 지으심을 받은 새 사람을 입으라"

"진리가 예수 안에 있다."라는 말은, 죽음에서 부활하신 하나님의 아들 예수 그리스도가 진리이며, 그 예수가 바로 우리의 '구원자'라는 뜻입니다. 그래서 복음을 듣고 진리이신 예수 그리스도에 대한 가르침을 받았다면, 이제는 '유혹의 욕심을 따라 살던 옛사람'을 벗어 버려야 하지 않겠냐는 것입니다. '유혹'은 진리의 말씀인 '복음'과 반대되는 개념입니다. 사람들이 '유혹'을 받는 이유는, '진리'인 말씀이 그들의 마음속에 없기 때문입니다. 아담과 하와가 '뱀의 유혹'을 이기지 못한 이유가 무엇이었을까요? "먹으면 반드시 죽으리라."라고 하신 하나님의 말씀이 그들의 마음에 없었기 때문입니다. 사도 바울이 "너희가 참으로 그에게서 듣고 또한 그 안에서 가르침을 받았을진대."라고 말한 대상이 누구였을까요? 복음을 듣고 성도가 된 사람들입니다. '진리'의 말씀을 듣고, 그 안에서 가르침을 받은 그리스도인들입니다.

하지만 그들 중에는 여전히 '유혹의 욕심을 따라 썩어져 가는 구습을 따르는 옛사람'의 삶의 형태를 벗어 버리지 못한 사람들이 있었던 것입니다. '유혹'은 '욕심'과 만났을 때 그 폭발력과 영향력이 더 커집니다. '유혹'이 아담과 하와의 마음에 '하나님처럼 되고 싶은 욕심'을 심어 줬을 때, '먹으면 반드시 죽으리라'고 하신 하나님의 경고도 무시하고 선악과를 따 먹었습니다.

그러면 '유혹'을 이기는 방법은 무엇일까요? 바로 "썩어져 가는 구습을 따르는 옛사람을 벗어 버리는" 것입니다. '썩어져 가는 구습'은, '진리'와 반대되는 개념으로 그것이 헛된 것, 거짓된 것, 변하고 썩게 될 것인 줄도 모르고 지내 오던 습관을 따라 그냥 사는 것입니다. 하지만 '진리'가 없는 세상에는 변하지 않는 것, 썩지 않는 것이 없지요. 그래서 기존의 것 위에 새로운 뭔가를 만들어서 덧씌웁니다. 그렇게 썩어질 것 위에 새로운 것을 덧씌우는 가장 대표적인 것이 '광고'입니다.

불과 30초밖에 되지 않는 광고지만, 그 여자 모델이 사용하는 화장품을 사서 쓰면, 나도 그 모델처럼 예뻐질 것 같은 느낌이 들게 하는 것이 광고입니다. 광고에 나오는 저 차를 사고, 저 아파트에서 살면 언제나 행복할 것 같습니다. 그런데요, 그 여자 모델은 그 화장품을 써서 예뻐진 게 아니라 원래 예뻤습니다. 행복은 차를 바꾸고, 좋은 집에서 산다고 얻을 수 있는 것이 아닙니다. 더 큰 문제는 뭡니까? 광고를 보고 산 새것이 사실은 오늘까지만 새것이라는 것입니다. 내일이 되면 오늘 내가 산 것보다 더 새것이 나올 것이고, 어제 광고에 나왔던 모델보다 더 예쁘고 더 멋진 모델이 등장해서 행복 욕구를 자극할 것입니다.

이처럼 썩어져 가는 구습을 따르도록 유혹하는 마귀는 인간의 욕심을 자극합니다. 그래서 "저 옷을 입으면 나도 모델처럼 멋지게 보일 것 같고, 저 운동화를 신고 달리면 모든 사람이 부러워하면서 쳐다볼 것 같은 느낌이 들도록" 만듭니다. 이렇게 새것을 찾고, 새것을 소유함으로 만족을 찾으려는 사람들에게 솔로몬은 전도서에서 이렇게 충고합니다.

> 전도서 1:9-10, "이미 있던 것이 후에 다시 있겠고 이미 한 일을 후에 다시 할지라 해 아래에는 새것이 없나니 10. 무엇을 가리켜 이르기를 보라 이것이 새것이라 할 것이 있으랴 우리가 있기 오래전 세대들에도 이미 있었느니라"

전도서의 핵심 주제는 '수증기, 입김'이라는 뜻을 지닌 '헛되다'입니다 (잠 21:6). '헛되다'는 것은 '사라지는 것, 덧없는 것, 무가치한 것'을 의미합니다. 세상은 '새것'을 추구하고, '새것'을 얻기 위해 수고하고 노력하지만, 그 어떤 것도 '새것'의 상태로 계속 남지 못하고 결국 사라져 갈 것입니다(참 1:2; 12:8). 그러면 전도서는 '허무주의'나 '염세주의'를 말하는 것일까요? 그렇지 않습니다.

> 전도서 12:13, "일의 결국을 다 들었으니 하나님을 경외하고 그의 명령들을 지킬지어다 이것이 모든 사람의 본분이니라"

세상에서 '새것'이라고 생각했던 것, 수고와 노력의 '성과'라고 생각했던 모든 것이, 우리 생명이 끝나는 순간 '입김'이 사라지는 것처럼 함께 끝나게 될 것입니다. 그래서 전도서는 세상의 모든 부귀영화와 권세를 누렸던 솔로몬을 모델로 보여 주면서 하나님의 백성이 세상에 대해 가져야 하는 관점을 가르쳐 주는 책입니다.

> 전도서 1:8, "모든 만물이 피곤하다는 것을 사람이 말로 다 말할 수는 없나니 눈은 보아도 족함이 없고 귀는 들어도 가득 차지 아니하도다"

솔로몬은 자신의 삶을 돌아보면서, "세상에 속한 것은 눈으로 봐도 족함이 없고, 귀로 들어도 가득 차지 않는 것"이라는 것을 경험했습니다. 그래서 자기 아들에게 자기처럼 헛된 것을 쫓으며 살지 말 것을 가르쳤습니다. 같은 맥락에서 바울은 에베소교회 성도들에게, "썩어져 가는 구습을 따르는 옛사람을 벗어" 버리라고 말합니다. "썩어져 가는 구습"이 뭐라고 했습니까? '진리'와 반대되는 개념이라고 했습니다. '사라지는 것, 덧없는 것, 무가치한 것'을 추구하며 사는 것입니다. 성경이 아니라 세상 철학이나 종교를 깊이 연구한 사람들도, 그들이 추구하는 도의 경지에 이르면 '무욕', 곧 욕심을 버리면 행복에 이를 수 있다고 말합니다. 그래서 성철스님 같은 사람은 "산은 산이요, 물은 물이로다."

라고 하지 않았습니까? 그러면 인간은 정말 스스로 '욕심'을 버리고, 도의 경지에 이를 수 있을까요?

> 에베소서 2:2-3, "그 때에 너희는 그 가운데서 행하여 이 세상 풍조를 따르고 공중의 권세 잡은 자를 따랐으니 곧 지금 불순종의 아들들 가운데서 역사하는 영이라 3. 전에는 우리도 다 그 가운데서 우리 육체의 욕심을 따라 지내며 육체와 마음의 원하는 것을 하여 다른 이들과 같이 본질상 진노의 자녀이었더니"

아담에게서 태어난 모든 인간은, "불순종의 아들들 가운데서 역사하는 영"을 지닌 채 태어났습니다. 이것을 가리켜서 '원죄'라고 합니다. '원죄'를 지닌 인간은 "육체의 욕심을 따라 지내며, 육체와 마음이 원하는 일을 하면서" 사는 것이 당연하고, 또한 자연스럽습니다. 물론 사람마다 성향에 따라서, 또는 선천적 후천적인 이유로 다른 사람보다 좀 더 도덕적인 삶을 살거나, 욕심을 덜 부리며 사는 사람이 있을 것입니다. 하지만 그것도 자기가 관심 없는 어떤 부분에 대해서 욕심이 없을 뿐이지, 자기가 좋아하는 것, 가치 있게 생각하는 것까지 욕심을 내지 않는 사람은 없습니다. "나는 진짜 욕심이 없다."라고 말하는 사람이 있지만, 그런 사람들도 어떤 한 가지는 절대 포기하지 못하고 집착하는 것이 있습니다. 그리고 그 '욕심'은 결국 시험(미혹)으로, 죄로, 사망으로 이어지게 됩니다.

> 야고보서 1:14-15, "오직 각 사람이 시험을 받는 것은 자기 욕심에 끌려 미혹됨이니 15. 욕심이 잉태한즉 죄를 낳고 죄가 장성한즉 사망을 낳느니라"

이처럼 마귀는 모든 인간으로 하여 '자기 욕심을 따라 살고, 마음이 원하는 것을 하며' 살도록 조장합니다. 그리고 그것이 바로 하나님께 불순종하는 죄입니다. 그러면 진리이신 예수 그리스도를 믿는 사람, 그에게서 듣고 가르침을 받은 성도들은, '불순종의 아들'인 세상 사람들과 어떤 면에서 다를까요?

> 에베소서 4:24-25, "하나님을 따라 의와 진리의 거룩함으로 지으심을 받은 새 사람을 입으라 25. 그런즉 거짓을 버리고 각각 그 이웃과 더불어 참된 것을 말하라 이는 우리가 서로 지체가 됨이라"

바울은 에베소교회 성도들에게 "새 사람을 입으라."라고 말하고 있습니다. 이 에베소교회 성도들은, 오늘 본문에 기록된 마술을 하며 살던 사람들이 자기들이 가진 마술책을 사람들 앞에 가지고 나와서 태웠던 사람들입니다[19].

'회개하다'의 명사형인 '회심'에는 '돌이킴', '돌아섬', '바꿈'이라는 뜻이 있습니다. 그래서 성경에 "하나님을 따라 의와 진리의 거룩함으로 지으심을 받은 새 사람을 입은" 사람들에게서 발견되는 공통적인 특징이 있습니다. 그것은 지금까지 자기가 살아왔던 헛되고, 거짓된 삶에서 돌이켰다는 것입니다. 예수를 핍박하던 청년 사울이 자신의 삶에서 돌이켜 '바울'이 됐습니다. 마술하며 살던 사람들은 생업의 근간이었던 마술책을 공중 앞에서 불태웠습니다. 같은 맥락에서 바울은 에베소교회 성도들에게 '돌이킬 것'을 요청했습니다.

> 에베소서 4:28-29, "도둑질하는 자는 다시 도둑질하지 말고 돌이켜 가난한 자에게 구제할 수 있도록 자기 손으로 수고하여 선한 일을 하라 29. 무릇 더러운 말은 너희 입 밖에도 내지 말고 오직 덕을 세우는 데 소용되는 대로 선한 말을 하여 듣는 자들에게 은혜를 끼치게 하라"

다시 말씀드리지만, 바울의 이 편지를 받는 사람들은 에베소라는 도시에 사는 세상 사람들이 아니라 예수 믿고 새사람이 된 에베소교회 성도들입니다. 그 성도들 중에 도둑질하는 사람도 있었고, 더러운 말을 하는 사람도 있었습니다. 성경은 예수 믿고 구원받은 사람을 가리켜서 '거듭났다'고 말합니다. 에베소서의 표현으로 말씀드리면 "의와 진리의 거룩함으로 지으심을 받은 새 사람"이 된 것입니다. 하지만 어떤 사람이 '거듭났다', '새 사람'이 됐다고 해서 그 사람이 갑자기 변화된 존재, 새로운 존재가 되는 것이 아닙니다. 특히 '선과 악'의 경계가 모호하고, 해석하기에 따라서 다르게 볼 수 있는 행동에 대해서, '성경적인 관점'을 갖기에는 쉽지 않은 면이 있습니다.

28절에 도둑질하는 자는 다시 도둑질하지 말라고 했습니다. 여기서 말하는 '도둑질'은 "사람의 판단으로 정죄할 수 없는 사소한 도둑질"을 말합니다. 이에 대해서 어떤 신학자들은, 학생의 부정행위나 학자의 논문 표절, 고용주의 노동력 착취나 피고용인의 근무 태만 등이 이에 해당한다고 말합니다. 특히 '도둑질'이, 뒤이어 나오는 '가난한 자에게 구제'한다는 명분까지 얻은 경우, 그 옳고 그름에 관하여 판단하기가 쉽지 않은 면이 있습니다. 가난한 사람, 소외된 사람, 위안부 할머니처럼 도움이 필요한 사람을 돕는다는 명분으로 '기부금'을 모금한 뒤에, 그 돈을 목적에 맞지 않게 사용하는 것입니다.

교회도 '목적 헌금'이라는 명목으로 헌금을 받은 후, '목적'에 맞지 않게 사용하거나 아예 집행하지 않는 것도 성경의 기준으로 보면 '도둑질'과 같은 것입니다. '선한 일'을 하는 것은 너무나 좋은 일이고, 우리가 반드시 해야 할 일입니다. 그런데 '자기 손으로 수고하여 선한 일'을 하는 것이 아니라면, 교회나 기관이나 단체나 심지어 국가라 할지라도, '도둑질'이 되지 않도록 주의해야 할 것입니다. 또 한 가지 우리가 주의해야 할 것은, 바울은 에베소교회 성도들을 향하여, '더러운 말을 하는 사람'은 '선한 말'을 하라고 요구하고 있습니다. 우리는 다른 사람의 물건을 도둑질하는 사람은 정말 나쁜 사람이라고 생각합니다. 하지만 사람 앞에서 상대를 비난하거나, 뒤에서 다른 사람의 평판에 흠이 가게 하는 말을 하면서, 그것이 잘못된 행위라고 인식하지 않습니다.

사람 앞에서 상대를 비난하는 사람은 주로 이렇게 말합니다. "나는 뒤에서 말하는 사람이 아니야, 하고 싶은 말이 있으면 직접 해야지!" 물론 그렇습니다. 뒤에서 수군대는 것보다는 직접 말하는 것이 좋습니다. 하지만 직접 말했다고 해서, 그 사람이 한 모든 말이 정당한 것은 아닙니다. 사실 확인이 되지 않은 말, 상대가 잘못한 행위뿐만 아니라 그 사람의 인격까지 모독하는 말은, 상대의 마음을 상하게 하는 더러운 말입니다. 그래서 바울은 '더러운 말'과 반대되는 개념으로 '선한 말'을 하라고 했습니다. '선한 말'은 어떤 말입니까? 덕을 세우는, 상대에게 도움을 주는 유익한 말입니다.

예수님께서는 누군가 죄를 범했을 때, 그 사람과만 상대해서 권고하라고 했습니다. '그래도 듣지 않으면 두세 증인의 입으로 증명하라', 무슨 말이죠? 두세 증인이 같은 증언을 할 수 있을 만큼 분명한 사실에 근거해서 말하라고 했습니다. 그래도 듣지 않으면 교회에 말하라고 하면서, 명백하게 드러난 죄를 지적하는 말이라도 '선을 넘지 않도록' 가르쳐 주셨습니다(마 18:15-18). 우리는 입 안에 있는 단어들을 다 쏟아 내는 말이 아니라 '선한 말'을 해야 합니다.

예수를 믿는 사람과 믿지 않는 사람, 복음을 받아들인 사람과 그렇지 않은 사람의 차이는, '삶의 목표와 기준'이 근본적으로 다르다고 말씀드렸습니다. "삶의 목표와 기준이 어떻게 다른가?"라고 했을 때, 에베소에서 마술을 하면서 살던 사람들이, 책을 불태우고 생업까지 포기할 만큼 삶의 목표가 바뀌었습니다. 그들이 이같이 전격적으로 변할 수 있었던 이유가 어디에 있었을까요? 그들은 예수 그리스도 안에서 부활과 영생과 천국의 삶이 있다는 것을 안 것입니다. 그리고 성경은 이와 같은 사실을 '진리' 또는 '복음'이라고 말합니다.

> 요한복음 14:6, "예수께서 이르시되 내가 곧 길이요 진리요 생명이니 나로 말미암지 않고는 아버지께로 올 자가 없느니라"

우리는 진리이신 예수님으로 말미암지 않고는 아버지 하나님께로 가지 못합니다. 진리의 말씀이 곧 구원의 복음입니다. 하나님께서는 그것을 확인하는 표로 약속하신 성령을 우리에게 보내 주셨고, 그 보증으로 인해 우리는 찬송할 수 있습니다.

에베소서 1:13-14, "그 안에서 너희도 진리의 말씀 곧 너희의 구원의 복음을 듣고 그 안에서 또한 믿어 약속의 성령으로 인치심을 받았으니 14. 이는 우리 기업의 보증이 되사 그 얻으신 것을 속량하시고 그의 영광을 찬송하게 하려 하심이라"

오늘 본문에 은장색 데메드리오가 사람들을 선동해서 바울을 고발했습니다. 그곳에 모인 사람들은 자기들이 믿는 신의 이름을 부르면서 분노했습니다[28]. 그들은 바울과 함께 다니는 사람들을 붙잡아서 연극장으로 끌고 가서, 그들의 방법으로 재판하고 죽이려고 했습니다[29]. 그런데 이런 분노에 찬 현장의 분위기와는 달리, 재미있는 표현이 나옵니다.

32, "사람들이 외쳐 어떤 이는 이런 말을, 어떤 이는 저런 말을 하니 모인 무리가 분란하여 태반이나 어찌하여 모였는지 알지 못하더라"

많은 무리가 모여서 자기들이 섬기는 신의 이름을 부르기도 하고, 바울과 함께 다니던 사람을 고발하기도 했는데, 정작 자기들이 왜 모였는지 몰랐다는 것입니다. 왜 이런 현상이 발생했을까요? 앞서 '썩어져 가는 구습'은, '허망한 것, 거짓된 것, 변하고 썩게 되는 것'이라고 말씀드렸습니다. 분노한 군중들이 바울과 같이 다니던 사람들을 붙잡아 와서, 그들을 재판하고 벌을 주려고 했는데 정작 무슨 죄목으로 재판을 해야 하는지 몰랐다는 것입니다. 어떻게 모를 수가 있지요? 사람마다 자기들이 원하는 것이 달랐기 때문입니다. '헛된 것'을 쫓게 만드는 마귀가 하는 일이 늘 이렇습니다. 마귀가 하는 일은, 사람들이 '진리'를 쫓아 사는 것을 막는 일입니다. 그래서 마귀는 사람들을 '육체의 욕심'을 따라 살도록 만듭니다.

> 갈라디아서 5:16-17, "내가 이르노니 너희는 성령을 따라 행하라 그리하면 육체의 욕심을 이루지 아니하리라 17. 육체의 소욕은 성령을 거스르고 성령은 육체를 거스르나니 이 둘이 서로 대적함으로 너희가 원하는 것을 하지 못하게 하려 함이니라"

육체의 욕심은 성령을 거스르고, 성령님은 육체를 따라 살지 않도록 인도합니다. 그러면 육체의 욕심을 따라 사는 것은 어떤 것일까요?

> 갈라디아서 5:19-21, "육체의 일은 분명하니 곧 음행과 더러운 것과 호색과 20. 우상 숭배와 주술과 원수 맺는 것과 분쟁과 시기와 분냄과 당 짓는 것과 분열함과 이단과 21. 투기와 술 취함과 방탕함과 또 그와 같은 것들이라 전에 너희에게 경계한 것 같이 경계하노니 이런 일을 하는 자들은 하나님의 나라를 유업으로 받지 못할 것이요"

여기에 나열된 모든 항목은 우리가 세상에서 쉽게 볼 수 있는 것들입니다. 그러면 성령의 인도함을 따라 사는 사람은 어떻게 살까요?

> 갈라디아서 5:22-23, "오직 성령의 열매는 사랑과 희락과 화평과 오래 참음과 자비와 양선과 충성과 23. 온유와 절제니 이 같은 것을 금지할 법이 없느니라"

여기서 우리가 주목해야 할 표현이 있습니다. 육체에 속한 것은 '일'이라고 했습니다[19]. 성령께 속한 것은 '열매'입니다[22]. 앞서 우리가 전도서 말씀을 살펴보면서, 솔로몬이 세상에서 수고하고 노력해서 얻은 '성과'라고 생각했던 것이 다 헛된 것이었다고 고백한 것을 배웠습니다. 그것들은 우리 생명이 끝나는 순간 '입김'처럼 함께 사라지고 말 것입니다. 그래서 육체에 속한 것들은 '일'만 했지 '열매'는 없는 헛된 것, 없어질 것입니다. 하지만 성령께 속한 것들은 모두 '열매들'입니다.

그런데 여기서 우리가 알아야 할 것이 있습니다. 세상의 어떤 나무도 심은 즉시 열매를 만들어 내지 못합니다. 성령의 열매 역시 마찬가지입니다. 우리가 예수 그리스도의 십자가 대속으로 죄 사함의 은혜와 의롭다 하심의 은혜(칭의)를 받았지만, 그것으로 끝이 아닙니다. 구원받은 우리, 거듭난 우리, 새 생명을 얻은 우리는, 그리스도께 속한 자로서 마땅히 열매 맺는 삶을 살아야 할 것입니다. 그래서 베드로는 예전에 '불순종의 아들'처럼 살던 때처럼 욕심을 따라 살지 말고, 돌이켜서 모든 행실에 있어서 거룩한 자가 되라고 말했습니다.

> 베드로전서 1:13-16, "그러므로 너희 마음의 허리를 동이고 근신하여 예수 그리스도께서 나타나실 때에 너희에게 가져다 주실 은혜를 온전히 바랄지어다 14. 너희가 순종하는 자식처럼 전에 알지 못할 때에 따르던 너희 사욕을 본받지 말고 15. 오직 너희를 부르신 거룩한 이처럼 너희도 모든 행실에 거룩한 자가 되라 16. 기록되었으되 내가 거룩하니 너희도 거룩할지어다 하셨느니라"

저와 여러분은 세상의 헛된 유혹과 욕심을 따라 사는 사람들이 아닙니다. 우리는 거룩한 자로 부름을 받았고, 썩지 않고 변하지 않고 더럽혀지지 않는 영원하고 거룩한 것을 유업으로 받을 사람으로 부름을 받았습니다.

우상으로 가득한 에베소에서 마술로 호객 행위를 하며 살던 사람들이 복음을 듣고 나니, 그들의 삶을 돌이켜 책까지 불태우고 새사람이 됐습니다. 회개의 가장 기본적인 개념은, 뉘우치는 것만이 아니라 돌이키는 것입니다. 뉘우치고, 반성하는 것은 누구나 할 수 있습니다. 하지만 죄에서 돌이키고, 잘못된 곳에서 돌이키는 것은 결단이 필요하고, 희생과 노력이 필요한 것입니다. 우리 개인의 힘으로는 돌이킬 수 없습니다. 우리 마음에 자리 잡은 생각과 가치관이 어찌 쉽게 변하겠으며, 몸에 배어 있는 습관이 어찌 쉽게 고쳐지겠습니까? 하지만 '진리의 말씀'이 우리를 붙잡아 주고, '진리의 영이신 성령'께서 우리를 도와주시면 우리도 돌이킨 삶, 변화된 삶을 살 수 있습니다.

성경은 세상을 가리켜 장막이라고 말하고(고후 5:1), 우리가 걸어가는 인생을 나그네와 행인에 비유해서 말합니다(벧전 2:11). 이 말씀은 우리가 거할 처소가 이 세상이 아니라는 것을 분명히 가르쳐 줍니다. 우리는 '진리'를 모르고, '복음'을 받지 못한 세상 사람들처럼 살지 않습니다. 본문에서 확인한 것처럼, 세상 사람들은 군중으로 몰려다니고 와글와글 떠들어 대도 자기들이 무엇 때문에 모였는지 알지 못했습니다. 왜 그렇습니까? 그들은 헛된 것, 허망한 것, 없어질 것을 따르며 살기 때문입니다. 그에 비해서 우리는 사람들이 즐겨 찾지 않는 좁은 길, 좁은 문으로 다니는 것 같지만, 우리 앞에는 천국과 영생이 있으며 열매를 맺는 삶을 살고 있습니다.

'각주구검'이라는 고사성어가 있습니다. 중국의 춘추 전국 시대에 한 청년이 귀한 검을 가지고 강을 건너다가, 강 한복판에서 실수로 검을 강물에 떨어뜨렸습니다. 당황한 청년은 주머니에서 작은 칼을 꺼내서,

자기가 떨어뜨린 배 위치에 칼자국을 내서 표를 했습니다. 배가 나루터에 도착하자 청년은, 표를 해 둔 배 밑으로 들어가서 온종일 칼을 찾았지만 찾지 못했습니다. 그 청년의 모습을 본 사람들이 비웃으며 한 말이 '각주구검'입니다. 답이 없는 곳에서 답을 찾는 것만큼 헛된 수고가 없습니다. 세상에는 답이 없습니다. 세상에서 구하는 모든 것은 다 없어질 것입니다.

> 요한1서 5:20, "또 아는 것은 하나님의 아들이 이르러 우리에게 지각을 주사 우리로 참된 자를 알게 하신 것과 또한 우리가 참된 자 곧 그의 아들 예수 그리스도 안에 있는 것이니 그는 참 하나님이시요 영생이시라"

우리가 하나님의 아들을 알고, 그 아들 안에서 살게 된 것이 복된 일입니다. 정답을 가졌으니, 정답을 가진 자처럼 열매 맺는 삶을 사는 저와 여러분이 되길 기원합니다.

사도행전 20:6~12

생명이 그에게 있다 하고

"우리는 무교절 후에 빌립보에서 배로 떠나 닷새 만에 드로아에 있는 그들에게 가서 이레를 머무니라 7. 그 주간의 첫날에 우리가 떡을 떼려 하여 모였더니 바울이 이튿날 떠나고자 하여 그들에게 강론할새 말을 밤중까지 계속하매 8. 우리가 모인 윗다락에 등불을 많이 켰는데 9. 유두고 하는 청년이 창에 걸터앉아 있다가 깊이 졸더니 바울이 강론하기를 더 오래 하매 졸음을 이기지 못하여 삼 층에서 떨어지거늘 일으켜보니 죽었는지라 10. 바울이 내려가서 그 위에 엎드려 그 몸을 안고 말하되 떠들지 말라 생명이 그에게 있다 하고 11. 올라가 떡을 떼어 먹고 오랫동안 곧 날이 새기까지 이야기하고 떠나니라 12. 사람들이 살아난 청년을 데리고 가서 적지 않게 위로를 받았더라"

1절에 "소요가 그치매."라고 했습니다. '데메드리오'에 의해 일어났던 소요가 그친 후, 바울은 에베소를 떠나 마케도니아 지방으로 갔습니다. 사도행전을 기록한 누가는, 바울이 에베소를 떠나기 전에 "제자들을 불러 권면의 말을 하고 작별"했다고 하면서, 당시의 정황을 구체적으로 설명했습니다[1]. 이것은 바울이 에베소를 떠나게 된 이유가, 그곳에서 벌어졌던 소요나 핍박 때문에 도망치듯 떠나게 된 것이 아니라, 계획에 따라 떠난 것임을 뜻합니다.

2절에 "그 지방으로 다녀갔다."라고 했는데, 에베소에서부터 고린도까지 가는 길에 있던 모든 도시를 다 포함하는 말입니다. 바울이 2차 전도 여행을 하면서 다녀갔던 빌립보, 데살로니가, 베뢰아에 있는 교회를 방문하여 그곳의 성도들을 격려하고 위로했을 것으로 보입니다. 3절에 "석 달 동안 있다가."라고 했는데, 바울이 머물렀던 곳은 고린도 출신으로 바울과 함께 3차 전도 여행을 함께 했던 '가이오'의 집이었던 것으로 보입니다.

> 로마서 16:23, "나와 온 교회를 돌보아 주는 가이오도 너희에게 문안하고 이 성의 재무관 에라스도와 형제 구아도도 너희에게 문안하느니라"

바울은 고린도에 머물면서 로마서를 기록했는데, 바울은 그동안 로마로 가려고 했던 계획이 여러 번 막혔었다고 말하면서, 곧 방문하겠다는 약속을 했습니다.

> 로마서 15:22-23, "그러므로 또한 내가 너희에게 가려 하던 것이 여러 번 막혔더니 23. 이제는 이 지방에 일할 곳이 없고 또 여러 해 전부터 언제든지 서바나로 갈 때에 너희에게 가기를 바라고 있었으니"

고린도는 항구가 있는 도시여서 예루살렘 방면으로 배를 타고 가는 것이 가장 빠른 교통편이었지만, 유대인들이 바울을 죽이려고 공모한 것을 알게 됩니다. 그래서 육로로 돌아가게 되는데, 4절에는 바울이 안전하게 예루살렘까지 갈 수 있도록 그가 돌아가는 길을 수행했던 사람들의 이름을 소개하고 있습니다.

5절에, 바울을 수행하던 일곱 사람은 먼저 드로아에 도착해서 기다렸고, 바울은 빌립보에 있던 누가를 데리고 가서 먼저 기다리던 일행과 합류했습니다. 6절에, 바울이 누가와 함께 빌립보에 남았던 이유가 무교절 절기를 지키기 위했음을 알 수 있습니다. 고린도에서부터 바울을 수행했던 일곱 사람은 이방인 출신으로, 유대인의 율법을 지켜야 할 의무가 없는 사람들이었습니다. 하지만 바울은 더 많은 사람을 구원하고자 하여 율법의 의무를 지킨 것입니다.

> 고린도전서 9:19-23, "내가 모든 사람에게서 자유로우나 스스로 모든 사람에게 종이 된 것은 더 많은 사람을 얻고자 함이라 20. 유대인들에게 내가 유대인과 같이 된 것은 유대인들을 얻고자 함이요 율법 아래에 있는 자들에게는 내가 율법 아래에 있지 아니하나 율법 아래에 있는 자 같이 된 것은 율법 아래에 있는 자들을 얻고자 함이요 21. 율법 없는 자에게는 내가 하나님께는 율법 없는 자가 아니요 도리어 그리스도의 율법 아래에 있는 자이나 율법 없는 자와 같이 된 것은 율법 없는 자들을 얻고자 함이라 22. 약한 자들에게 내가 약한 자와 같이 된 것은 약한 자들을 얻고자 함이요 내가 여러 사람에게 여러 모습이 된 것은 아무쪼록 몇 사람이라도 구원하고자 함이니 23. 내가 복음을 위하여 모든 것을 행함은 복음에 참여하고자 함이라"

"그 주간의 첫날에 우리가 떡을 떼려 하여 모였더니"[7]라고 했습니다. '그 주간의 첫날'이란 말은 안식일 다음 날로, 오늘날의 '주일'입니다. 사도들은 예수님의 부활과 성령 강림이 있었던 안식 후 첫날(주일)에 모여서 성도들과 함께 예배하고, 주님의 명령을 따라 '떡을 떼는'(성찬) 일을 했습니다. 그리고 사도들이 정해서 시작된 '주일' 모임은, 초대 교회 내에서 예배하는 날로 인정하게 됐고, 복음이 전파되고 교회가 세워지는 곳마다 주일을 지켰던 것입니다.

"우리가 떡을 떼려 하여 모였다."라고 했습니다. 초대 교회 때부터 지금까지 인정되고 있는 은혜의 수단은 '말씀과 성례'입니다. 이것은 본문에서 본 것처럼 성경에서 확인되는 증거이기도 하고, 교회를 통해서 내려오는 수많은 문서와 교회의 가르침(교리)을 통해서 전해 내려오는 것입니다. 사도들에 의해 정해진 관습은, 주님께서 가르쳐 주신 대로[고전 11:22-26] 주일에 모여 예배할 때마다 떡을 떼며, 주의 죽으심을 기념하며 전하는 것이었습니다. 하지만 사도들이 세운 '성찬'에 관한 교회의 좋은 전통은, 타락한 로마 가톨릭에 의해 그리스도가 아니라 사제의 권한을 강화하는 쪽으로 변질되고 말았습니다. '성찬'에 관한 부분은 다음에 설명해 드릴 기회가 있을 것입니다.

오늘 우리가 주목해서 살펴보려고 하는 내용은, '유두고'라 하는 청년이 창틀에 걸터앉아 졸다가 3층에서 떨어져서 죽었는데, 바울이 다시 살렸다는 내용입니다. 바울 일행이 '드로아'에 일주일을 머물다가[6] 주일 예배를 드린 후, 다음 날 떠나기로 했습니다.

7, "바울이 이튿날 떠나고자 하여 그들에게 강론할새 말을 밤중까지 계속하매"

이제 바울이 그곳을 떠나고 나면, 바울이 언제 그들에게 다시 돌아와서 말씀을 전하게 될지 아무도 알 수 없는 상황입니다. 그렇다 보니 바울의 강론이 깊은 밤중까지 계속 이어졌던 것으로 보입니다. "우리가 모인 윗 다락에 등불을 많이 켰는데"⁽⁸⁾라고 했습니다. 회당이 있는 유대교와 달리, 초대 교회는 개인의 집에서 시작된 곳이 많습니다. 바울이 강론하고 있는 다락방도 누구의 집이었는지는 알 수 없지만, 장애물 없이 많은 사람이 모일 수 있는 다락을 이용하여 모임을 가졌던 것으로 보입니다. 같은 맥락에서 오순절 성령 강림이 있었던 곳도 '마가'의 다락방이었습니다.

> 9. "유두고라 하는 청년이 창에 걸터앉아 있다가 깊이 졸더니 바울이 강론하기를 더 오래 하매 졸음을 이기지 못하여 삼 층에서 떨어지거늘 일으켜보니 죽었는지라"

바울의 강론이 밤늦게까지 이어졌음에도 말씀 듣는 것을 좋아하여 그곳을 떠나지 않은 성도들이 얼마나 많았던지 창틀에 걸터앉아야 할 만큼 많았음을 볼 수 있습니다. 8절에는 당시 다락방의 상황을 묘사하면서 '등불을 많이' 켰다고 했습니다. 좁은 공간에 많은 사람이 모여 있고, 등불이 타면서 내는 연기는 실내 공기를 더욱 답답하게 했을 것입니다.

여기서 우리가 알아야 할 것은, 사도행전을 기록한 '누가'가 의사였다는 것입니다. '누가'는 의료인으로서, '유두고'가 3층 다락에서 떨어져 죽게 된 이유와 그가 바울에 의해서 다시 살아나게 된 모든 과정을 매우 상세하게 기록하고 있습니다. 초대 교회 내에서 이름도, 존재감도 없는 '유두고'라는 청년이 경험한 이 사건을 이처럼 상세하게 기록했을 때는, 그 이유가 있었을 것입니다. 자주 드리는 말씀이지만, 성경에 기록된 '기적'은 '하나님의 하나님 되심'과 '예수 그리스도의 주 되심'을 증거하기 위한 것입니다.

'기적'은 오직 사람을 위해서만 일어난다는 사실을 아십니까? 하나님의 말씀으로 창조된 세상은, 세상이 창조되던 그때부터 앞으로 있을 심판의 날까지, 오직 하나님께서 정하신 '창조의 원리'를 따라 움직입니다. 우주와 태양계의 움직임, 계절과 시간, 바람과 구름의 움직임, 약육강식의 원리로 작동되는 동물의 세계에 이르기까지 모든 것은 '창조의 원리'를 따릅니다. 하지만 때로는 하나님께서, '창조의 원리'가 아니라 '하나님의 능력'을 보여 주시는 방법으로 당신의 백성을 하나님께로 부르시는데, 그것이 바로 '기적'입니다.

오늘 본문에 등장하는 '유두고 사건'도 이와 같은 맥락에서 이해해야 합니다. 앞서도 말씀드린 것처럼, '유두고'라는 청년이 3층 창문에 걸터앉아 바울의 강론을 듣는 중에 깊이 졸다가 떨어져 죽게 된 것은, 이해되는 이유가 있었습니다. 그래서 단지 설교 시간에 깊이 졸았다는 것을 타박할 수는 없는 것입니다. 그것보다는 '유두고'를 통해서 인간이 지닌 한계를 지적한 것으로 보입니다.

'드로아'의 성도들이 모인 날은, 당시의 요일 개념으로 보면 평일입니다. 유대인이 휴식일로 삼는 '안식일'이 아니라 '안식 후 첫날'이기 때문에, 일을 마친 저녁에 모임을 시작했고, 바울의 강론이 깊은 밤중까지 이어진 것입니다. 게다가 '유두고'는 청년인 관계로 다른 사람들에게 좋은 자리를 양보하고, 자기는 가장 불편한 창틀에 걸터앉아 오랫동안 설교를 들어야 했습니다. 그렇지 않아도 피곤한 몸이, 더욱 피곤할 수밖에 없는 상황이었던 것입니다. 만약 '유두고'가 설교 시간에 깊이 졸았던 것이 잘못한 일이었다면, 바울은 예수님께서 겟세마네 동산에서 제자들에게 말씀하셨던 것처럼 책망했을 것입니다.

> 마가복음 14:37-38, "돌아오사 제자들이 자는 것을 보시고 베드로에게 말씀하시되 시몬아 자느냐 네가 한 시간도 깨어 있을 수 없더냐 38. 시험에 들지 않게 깨어 있어 기도하라 마음에는 원이로되 육신이 약하도다 하시고"

하지만 바울은 졸다가 3층에서 떨어져 죽은 '유두고'를 다시 살리면서, "네가 한 시간도 깨어 있을 수 없더냐."라고 하면서 책망하지 않았습니다. 오히려 갑작스러운 사고로 죽은 '유두고'를 보면서 웅성거리는 사람들에게, "떠들지 말라 생명이 그에게 있다."라고 하면서 사람들을 안심시켰습니다. 그리고 죽은 유두고를 끌어안았을 때, 그의 생명이 돌아왔습니다.

> 10-11, "바울이 내려가서 그 위에 엎드려 그 몸을 안고 말하되 떠들지 말라 생명이 그에게 있다 하고 11. 올라가 떡을 떼어 먹고 오랫동안 곧 날이 새기까지 이야기하고 떠나니라"

본문에 기록된 '유두고' 사건은 신약 성경에 기록된 다른 비슷한 사건들과 비교했을 때, 뜬금없어 보이는 면이 있습니다. 복음서에는 예수님께서 세 번에 걸쳐서 죽은 사람을 살린 기적이 기록되어 있습니다. 회당장의 딸을 살리셨고(막 5:22-43), 나인 성 과부의 죽은 아들을 살리셨으며(눅 7:11-16), 죽은 지 나흘 된 나사로를 무덤에서 살리셨습니다(요 11:1-

44). 예수님께서 행하신 이 기적들은, 사람들에게 예수님의 신성을 나타내 보이심과 동시에, 예수께서 하나님의 아들이심을 증명해 보이시는 기적들입니다. 또한, 십자가에서 죽으신 예수님께서 부활하실 것임을 미리 보여 주는 기적입니다.

그런가 하면 베드로가 욥바의 여제자 다비다를 다시 살렸습니다(행 9:36-42). 이 여제자는 선행과 구제를 많이 했던 사람으로, 그곳의 모든 과부가 베드로에게 와서 다비다가 만들어 준 옷을 보여 줄 만큼 신실했던 제자였습니다. 그리고 베드로가 죽은 다비다를 다시 살렸을 때, "온 욥바 사람이 알고 많은 사람이 주를 믿더라"(행 9:42)라고 할 만큼 복음 전도의 역사가 일어났습니다.

이에 비해서 '유두고'라는 청년은, 바울이 설교하는 시간에 졸다가 3층에서 떨어져 죽었고, 다시 살아난 뒤에는 날이 샐 때까지 떡을 먹으며 이야기하다가 갔습니다. 그래서 '사건의 기록 자체'로만 봤을 때, 바울이 '유두고를 다시 살린 기적'은 성경에 기록된 비슷한 다른 기적들에 비해서 비교적 덜 알려져 있습니다. 오늘 우리가 '유두고 사건'을 집중해서 살펴보려고 하는 이유가 바로 이것입니다. 본문에 등장하는 '유두고'는, 많은 면에서 우리의 모습과 닮았습니다.

지난 시간에 솔로몬이 지은 '전도서' 말씀에서도 확인했던 것처럼, 우리 인생은 피곤하게 많은 일을 하며 살면서도 열매는 맺지 못하는 헛된 삶을 살고 있습니다. 우리 가운데 그 누가 피곤하지 않은 사람이 있으며, 스트레스와 고민 없이 콧노래만 부르면서 사는 사람이 있겠습니까? 야곱이 애굽 왕 바로에게 말했던 것처럼, 우리도 우리 나름대로 '험악한 세월'을 살아왔고(창 47:9), 오늘도 살고 있습니다. 참 쉽지 않은 인생입니다. 이렇게 우리는 매일 바쁘고 피곤하게 살면서 일만 죽으라고 했지, 열매는 하나도 맺지 못하는 인생을 살고 있습니다. 우리가 수고의 열매라고 가진 것 중에서, 영원히 가질 수 있는 것은 없습니다. 그뿐만 아니라 힘겹게 살아온 인생의 끝은 심판과 멸망일 수밖에 없습니다. 하나님을 떠나서 행한 모든 일이 '죄'이기 때문입니다.

> 히브리서 9:27, "한 번 죽는 것은 사람에게 정해진 것이요 그 후에는 심판이 있으리니"

'유두고'가 3층 다락에서 떨어져 죽은 사건은, 이 같은 인생의 끝을 보여 줍니다. 이렇게 우리 인간은 잠깐의 '피곤함'조차 이겨 낼 수 없는 연약한 존재입니다. 인본주의를 가르치고 주입하는 세상의 교육은, 언제나 '인간의 가능성'을 말합니다. 몰라서 못 하는 것이고, 가르치지 않아서 실수하는 것이지, 잘 가르쳐서 그 사람 내면에 있는 가능성을 발견해 주고 칭찬해 주면 발전하고 성장한다는 것입니다. 그래서 "너는 최고다, 너는 할 수 있다, 네가 하고 싶은 일을 하고, 네가 원하는 삶을 살아도 된다."라고 가르치는 것이 인본주의 교육입니다.

그런데 세계 최고의 교수가 가르쳐도, 배우는 사람의 지적 능력이나 의지력이 부족하거나, 신체 능력에 결핍이 있으면, 기대한 만큼의 효과를 얻을 수 없습니다. 더 큰 문제는 성취나 능력 여하에 상관없이 인간 자체가 지닌 한계가 있습니다. 우리는 눈에 보이지도 않는 바이러스조차 이길 힘이 없고, 몸 안에 생긴 중병을 이겨 내거나, 예상하지 못한 사고나 자연재해를 피할 능력이 없습니다. 심지어 가까운 사람과의 관계에서 발생하는 감정적 변수도 스스로 제어하지 못하고, 마치 거센 파도 위에 있는 작은 배처럼 불안한 존재가 인간입니다. 성경은 인간이 지닌 불안한 상태, 절망뿐인 상태를 정확하게 지적하면서, 하나님께서 홍수로 세상을 심판하시기 직전의 상태를 이렇게 말합니다.

> 창세기 6:12, "하나님이 보신즉 땅이 부패하였으니 이는 땅에서 모든 혈육 있는 자의 행위가 부패함이었더라"

인간이 하는 모든 행위가 부패했다는 사실은 솔로몬의 기도에서도 확인됩니다.

> 열왕기상 8:46-50, "범죄하지 아니하는 사람이 없사오니 그들이 주께 범죄함으로 주께서 그들에게 진노하사 그들을 적국에게 넘기시매 적국이 그들을 사로잡아 원근을 막론하고 적국의 땅으로 끌어간 후에 47. 그들이 사로잡혀 간 땅에서 스스로 깨닫고 그 사로잡은 자의 땅에서 돌이켜 주께 간구하기를 우리가 범죄하여 반역을 행하며 악을 지었나이다 하며 48. 자기를 사로잡아 간 적국의 땅에서 온 마음과 온 뜻으로 주께 돌아와서 주께서 그들의 조상들에게 주신 땅 곧 주께서 택하신 성읍과 내가 주의 이름을 위하여 건축한 성전 있는 쪽을 향하여 주께 기도하거든 49. 주는 계신 곳 하늘에서 그들의 기도와 간구를 들으시고 그들의 일을 돌아보시오며 50. 주께 범죄한 백성을 용서하시며 주께 범한 그 모든 허물을 사하시고 그들을 사로잡아 간 자 앞에서 그들로 불쌍히 여김을 얻게 하사 그 사람들로 그들을 불쌍히 여기게 하옵소서"

이 기도문은 솔로몬이 다윗의 유언을 따라 성전을 완공한 후, 여호와의 영광이 구름과 함께 성전에 가득할 때 하나님께 드린 기도입니다. 솔로몬은 하나님 앞에 죄를 범하지 않는 사람은 없다고 단호하게 선언합니다. 그 결과 인간은 주의 진노를 받게 될 것이고, 포로로 끌려갈 것이라고 합니다. 그들은 포로로 붙잡혀 간 땅에서 자기들이 범한 반역과 죄악을 깨닫게 될 것이며, 그제야 비로소 하나님께 용서를 구하고 불쌍히 여겨 달라고 기도할 것입니다. 솔로몬이 하나님께 구하는 것이 무엇입니까? "그들을 불쌍히 여겨 달라"는 것입니다. 이와 같은 솔로몬의 기도는, 세상에 오신 예수님께서 사람들을 보면서 가지셨던 마음과 정확하게 일치합니다.

> 마태복음 9:35-36, "예수께서 모든 도시와 마을에 두루 다니사 그들의 회당에서 가르치시며 천국 복음을 전파하시며 모든 병과 모든 약한 것을 고치시니라 36. 무리를 보시고 불쌍히 여기시니 이는 그들이 목자 없는 양과 같이 고생하며 기진함이라"

예수님께서 병을 고치고, 귀신을 쫓아내신 이유가 불쌍히 여기셨기 때문이랍니다. 기독교 복음을 이해하려면, 이와 같은 사실에 대한 분명한 이해가 있어야 합니다. 하나님께서 당신의 아들을 세상에 보내어 우리를 구원하신 이유는, 우리가 불쌍해서입니다. 그리고 우리는 이 순서를 바꿔서 생각하지 말아야 합니다. 예수님께서 세상에 오셔서 천국 복음을 전파하시고, 모든 병과 약한 것을 고쳐 주실 때, 사람들이 잘 듣고 좋아하니까 그들을 불쌍히 여긴 것이 아닙니다.

선교사로서 가난한 아이들에게 복음을 전하고 구제하는 일을 하다 보면, 이와 비슷한 경험을 자주 하게 됩니다. 예배가 끝나면, 돌아가는 아이들에게 간식이나 학용품 등을 나눠 주는데, 그중에 어떤 아이들은 특별히 마음이 가는 아이가 있어서 하나씩 더 줄 때도 있습니다. 예배 드리는 모습, 기도하는 모습, 동생이나 주변의 아이들을 잘 챙겨 주는 아이를 보면 기특하기도 하고, 안쓰럽기도 해서 조금 더 주기도 합니다. 그때 선교사가 그 아이를 더 챙겨 준 것은, 그 아이가 더 예뻐서인가요? 아니요, 그 아이들을 만나러 갈 때부터 이미 줄 것을 챙겨서 가지고 간 것입니다.

예수님께서 세상에 오신 것 자체가 하나님의 용서와 사랑이 전제된 것입니다. 인간의 반응과 상관없이 죄로 인해 멸망당할 인간을 불쌍히 여기신 하나님께서 당신의 아들을 세상에 보내신 것입니다. 그런 의미에서 복음을 듣고 영접한 사람들의 반응이나 신앙적인 행위 같은 것은, 하나님의 용서나 사랑을 받게 된 이유나 근거가 되지 못합니다.

> 요한복음 11:32-35, "마리아가 예수 계신 곳에 가서 뵈옵고 그 발 앞에 엎드리어 이르되 주께서 여기 계셨더라면 내 오라버니가 죽지 아니하였겠나이다 하더라 33. 예수께서 그가 우는 것과 또 함께 온 유대인들이 우는 것을 보시고 심령에 비통히 여기시고 불쌍히 여기사 34. 이르시되 그를 어디 두었느냐 이르되 주여 와서 보옵소서 하니 35. 예수께서 눈물을 흘리시더라"

이 말씀은 나사로가 죽었다는 소식을 들은 예수님께서, 나사로의 집이 있는 베다니로 오셔서 울고 있는 마리아에게 하신 말씀입니다. 마리아는 만약 예수님께서 베다니에 계셨더라면 자기 오빠가 죽지 않았을 거라고 말했습니다. 그것을 본 유대인들도 마리아와 같은 심정으로 함께 울었습니다. 그런데 이런 상황에서 눈에 띄는 모습이 있습니다. 예수님도 우셨다는 것입니다.

예수님께서 마리아의 집에 오신 이유는 죽은 지 나흘이나 지나 무덤에 있는 나사로를 다시 살리기 위함입니다. 그렇다면 다시 살리면 되지 왜 우셨을까요? 이것이 의미하는 바는, 인간이라는 존재가 죄의 결과물인 '죽음'을 피할 수 없음을 보여 주는 것입니다. 예수님께서 아무리 나사로를 사랑하셨다 해도(요 11:15), 죄 가운데 태어난 인간은 죽음을 피할 수 없습니다.

> 로마서 3:23-24, "모든 사람이 죄를 범하였으매 하나님의 영광에 이르지 못하더니 24. 그리스도 예수 안에 있는 속량으로 말미암아 하나님의 은혜로 값 없이 의롭다 하심을 얻은 자 되었느니라"

우리 인간이 죄 용서를 받고 구원받은 것은 하나님의 은혜로 된 것입니다. 우리를 불쌍히 여기셔서, 값없이 용서하시고, 값없이 의롭다고 여겨 주신 것입니다. 하나님께서 우리를 은혜로 구원하신 것과 구원받은 우리가 마땅히 하나님의 백성으로서 책임 있는 삶을 사는 것을 한 그릇에 담아서 섞으면 안 됩니다. 이것을 이해하지 못하니까 어떤 사람들은, 자기가 구원받은 것은 자기가 열심히 행한 신앙의 행위 때문이라고 주장합니다. 같은 맥락에서 또 어떤 사람들은, "내가 지은 죄가 많아서 또는, 아직 술, 담배를 끊지 못해서 교회에 못 간다, 지금보다 형편이 나아지면 교회에 가겠다"고 합니다.

그런데 이런 자세는 하나님과 구원에 대해서 크게 오해하는 것입니다. 예를 들면, "나는 공부를 못 하니까, 공부를 좀 더 잘하게 되면 학교에 가겠다, 지금 많이 아프니까 좀 더 회복되면 병원에 가겠다"고 하는 것과 같습니다. 공부를 못하니까 공부를 잘하려고 학교에 가는 것 아닙니까? 너무 아프니까 병을 진단하고, 고치기 위해서 병원에 가는 것 아닙니까?

구원은 하나님 앞에 나오지 않으면 받을 수 없다는 사실을 기억해야 합니다. 죄로 인해 멸망받을 인생을 하나님께서 불쌍히 여기셔서, 어떤 조건이나 자격도 제한하지 않으시고 구원받을 수 있는 길을 열어 주셨습니다. 그런데 교만하고 무지한 인간이 하나님께서 닦아 주신 잘 만들어진 길 위에 스스로 장애물을 만들면서, 가지 않으려고 발버둥 치고 있습니다. 그래서 내가 뭘 끊으면, 내 형편이 나아지면, 죄 안 지으면 가겠다고 합니다. 아니요, 순서가 바뀌었습니다. 우리가 뭘 잘해서 하나님께 당당하게 나갈 수 있는 것이 아니라, 우리가 불쌍해서 하나님께서 구원해 주시는 것입니다.

오늘 본문에 '유두고'가 3층 다락 창틀에 앉아서 졸다가 떨어져서 죽었습니다. 바울이 '유두고'를 다시 살린 것은, '졸음'조차도 이기지 못하는 인간의 연약함을 드러냄과 동시에, 그런 인간을 불쌍히 여기시는 하나님의 사랑을 보인 것입니다. 설교를 시작하면서 말씀드린 것처럼, 똑같이 창조하신 피조물이지만 하나님께서는 죽은 동물을 '기적'과 같은 방법으로 다시 살리시지 않습니다. '기적'은 오직 사람을 위해서만 베푸시며, 사람에게만 필요합니다. 무엇 때문일까요? 하나님께서 당신의 형상과 모양으로 만드신 사람을 사랑하시기 때문이며, 하나님께서 자기 백성을 특별한 관계로 부르시기 때문입니다. 저와 여러분이 그 사랑을 받은 사람들입니다.

> 누가복음 17:11-14, "예수께서 예루살렘으로 가실 때에 사마리아와 갈릴리 사이로 지나가시다가 12. 한 마을에 들어가시니 나병환자 열 명이 예수를 만나 멀리 서서 13. 소리를 높여 이르되 예수 선생님이여 우리를 불쌍히 여기소서 하거늘 14. 보시고 이르시되 가서 제사장들에게 너희 몸을 보이라 하셨더니 그들이 가다가 깨끗함을 받은지라"

여기 기록된 나병 환자 외에도, 복음서에는 예수님께 "자기들을 불쌍히 여겨 달라"고 요청해서 병 고침을 받은 사람들, 흉악한 귀신에 들렸었지만 예수님께서 그 귀신을 쫓아내어 온전해진 사람들이 많습니다. 그래서 우리가 가져야 할 자세는 성경에 기록된 사람들처럼 자신의 연약함을 인정하고 하나님께서 주시는 은혜를 감사함으로 받아야 합니다. 하나님 앞에서 당당하려고 하지 마십시오. 오히려 불쌍히 여겨 달라고 하십시오.

> 미가 7:18-19, "주와 같은 신이 어디 있으리이까 주께서는 죄악과 그 기업에 남은 자의 허물을 사유하시며 인애를 기뻐하시므로 진노를 오래 품지 아니하시나이다 19. 다시 우리를 불쌍히 여기셔서 우리의 죄악을 발로 밟으시고 우리의 모든 죄를 깊은 바다에 던지시리이다"

주와 같은 신이 어디에 또 있겠습니까? 주께서는 주의 백성의 죄를 용서하시며, 언제나 노하기만 하지 않으시고 주의 한결같은 사랑을 보이시는 분이십니다. 이것을 잊지 마십시오. 죄는 누가 지었습니까? 우리가 지었습니다. 용서는 누가 하십니까? 하나님께서 하십니다. 그런데 단순히 눈감아 주고, 모른 체해 주는 그런 용서가 아니라, 죄지은 우리보다 죄를 더 미워하셔서 하나님께서 친히 죄를 발로 밟고 바다에 던진다고 했습니다. 그 이유가 무엇입니까? "우리를 불쌍히 여기셔서"입니다.

기독교 구원의 근거는, "우리를 불쌍히 여기시는 하나님의 마음"입니다. 이것을 잊지 말아야 합니다. 이 사실을 잊어버리면 하나님 앞에서도 고개를 쳐들고 싶게 되고, 당당한 모습을 보이려고 하게 됩니다. "허물과 죄로 죽었던 우리를 다시 살리신!"(엡 2:1) 하나님의 은혜를 늘 기억하면서, 감사하는 마음과 겸손한 자세로 하나님 앞에 나오는 저와 여러분이 되길 기원합니다.

사도행전 20:16~24

주 예수께 받은 사명

"바울이 아시아에서 지체하지 않기 위하여 에베소를 지나 배 타고 가기로 작정하였으니 이는 될 수 있는 대로 오순절 안에 예루살렘에 이르려고 급히 감이러라 17. 바울이 밀레도에서 사람을 에베소로 보내어 교회 장로들을 청하니 18. 오매 그들에게 말하되 아시아에 들어온 첫날부터 지금까지 내가 항상 여러분 가운데서 어떻게 행하였는지를 여러분도 아는 바니 19. 곧 모든 겸손과 눈물이며 유대인의 간계로 말미암아 당한 시험을 참고 주를 섬긴 것과 20. 유익한 것은 무엇이든지 공중 앞에서나 각 집에서나 거리낌이 없이 여러분에게 전하여 가르치고 21. 유대인과 헬라인들에게 하나님께 대한 회개와 우리 주 예수 그리스도께 대한 믿음을 증언한 것이라 22. 보라 이제 나는 성령에 매여 예루살렘으로 가는데 거기서 무슨 일을 당할지 알지 못하노라 23. 오직 성령이 각 성에서 내게 증언하여 결박과 환난이 나를 기다린다 하시나 24. 내가 달려갈 길과 주 예수께 받은 사명 곧 하나님의 은혜의 복음을 증언하는 일을 마치려 함에는 나의 생명조차 조금도 귀한 것으로 여기지 아니하노라"

무교절 절기를 지키기 위해서 자신을 수행하던 사람들을 드로아로 먼저 보내고 빌립보에 머물렀던 바울은, 오순절 절기는 예루살렘으로 가서 지키기 원했습니다. 그래서 항구가 있는 밀레도로 가서 에베소교회의 장로들을 그곳에서 청했습니다. 바울이 에베소교회를 들르지 않고 밀레도로 갔던 것은, 고린도교회가 예루살렘교회를 돕기 위해 모금한 연보를 속히 전해 주려는 마음이 있었기 때문입니다. 이 연보는 단순히 구제만을 위한 연보가 아니라, 이방에 세워진 교회와 예루살렘교회가 그리스도 안에서 하나라는 것을 나타내 보이는 상징과 같은 것이었습니다.

> 고린도전서 16:1-3, "성도를 위하는 연보에 관하여는 내가 갈라디아 교회들에게 명한 것 같이 너희도 그렇게 하라 2. 매주 첫날에 너희 각 사람이 수입에 따라 모아 두어서 내가 갈 때에 연보를 하지 않게 하라 3. 내가 이를 때에 너희가 인정한 사람에게 편지를 주어 너희의 은혜를 예루살렘으로 가지고 가게 하리니"

바울이 오순절 절기를 예루살렘에 가서 지키려고 했던 또 다른 이유는, 그때가 복음을 전하기에 가장 좋은 기회가 되기 때문입니다. 먼저는 오순절 절기를 지키기 위해서 각처에서 많은 사람이 예루살렘으로 모여들기에, 오순절 절기는 예수 그리스도를 전할 수 있는 가장 좋은 기회였습니다. 또한, 그동안 바울이 이방 땅을 다니면서 복음을 전했을 때, 아시아 지역뿐만 아니라 아가야와 마케도니아에도 교회가 세워졌음을 보고하기 위함이었습니다.

지금도 배로 여행을 하려면 가장 먼저 고려되어야 하는 것이 날씨입니다. 그래서 울릉도나 독도로 운항하는 배들은 날씨 때문에 결항할 때가 많습니다. 2천 년 전에 운항했던 배들은 오늘날보다 날씨의 영향을 더 많이 받았을 것입니다. 바울이 하루라도 빨리 항구가 있는 밀레도에 와서 예루살렘 방향으로 가는 배를 기다렸던 것은, 날씨에 따라 조정될 수 있는 변수를 대비하려 했을 것입니다. 그렇게 밀레도에 도착한 바울은, 그곳에서 약 31마일(50km) 정도 거리의 에베소교회에 사람을 보내어, 에베소교회 장로들에게 밀레도로 와 달라고 청했습니다. 이것은 평소에 바울이 에베소교회를 생각하고 위하는 마음이 얼마나 컸는지 확인할 수 있는 장면이기도 합니다.

에베소교회 장로들도 바울이 부른다는 소식을 듣자마자 밀레도로 왔습니다[18]. 바울은 에베소교회 장로들에게, 자기가 3년 동안 에베소에 머물면서 그들에게 항상 어떻게 행했는지 또한, 무엇을 전하며 가르쳤는지 재확인시켜 주었습니다.

> 18, "오매 그들에게 말하되 아시아에 들어온 첫날부터 지금까지 내가 항상 여러분 가운데서 어떻게 행하였는지를 여러분도 아는 바니"

18~35절까지는 마치 에베소교회 성도들에게 주는 유언과도 같은 바울의 고백이 이어지고 있습니다. 바울도, 에베소교회 장로들도 이것이 마지막 만남일 수 있다는 것을 알았습니다. 하지만 그 누구도 바울이 가려고 하는 길을 막지 않았고, 바울 역시 이것이 자기 인생의 마지막 선택일 수 있음을 알면서도 기꺼이 그 길을 떠나고 있습니다.

> 36-38, "이 말을 한 후 무릎을 꿇고 그 모든 사람들과 함께 기도하니 37. 다 크게 울며 바울의 목을 안고 입을 맞추고 38. 다시 그 얼굴을 보지 못하리라 한 말로 말미암아 더욱 근심하고 배에까지 그를 전송하니라"

오늘 우리가 주목해서 살펴보려고 하는 내용이 바로 이것입니다. 바울이 에베소교회 장로들에게 한 말이 무엇이었습니까? '첫날부터 지금까지', 3년여 동안 그들과 함께 있으면서 그들에게 전했던 말씀과 그들에게 보였던 바울의 행위는, 에베소교회 모든 성도가 잘 아는 바였습니다.

바울의 이 말을 우리가 기억해야 합니다. 신약 교회의 역사에서 바울이 차지하는 비중은, '절대적'이라고 해도 과하지 않습니다. 바울은 신약 성경 27권 중에서 13권(혹은 히브리서까지 14권)을 기록했고, "오직 예수 그리스도를 믿음으로만 구원 얻는" 기독교 교리를 구체화한 사람입니다. 하지만 교회 역사에서 바울의 영향력이 절대적이라고 평가하는 이유는, 그가 단지 기독교의 교리적인 토대를 만들었기 때문만은 아닙니다. 그에 못지않게 그가 교회와 성도들에게 가르쳤던 말씀처럼, 그의 삶을 통해서 그리고 생애 전체에 걸쳐서 실제로 말씀을 따라 살았기 때문입니다.[19-21] 무엇보다 바울은 성령께서 그를 이끌어 가시는 곳이, 환난과 죽음을 요구하는 곳임을 알면서도 '주 예수께 받은 사명'을 감당하기 위해 기꺼이 순종했습니다.

> 22-24. "보라 이제 나는 성령에 매여 예루살렘으로 가는데 거기서 무슨 일을 당할지 알지 못하노라 23. 오직 성령이 각 성에서 내게 증언하여 결박과 환난이 나를 기다린다 하시나 24. 내가 달려갈 길과 주 예수께 받은 사명 곧 하나님의 은혜의 복음을 증언하는 일을 마치려 함에는 나의 생명조차 조금도 귀한 것으로 여기지 아니하노라"

바울은 자기가 죽게 될 수도 있음을 알면서도 자기 생명도 아끼지 않고 예루살렘으로 올라갔고, 그가 말했던 것처럼 붙잡혀서 로마로 끌려가게 됩니다. 그런데 우리가 성경을 읽으면서 오해해선 안 되는 것이, 성경은 누군가를 영웅으로 만들고 그 영웅을 칭송하려고 기록한 책이 아니라는 것입니다. 따라서 이 말씀을 볼 때, "와! 바울은 정말 대단한 사람이었구나, 하지만 우리는 저렇게 하지 못할 거야."라고 하면서 바울을 영웅으로 만들고 끝나선 안 됩니다. "바울은 주님을 향한 열정과 의지가 굳건해서 목숨도 아끼지 않고 실천한 사람, 우리는 마음은 원이로되 육신이 약한 사람." 이런 결론은 곤란하다는 것입니다.

히브리서는 "구름 같이 둘러싼 허다한 믿음의 증인들"이 있다고 합니다(히 12:1). 그 증인들 중에는 우리에게 귀한 믿음의 모범을 보인 증인도 있지만, 실패하고 야단맞은 증인도 있고, 끝내 깨닫지 못함으로 심판 받은 증인도 있습니다. 특히 구약 이스라엘의 역사는, 하나님께서 그렇게 많은 기회를 주고 은혜를 베풀어 주었어도, 끝까지 하나님을 거역했던 배신의 역사요 배은망덕의 역사입니다.

구약 신명기는 그런 이스라엘의 모습을 한눈에 확인할 수 있는 말씀입니다. 이스라엘 백성을 가나안 땅의 입구까지 이끌어 온 모세가, 여리고 성이 건너다보이는 곳까지 와서 이스라엘 백성에게 고별 설교를 한 후 죽게 됩니다. 하나님께서는 모세에게 '이스라엘 자손에게 가르칠 노래'를 만들라고 하셨습니다. 그 노래는, 그들을 위하고 사랑하셨던 하나님을 설명하는 노래임과 동시에, 그들이 먹고 배부른 뒤에 얼마나 속히 하나님을 떠났는지 알 수 있는 노래였습니다.

> 신명기 31:19-22, "그러므로 이제 너희는 이 노래를 써서 이스라엘 자손들에게 가르쳐 그들의 입으로 부르게 하여 이 노래로 나를 위하여 이

스라엘 자손들에게 증거가 되게 하라 20. 내가 그들의 조상들에게 맹세한바 젖과 꿀이 흐르는 땅으로 그들을 인도하여 들인 후에 그들이 먹어 배부르고 살찌면 돌이켜 다른 신들을 섬기며 나를 멸시하여 내 언약을 어기리니 21. 그들이 수많은 재앙과 환난을 당할 때에 그들의 자손이 부르기를 잊지 아니한 이 노래가 그들 앞에 증인처럼 되리라 나는 내가 맹세한 땅으로 그들을 인도하여 들이기 전 오늘 나는 그들이 생각하는 바를 아노라 22. 그러므로 모세가 그 날 이 노래를 써서 이스라엘 자손들에게 가르쳤더라"

"그들이 먹어 배부르고 살찌면 돌이켜 다른 신들을 섬기며 나를 멸시하여 내 언약을 어기리니"[20]라고 했습니다. 이 말씀은, 우상 숭배와 죄악이 극심하여 나라가 멸망 직전 상태에 이르렀던 시기에, 이사야나 예레미야 같은 선지자들이 했던 예언이 아닙니다. 아직 이스라엘이 가나안 땅을 밟기 전에, 모세가 아직 살아 있을 때 여호와 하나님께서 모세에게 명하여, "노래를 만들어 자손에게 가르치라"고 한 말씀입니다.

그러면 이스라엘 백성들은 무엇 때문에 하나님으로부터 그렇게 큰 은혜와 사랑을 받았음에도 불구하고, 먹고 배부르고 살찌면 돌이켜서 하나님을 배신했을까요? 그것도 어느 한 시기의 사람들만이 아니라, 가나안 땅에 정착한 이후 예수께서 세상에 오실 때까지, 그들의 이와 같은 행동은 계속 반복됐습니다. 그들의 문제에 대해서 예수님께서는 이렇게 지적하셨습니다.

마태복음 12:33-35, "나무도 좋고 열매도 좋다 하든지 나무도 좋지 않고 열매도 좋지 않다 하든지 하라 그 열매로 나무를 아느니라 34. 독사의 자식들아 너희는 악하니 어떻게 선한 말을 할 수 있느냐 이는 마음에 가득한 것을 입으로 말함이라 35. 선한 사람은 그 쌓은 선에서 선한 것을 내고 악한 사람은 그 쌓은 악에서 악한 것을 내느니라"

마땅히 해야 하는 어떤 일을 하지 않아서 어떤 문제가 생겼을 때, 사람들이 주로 하는 변명은 이런 것입니다. 첫째는, '잘 몰랐다.'입니다. 정확하게 알았다면, 또는 정확하게 가르쳐 줬다면 그 일을 잘했을 텐데, 내가 잘 몰라서 또는 가르쳐 주지 않아서 못했다는 것입니다. 둘째는, '내 의지력이 부족했다.'입니다. 다이어트도 잘하고 싶고, 운동도 열심히 하고 싶고, 공부도 잘하고 싶었지만, 내 의지력이 부족해서 실천하지 못했다는 것입니다.

신앙적인 것도 마찬가지입니다. 성경도 많이 읽고 싶고, 기도도 잘하고 싶은데 의지력이 약해서 생각하고 결심한 대로 실천이 안 되더라는 것입니다. 그런데 예수님께서 하신 말씀은 무엇입니까? "너는 그것이 정말로 '의지력'이 부족한 것 때문에 생긴 문제라고 생각하느냐?"라고 묻고 있습니다. 우리가 자주 하는 핑계는 무엇입니까? "나무는 좋았지만, 의지력이 부족해서 좋은 열매를 맺지 못했습니다. 그러니 우리를 불쌍히 여겨 주소서."라는 것입니다. 그런데 예수님께서 하신 말씀은 "열매가 나쁜 이유는, 처음부터 나무가 나쁜 나무였기 때문에 그렇게 된 것이 아닐까?"라고 물으십니다.

"열매가 좋은 것을 보니, 나무가 좋은 나무였구나."라고 알 수 있듯이, "열매가 나쁜 것을 보니, 나무가 좋은 열매를 맺는 나무가 아니었구나." 이렇게 알 수 있는 것입니다. 신앙의 문제를 의지력의 문제, 실천이 부족해서, 또는 유혹과 시험에 자주 넘어져서 생긴 문제라고 핑계 댈 것이 아니라 근본적인 접근이 필요하단 것입니다. "예수를 믿는다는 것이 무엇을 의미하는가, 예수가 나의 삶 속에서 얼마나 큰 영향력을 끼치고 있으며, 삶의 우선순위에서 몇 번째인가?" 물어보란 것입니다.

우리 마음은 늘 우리가 가장 중요하게 생각하는 곳으로 향합니다[마 6:19-21]. 그렇게 하고픈 생각은 있는데 왜 몸이 따라가지 못하느냐? 실천력이 부족하기 때문일 수도 있지만, 사실은 소원하는 마음이 없었기 때문일 수도 있다는 것입니다. 아무리 바쁘고 피곤해도, 심지어 잠을 몇 시간 못 자더라도 조기 축구에는 절대로 빠지지 않는 사람이 있습니다. 그 사람의 우선순위는 조기 축구입니다. 학교 수업 시간에 잠을 자더라도 새벽까지 게임을 하는 학생이 있습니다. 그 학생의 우선순위는 게임입니다. 의지력이 부족해서 좋아하는 축구를 쉬고, 게임을 안 하는 사람은 없습니다. 만약 그런 사람이 있다면, 조기 축구나 게임을 진짜로 좋아하는 사람은 아닙니다.

그러면 다시 질문을 드리겠습니다. 우리가 마음먹은 만큼 성경을 읽지 못하고, 기도하지 못하는 이유는 뭘까요? 의지력이 부족해서일까요? 끈기 있게 실천하는 힘이 부족해서일까요? 그것보다는 우리의 관심, 마음의 소원이 거기에 없기 때문인지도 모릅니다. 바울이 에베소교회 장로들에게 "첫날부터 지금까지 내가 항상 여러분 가운데서 어떻게 행하였는지를 여러분도 아는 바니"[18]라며 말하고 있습니다. 이것은 바울의 마음, 관심, 소원이 오직 예수께 있었다는 것을 말하는 것입니다. 웬만한 사람들은 핍박이 아니라 사소한 비난만 들어도 예수 편이 아닌 것처럼 행동하고, 교회 안 다니는 사람처럼 행동하는데, 바울은 그게 아니었습니다. 매 맞고, 채찍과 돌에 맞고, 감옥에 갇히고, 춥고, 헐벗고, 배고프고, 배신당하고, 음모에 빠졌어도^(고후 11:23-27), 그가 예수 편이 된 것을 포기하지 않았습니다.

> 빌립보서 3:7-12, "그러나 무엇이든지 내게 유익하던 것을 내가 그리스도를 위하여 다 해로 여길뿐더러 8. 또한 모든 것을 해로 여김은 내 주 그리스도 예수를 아는 지식이 가장 고상하기 때문이라 내가 그를 위하여 모든 것을 잃어버리고 배설물로 여김은 그리스도를 얻고 9. 그 안에서 발견되려 함이니 내가 가진 의는 율법에서 난 것이 아니요 오직 그리스도를 믿음으로 말미암은 것이니 곧 믿음으로 하나님께로부터 난 의라 10. 내가 그리스도와 그 부활의 권능과 그 고난에 참여함을 알고자 하여 그의 죽으심을 본받아 11. 어떻게 해서든지 죽은 자 가운데서 부활에 이르려 하노니 12. 내가 이미 얻었다 함도 아니요 온전히 이루었다 함도 아니라 오직 내가 그리스도 예수께 잡힌 바 된 그것을 잡으려고 달려가노라"

바울이 바라고 원했던 것이 무엇이었습니까? "예수께 붙잡히는 것"이었습니다. 예수께 붙잡히는 것에 비하면, 그전까지 바울이 자기에게 유익하다고 생각했던 모든 것들이 해롭고 배설물 같은 것으로 여겨진다고까지 했습니다. 바울은 예수 보화를 얻기 위해, 자기 모든 것을 다 판 사람과 같았던 것입니다.

> 마태복음 13:44, "천국은 마치 밭에 감추인 보화와 같으니 사람이 이를 발견한 후 숨겨 두고 기뻐하며 돌아가서 자기의 소유를 다 팔아 그 밭을 사느니라"

우리는 왜 바울과 같은 믿음이 없을까요? 의지력, 결단력이 부족해서 일까요? 그것보다는 예수가 우리가 소중히 여기는 보화가 아니기 때문 인지도 모릅니다.

> 갈라디아서 6:7-8, "스스로 속이지 말라 하나님은 업신여김을 받지 아 니하시나니 사람이 무엇으로 심든지 그대로 거두리라 8. 자기의 육체를 위하여 심는 자는 육체로부터 썩어질 것을 거두고 성령을 위하여 심는 자는 성령으로부터 영생을 거두리라"

사람이 하나님을 어떻게 업신여길 수 있겠습니까? 그런데 그럴 수 있습니다. 말은 언제나 하나님을 위하는 것처럼 하는데, 실제로 그가 심는 것은 자기 육체를 위한 것이라면, 그가 하는 말은 하나님을 업신 여기는 말이 되는 것입니다. 앞서 예수님께서 "나무도 좋고 열매도 좋다 하든지 나무도 좋지 않고 열매도 좋지 않다 하든지 하라 그 열매로 나무를 아느니라"(마 12:33)라고 했습니다. 우리 삶의 열매가 육체의 요구를 충족 하기 위한 것만 있다면, 우리가 무슨 말을 하든지 우리가 속한 나무는 '육체를 위한 나무'일 수밖에 없습니다. 그래서 바울은 갈라디아서에서 하나님을 업신여기지 말라고 한 것입니다.

의지가 없는 사람이 있을까요, 꿈과 목표가 없는 사람이 있을까요? 다 있습니다. 공부를 잘하는 학생이든지, 못하는 학생이든지, 공부를 더 잘하고 싶은 마음은 누구나 갖고 있습니다. 그렇다면 공부를 잘하는 학생과 못하는 학생 중에서 누가 공부에 관한 생각을 더 많이 할까요? 공부 못하는 학생이 공부에 관한 생각을 더 많이 합니다. 공부를 잘하 는 학생은 공부할 생각을 하는 것이 아니라, 이미 공부를 하고 있습니다. 하지만 공부를 못하는 학생은 늘 공부할 생각은 하는데 실제론 안 합니다.

제 경험이기도 합니다만, 공부 못하는 학생들에게서 발견되는 특징이 있습니다. 공부할 마음을 먹고 책상에 앉으면, 시작하기 전에 해야 할 일이 많이 생깁니다. 일단 책상 정리를 먼저 해야 합니다. 책상 위에는 책이 아닌 다른 것들이 많이 쌓여 있었기 때문에, 공부할 공간을 만들려면 정리부터 먼저 해야 합니다. 책상만 치워서 될 일도 아닙니다. 정리하다 보면 청소할 것들이 또 보입니다. 그렇게 책상 정리와 방 청소를 끝낸 후 공부하려고 하면 살짝 배가 고픕니다. 그러면 라면 하나 끓여 먹고 공부해야겠다 하고, 라면을 끓여 먹습니다. 라면도 다 먹고 공부하려고 책을 펴면, 청소해서 피곤한데 라면까지 먹었으니 식곤증이 옵니다. 그래서 책을 펴 놓고 책상에 엎어져서 잠깐 잠을 잡니다. 그러다가 팔이 저려서 깨면 새벽 3시입니다. 새벽까지 책상에 앉아 있었으니 얼마나 대견합니까. 그러니 당당히 침대로 가서 잡니다. 저녁부터 그때까지 공부는 얼마나 했을까요. 거의 안 했습니다. 마음만 있었죠.

'스스로 속이지 말라, 공부는 업신여김을 당하지 않는다.' 만고불변의 진리입니다. 책상 근처에 어른거리면서 이 책 뒤적거리고, 저 책 뒤적거리면 공부가 됩니까? 책장 정리하고, 방 청소 열심히 하면 공부가 되나요? 실제로 공부를 해야지요. 주일날 예배에 참석하는 것은, 학생이 자기 교실 찾아간 것과 같은 것입니다. 자기 교실 잘 찾아가면, 그 학생은 공부 잘하는 학생, 정말 대견한 학생입니까? 물론 자기 교실도 못 찾아가는 학생이나, 학교 땡땡이 친 학생보다는 낫지만, 교실 찾아 들어갔으면 이제 열심히 공부해야 하는 그다음 몫이 또 남아 있습니다. 주일 예배에 참석하고, 교회 봉사도 하고, 헌금도 하고, 성경 공부도 하고 이렇게 신앙의 유익을 위해 뭔가를 열심히 하는 것이 정말 필요하고, 참 좋은 것입니다. 그런데 그것으로 만족할 것이 아니라, '성령을 위하여 심는 것'이 필요합니다.

> 야고보서 2:21-24, "우리 조상 아브라함이 그 아들 이삭을 제단에 바칠 때에 행함으로 의롭다 하심을 받은 것이 아니냐 22. 네가 보거니와 믿음이 그의 행함과 함께 일하고 행함으로 믿음이 온전하게 되었느니라 23. 이에 성경에 이른 바 아브라함이 하나님을 믿으니 이것을 의로 여기셨다는 말씀이 이루어졌고 그는 하나님의 벗이라 칭함을 받았나니 24. 이로 보건대 사람이 행함으로 의롭다 하심을 받고 믿음으로만은 아니니라"

21절에 아브라함이 그 아들 이삭을 제단에 바칠 때, 행함으로 의롭다 하심을 받았다고 했습니다. 사실 아브라함이 의롭다 함을 얻은 것은, 그가 아들 이삭을 제단에 바쳤기 때문이 아니라^(창 22:11-12) 그 이전이었습니다.

> 창세기 15:6, "아브람이 여호와를 믿으니 여호와께서 이를 그의 의로 여기시고"

그러면 야고보 사도는 왜 "아브라함이 그 아들 이삭을 제단에 바칠 때에 행함으로 의롭다 하심을"^(약 2:21) 받았다고 했을까요? 그것은 아브라함이 하나님을 믿은 그 믿음이, 하나뿐인 아들 이삭을 하나님께서 말씀하신 방법으로 바치는 데까지 자라났다, 성장했다, 이르렀다는 뜻입니다.

하나님을 믿는다고 해 놓고, 하나님께서 순종을 요구하시자 피하고, 숨고, 뒤로 미루다가 결국 순종하지 않는 것이 아니라, 열매를 맺었다는 말씀입니다. 믿음이 무엇입니까? 눈으로 보고, 손으로 딸 수 있는 열매까지 이르는 것입니다. 만약 우리의 믿음이 거기까지 이르지 못하고 있다면, 우리는 현재 자신의 믿음을 다시 한번 점검하고 돌아봐야 할 것입니다. 바울이 에베소교회 장로들에게 이렇게 말했습니다.

> 22-24, "보라 이제 나는 성령에 매여 예루살렘으로 가는데 거기서 무슨 일을 당할는지 알지 못하노라 23. 오직 성령이 각 성에서 내게 증언하여 결박과 환난이 나를 기다린다 하시나 24. 내가 달려갈 길과 주 예수께 받은 사명 곧 하나님의 은혜의 복음을 증언하는 일을 마치려 함에는 나의 생명조차 조금도 귀한 것으로 여기지 아니하노라"

앞서도 말씀드렸던 것처럼, 성경은 누군가를 영웅으로 만드는 책이 아닙니다. 그러니 바울의 이와 같은 고백을 감성적이고 신파적으로 읽으면서, "바울은 정말 대단한 사람이었구나. 하지만 난 그렇게 못해." 이렇게만 읽어서는 안 됩니다. 또는, 누군가를 영웅으로 만든 후 그의 후광 뒤에 숨는 것도 안 됩니다. "나는 바울을 존경한다. 그의 믿음을 본받고 싶은 마음이 있다." 이런 생각은 우리의 믿음을 성장시키는 데 있어서 조금도 도움이 되지 않습니다.

우리나라 사람들이 가장 존경하는 위인을 말할 때 우선순위에서 빠지지 않는 사람이 세종대왕과 이순신 장군입니다. 특히 이순신 장군은 우리나라 사람뿐만 아니라 외국의 군인들도 존경한다고 합니다. 특이한 것은 일본의 장교들이 가장 존경하는 군인도 이순신이라고 합니다.

그 이유를 물었더니, 임진왜란 당시 조선과 비교하면 압도적인 해군 병력과 함선을 가졌던 일본이, 이순신의 조선 해군에 처참하게 패배했기 때문입니다. 일본 장교들은, 당시 일본 해군이 조선에 패했던 이유가 일본의 실력이 부족했다기보다는, 이순신 장군의 전략이 워낙 뛰어났기 때문이라고 말합니다. 군인으로서 이순신을 존경한다고 하는 일본 장교들의 마음은 진심일 것입니다. 하지만 그들이 이순신을 영웅화하고 신화화한다고 해서, 그들의 패배가 승리로 바뀔 순 없습니다. 그런데 우리가 신앙생활 하면서 이와 비슷한 오류에 빠질 수 있습니다. 큰 교회, 유명한 목사가 있는 교회에 다닌다고 해서, 내 믿음도 그만큼 크고 괜찮아지는 것은 아니라는 뜻입니다.

> 31-32, "그러므로 여러분이 일깨어 내가 삼 년이나 밤낮 쉬지 않고 눈물로 각 사람을 훈계하던 것을 기억하라 32. 지금 내가 여러분을 주와 및 그 은혜의 말씀에 부탁하노니 그 말씀이 여러분을 능히 든든히 세우사 거룩하게 하심을 입은 모든 자 가운데 기업이 있게 하시리라"

좋은 교회는 어떤 교회입니까? 말씀을 바로 가르치고, 그 말씀이 성도들을 든든하게 세워 주며, 성도 각자가 거룩하게 하심을 입은 자로서 믿음의 삶을 살도록 독려하는 교회입니다. 학교가 해야 하는 일차적인 목표는 무엇일까요? 공부 잘하는 학생이든 못하는 학생이든, 무단으로 결석하지 않고 출석 잘하게 하는 것입니다. 그러면 학생이 학교만 잘 나오면 학교의 역할은 끝입니까? 아닙니다. 학생을 맡은 선생님과 교직원들이 최선을 다해서 학생들의 학업 능력을 향상시켜야 합니다. 그러면 교회가 해야 하는 목표는 무엇이어야 할까요? 바울이 에베소교회의 장로들에게 한 말처럼, '눈물로 훈계하는 것'입니다. 그 눈물과 훈계의 교훈은 무엇이었을까요?

> 에베소서 4:13-15, "우리가 다 하나님의 아들을 믿는 것과 아는 일에 하나가 되어 온전한 사람을 이루어 그리스도의 장성한 분량이 충만한 데까지 이르리니 14. 이는 우리가 이제부터 어린아이가 되지 아니하여 사람의 속임수와 간사한 유혹에 빠져 온갖 교훈의 풍조에 밀려 요동하지 않게 하려 함이라 15. 오직 사랑 안에서 참된 것을 하여 범사에 그에게까지 자랄지라 그는 머리니 곧 그리스도라"

하나님의 아들을 믿는 것과 아는 일에 있어서 어린아이처럼 되지 않고, 장성한 분량이 충만한 데까지 자랄 것을 가르쳤던 것입니다. "하나님의 나라는 말에 있지 아니하고 오직 능력에 있느니라"(고후 4:20)라고 했습니다. 이 능력은 어떤 능력을 말하는 것일까요? 액자로 만들어서 벽에 걸어 놓은 좋은 말씀이 아니라, 그 말씀이 우리의 실제 삶 속에서 힘이 되고 실력이 되는 말씀입니다.

> 24, "내가 달려갈 길과 주 예수께 받은 사명 곧 하나님의 은혜의 복음을 증언하는 일을 마치려 함에는 나의 생명조차 조금도 귀한 것으로 여기지 아니하노라"

바울이 이러한 고백을 하고, 또한 그렇게 할 수 있었던 것은, 그의 마음과 삶의 우선순위가 주 예수께 받은 사명에 있었기 때문입니다. 오늘 저와 여러분도 바울과 같은 고백, 그가 살아 냈던 신앙의 삶을 본받을 수 있기 원합니다. 안 되는 것을 억지로 하라고 강요하는 것이 아닙니다. 사람마다 자기가 좋아하는 것을 할 때는 피곤한 것도 잊고, 돈 드는 것도 아깝지 않습니다. 오히려 좋아하는 것을 하지 못하게 될 때,

마음이 불편해지고 화가 납니다. 우리의 신앙도 그래야 할 것입니다. 언제까지 우리는 "마음은 원이로되 육신이 약하도다." 이런 핑계만 대겠습니까? 우리의 마음에 예수가 있고, 그 예수가 우리 삶의 우선순위가 된다면, 그와 같은 삶을 살게 될 것입니다. 골프를 잘 치고 싶은 사람은, 잠시 틈만 있으면 허공에 스윙 연습을 합니다. 바둑이나 당구를 좋아하는 사람은, 네모나게 생긴 것만 봐도 바둑판, 당구대로 보인다고 합니다.

골프를 배우는 사람이 코치에게 물었습니다. "코치님, 내가 치는 공은 왜 매번 이상한 곳으로 날아갈까요?" 코치가 뭐라고 대답할까요? "똑바로 날아갈 때까지 연습하세요." "목사님, 나는 기도를 정말 잘하고 싶은데 기도가 잘 안 돼요." 왜 안 될까요? 뭐라고 대답하면 좋을까요? "눈만 감으면 기도가 나올 만큼 기도해 보세요." 바울을 영웅처럼 여기고, 아브라함을 존경하고 좋아한다고 해서 우리의 믿음이 아브라함의 믿음만큼 자라는 것은 아닙니다. 그러면 우리는 어떻게 해야 할까요? 연습해야지요. 연단받고 훈련받아야지요. "거기서 무슨 일을 당할는지 알지 못하지만 감당할 믿음을 주세요." 하면서 이겨 내던지, "피할 길을 주셔서 넘어지지 않게" 해 달라고 기도하며 견뎌 내야지요. 저와 여러분도 이 믿음의 싸움을 잘하기 원합니다. 그리스도의 장성한 분량에 이르기까지, 성숙하고 아름다운 믿음의 열매를 맺을 때까지, 말과 구호만의 신앙이 아니라 행함과 실천의 삶이 있게 되기 원합니다.

사도행전 20:28~32

교회를 보살피게 하셨느니라

"여러분은 자기를 위하여 또는 온 양 떼를 위하여 삼가라 성령이 그들 가운데 여러분을 감독자로 삼고 하나님이 자기 피로 사신 교회를 보살피게 하셨느니라 29. 내가 떠난 후에 사나운 이리가 여러분에게 들어와서 그 양 떼를 아끼지 아니하며 30. 또한 여러분 중에서도 제자들을 끌어 자기를 따르게 하려고 어그러진 말을 하는 사람들이 일어날 줄을 내가 아노라 31. 그러므로 여러분이 일깨어 내가 삼 년이나 밤낮 쉬지 않고 눈물로 각 사람을 훈계하던 것을 기억하라 32. 지금 내가 여러분을 주와 및 그 은혜의 말씀에 부탁하노니 그 말씀이 여러분을 능히 든든히 세우사 거룩하게 하심을 입은 모든 자 가운데 기업이 있게 하시리라"

28절에 '여러분은'이라고 했습니다. 이들은 에베소교회 장로들을 가리킵니다. 앞서 바울은 "아시아에 들어온 첫날부터 지금까지 내가 항상 여러분 가운데서 어떻게 행하였는지를 여러분도 아는 바니"[18]라고 말했었습니다. 바울이 3년여 동안 에베소에 머물면서 그들에게 가르쳤던 복음은, 말로 전한 설교에만 국한된 것이 아니라 그의 삶에서 증명된 행함이 있는 복음이었습니다. 그 행함은 어떤 것이었을까요? 바울의 삶의 우선순위, 그의 마음과 관심과 소원이 오직 예수께 있었고, 그 마음의 소원을 따라 오직 예수를 위해 살았습니다.

18~24절까지 말씀에서 바울이 전하려고 했던 것 역시, 그들이 믿는 예수가 말과 구호에만 그치는 것이 아니라, 행함이 있는 믿음을 가지라는 것이었습니다. 그 행함을 위해서 바울은, 에베소교회 장로들이 해야 할 일을 당부하고 있습니다. 제일 먼저 해야 할 일은 "자신과 온 양 떼를 위하여 삼가라."라는 것이었습니다. '삼가라'는 것은 어떤 일에 관해서 주의하고 집중하라, 조심하라는 뜻입니다. 무엇을 주의하라는 것일까요?

> 29-30, "내가 떠난 후에 사나운 이리가 여러분에게 들어와서 그 양 떼를 아끼지 아니하며 30. 또한 여러분 중에서도 제자들을 끌어 자기를 따르게 하려고 어그러진 말을 하는 사람들이 일어날 줄을 내가 아노라"

'사나운 이리'는, 그들이 예수님으로부터 받은 복음이 아닌 '다른 복음'을 가르치는 거짓 교사들을 가리키는 말입니다. '복음'은 예수 그리스도를 믿음으로 말미암아 구원을 얻는 것입니다. 그러면 '다른 복음'은 무엇일까요? 첫째는, 예수만으로는 부족하고 율법과 할례도 지켜야 한다고 가르치는 유대주의자들의 교훈입니다.

둘째는, 복음을 당시 유행했던 헬라 철학과 혼합한 영지주의자들의 교훈입니다. 그들은 자유를 남용했고(고전 6:12-18), 몸의 부활을 부인했으며(고전 5:12, 35), 신화와 족보에 집착했고(딤전 1:4), 거짓된 지식을 가르쳤습니다(딤전 6:20). 그들 중에는 극단적 금욕주의자(딤전 4:3)와 성적 방종을 일삼는 자(딤후 3:6)가 있었고, 그리스도가 육체로 이 땅에 오신 것을 부인하기도 했습니다(요일 4:1-3). 그런데 '사나운 이리'는 유대주의자나 영지주의자처럼 외부에서 공격하는 사람들만 있었던 것은 아니었습니다. 30절 말씀에서 확인하는 것처럼, 에베소 교회 안에서 "제자들을 끌어 자기를 따르게 하려고 어그러진 말을 하는 사람들"도 있었습니다. 그들은 '자칭 사도'라 하는 자들과 '니골라 당'에 속한 자들이었습니다$^{(계\ 2:2,\ 6)}$. '자칭 사도'들은, 마치 뱀이 그 간계로 하와를 미혹했던 것처럼, 성도들이 그리스도께로 향하지 못하도록 속이는 말로 미혹하는 자들이었습니다$^{(고후\ 11:3-15)}$. 또한, 그들은 '당黨'을 만들어서 조직적으로 분열을 조장하는 자들이었습니다.

다행히도 에베소 교회 성도들은 '자칭 사도'라 하는 자들을 분별하여 막아 냈고$^{(계\ 2:2)}$, '니골라 당의 행위'를 하는 사람들을 따르지는 않았습니다$^{(계\ 2:6)}$. 하지만 그들 가운데 가만히 들어온 '거짓 사도'를 밝혀내고, '당 짓는 사람'들을 멀리하는 것을 잘한 것의 반대편에 한 가지 그림자가 생겼습니다. 그것은 '처음 사랑'을 버린 것이었습니다.

> 요한계시록 2:4-5, "그러나 너를 책망할 것이 있나니 너의 처음 사랑을 버렸느니라 5. 그러므로 어디서 떨어졌는지를 생각하고 회개하여 처음 행위를 가지라 만일 그리하지 아니하고 회개하지 아니하면 내가 네게 가서 네 촛대를 그 자리에서 옮기리라"

에베소교회 성도들은 교회에 들어온 거짓 사도들을 분별하고, 당 짓는 사람들을 경계하느라 형제를 의심하고, 엄격하게 구별하는 쪽으로 치우쳤습니다. 결국, 에베소교회 성도들은 교회가 복음의 진리를 지켜낸 면에서는 칭찬을 받았지만, 하나님께서 교회를 세우신 목적인 사랑을 버리는 잘못을 했던 것입니다. 그래서 '회개하여 처음 행위'를 회복하지 않으면 '네 촛대를 그 자리에서 옮기리라.'라고 하는 책망을 듣게 되었습니다.

'촛대를 옮긴다'는 말은, "그곳에 교회가 존재해야 하는 이유가 사라졌으니, 다른 곳으로 옮기겠다."라는 뜻입니다. 앞서 바울이 에베소교회 성도들에게 단지 말로만 복음을 전한 것이 아니라, 3년 동안 그들과 함께하면서 삶의 모습을 통해서 복음을 증명해 보였다고 했습니다. 그리고 같은 맥락에서 바울은 에베소교회 장로들에게, 자신과 같은 마음으로 "하나님이 자기 피로 사신 교회를 보살피라."라고 권면하고 있습니다.

> 28, "여러분은 자기를 위하여 또는 온 양 떼를 위하여 삼가라 성령이 그들 가운데 여러분을 감독자로 삼고 하나님이 자기 피로 사신 교회를 보살피게 하셨느니라"

에베소교회 장로들은 '성령께서' 교회를 위해 감독자로 삼으신 사람들입니다. 이 원리를 우리가 잘 이해해야 합니다. 교회는 종교적인 목적과 필요 때문에 사람이 세운 모임이나 단체가 아닙니다. 교회는 하나님께서 당신이 택하신 자기 백성들을 위해서 세우신 것입니다. 하나님께서는 구약 이스라엘 백성 택하셔서, 그들에게 당신의 약속과 지혜의 말씀을 주어 지키게 하셨고, 또 그와 같이 당신의 백성을 교회로 부르셨습니다.

구약 이스라엘을 위하여 제사장과 선지자, 왕을 세워서 다스리게 하셨고, 이 세 가지 직분을 뜻하는 그리스도를 통해 우리를 구원하신 것입니다. 그래서 예수 그리스도를 믿는 신약의 성도들을 가리켜 그리스도인이라고 합니다. 이제 그리스도인인 우리는 왕 같은 제사장이요, 거룩한 나라요, 그리스도의 소유된 백성이 되어, 우리를 어두운 데서 부르신 이의 덕을 선포하는 일을 해야 합니다.

> 베드로전서 2:9, "그러나 너희는 택하신 족속이요 왕 같은 제사장들이요 거룩한 나라요 그의 소유가 된 백성이니 이는 너희를 어두운 데서 불러내어 그의 기이한 빛에 들어가게 하신 이의 아름다운 덕을 선포하게 하려 하심이라"

그리고 그 일을 올바로 그리고 온전히 이루어야 하기 때문에, '성령께서' 친히 교회를 위해 '감독자'(장로, 목사)를 세우신 것입니다.

> 로마서 10:9-10, "네가 만일 네 입으로 예수를 주로 시인하며 또 하나님께서 그를 죽은 자 가운데서 살리신 것을 네 마음에 믿으면 구원을 받으리라 10. 사람이 마음으로 믿어 의에 이르고 입으로 시인하여 구원에 이르느니라"

우리가 받은 구원은 개인적으로 받은 것입니다. 하지만 성경은 구원 받은 성도를 설명할 때, '개인'이 아닌 '전체'로 말합니다. 마치 구약 시대 하나님의 백성을 이스라엘이라고 부르신 것과 같습니다. 우리가 성경을 읽을 때, 책을 읽는 '독자인 나'를 중심으로 읽는 것이 아니라 '성경을 주신 하나님'을 중심으로 읽어야 하는 이유가 있습니다. '독자인 내가' 중심이 되어 성경을 읽으면, 하나님을 이해할 수 없습니다.

똑같은 아브라함에게서 태어난 아들들인데 이삭과 이스마엘의 길이 달랐습니다. 하나님께서는 아브라함을 택하여 그에게 큰 민족을 이루도록 해 주겠노라고 약속하셨습니다(창 12:1-3). 그런데 하나님께서 아브라함에게 약속하셨던 큰 민족의 복을, 여종인 하갈에게서 먼저 나온 이스마엘이 아니라, 사라에게서 나온 이삭을 통해서 주셨습니다. 이삭은 아브라함을 이어 믿음과 축복의 조상이 되었고, 그 후손은 구약의 이스라엘 백성과 신약의 그리스도인들이 됐습니다. 하지만 아브라함에게 버림받은 '이스마엘'은 광야에 거주하면서 활 쏘는 자가 되었고(창 20:21-22), 그 후손은 오늘날 무슬림이 됐습니다.

또한, 하나님께서는 이삭이 아브라함으로부터 물려받은 복을 맏아들 에서가 아니라 둘째인 야곱에게 주셨습니다.

> 창세기 25:23, "여호와께서 그에게 이르시되 두 국민이 네 태중에 있구나 두 민족이 네 복중에서부터 나누이리라 이 족속이 저 족속보다 강하겠고 큰 자가 어린 자를 섬기리라 하셨더라"

여호와의 말씀처럼 에서의 후손은 야곱을 떠나서(창 36:6-8) '에돔 족속'이 되었고, 이스라엘이 왕국을 이룬 후로는 끊임없이 갈등하고 전쟁하는 관계가 됩니다. 성경은 인간의 지식이나 경험, 인간이 이상적으로 여기는 사상이나 많은 사람이 합의한 가치를 기준으로, "모든 사람은 다 똑같다."라고 말하지 않습니다. 성경은 처음부터 끝까지 하나님께서 택한 사람(들)이 있다고 말합니다.

> 이사야 41:8, "그러나 나의 종 너 이스라엘아 내가 택한 야곱아 나의 벗 아브라함의 자손아"

여기에 말씀하신 '나의 종 이스라엘'과 '내가 택한 야곱'은 같은 이름입니다.

> 시편 89:3-4, "주께서 이르시되 나는 내가 택한 자와 언약을 맺으며 내 종 다윗에게 맹세하기를 4. 내가 네 자손을 영원히 견고히 하며 네 왕위를 대대에 세우리라 하셨나이다"

하나님께서는 '당신이 택한 자와 언약'을 맺으시고 그 자손을 영원히 세우십니다.

> 요한복음 10:26-27, "너희가 내 양이 아니므로 믿지 아니하는도다 27. 내 양은 내 음성을 들으며 나는 그들을 알며 그들은 나를 따르느니라"

> 요한복음 17:9, "내가 그들을 위하여 비옵나니 내가 비옵는 것은 세상을 위함이 아니요 내게 주신 자들을 위함이니이다 그들은 아버지의 것으로소이다"

세상에는 예수님의 양이 있고, 예수님의 양이 아닌 자들이 있습니다. 그들은 아버지 하나님께서 예수님께 맡기신 아버지의 양들입니다. 아브라함과 이삭과 야곱에게 이어진 '큰 민족의 복'은, 야곱의 이름을 이스라엘로 바꿔 주신 후에(창 35:10) '백성들의 총회'로 확장되어 이어지게 됩니다. 야곱 이전까지는 '하나님께서 택하신 사람'에게 '구원과 축복'이 이어졌다면, 야곱 이후로는 그 복이 '택함 받은 백성들의 총회와 그 후손'에게 이어지는 것입니다.

창세기 35:11-12, "하나님이 그에게 이르시되 나는 전능한 하나님이라 생육하며 번성하라 한 백성과 백성들의 총회가 네게서 나오고 왕들이 네 허리에서 나오리라 12. 내가 아브라함과 이삭에게 준 땅을 네게 주고 내가 네 후손에게도 그 땅을 주리라 하시고"

오늘 본문은 하나님께서 택하신 '백성들의 총회'가 그리스도의 십자가 대속으로 구원받은 신약의 교회로 이어지는 것을 확인해 주는 내용입니다.

28, "여러분은 자기를 위하여 또는 온 양 떼를 위하여 삼가라 성령이 그들 가운데 여러분을 감독자로 삼고 하나님이 자기 피로 사신 교회를 보살피게 하셨느니라"

하나님께서 교회를 얼마나 크고 소중하게 여기시는지 확인할 수 있는 말씀입니다. 첫째로, 교회는 성령께서 친히 감독자를 세워 보살필 만큼 귀한 것입니다. 둘째로, 그 교회는 "자기 피로 사신", 대체할 수 없는 값을 지급하고 산 것입니다. 그렇다면 하나님께서는 무엇 때문에 교회를 이렇게 귀하게 여기시는 것일까요? 그것은 우리 신앙이 교회를 통해 완성되고 성장해 나갈 수 있기 때문입니다. 하나님께서 아브라함을 부르시고, 이삭을 부르시고, 야곱을 부르셨습니다. 그런데 야곱 이후로는 그의 아들들 전부를 부르시고, 민족을 이루게 하셨습니다. 이것은 하나님께서 아브라함에게, "너로 큰 민족을 이루고 네게 복을 주어 네 이름을 창대하게 해 주겠노라"고(창 12:2) 하신 약속을 이루어 주신 것입니다.

이렇게 큰 민족을 이루어 하나님의 백성이 된 이스라엘은, 하나님께서 주신 계명과 율법과 법도를 따라 하나님의 백성으로서 사는 연습을 해야 했습니다. 그것이 광야 40년의 생활이었고, 가나안 정복기와 왕정 시대의 역사였습니다. 하나님께서는 모세와 선지자, 제사장과 왕, 여러 성경의 기록자들을 통해서 하나님의 뜻을 전하게 하셨고, 그에 대한 이스라엘의 반응을 기록하게 하셨습니다. 구약 성경을 통해서 우리가 확인하는 것은 무엇입니까? 하나님께서 얼마나 자기 백성을 위하고 사랑하셨는지, 그 하나님의 끈기와 기다림과 오래 참음의 역사가 얼마나 길었는지 확인할 수 있습니다. 하지만 이스라엘은 이와 같은 하나님의 배려와 기다림에도 불구하고 하나님께 회개하고 돌아오지 않았습니다. 오히려 하나님으로부터 점점 더 멀어져 갔습니다.

예수님께서 세상에 오신 이유가 바로 이것입니다. 인간이 스스로 하나님께 돌아올 수 없기 때문에, 하나님께서 자기 아들을 세상에 보내어 그 아들을 통해 하나님께 돌아올 수 있는 길을 열어 주신 것입니다. 그런데 인간이 하나님께 돌아오는 길은, 예수님께서 자기 피로 값을 주고 세우신 '교회'를 통해서만 얻을 수 있도록 하셨습니다.

> 로마서 10:13-17, "누구든지 주의 이름을 부르는 자는 구원을 받으리라 14. 그런즉 그들이 믿지 아니하는 이를 어찌 부르리요 듣지도 못한 이를 어찌 믿으리요 전파하는 자가 없이 어찌 들으리요 15. 보내심을 받지 아니하였으면 어찌 전파하리요 기록된 바 아름답도다 좋은 소식을 전하는 자들의 발이여 함과 같으니라 16. 그러나 그들이 다 복음을 순종하지 아니하였도다 이사야가 이르되 주여 우리가 전한 것을 누가 믿었나이까 하였으니 17. 그러므로 믿음은 들음에서 나며 들음은 그리스도의 말씀으로 말미암았느니라"

누구든지 주의 이름을 부르는 자는 구원을 받게 됩니다. 그런데 우리가 주의 이름을 어떻게 부를 수 있습니까? 그 이름을 전파하라고 하나님께서 보낸 사람을 통해 우리가 주의 이름, 곧 복음을 듣게 되고 그를 통해서 우리가 믿고 주의 이름을 부를 수 있게 되는 것입니다. 그래서 만일 누군가 구원을 받기 원한다면, 그 사람은 구원을 발견할 수 있도록 보증된 곳, 곧 교회에 있어야만 합니다.

> 요한복음 10:1-5, "내가 진실로 진실로 너희에게 이르노니 문을 통하여 양의 우리에 들어가지 아니하고 다른 데로 넘어가는 자는 절도며 강도요 2. 문으로 들어가는 이는 양의 목자라 3. 문지기는 그를 위하여 문을 열고 양은 그의 음성을 듣나니 그가 자기 양의 이름을 각각 불러 인도하여 내느니라 4. 자기 양을 다 내놓은 후에 앞서 가면 양들이 그의 음성을 아는 고로 따라오되 5. 타인의 음성은 알지 못하는 고로 타인을 따르지 아니하고 도리어 도망하느니라"

하나님께서 자기 백성을 찾고 불러 모으실 때 넓은 바닷가나 햇볕과 바람과 그늘이 어우러진 숲속이나, 사람들이 많이 모이는 광장으로 모으지 않으십니다. 하나님께서는 그리스도께서 계시는 곳, 그리스도의 음성이 들리는 곳에서 구원을 얻을 수 있도록 정하셨습니다. 그리고 그리스도께서는 당신이 치는 양의 우리, 곧 교회로 양들을 부르십니다.

어떤 목사님들과 신학자들은, 오늘날 우리가 마주한 시대 상황과 시대정신이, 전통적인 교회론을 가르치던 시대와 맞지 않는다고 주장합니다. 그래서 모이는 인원과 날짜와 시간이 제한된 대면 예배를 고집하기보다는, 인터넷을 통해서 시간과 공간의 제약이 없는 온라인 교회로 전환해야 한다고 합니다. 그런데 이런 주장은 "하나님이 자기 피로 사신 교회"를 허무는, '절도며 강도'의 주장이고 예수님의 음성이 아닌 삯꾼의 목소리입니다.

오늘날 우리가 사용하는 인터넷은 과거의 어떤 사람도 상상하지 못했던 과학과 문명의 위대한 발견이요 혜택입니다. 그것은 부인할 수 없는 사실입니다. 하지만 인간이 만들어 낸 그 어떤 과학 기술도, 자기 백성을 부르시고 구원하시는 하나님의 방법을 대신할 수는 없습니다. 유명한 목사의 설교를 온라인을 통해 전 세계 사람들이 들을 수는 있을 것입니다. 하지만 사람들이 그 설교를 들었다고 해서 하나님의 백성이 되는 것은 아닙니다. 왜 그렇습니까? 목자는 자기 양을 부르고, 양은 목자의 음성을 듣기 때문입니다. 그렇게 자기 양을 불러 모은 목자는, 그 양을 어디에 둡니까? 자기 우리에 둡니다.

지난 시간에 바울이 에베소교회 성도들에게 했던 말을 살펴봤습니다. 바울은 단지 말뿐인 복음을 전한 것이 아니라, 3년 동안 그들과 함께하면서 그의 행함으로 복음을 증명해 보였습니다. 하나님께서 구약 이스라엘 백성에게 요구하셨던 것은, 단지 율법을 암송하고 기억하는 것만이 아니라 그 율법을 따라 살 것을 요구하셨습니다. 같은 맥락에서 예수께서는 율법의 참뜻을 따라 살지 않는 사람들을 책망했습니다.

> 마태복음 23:25-28, "화 있을진저 외식하는 서기관들과 바리새인들이여 잔과 대접의 겉은 깨끗이 하되 그 안에는 탐욕과 방탕으로 가득하게 하는도다 26. 눈 먼 바리새인이여 너는 먼저 안을 깨끗이 하라 그리하면

겉도 깨끗하리라 27. 화 있을진저 외식하는 서기관들과 바리새인들이여 회칠한 무덤 같으니 겉으로는 아름답게 보이나 그 안에는 죽은 사람의 뼈와 모든 더러운 것이 가득하도다 28. 이와 같이 너희도 겉으로는 사람에게 옳게 보이되 안으로는 외식과 불법이 가득하도다"

예수님께서 서기관과 바리새인들을 책망하신 이유가 무엇이었습니까? 그들이 율법을 따라 행하지 않았기 때문입니까? 아니요, 그들은 율법을 너무나 잘 지켰습니다. 하지만 그들의 행함은 겉으로만 깨끗하게 보이고, 옳게 보이는 위선이었습니다.

온라인으로 예배드리고, 수없이 쏟아져 나오는 정보의 홍수 속에서 유명한 목사님과 신학 교수들의 강의를 잘 듣고 배우면, 우리의 신앙이 성장할 수 있습니까? 만약 그것이 가능하다면, 오늘 본문과 같은 말씀은 성경에서 지워야 합니다. 성령께서 에베소교회 장로들을 감독자로 세워, 하나님이 자기 피로 사신 교회를 보살피게 했다고 했습니다[28]. 그 이유가 무엇이었을까요?

> 에베소서 2:20-22, "너희는 사도들과 선지자들의 터 위에 세우심을 입은 자라 그리스도 예수께서 친히 모퉁잇돌이 되셨느니라 21. 그의 안에서 건물마다 서로 연결하여 주 안에서 성전이 되어 가고 22. 너희도 성령 안에서 하나님이 거하실 처소가 되기 위하여 그리스도 예수 안에서 함께 지어져 가느니라"

우리가 성령 안에서 하나님이 거하실 처소가 되어야 하기 때문입니다. 또한, 하나님께서 우리 안에 거하실 수 있는 실력이 만들어져야 하기 때문입니다. 이 실력은, 마치 수도승이 깊은 산속이나 암자에 자신을 격리한 채 도를 연구하거나, 참선과 수행을 통해서 만들어 낼 수 있는 것이 아닙니다. 모퉁잇돌이 되신 예수 안에서 서로 연결하여 주 안에서 성전이 되어 가는 것입니다.

앞서 예수님께서 외식하는 서기관과 바리새인을 책망하신 것을 살펴 봤습니다. 그들은 율법을 따라 잔과 대접의 겉을 깨끗하게 닦아서 사용했습니다. 그들은 음식에 넣는 향신료까지도 십일조를 할 만큼 철저했습니다(마 23:23). 그들의 자신감은 선지자들의 비석을 꾸미면서, "만일 우리가 조상 때에 있었더라면 우리는 선지자의 피를 흘리는 데 참여하지 않았을 것"(마 23:30)이라고 했습니다. 하지만 예수님께서 보셨던 그들의 실제 모습은 '회칠한 무덤' 같았습니다. 지식에만 머무는 믿음, 겉으로 보이는 것에 치중한 믿음의 결과가 그런 것입니다.

바울이 에베소교회 장로들에게 "너희 자신을 위하여 또는 온 양 떼를 위하여 삼가라"[28]라고 말했습니다. 무엇 때문에 그들이 스스로 조심하고, 주의하고, 절제해야 합니까? 바로 하나님께서 자기 피로 사시고 세우신 교회를 보살펴야 하기 때문입니다. 이 교회는 자기 혼자서 세울 수 있는 것이 아니라, 그리스도를 중심으로 서로 연결하고 그 위에 다른 누군가를 쌓아야 세울 수 있는 것입니다. 그래서 "그리스도 예수 안에서 함께 지어져 가느니라."라고 하면서, '함께'라는 요구를 하고 있습니다.

'함께'가 빠진 복음은 말쟁이일 뿐이지, 그것을 교회라고 할 수 없습니다. 예수님께서 너희는 "세상의 소금"이라고 하셨고, "세상의 빛"이라고 하셨습니다. 소금은 맛을 내야 하는 곳, 썩는 것을 방지하는 곳에 들어가야 가치가 증명되고, 빛은 어두운 곳에 들어가서 빛을 밝혀야 그 가치가 증명됩니다. "나는 소금이다, 나는 빛이다." 이렇게 자기가 누군지 아는 것만으로는, 소금과 빛이 가진 가치를 증명해 낼 수 없다는 말입니다. 다시 말씀드리지만, 소금이 필요한 곳은 그가 들어가서 맛을 내야 하는 곳입니다. 빛이 필요한 곳은, 캄캄해서 아무것도 보이지 않는 곳입니다.

교회가 존재해야 하는 이유가 무엇입니까? 소금이고 빛인 그리스도인들이 세상에 가서 그 역할을 감당해 낼 수 있도록, 훈련하고 연습해야 하기 때문입니다. 사람들이 교회에 관해서 가지는 오해와 편견이 있습니다. 그것은 세상에서 지고 있던 수고하고 무거운 모든 짐을 예수께로 가지고 오면, 예수께서 그 짐을 대신 져 줄 것으로 생각하는 것입니다. 그런데 예수님께서는 "내가 너의 짐을 대신 지겠다"고 하신 적이 없습니다.

> 마태복음 11:28-30, "수고하고 무거운 짐 진 자들아 다 내게로 오라 내가 너희를 쉬게 하리라 29. 나는 마음이 온유하고 겸손하니 나의 멍에를 메고 내게 배우라 그리하면 너희 마음이 쉼을 얻으리니 30. 이는 내 멍에는 쉽고 내 짐은 가벼움이라 하시니라"

예수님께서 "내가 너희를 쉬게 하리라."라고 하신 것은, 내가 너희의 짐을 대신 져 줄 테니 너희는 그늘진 평상으로 가서 편히 눕고 쉬라는 말씀이 아닙니다. "나의 멍에를 메고 내게 배우라"[29]라고 했습니다. 예수님의 멍에는 무엇입니까? 십자가입니다. 생각해 보십시오. 내가 진 멍에가 가볍겠습니까, 예수님의 멍에가 가볍겠습니까? 그런데 예수님께서는 '수고하고 무거운 짐을 진 우리'를 부르시더니, '나의 멍에를 메고 내게 배우라'라고 했습니다. 여기에 우리가 진 짐을 내려놓으라는 말이나, 우리가 진 짐과 예수님의 멍에를 서로 바꾸자는 말이 있습니까? 기존에 우리가 지고 있는 '수고하고 무거운 짐'은 그대로 있고, 그 위에 '예수님의 멍에'까지 하나 더 올려서, 멍에 매는 법을 예수님께 배우라는 말씀입니다. 말도 안 되죠. 설상가상, 산 넘어 산이라고 어떻게 그럴 수 있습니까?

그런데 예수님께서 "나의 멍에를 메고 내게 배우라."라고 하신 말씀은, 당시 유대 사회에서 스승과 제자 사이의 관계를 표현하는 관용적인 뜻입니다. 당시 팔레스타인 사회에서는 짐승이나 종에게 무거운 짐을 지게 할 때, 혼자 지게 하는 것이 아니라, 멍에를 이용해서 두 마리 또는 두 사람이 함께 지도록 했습니다. 수고하고 무거운 짐을 진 우리가 예수님께 와서, 우리가 가진 짐과 예수님의 십자가를 하나로 묶은 뒤에 멍에로 엮어서 예수님과 함께 집니다.

그런데 우리가 생각해야 할 것이 있습니다. 예수님이 지신 십자가 멍에를 우리가 질 수 있습니까? 우리는 깃털만큼의 무게도 함께 질 수 없습니다. 예수님의 십자가는 예수님만이 지실 수 있고, 예수님 혼자 지셔야 합니다. 그러면 이제 남은 것은 누구의 짐이 남았습니까? 우리의 짐이 남았습니다. 그래서 우리가 져야 할 '수고하고 무거운 짐'을 예수님께서 함께 지시는 것입니다. 그런데 그런 상황에서 예수님께서 하시는 말씀이 무엇입니까? 안 그래도 힘들고 무거워 죽겠는데 뭐 하는 짓이냐고 탓하는 것이 아니라, "나는 마음이 온유하고 겸손하니 내게 배우라."입니다. 예수를 믿고 교회에 다니면 우리가 지고 있는 수고하고 무거운 짐이 없어집니까? 아니요, 그렇지 않습니다. 그 짐은 우리가 사는 동안 우리가 져야 할 짐입니다. 하지만 쉬워지는 것이 있지요. 그 짐을 예수님께서 함께 져 주시는 것입니다.

하나님께서 왜 감독자를 세워 교회를 보살피게 하셨는지, 그 이유를 살펴보고 있습니다. 이제 바울이 에베소교회를 떠나고 나면, 사나운 이리가 그들에게 들어올 것입니다. 그들은 예수님의 양 떼를 아끼지 않을 것이고, 어그러진 말로 제자들을 예수님이 아니라 자기들을 따르게 하려고 미혹하고 시험할 것입니다[29-30]. 그때 감독자로 세움을 받은 '장로들'은, 바울이 3년이나 쉬지 않고 눈물로 각 사람을 훈계하던 것을 기억하면서, 말씀으로 교회를 보살펴야 할 것입니다[31-32]. 교회는 사람들의 걱정 근심을 덜어 주고, 마음을 편하게 해 주는 곳이 아닙니다. 교회는 그리스도를 중심으로 하나님이 거하실 처소가 되기 위해서 하나 됨의 훈련을 하는 곳이고, 내 위에 누군가가 올려질 수 있도록 다듬어지는 곳입니다.

오늘날의 건축물들은 주로 콘크리트로 부어서 만들지만, 옛날의 건축물들은 돌 위에 돌을 쌓아서 만들었습니다. "그리스도 예수 안에서 함께 지어져 가느니라."라고 한 말씀이 그런 뜻입니다. 교회는 공로를 인정받고, 사람들의 칭찬과 환호를 받는 곳이 아닙니다. 오히려 교회는 아무 대가 없이 뼈 빠지게 일하고도, 욕을 들어 먹는 곳입니다. 죄인을 구원하기 위해 예수님께서 십자가를 지셨을 때를 생각해 보십시오.

> 마가복음 15:29-31, "지나가는 자들은 자기 머리를 흔들며 예수를 모욕하여 이르되 아하 성전을 헐고 사흘에 짓는다는 자여 30. 네가 너를 구원하여 십자가에서 내려오라 하고 31. 그와 같이 대제사장들도 서기관들과 함께 희롱하며 서로 말하되 그가 남은 구원하였으되 자기는 구원할 수 없도다"

예수님뿐만이 아닙니다. 사도 바울도 비슷한 경험을 늘 했습니다. 자기가 전도해서 세운 교회의 성도들로부터 사도로 인정받지 못했습니다. 베드로와 비교되었고, 바울이 보낸 아볼로와 비교되기까지 했습니다. 하지만 예수님도 바울도, 그와 같은 대접을 받는 것을 억울해하지 않았습니다. 오히려 온유하고 겸손한 마음으로 그 모든 일을 감당하셨습니다. 우리 신앙생활, 교회 생활이 종교적인 면에만 치중되거나, 내 짐을 내려놓는 쪽으로 가는 것은 외식하는 바리새인이나 삯꾼과 같은 신앙생활이 되는 것입니다.

눈물과 애타는 마음으로 장로들에게 에베소교회를 부탁하는 바울의 마음을 이해하기 원합니다. 유언과 같은 바울의 당부를 듣고 있는 장로들의 마음과 다짐도 이해하기 원합니다. 우리 교회도 그와 같은 훈련과 연습이 필요합니다. 하나님이 거하실 성전이 되기 위해서 나를 깎고 다듬어서 옆 사람이 들어올 자리를 만들어야 하고, 내 위에 누군가가 올라설 수 있도록 다듬어져야 합니다. 바울이 그와 같은 역할을 잘했고, 에베소교회 장로들이 그 일을 배워서 했습니다. 하나님께서 저와 여러분을 '교회'로 부르셨습니다. 저와 여러분, 그리고 우리가 함께하는 교회가 하나님께서 거하실 아름다운 처소가 될 수 있도록, 우리 각자의 역할을 잘 감당해 내길 기원합니다.

사도행전 20:29~32

은혜의 말씀에 부탁하노니

"내가 떠난 후에 사나운 이리가 여러분에게 들어와서 그 양 떼를 아끼지 아니하며 30. 또한 여러분 중에서도 제자들을 끌어 자기를 따르게 하려고 어그러진 말을 하는 사람들이 일어날 줄을 내가 아노라 31. 그러므로 여러분이 일깨어 내가 삼 년이나 밤낮 쉬지 않고 눈물로 각 사람을 훈계하던 것을 기억하라 32. 지금 내가 여러분을 주와 및 그 은혜의 말씀에 부탁하노니 그 말씀이 여러분을 능히 든든히 세우사 거룩하게 하심을 입은 모든 자 가운데 기업이 있게 하시리라"

바울이 자신의 마지막이 될지도 모르는 '예루살렘'으로의 복귀를 앞두고 있습니다. 이제 바울이 예루살렘으로 돌아가면, 에베소교회 성도들과 다시 만날 수 없을지도 모릅니다[25]. 그리고 바울은 그와 같은 사실을 이미 알고 있었습니다. 바울은 교회가 '하나님께서 자기 피로 사신'[28] 것이라고 할 만큼, 하나님께서 얼마나 교회와 성도들을 위하고 사랑하시는지 너무나 잘 알고 있었습니다. 그래서 하나님께서는 바울을 비롯한 장로들을 감독자로 세워서 '교회를 보살피게' 하실 정도로, 교회가 세상에서 건강하고 든든하게 세워지기 원하십니다.

그런데 문제는 '사나운 이리'와 같은 거짓 선생이, 호시탐탐 기회를 엿보면서 교회를 해치려고 한다는 것입니다⁽²⁹⁾. 그들은 '양 떼'를 사정없이 해칠 것이며, 잘못된 가르침으로 성도들을 꾀어내어 그리스도가 아니라 자기들을 따르도록 할 것입니다. 그 '사나운 이리'들은 바울이 에베소를 떠나기만을 기다리고 있으며, 바울이 떠나면 즉시 에베소교회로 들어와서 교회를 어지럽히고 무너뜨리려고 할 것입니다. 그래서 바울은 자기가 에베소를 떠난 후에 벌어질 일들을 예상하면서, 에베소교회 장로들에게 성도들을 잘 보살펴 달라고 부탁하고 있습니다[28-31]. 에베소교회 장로들은 어떻게 교회를 '사나운 이리'로부터 지켜 낼 수 있을까요? 바울은 그 방법에 대해서 이렇게 설명합니다.

> 32, "지금 내가 여러분을 주와 및 그 은혜의 말씀에 부탁하노니 그 말씀이 여러분을 능히 든든히 세우사 거룩하게 하심을 입은 모든 자 가운데 기업이 있게 하시리라"

바울은 "말씀이 그들의 믿음을 든든히" 세워 줄 것이라고 말하고 있습니다. 그런데 그 말씀은, 에베소교회 성도들이 배우고 연구해서 붙잡고 있는 것이 아니라, "하나님과 그의 은혜의 말씀에 여러분을 맡깁니다."라고 했습니다. 다시 말씀드려서, 하나님의 말씀이 그들의 믿음을 든든하게 세워 주는 것입니다. 이에 대한 바울의 설명을 좀 더 정확하게 살펴볼 필요가 있습니다.

> 에베소서 1:13, "그 안에서 너희도 진리의 말씀 곧 너희의 구원의 복음을 듣고 그 안에서 또한 믿어 약속의 성령으로 인치심을 받았으니"

우리는 그리스도 안에서 '진리의 말씀'을 받았습니다. 이 '진리의 말씀'은 에베소교회 성도들과 우리를, '사나운 이리' 같은 거짓 교사로부터 보호해 주고, 우리의 믿음이 든든하게 설 수 있도록 만들어 줄 것입니다. 성경이 '말씀'을 '진리의 말씀', '은혜의 말씀'이라고 하는 이유가 있습니다. 그것은 '말씀'에는 그것이 함의하고 있는 '내용'이 있기 때문입니다. 만약 '말씀'이 악귀나 액운을 쫓는 부적과 같은 것이라면, 우리는 그 '말씀'이 무슨 의미인지 구태여 알 필요가 없습니다. 그냥 무당이 노란색 종이에 빨간색 펜으로 그려 준 부적만 가지고 있으면 됩니다. 하지만 '말씀'에는, 그 '말씀'을 우리에게 주신 이가 있고, 우리가 알고 따라야 하는 '내용'이 있으며, 그 내용에 대한 우리의 '인정'과 '순종'이 요구됩니다. 그래서 '하나님의 말씀'이 제시된 후에는 언제나 '믿음'이 요구됩니다. 에베소서 말씀에서 확인하는 것처럼, '진리의 말씀'을 주신 이가 있고, 우리가 '구원의 복음'을 들었으니, 이제는 그 안에서 믿는 '믿음'이 요구되는 것입니다. 오늘 우리가 주목해서 살펴보려는 것이, 바울이 '사나운 이리' 앞에 놓인 교회에 쥐여 준 유일한 무기로 '말씀'을 제시하고 있다는 사실입니다.

지난 시간에, "만일 누군가 구원을 받기 원한다면, 그 사람은 구원을 발견할 수 있도록 보증된 곳, 곧 교회에 있어야만" 한다고 말씀드렸습니다. 왜 그렇습니까? 구원받을 수 있는 유일한 이름인 '예수 그리스도', 곧 '생명의 말씀'을 세상에 전하라고 보낸 사람이 '교회'에 있기 때문입니다. 어떤 사람은 "인터넷 검색 몇 번만 해도 예수 그리스도를 전하는 목사님들이 얼마나 많은데 무슨 그런 말도 안 되는 말을 합니까?" 이렇게 말할 것입니다. 그런데 '교회'는 단지 '예수나 성경에 관한 정보'를 듣고 깨닫는 곳이 아닙니다. 교회는 '진리의 말씀'이 선포되는 곳이고, 그 말씀을 들은 사람들의 자발적인 항복이 요구되는 곳이며, 그에 따른 순종을 연습하고 훈련받는 곳입니다.

> 신명기 8:1-2, "내가 오늘 명하는 모든 명령을 너희는 지켜 행하라 그리하면 너희가 살고 번성하고 여호와께서 너희의 조상들에게 맹세하신 땅에 들어가서 그것을 차지하리라 2. 네 하나님 여호와께서 이 사십 년 동안에 네게 광야 길을 걷게 하신 것을 기억하라 이는 너를 낮추시며 너를 시험하사 네 마음이 어떠한지 그 명령을 지키는지 지키지 않는지 알려 하심이라"

이스라엘 백성들이 광야 40년 생활을 마치고 가나안 땅에 들어가기 직전입니다. 하나님께서는 모세를 통해, "내가 오늘 명하는 모든 명령을 너희는 지켜 행하라 그리하면 너희가 살고 번성하게" 되리라고 말씀하셨습니다. 여기에 '너희가 살고'라고 했습니다. 이 단어가 대단히 중요합니다. 하나님의 말씀, 그 명령을 지켜 행하면 '너희가 살고, 번성하게' 될 것입니다. 반대로 그 말씀과 명령을 지키지 않으면 어떻게 될까요? 살지 못하는 것입니다.

혹시 여러분은 "내가 하나님의 말씀을 지키지 않으면 살지 못한다"는 생각을 해 보셨습니까? '말씀'은 그렇게 되어 있지만, "사람이 어떻게 늘 말씀을 지키면서 살겠나, 살다 보면 지킬 때도 있고 지키지 못할 때도 있지." 이렇게 생각하지 않으십니까? 그런데 신명기 말씀을 받았던 이스라엘 백성들도 우리처럼 생각하고 항변했습니다. 이스라엘이 40년간 광야에서 살면서 늘 하나님께 했던 불평이 무엇이었습니까? 우리가 일부러 하나님을 잊어버린 것이 아니고, 율법을 싫어해서 지키지 않은 것이 아니라는 것입니다. 목이 마르고, 배가 고프니 뭐라도 해야 했습니다. 그 결과가 죄였다는 것입니다. 그들의 항변은 합당해 보입니다. 먹고사는 문제만 해결된다면 자기들이 왜 하나님을 원망하며 죄를 짓겠느냐는, 지극히 상식적인 항변을 하는 것처럼 보입니다. 그런데 그들의 항변에 대한 하나님의 대답이 무엇이었습니까? "여호와께서 이 사십 년 동안에 네게 광야 길을 걷게 하신 것을 기억하라"(신 8:2)

신명기 8장 말씀은, 이스라엘이 애굽을 떠나면서 받은 말씀이 아닙니다. 그들이 홍해를 건넌 직후, 광야로 들어가기 직전에 받은 말씀도 아닙니다. 홍해를 건넌 이스라엘은 광야에서 사흘 길을 걸었지만 마실 물을 얻지 못하자 하나님을 원망했었습니다(출 15:22-24). 애굽에서 노예로 살던 이스라엘이, 애굽을 떠난 후 두 달도 채 되지 않아서 우리가 예전에 애굽에서 살던 때가 더 좋았다고 하면서 하나님을 원망했었습니다. 그 이유가 무엇이었을까요? 배가 고파 죽겠다는 것이었습니다(출 16:1-3). 그때마다 하나님께서는 이스라엘 백성들을 위해서 물과 만나를 주시고, 메추라기를 보내어 흡족하고 배부르게 먹게 해 주셨습니다.

그렇다면 이스라엘 백성들이 마음껏 만나와 물을 먹은 후에는 이스라엘이 죄짓지 않고 잘 살았을까요? "여호와께서 이 사십 년 동안에 네게 광야 길을 걷게 하신 것을 기억하라."라고 말씀하신 이유가 여기에 있습니다. 출애굽한 지 약 2년 2개월 만에 '가데스바네아'라는 곳에 도착한 이스라엘은, 각 지파에서 선발한 12명의 정탐꾼을 가나안 땅으로 들여보냈습니다(민 13장). 하지만 40일간 가나안을 정탐하고 돌아온 사람들은, 여호수아와 갈렙을 제외한 모든 사람이 "자기들은 그 땅에 들어

가지 못할 것"이라는 부정적인 보고를 합니다. 그래서 하나님께서는 그 땅을 정탐한 날 수인 사십 일의 하루를 일 년으로 쳐서, 사십 년간 광야 생활을 통해 그들이 범한 불순종의 죄과를 담당하도록 벌을 내리셨습니다.

> 민수기 14:34, "너희는 그 땅을 정탐한 날 수인 사십 일의 하루를 일 년으로 쳐서 그 사십 년간 너희의 죄악을 담당할지니 너희는 그제서야 내가 싫어하면 어떻게 되는지를 알리라 하셨다 하라"

이스라엘의 광야 40년은, 그들이 목이 마르고 배가 고픈 나머지 어쩔 수 없이 죄를 지어서 생긴 결과가 아니었습니다. 그들은 반석에서 솟아난 물도 마셨고, 매일 아침과 저녁으로 주시는 만나와 메추라기를 먹었으며, 구름 기둥과 불기둥의 보호를 받으면서도, 죄를 지었습니다. 그래서 하나님께서 이스라엘에게 하신 말씀이 무엇입니까? 너희가 지은 죄는 환경이 열악하고 조건이 나빠서 어쩔 수 없이 지은 것이 아니라, 너희의 마음과 생각에 있던 것이 겉으로 드러난 결과가 죄로 나타났다는 것입니다. 배가 고파서 죄를 지은 것이 아니라, 배가 고프면 배가 고파서 죄를 짓고, 배가 부르면 밥 먹고 생긴 힘을 사용해서 더 센 죄를 짓더라는 것입니다. 그래서 예수님께서는 "사람이 떡으로만 사는 것이 아니"라고 말씀하셨습니다.

> 신명기 8:3, "너를 낮추시며 너를 주리게 하시며 또 너도 알지 못하며 네 조상들도 알지 못하던 만나를 네게 먹이신 것은 사람이 떡으로만 사는 것이 아니요 여호와의 입에서 나오는 모든 말씀으로 사는 줄을 네가 알게 하려 하심이니라"

사실 이스라엘이 애굽을 떠나 가나안에 정착하여 땅을 분배받아 살게 될 때까지, 그 모든 과정에서 스스로 만들어서 성취한 것은 하나도 없습니다. 하나님께서 그들을 보호해 주셨고, 하나님께서 모든 것을 얻게 해 주셨습니다. 그런데 하나님께서 이스라엘에 대해서 염려하시는 것이 있었습니다.

> 신명기 8:12-14, "네가 먹어서 배부르고 아름다운 집을 짓고 거주하게 되며 13. 또 네 소와 양이 번성하며 네 은금이 증식되며 네 소유가 다 풍부하게 될 때에 14. 네 마음이 교만하여 네 하나님 여호와를 잊어버릴까 염려하노라"

먹어서 배부르고 아름다운 집에서 거주하게 되면, 너희 마음이 교만해져서 "네 하나님 여호와를 잊어버리게" 될까 염려가 된다는 것입니다. 그래서 하나님께서는 가나안 땅에 들어가거든 이것을 기억하라고 하십니다.

> 신명기 8:17-18, "그러나 네가 마음에 이르기를 내 능력과 내 손의 힘으로 내가 이 재물을 얻었다 말할 것이라 18. 네 하나님 여호와를 기억하라 그가 네게 재물 얻을 능력을 주셨음이라 이같이 하심은 네 조상들에게 맹세하신 언약을 오늘과 같이 이루려 하심이니라"

"네 하나님 여호와를 기억하라."라는 말씀이 무슨 뜻일까요? 앞서 1절에서 말씀하신, "내가 오늘 명하는 모든 명령" 곧 하나님의 말씀을 기억하라는 것입니다. 우리가 '하나님의 말씀'을 기억하고 지키는 것은, 우리의 생명이 우리 자신에게 있는 것이 아니라, 하나님께 있음을 인정하는 것입니다. 하나님이 있는 사람과 하나님이 없는 사람의 차이가 무엇인지 아십니까? 하나님이 없는 사람은 자기를 위하여 성을 쌓습니다. 동생을 죽인 가인이 여호와 앞을 떠나 제일 먼저 한 일이 성을 쌓는 것이었습니다.

> 창세기 4:17, "아내와 동침하매 그가 임신하여 에녹을 낳은지라 가인이 성을 쌓고 그의 아들의 이름으로 성을 이름하여 에녹이라 하니라"

그런데 하나님이 있는 사람은 하나님(말씀)을 자신의 산성으로 삼고 하나님 안에 거하는 것이 안전합니다.

> 시편 31:3, "주는 나의 반석과 산성이시니 그러므로 주의 이름을 생각하셔서 나를 인도하시고 지도하소서" 자기가 지은 성이 아니라 하나님이 반석과 산성입니다.

> 시편 18:2, "여호와는 나의 반석이시요 나의 요새시요 나를 건지시는 이시요 나의 하나님이시요 내가 그 안에 피할 나의 바위시요 나의 방패시요 나의 구원의 뿔이시요 나의 산성이시로다"

"핑계 없는 무덤이 없고, 이유 없는 죄수 없다."라는 말이 있습니다. 다 나름대로 이유가 있고, 원인이 있어서 그와 같은 결과가 생겼다는 것입니다. 이스라엘이 죄를 지은 후 하나님께 했던 항변도 그와 같은 것이었습니다. 환경과 조건만 좋았더라면 우리가 왜 죄를 지었겠느냐는 것입니다. 그런데 하나님께서 그들에게 하신 말씀이 무엇이었습니까? 너희가 40년간 광야 길을 걷게 된 이유가 무엇이었는지 기억해 보라는 것입니다.

무엇보다 하나님께서 이스라엘에 대해서 염려하셨던 것은, 그들이 가나안에 들어가서 잘 먹고 잘 살게 된 후에 하나님을 잊어버리게 되는 것이었습니다. 그뿐만 아니라 "내 능력과 내 손의 힘으로 내가 이 재물을 얻었다." 이렇게 말할 거란 것입니다. 먹고살기 힘들 때는 살아야 하기에 죄를 지었고, 재물을 얻은 뒤에는 '내 능력과 내 손의 힘으로 얻은' 것을 자기 마음대로 사용하면서 죄를 짓는 것입니다. 그래서 하나님께서 하신 말씀이 무엇이었습니까? "사람이 떡으로만 사는 것이 아니요 여호와의 입에서 나오는 모든 말씀으로 산다."라고 하셨습니다.

앞서 하나님이 있는 사람과 하나님이 없는 사람의 차이점에 대해 말씀드렸습니다. 하나님이 없는 사람은, 자기가 자기를 보호하며 살아야 하기 때문에 자기를 위해서 성을 쌓을 수밖에 없습니다. 하지만 하나님이 있는 사람은 모래사막 광야에서 텐트를 치고 살았어도, 아무도 그들을 건드리지 못하고 해치지 못했습니다. 광야 이스라엘이 거주하고 있는 외적인 조건만 보면, "저 사람들은 어떻게 저런 환경에서 살 수 있나?" 할 만큼 이해가 되지 않는 환경에서 살았습니다. 하지만 그들의 광야 40년 생활에서 "의복이 해어지지 않았고, 그들의 발이 부르트지" 않았습니다(신 8:4). 이에 관해서 예수님께서 이렇게 말씀하셨습니다.

> 마태복음 6:26, 28, "공중의 새를 보라 심지도 않고 거두지도 않고 창고에 모아들이지도 아니하되 너희 하늘 아버지께서 기르시나니 너희는 이것들보다 귀하지 아니하냐 28. 또 너희가 어찌 의복을 위하여 염려하느냐 들의 백합화가 어떻게 자라는가 생각하여 보라 수고도 아니하고 길쌈도 아니하느니라"

하나님께서 기르시고 입히시기로 작정하셨으면, 그분께서 책임지신다는 것입니다. 이것이 누구의 말입니까? 천지를 지으신 하나님의 말씀입니다. 하지만 우리가 사는 세상에서는, 하나님께서 우리를 책임지신다는 느낌을 받지 못할 때가 많습니다. 악한 자들이 더 잘되고, 죄를 범한 사람들이 오히려 큰소리치는 세상입니다. 말씀을 지키며 살려고 하니, 세상에서 더 바보 취급을 받는 것 같기도 합니다.

> 하박국 1:2-4, "여호와여 내가 부르짖어도 주께서 듣지 아니하시니 어느 때까지리이까 내가 강포로 말미암아 외쳐도 주께서 구원하지 아니하시나이다 3. 어찌하여 내게 죄악을 보게 하시며 패역을 눈으로 보게 하시나이까 겁탈과 강포가 내 앞에 있고 변론과 분쟁이 일어났나이다 4. 이러므로 율법이 해이하고 정의가 전혀 시행되지 못하오니 이는 악인이 의인을 에워쌌으므로 정의가 굽게 행하여짐이니이다"

법이 무시되고, 정의가 실현되지 못하고 있으며, 악인이 의로운 자를 둘러싸고. 부정이 판을 치는 세상에서, 우리의 기도는 응답되지 않는 것처럼 느껴집니다. 그래서 하박국 선지자가 하나님께 따져 물었습니다.

> 하박국 1:13, "주께서는 눈이 정결하시므로 악을 차마 보지 못하시며 패역을 차마 보지 못하시거늘 어찌하여 거짓된 자들을 방관하시며 악인이 자기보다 의로운 사람을 삼키는데도 잠잠하시나이까"

하박국 선지자가 가졌던 의문은 이것입니다. 하나님은 악을 보지 못하시고, 어긋난 행동을 하는 것을 용납하지 않는 분이신데, 어째서 악인이 의로운 사람을 괴롭히는 것을 보고만 있냐는 것입니다. 그때 하나님께서 하박국 선지자에게 이렇게 말씀하셨습니다.

하박국 2:3-4, "이 묵시는 정한 때가 있나니 그 종말이 속히 이르겠고 결코 거짓되지 아니하리라 비록 더딜지라도 기다리라 지체되지 않고 반드시 응하리라 4. 보라 그의 마음은 교만하며 그 속에서 정직하지 못하나 의인은 그의 믿음으로 말미암아 살리라"

신앙생활 하는 사람들이 가지고 있는 보편적인 기대가 있습니다. 믿음을 지키고, 열심히 신앙생활 하면 하나님께서 복을 주실 것이라는 기대입니다. 마치 아픈 사람이 약을 먹으면 낫는 것처럼, 믿음을 지키고 정직하게 살면 하나님께서 도와주셔서 아프거나 힘들지 않게 살게 될 거란 기대를 합니다. 그런데 의인은 무엇으로 삽니까? '그의 믿음으로 말미암아' 삽니다. 그 믿음은 어떤 믿음일까요? '비록 더딜지라도 하나님의 뜻이 지체되지 않고 반드시 응하리라.'라는 '하나님의 약속'에 대한 믿음입니다.

앞서 광야 이스라엘 백성이 하나님의 말씀에 순종하지 않고, 죄를 짓는 이유가 목마르고 배고파서, 환경과 조건이 나빠서 죄를 지었다고 핑계를 댔습니다. 하박국 선지자는, 악인이 득세하고 법을 지키지 않는 사람들이 의인을 둘러싼 상황을 하나님이 보고만 있으시니, 우리가 어떻게 믿음을 지키겠냐고 했습니다. 그런데 하나님께서는 뭐라고 대답하셨습니까? "내가 할 일은 내가 알아서 한다. 그리고 의인은 환경이 좋아져서 사는 것이 아니라, 그 믿음으로 사는 것이다." 이 약속을 받은 하박국 선지자는 이렇게 기도로 고백했습니다.

하박국 3:17-19, "비록 무화과나무가 무성하지 못하며 포도나무에 열매가 없으며 감람나무에 소출이 없으며 밭에 먹을 것이 없으며 우리에

양이 없으며 외양간에 소가 없을지라도 18. 나는 여호와로 말미암아 즐거워하며 나의 구원의 하나님으로 말미암아 기뻐하리로다 19. 주 여호와는 나의 힘이시라 나의 발을 사슴과 같게 하사 나를 나의 높은 곳으로 다니게 하시리로다 이 노래는 지휘하는 사람을 위하여 내 수금에 맞춘 것이니라"

의인은 무엇으로 삽니까? 내 앞에 벌어진 환경이 좋아서가 아니라 구원의 하나님으로 말미암아 기뻐하며 삽니다. 여호와를 자신의 힘으로 삼고 사는 것입니다.

사도행전 4장에 보면, 베드로와 요한이 기도하러 성전으로 올라가다가 나면서부터 앉은뱅이가 된 사람을 고쳐 준 것 때문에 붙잡혀서 매를 맞고 협박을 당했습니다. 유대 사회의 종교적 기득권을 무기로, 빌라도 총독의 뜻마저 바꿀 수 있는 대제사장과 바리새인들이 여전히 그 위력을 떨치고 있던 시기입니다. 예수님을 십자가에 못 박은 헤롯과 빌라도의 영향력도 그대로 있었습니다. 그런데 이처럼 그들을 둘러싼 적대적인 환경에서도 베드로와 요한을 비롯한 초대 교회 성도들은, 더욱 담대하게 하나님의 말씀을 전하게 해 달라고 기도했습니다.

사도행전 4:27-30, "과연 헤롯과 본디오 빌라도는 이방인과 이스라엘 백성과 합세하여 하나님께서 기름 부으신 거룩한 종 예수를 거슬러 28. 하나님의 권능과 뜻대로 이루려고 예정하신 그것을 행하려고 이 성에 모였나이다 29. 주여 이제도 그들의 위협함을 굽어보시옵고 또 종들로 하여금 담대히 하나님의 말씀을 전하게 하여 주시오며 30. 손을 내밀어 병을 낫게 하시옵고 표적과 기사가 거룩한 종 예수의 이름으로 이루어지게 하옵소서 하더라"

세상이 우리를 향해 악한 마음을 품고 공격하는 것은 당연합니다. 이것은 예수님이 세상에 오신 이후 지금까지, 이천 년이 넘는 역사 속에서 증명된 사실입니다. 그럴 때, 베드로와 초대 교회 성도들이 우리에게 가르쳐 준 방법이 무엇입니까? "저들의 위협이 여전히 있지만, 그럼에도 불구하고 주의 종들이 담대하게 주의 말씀을 전할 수 있게 해 주옵소서." 여기에는 우리가 이런 위험한 상황을 벗어나게 해 달라는 기도는 없습니다. 오히려 "종들로 담대히 하나님의 말씀을 전하게" 해 달라는 기도만 있습니다.

초대 교회 당시부터 지금까지 교회의 역사를 보면, 교회를 향한 박해나 핍박에도 불구하고 교회가 '하나님의 말씀' 위에 굳게 서 있었을 때 교회가 부흥했습니다. 하지만 교회가 '하나님의 말씀'이 아니라, 교황이나 사제 집단과 같이 '사람'이나 사람들의 연합이 주도권을 잡았을 때, 교회가 타락했고 스스로 무너졌습니다. 그래서 마틴 루터와 잔 칼뱅을 비롯한 종교 개혁자들이 주장했던 것이, '오직 성경으로 돌아가자.'였습니다.

교회는 '하나님의 말씀'이 온전히 선포되고 지켜져야 하는 곳입니다. '하나님의 말씀'이 아닌 다른 것이 교회의 자랑이 되고 정체성이 되어선 안 됩니다. 바울이 에베소교회 장로들을 불러서 경계하고 걱정하는 것이 무엇이었습니까? 자기가 떠나고 나면 '사나운 이리'가 너희 가운데 들어오리라는 것이었습니다. 그 사나운 이리들이 들어와서 무엇을 할 거라고 했습니까? "제자들을 끌어 자기를 따르게 하려고 어그러진 말을" 할 것이라고 했습니다. 다시 말씀드려서, 그들은 '하나님의 말씀'

이 아닌 어그러진 말, 다른 말을 합니다. 초점을 흐리고, 우리가 가야 할 목표를 여러 개로 만들어 버립니다.

> 29-30, "내가 떠난 후에 사나운 이리가 여러분에게 들어와서 그 양 떼를 아끼지 아니하며 30. 또한 여러분 중에서도 제자들을 끌어 자기를 따르게 하려고 어그러진 말을 하는 사람들이 일어날 줄을 내가 아노라"

군대에서 사격 훈련을 하다 보면 어떤 표적지에는 총알구멍이 하나도 없고, 또 어떤 표적지에는 총알구멍이 개수보다 훨씬 많이 나 있습니다. 왜 그럴까요? 옆에서 사격한 사람이 자기 표적지가 아닌 다른 사람 표적지에 쏴서 그렇습니다. 그 사람이 아무리 백발백중 명사수라 해도, 자기 표적지가 아닌 다른 사람의 표적지에 사격했다면, 그 사람은 탈락입니다.

유럽 각 나라에 세워진 교회들을 보면, 당시 성도들이 얼마나 교회를 소중하게 여기고, 아름답게 꾸미려고 했었는지 알 수 있습니다. 외벽에 쌓아 올린 돌 하나도 평범한 것이 없고, 내부에 장식한 창문이나 천장, 교회 곳곳에 전시된 각종 그림과 조각품들이 '세계의 유산'과 같은 것들입니다. 교회에서 불렸던 찬송이나 예배에 사용된 음악은 어떻습니까? 당시의 작곡가들, 연주가들, 악기를 만든 사람들이 다 교회와 연관된 사람들입니다. 그 사람들이 그렇게 아름답게 교회를 건축하고, 실내를 장식하고, 음악을 만들어서 연주하면서 어떤 고백을 했을까요? 아마도 '하나님의 영광'을 위한다고 했을 것입니다. 그 교회를 담임했던 목회자들도, 그렇게 교회를 아름답게 만드는 것이 천국의 복을 쌓는 길이라고 설교하고 가르쳤습니다. 그것을 위해 면죄부도 만들었습니다.

하지만 중세의 찬란했던 문화와 예술은 교회를 타락의 길로 이끌었습니다. 사실은 '하나님의 말씀'을 제대로 가르치지 않은 목회자들이 교회의 타락을 방관하고 방조한 것입니다. 한동안 한국 사회에서 '검찰 개혁'이라는 주제가 사회적 이슈였습니다. '검찰 개혁'을 주장했던 사람들은, 검찰이 가진 막강한 권력으로 힘없는 국민을 마구 수사하고 자유를 침해하니, 검찰이 지닌 수사권을 분산해야 한다고 했습니다. 그런데 검찰이 진짜로 가진 힘은, 수사를 과도하게 많이 하는 것이 아니라, 누군가의 범죄 사실을 알고도 수사를 하지 않는 것입니다. 검찰이 수사해서 범죄 사실을 재판에 넘기는 것을 '기소'라고 합니다. 그렇게 '기소'가 되면, 그 사건의 유무죄 재량권은 '판사'에게 넘어가게 됩니다. 하지만 검찰이 처음부터 수사하지 않아서 범죄 사건에 관해서 '기소'하지 않으면, 판사는 아무것도 할 수 없습니다.

지금 이 말씀을 드리는 것은 '검찰 개혁'을 말씀드리려는 것이 아니라, 교회를 해치는 '사나운 이리, 거짓 선생'에 관해서 말씀드리려는 것입니다. 거짓 선생이 누구입니까? 신천지 같은 이단을 말하는 것입니까? 그것도 있지만, 마땅히 가르쳐야 할 진리를 말하지 않는 목회자들이 거짓 선생입니다. 누군가 교회에서 잘못된 복음을 전한다면, 교단이나 교회 연합 단체에서 조직한 '이단 연구소'에서, 내용을 연구하고 분석해서 잘못된 것을 가르쳐 줄 것입니다. 하지만 교회가 '주와 및 그 은혜의 말씀' 자체를 가르치지 않으면, 아무리 훌륭한 교수들이 모인 '이단 연구소'라 할지라도 판별해 낼 것이 없어집니다.

그러면 '주와 및 그 은혜의 말씀'을 가르치지 않는 교회가 있을까요?

있습니다. 말씀은 가르치지만, 그와 함께 표적지를 많이 만드는 쪽으로 초점을 흐립니다. 교회에서 봉사도 하고, 구제도 하고, 선교도 하고, 바자회도 하고, 기도 모임 구역 모임도 하고, 성경 공부도 하고, 악기도 가르치고, 동호회 모임도 만들어 줍니다. 설교 시간에는 책 소개도 하고, 드라마나 영화 이야기도 하고, 정치 이야기도 하고, 심방 가서 만난 사람 이야기도 하고, 마지막에 노래도 불러 줍니다. 이렇게 해서 '주와 및 그 은혜의 말씀'은, 교회에서 중요하게 여기는 수많은 나뭇가지 가운데 하나 정도로 여겨집니다.

교회에서 말씀을 가르치지 않는 것은 아니지만, 말씀을 가장 중요하게 여기지 않는다는 것입니다. 오늘날 우리가 더욱 '은혜의 말씀'에 집중해야 하는 이유가 여기에 있습니다. 우리가 이단을 경계하고, 잘못된 가르침을 분별하여 헛된 유혹에 빠지지 않는 것이 중요합니다. 하지만 그에 못지않게 중요한 것이, 마땅히 가르치고 선포되어야 하는 '말씀'이 온전히 선포되지 않는 것에 대해서도 주의를 집중해야 합니다. '말씀'은 바울이 에베소 교회 장로들에게, 자기가 떠나고 나면 '사나운 이리'가 들어올 거라고 예상하면서, 교회를 보호하는 방법으로 가르쳐 준 유일한 무기입니다.

> 에베소서 6:13-17, "그러므로 하나님의 전신 갑주를 취하라 이는 악한 날에 너희가 능히 대적하고 모든 일을 행한 후에 서기 위함이라 14. 그런즉 서서 진리로 너희 허리띠를 띠고 의의 호심경을 붙이고 15. 평안의 복음이 준비한 것으로 신을 신고 16. 모든 것 위에 믿음의 방패를 가지고 이로써 능히 악한 자의 모든 불화살을 소멸하고 17. 구원의 투구와 성령의 검 곧 하나님의 말씀을 가지라"

악한 날에 교회를 해치려는 원수와 맞서 싸우며, 그 원수를 공격할 수 있는 유일한 무기가 무엇입니까? "성령의 검 곧 하나님의 말씀"입니다. 하나님의 말씀을 소홀히 하는 것은, 자기를 해치려고 덤벼드는 원수 앞에서 스스로 무장을 해제하는 것과 같습니다. 요즘 철학과 문학, 역사와 예술 등 인문학에 입각한 각종 정보로, 성경에 기록되지 않은 사실을 가르쳐 주고, 기독교 상식의 폭을 넓혀 주는 인문학 설교가 유행입니다. 교회가 이웃과 공동체를 돌아보고, 어렵고 힘든 사람들을 도와주면서 모두가 어우러져, 함께 살 만한 세상을 만들자는 표어가 교회의 방향성이 되고 있습니다. 세상에서 힘들었어도 교회에 들어오면 마음을 기댈 수 있는 사람이 있고, 나를 위해서 기도해 줄 수 있는 목사님과 성도들이 있는 교회가 좋은 교회로 여겨집니다.

그런데 이러한 것들은 교회를 해치려고 덤벼드는 '사나운 이리'의 공격으로부터 교회를 지키고 보살피는 방법이 될 수 없습니다. 왜 그렇습니까? 그 일을 하는 주체가 하나님이 아니라 '우리'이기 때문입니다. 우리가 알고 있는 기독교 상식이 많아지면, '하나님의 말씀'에 순종하게 됩니까? 어려운 이웃을 도와주고 착한 일을 많이 하면, 환란이나 핍박이 와도 굴하지 않고 믿음을 지켜 낼 수 있습니까? 내 마음을 알아주는 목사님과 나를 위해 기도해 주는 성도들이 있으면, 세상에서 어떤 유혹과 시험이 와도 믿음을 지켜 낼 수 있습니까?

바울이 에베소교회 장로들에게 교회를 부탁하면서 한 말이 바로 이것입니다. 교회는 '하나님과 은혜의 말씀'으로만 지켜집니다. 하나님께서 피로 사신 '양 떼'는 오직 하나님의 말씀을 그 양식으로 삼습니다.

'하나님의 말씀'이 사나운 이리와 같은 거짓 선생들의 현란한 말과 그릇된 가르침으로부터 우리를 지켜 줄 것입니다. 저와 여러분도 더욱 하나님의 말씀을 사모하고, 그 은혜의 말씀에 집중하기 원합니다.

사도행전 20:29~32

사나운 이리

"내가 떠난 후에 사나운 이리가 여러분에게 들어와서 그 양 떼를 아끼지 아니하며 30. 또한 여러분 중에서도 제자들을 끌어 자기를 따르게 하려고 어그러진 말을 하는 사람들이 일어날 줄을 내가 아노라 31. 그러므로 여러분이 일깨어 내가 삼 년이나 밤낮 쉬지 않고 눈물로 각 사람을 훈계하던 것을 기억하라 32. 지금 내가 여러분을 주와 및 그 은혜의 말씀에 부탁하노니 그 말씀이 여러분을 능히 든든히 세우사 거룩하게 하심을 입은 모든 자 가운데 기업이 있게 하시리라"

29절에 "내가 떠난 후에 사나운 이리가 여러분에게 들어와서"라고 했습니다. 사나운 이리는 누구일까요? 예수님께서 산상 수훈에서 이렇게 말씀하셨습니다.

> 마태복음 7:15, "거짓 선지자들을 삼가라 양의 옷을 입고 너희에게 나아오나 속에는 노략질하는 이리라"

'사나운 이리', '노략질하는 이리'는 물리적인 힘으로 교회를 핍박하는 외부의 권세가 아니라, '양의 옷을 입고 우리에게 나오는 자'라고 분명히 말씀하셨습니다. 실제로 교회의 역사를 보면, 외부로부터 교회에 핍박이 가해졌을 때, 목회자들과 성도들이 순교하는 것조차 두려워하지 않고 믿음을 지키고, 교회를 지켰습니다. 우리나라 교회 역사에도 신앙을 지키다 순교한 사람들이 너무나 많습니다. 그런데 평안한 시기에, '양의 옷을 입고' 들어온 '사나운 이리'에게는 속수무책으로 노략질을 당해 왔고, 지금도 노략질을 당하고 있는 성도들이 많습니다. 왜 그렇습니까? '양의 옷'을 입고 들어온 '거짓 선지자'를 보면서, "저 사람은 사나운 이리"라고 분별할 만큼의 실력이 우리에게 없었기 때문입니다. 또한, '양의 옷'을 입고 들어온 거짓 선지자가 오히려 '참된 하나님의 종'처럼 보일 때가 훨씬 더 많은 것도 사실입니다. 그렇다면 우리는 어떤 방법으로 '참 선지자'와 '거짓 선지자'를 분별해 낼 수 있을까요? 예수님께서 그 차이와 구별법에 대해서 이렇게 가르쳐 주셨습니다.

> 마태복음 7:13-14, "좁은 문으로 들어가라 멸망으로 인도하는 문은 크고 그 길이 넓어 그리로 들어가는 자가 많고 14. 생명으로 인도하는 문은 좁고 길이 협착하여 찾는 자가 적음이라"

지난 시간에 '거짓 선생'이 누구냐고 했을 때, "마땅히 가르쳐야 할 진리를 말하지 않는 목회자"라고 말씀드렸습니다. 성경에 나타난 '거짓 선지자'의 특징은, '마땅히 전해야 할 하나님의 말씀'을 개인의 이익을 위해서 전하지 않거나 왜곡하는 사람들이었습니다. 가장 대표적인 '거짓 선지자'가 아합왕 시대의 '시드기야' 선지자입니다. 아합왕이 남쪽 유다의 여호사밧 왕과 연합하여 아람 나라에 빼앗긴 땅을 되찾아 오려고 전쟁을 준비하면서, 선지자들을 불러서 하나님의 뜻을 묻기로 했습니다. 아합왕은 400여 명의 선지자를 불러서, 그들이 하려고 하는 전쟁에 대한 하나님의 뜻을 물었고, 선지자들은 싸우러 올라가라고 부추겼습니다.

열왕기상 22:6, "이스라엘의 왕이 이에 선지자 사백 명쯤 모으고 그들에게 이르되 내가 길르앗 라못에 가서 싸우랴 말랴 그들이 이르되 올라가소서 주께서 그 성읍을 왕의 손에 넘기시리이다"

하지만 그 선지자들의 말은 하나님의 뜻이 아니었습니다. 오히려 하나님께서는 '거짓말하는 영'을 왕의 모든 선지자의 입에 넣어서, 아합왕을 심판하기 원하셨습니다^(왕상 22:19-23). 그리고 그 중심에 거짓 선지자의 대표 격이었던 '시드기야'가 있었던 것입니다. '시드기야'는 '미가야 선지자'의 뺨을 때리며, "여호와의 영이 나를 떠나서 어디로 가서 말을 하겠느냐?"라고 말하면서 '하나님의 참 선지자'를 무시했습니다.

열왕기상 22:24, "그나아나의 아들 시드기야가 가까이 와서 미가야의 뺨을 치며 이르되 여호와의 영이 나를 떠나 어디로 가서 네게 말씀하시더냐"

'시드기야'는 아합왕의 신뢰를 한 몸에 받는, 왕이 인정한 선지자라고 인정될 만큼 대단한 권세를 가진 사람이었지만, 실제로는 '거짓 선지자'였습니다. 그리고 아합왕은 미가야의 예언대로 전쟁터에 나갔다가 죽게 됩니다^(왕상 22:35). '시드기야'는 언제나 '왕'이 듣고 싶어 하는 말, 왕이 좋아하는 말만 했습니다. 하지만 '미가야 선지자'는 왕이 좋아하는 말이 아니라 싫어하는 예언만 했습니다.

열왕기상 22:8, "이스라엘의 왕이 여호사밧 왕에게 이르되 아직도 이믈라의 아들 미가야 한 사람이 있으니 그로 말미암아 여호와께 물을 수 있으나 그는 내게 대하여 길한 일은 예언하지 아니하고 흉한 일만 예언하기로 내가 그를 미워하나이다"

그러면 미가야 선지자는 왜 매번 흉한 일만 예언해서 왕의 미움을 받았을까요? 그것은 아합왕이 하나님의 말씀을 듣지 않고, 우상을 숭배하고 죄를 범하는 일만 했기 때문입니다. 하나님의 뜻과 늘 반대로 가는 왕에게, 왕이 듣고 싶어 하는 좋은 예언만 해 주는 선지자가 어떻게 '참 선지자'일 수 있겠습니까? 그래서 예수님께서도 '거짓 선지자들'을 삼가 조심하라고 말씀하면서, 그들은 언제나 '큰 문, 넓은 길'로 인도한다고 말씀하셨던 것입니다. '거짓 선지자'가 누구입니까? 성경이 분명히 말씀하고 있는 '작은 문, 좁은 길'에 대해서 말하지 않는 자, 가르치지 않는 자입니다.

마태복음 5~7장을 가리켜서 예수님의 산상 수훈 또는 산상 설교라고 말합니다. 산상 수훈은 예수님께서 공생애 사역을 시작하시면서, 기독교 신앙생활의 방향성을 제시해 주신 핵심 설교라고 할 수 있는 중요한 말씀입니다. 그런데 그 산상 수훈을 보면, 전체 내용을 관통하는 핵심 주제가 있습니다. 그것은 예수 신앙, 기독교 신앙을 가진 사람은 세상에서 대접받고 보상받지 못한다는 것입니다. 그러니 사람에게 인정받으려고 하지 말라는 것입니다. 우리를 고발하여 속옷을 빼앗으려고 하는 사람에게는 겉옷까지 내어 주고, 박해하는 사람을 위해서 기도해 줄 수 있는 사람이 되라고 하셨습니다(마 5:39-48). 또한, 사람 앞에서 의를 행하지 않도록 조심해서, '오른손이 한 일을 왼손이 모르게' 하라고 말씀하셨습니다(마 6:1-4). 기도할 때는 골방에 들어가서 은밀하게 하고, 사람 앞에서 보이려고 하지 말라고 했습니다(마 6:6-8).

이와 같은 예수님의 설교는, 요즘 사람들의 취향과 정확하게 반대되는 말씀입니다. 요즘 사람들이 좋아하는 것이 무엇입니까? 사진 찍는 것과 자랑하는 것입니다. 보통 사람들보다 좀 더 나은 아이디어가 있는 사람들은, 자신의 일상을 짧은 동영상으로 만들어서 인터넷에 올리고, 그것으로 돈까지 버는 세상입니다. 한마디로 자기가 무엇을 먹고, 입고, 어디에 가서 무엇을 하고, 누구를 만나고 하는 것만 열심히 자랑해도, 얼마든지 돈을 벌 수 있는 세상이 된 것입니다. 그런데 착한 일을 하고도 모르게 하라, 기도하는 것도 모르게 하라, 심지어 내 것을 빼앗으려고 하는 사람에게 요구하지 않은 것까지 내어 주라고 하십니다.

이것은 무엇을 의미합니까? 기독교 신앙은 자기를 증명하는 것이 아니란 뜻입니다. 실제로 예수님께서는 성부 하나님과 동일한 본질을 가지신, 능력이 무한하신 분이셨지만 자기를 증명하고, 자기 능력을 자랑해 보이지 않으셨습니다. 오히려 사람들로부터 위협을 당하고, 능욕과 핍박을 받으셨으며, 자기 손으로 만든 사람들에 의해 저주의 상징과도 같은 십자가에 달려 죽으셨습니다. 그리고 제자들에게도 "누구든지 나를 따라오려거든 자기를 부인하고 자기 십자가를 지고 나를 따를 것이니라"(막 :8:34)라고 하셨습니다. 한마디로, 예수님께서 모범을 보이신 것처럼 너희도 따라오라는 뜻입니다.

이와 같은 말씀에 근거해서 살펴보면, 기독교 신앙은 업적이 드러나고, 공로가 세워지며, 모든 사람에게 인정받는 그런 신앙이 아님을 알 수 있습니다. 그리고 같은 맥락에서 우리는 '거짓 선지자'의 특징을 발견할 수 있을 것입니다.

> 마태복음 24:24, "거짓 그리스도들과 거짓 선지자들이 일어나 큰 표적
> 과 기사를 보여 할 수만 있으면 택하신 자들도 미혹하리라"

거짓 그리스도와 거짓 선지자들이 무엇을 할 것이라고 했습니까? 큰 표적과 기사를 보여 주면서, 택하신 자들을 미혹할 거라고 했습니다. 예수님은 "우리가 주의 이름으로 선지자 노릇도 하고, 귀신도 쫓아내며, 많은 권능을 행하지 않았느냐?"(마 7:22)라는 사람이 나타날 거라고 말씀해 주셨습니다. 그런데 예수님께서는 선지자 노릇을 하고, 귀신도 쫓아내고, 많은 능력을 행한 사람이 '참 선지자'가 아니라고 하셨습니다. '참 선지자', '참 신자'는 말씀을 듣고 행하는 사람이라고 하셨습니다(마 7:24). 왜 예수님께서는 선지자를 자청하고, 귀신을 쫓아내고, 많은 능력을 행하는 사람을 '불법을 행하는 사람'이라고 하면서, 내가 너희를 도무지 모른다고 했을까요? 하나님께서 미가 선지자를 통해서 주신 말씀에 그 힌트가 있습니다.

> 미가 3:5-6, "내 백성을 유혹하는 선지자들은 이에 물 것이 있으면 평강
> 을 외치나 그 입에 무엇을 채워 주지 아니하는 자에게는 전쟁을 준비하
> 는도다 이런 선지자에 대하여 여호와께서 이르시되 6. 그러므로 너희가
> 밤을 만나리니 이상을 보지 못할 것이요 어둠을 만나리니 점 치지 못하
> 리라 하셨나니 이 선지자 위에는 해가 져서 낮이 캄캄할 것이라"

여기에 '내 백성을 유혹하는 선지자들'이 나옵니다. 그들은 어떤 사람들입니까? "자기 입에 무엇을 물려 주면 좋은 말을 해 주고, 입에 무엇을 채워 주지 않는 사람에게는 저주를 퍼붓고, 나쁜 말로 위협을 하는" 그런 사람들이라는 것입니다. '선지자 노릇'을 한다는 의미가 무엇입니

까? 말씀을 인용해서 사람의 마음을 위로해 주고, 마치 그 사람의 앞길을 예언해 주는 것처럼 희망을 준다는 것입니다. 귀신도 쫓아내 주고, 어디에서도 볼 수 없는 놀라운 능력들을 보여 주면서, 마치 하나님의 모든 권능이 자기들에게 있는 것처럼 확인시켜 준다는 것입니다.

그런데 예수님께서는 그런 사람들을 '불법을 행하는 자'라고 말씀하면서 "내게서 떠나가라."라고 하신다는 것입니다. 왜 그렇습니까? 그 사람들이 그와 같은 능력으로 사람들을 '양의 주인'이신 하나님에게로 인도하는 것이 아니라, '자기'에게로 이끌어가기 때문입니다.[30] '참 목자', '참 선지자'는 양을 위하여 목숨을 버립니다(요 10:11, 15). 하지만 '삯꾼의 목자', '거짓 선지자'는 양을 버리고 달아나거나 양을 잡아먹습니다. 미가 선지자의 지적처럼, 그들의 관심은 '자기 입을 채우는' 것에만 있습니다. 그러면 '참 목자'이신 예수님과 '거짓 선지자'는 어떤 점에서 다를까요?

> 요한복음 17:4-9, "아버지께서 내게 하라고 주신 일을 내가 이루어 아버지를 이 세상에서 영화롭게 하였사오니 5. 아버지여 창세 전에 내가 아버지와 함께 가졌던 영화로써 지금도 아버지와 함께 나를 영화롭게 하옵소서 6. 세상 중에서 내게 주신 사람들에게 내가 아버지의 이름을 나타내었나이다 그들은 아버지의 것이었는데 내게 주셨으며 그들은 아버지의 말씀을 지키었나이다 7. 지금 그들은 아버지께서 내게 주신 것이 다 아버지로부터 온 것인 줄 알았나이다 8. 나는 아버지께서 내게 주신 말씀들을 그들에게 주었사오며 그들은 이것을 받고 내가 아버지께로부터 나온 줄을 참으로 아오며 아버지께서 나를 보내신 줄도 믿었사옵나이다 9. 내가 그들을 위하여 비옵나니 내가 비옵는 것은 세상을 위함이 아니요 내게 주신 자들을 위함이니이다 그들은 아버지의 것이로소이다"

'참 목자'이신 예수님께서는, 그분이 가지신 능력으로 '아버지의 이름'을 나타내셨고, 그 말씀을 들은 사람들은 '아버지의 말씀'을 지켰습니다[6]. '참 목자'의 말씀을 들은 사람들은, 예수께서 아버지 하나님에게서 오신 분이고, 하나님께서 예수님을 보내셨다는 사실을 믿었습니다[8]. 무엇보다도 예수님께서는, 자기에게 온 사람들이 모두 아버지의 것임을 분명히 알고 있었고[9], 그와 같은 일을 하면서 아버지를 영화롭게 했습니다[4]. 하지만 '삯꾼 목자인 거짓 선지자'는, 양들을 아버지 하나님이 아니라 자기 앞으로 끌어와서, 자기를 위해 희생하도록 만듭니다. 결정적으로 '삯꾼 목자'는, '선지자의 일'을 하는 것이 아니라 그들 스스로가 말한 것처럼 '선지자 노릇'을 합니다[마 7:22]. '선지자'는 누구입니까? 하나님께서 보낸 사람입니다.

> 역대하 24:19, "그러나 여호와께서 그들에게 선지자를 보내사 다시 여호와에게로 돌아오게 하려 하시매 선지자들이 그들에게 경고하였으나 듣지 아니하니라"

대제사장 여호야다가 죽은 이후, 유다 왕 요아스는 여호와 하나님을 섬기는 대신, 아세라 목상과 우상을 섬겼습니다. 하나님께서 선지자를 보내서 경고지만 요아스 왕은 하나님의 경고를 듣지 않았고, 아람 나라와의 전쟁에서 크게 다친 요아스는 자기 부하에 의해 죽게 됩니다.

> 학개 1:12, "스알디엘의 아들 스룹바벨과 여호사닥의 아들 대제사장 여호수아와 남은 모든 백성이 그들의 하나님 여호와의 목소리와 선지자 학개의 말을 들었으니 이는 그들의 하나님 여호와께서 그를 보내셨음이라 백성이 다 여호와를 경외하매"

바사(페르시아)의 2대 왕이었던 고레스가 바벨론 시대에 포로로 붙잡혀 온 유다 백성들을 고향으로 돌려보내는, 고레스 칙령(bc 538S년, 스 1:1-4)을 내렸습니다. 예루살렘으로 돌아온 유다 백성들은 무너졌던 성전을 재건하기 시작했지만, 훼방하는 사람들에 의해서 약 15년간 성전 재건 공사가 중단됐습니다. 그 후 하나님께서 학개 선지자와 스가랴 선지자를 보내어, 유다 백성들에게 하나님의 뜻을 전하게 하셨고, 마침내 성전 재건 공사를 완성할 수 있게 됩니다.

> 에스라 6:14, "유다 사람의 장로들이 선지자 학개와 잇도의 손자 스가랴의 권면을 따랐으므로 성전 건축하는 일이 형통한지라 이스라엘 하나님의 명령과 바사 왕 고레스와 다리오와 아닥사스다의 조서를 따라 성전을 건축하며 일을 끝내되"

여기서 우리가 알아야 할 것이 있습니다. 하나님께서 '선지자'를 보내어 하나님의 뜻을 전하게 하셨지만 그 말씀을 들은 사람 중에는 순종했던 사람도 있었고, 그렇지 않은 사람도 있었습니다. 역대하 말씀에서 본 요아스 왕은 하나님의 말씀을 듣지 않았고, 도리어 하나님의 뜻을 전했던 스가랴 제사장을 성전 뜰에서 돌로 쳐서 죽였습니다. 하지만 학개 선지자의 말을 들었던 유다 백성들은, 성전 재건을 방해하는 훼방꾼들이 여전히 있었음에도 성전 건축하는 일을 끝까지 완성했습니다.

중요한 것은 무엇입니까? '선지자'는 '선지자가 해야 할 일'을 했다는 것입니다. 하나님께서 '선지자'를 보내신 이유는, 하나님의 뜻을 자기 백성에게 전하라고 보내신 것입니다. 하나님의 뜻을 전하는 '선지자'들의 인생은 늘 꽃길이었을까요? 전혀 그렇지 않습니다. 엘리야처럼 선지자가 그 일을 하다가 왕의 미움을 사서, 광야 깊숙한 곳까지 몸을 피해야 할 만큼 목숨의 위협을 받을 수도 있습니다. 예레미야는 자기가 태어난 날을 저주할 만큼(렘 20:14-18) 선지자로 사는 것을 힘들어하고 고통스러워하기도 했습니다. 스가랴 제사장처럼 하나님의 뜻을 전한 뒤에 돌에 맞아 죽을 수도 있습니다.

그러면 구약 성경에서 발견되는 '선지자'들의 공통점은 무엇입니까? 그들이 사람들에게 하나님의 뜻을 전하는 데 있어서 주저함이 없었다는 것입니다. 왕의 눈치를 살피거나, 사람들이 좋아할 만한 말을 골라서 하지 않았습니다. 하지만 구약 시대에도 거짓을 예언하는 선지자들이 있었습니다.

> 예레미야 14:14, "여호와께서 내게 이르시되 선지자들이 내 이름으로 거짓 예언을 하도다 나는 그들을 보내지 아니하였고 그들에게 명령하거나 이르지 아니하였거늘 그들이 거짓 계시와 점술과 헛된 것과 자기 마음의 거짓으로 너희에게 예언하는도다"

거짓 선지자들은 하나님께서 보낸 사람이 아니고, 그들에게 명령하거나 말하지도 않았는데, 그들은 자기들이 보지도 듣지도 못한 환상과 계시를 말한답니다. 거짓 선지자들이 하는 일이 무엇입니까? 거짓 계시와 점술과 헛된 것들입니다. 마태복음 7장에 예수님께서 말씀하셨던 것처럼, 선지자 노릇을 하고 귀신을 쫓아내고 많은 능력을 행하는 것을 자기들의 정통성으로 삼으려는 자들입니다. 하지만 그들이 아무리 귀신을 쫓아내고, 신비한 능력을 보여 줘도, 그들은 하나님의 선지자가 될 수 없습니다. 왜 그렇습니까? 그들은 하나님께서 보낸 자도 아니고,

하나님의 명령도 받지 않았기 때문입니다.

'참 목자'는 어떤 사람입니까? 양을 먹이고 보호할 뿐만 아니라 양을 위하여 자기 목숨까지도 버립니다(요 10:11). 그분이 바로 우리 예수님입니다. 그러면 '거짓 목자'는 어떻게 할까요?

> 에스겔 34:1-3, "여호와의 말씀이 내게 임하여 이르시되 2. 인자야 너는 이스라엘 목자들에게 예언하라 그들 곧 목자들에게 예언하여 이르기를 주 여호와께서 이같이 말씀하시되 자기만 먹는 이스라엘 목자들은 화 있을진저 목자들이 양 떼를 먹이는 것이 마땅하지 아니하냐 3. 너희가 살진 양을 잡아 그 기름을 먹으며 그 털을 입되 양 떼는 먹이지 아니하는도다"

목자가 할 일은 양을 먹이고 키우는 것인데, 거짓 목자는 양 떼를 먹일 생각은 하지 않고 오히려 자기가 돌봐야 할 양을 몽땅 잡아먹고, 그 털을 입습니다. 오늘 본문에 바울이 에베소교회 장로들에게, "하나님께서 감독자를 보내 자기 피로 교회를 사신 교회를 보살피게" 했다고 했습니다(행 20:28). 하나님께서 교회를 세우고 감독자(목사)를 보내신 이유는, 교회를 보살피기 위함입니다. 자기 양 떼를 먹이고, 양들이 잘 자라도록 돕기 위함입니다. 그러면 '참 목자'는 양들을 무엇으로 먹이고, 어떻게 자라도록 보살필까요?

> 디모데후서 3:12-13, "무릇 그리스도 예수 안에서 경건하게 살고자 하는 자는 박해를 받으리라 13. 악한 사람들과 속이는 자들은 더욱 악하여져서 속이기도 하고 속기도 하나니"

오늘날 교회 안에 들어와 있는 '잘못된 신화'가 있습니다. "예수 안에서 경건하게 잘 살면, 어려운 일도 쉽게 해결되고, 성공하고, 잘될 것이다. 교회 안에 들어오면 속거나, 손해 보는 일은 없을 거다."라는 신화입니다. 그런데 정말 그렇습니까? 예수 안에서 경건하게 잘 살고, 믿음을 따라 살면 어려운 일도 없고, 손해 보거나 속는 일이 없습니까? 아니요, 많이 있습니다. 그렇다 보니, 교회에 들어와서 실망하고, 상처받고, 시험에 드는 사람이 있습니다. "교회가 그럴 줄 몰랐다, 어떻게 교회 다니는 사람이 저럴 수 있냐?" 그럽니다. 그런데 교회는 그렇지 않을 거라는 생각은 내 기대입니다. 성경은 그렇게 말하지 않았습니다. 오히려 더 악하고, 속이기도 하고 속기도 한다고 했습니다.

디모데후서는 바울이 에베소교회에서 목회하고 있는 디모데에게 준 말씀입니다. 그리고 성경의 일관된 가르침은 "그리스도 예수 안에서 경건하게 살고자 하는 자는 박해를 받으리라"는 것입니다. 이것은 예수님께서 처음 사역을 시작하면서부터 하셨던 말씀이기도 합니다.

> 마태복음 5:10-12, "의를 위하여 박해를 받은 자는 복이 있나니 천국이 그들의 것임이라 11. 나로 말미암아 너희를 욕하고 박해하고 거짓으로 너희를 거슬러 모든 악한 말을 할 때에는 너희에게 복이 있나니 12. 기뻐하고 즐거워하라 하늘에서 너희의 상이 큼이라 너희 전에 있던 선지자들도 이같이 박해하였느니라"

왜 예수님과 사도들은, 예수 안에서 경건하게 살고 믿음을 지키는 사람들, 의를 위해 사는 사람들에게 "너희는 박해를 받으리라."라고 말씀하셨을까요? 그것은 우리가 현재 사는 세상이 우리가 거할 영원한 처소가 아니기 때문입니다. 성경은 세상에 있는 우리 집을 이스라엘 백성이 광야에 친 '장막'으로 비유하면서, 우리가 살게 될 곳은 하나님께서 주신 영원한 하늘의 집이라고 말씀합니다.

> 고린도후서 5:1, "만일 땅에 있는 우리의 장막 집이 무너지면 하나님께서 지으신 집 곧 손으로 지은 것이 아니요 하늘에 있는 영원한 집이 우리에게 있는 줄 아느니라"

그래서 예수님께서 제자들에게 늘 하셨던 말씀이, "너희를 위하여 보물을 하늘에 쌓아 두라"(마 6:20)라는 것이었습니다. 실제로 제자들과 사도들뿐만 아니라 초대 교회 시대의 성도들은 박해와 핍박 속에서 살았고, 그들은 하루하루를 죽음을 눈앞에 둔 삶처럼 여기며 살았습니다. 그뿐이겠습니까? 복음이 처음 전파됐던 나라들에도, 예수 안에서 살기 원하다가 박해를 받고 순교한 사람들이 너무나 많습니다. 오늘 본문에도 바울이 하는 말이, 내가 떠나고 나면 "사나운 이리가 여러분에게 들어와서 양 떼를 아끼지 않을 것"(29)이라고 분명히 말하고 있지 않습니까? 우리가 믿음만 잘 지키면, '사나운 이리'가 절대로 못 들어오는 것이 아닙니다.

정부 기관이나 중요한 건물들은 보안 시설이 철저합니다. CCTV나 경계하고 지키는 보안 요원들이 많아서, 도둑이 함부로 못 들어옵니다. 그런데 교회는 아무리 경계를 잘 서고 있어도, 심지어는 경계를 서고 있는 그 사람에게 '사나운 이리'가 대놓고 덤벼듭니다. 교회 문 앞에 '신천지 OUT'이라는 스티커를 붙여 놔도, 신천지 신자들이 그 문을 열고 들어옵니다. 훌륭하게 목회를 잘하고 있던 목사님들이, 여자 문제나 비자금 문제가 발각돼서 목회를 못 하게 되는 사례도 너무나 많습니다. 이럴 때 우리가 어떻게 우리의 믿음을 지킬 수 있겠습니까? 바울이 디모데에게 해 줬던 권면의 말씀에서 그 답을 찾을 수 있습니다.

> 디모데후서 3:14-17, "그러나 너는 배우고 확신한 일에 거하라 너는 네가 누구에게서 배운 것을 알며 15. 또 어려서부터 성경을 알았나니 성경은 능히 너로 하여금 그리스도 예수 안에 있는 믿음으로 말미암아 구원에 이르는 지혜가 있게 하느니라 16. 모든 성경은 하나님의 감동으로 된 것으로 교훈과 책망과 바르게 함과 의로 교육하기에 유익하니 17. 이는 하나님의 사람으로 온전하게 하며 모든 선한 일을 행할 능력을 갖추게 하려 함이라"

바울은 디모데에게, "네가 배우고 확신한 일에 (네가 먼저) 거하라."라고 말합니다. 그래서 첫째로 '참 선지자', 자기 양 떼를 지키는 '참 목자'는, 누구보다 먼저 자기가 배우고 확신한 '성경' 말씀 안에 거해야 합니다[14]. '말씀'(성경)을 가르치고 전해야 할 사람이, '말씀'(성경)을 모른다고 하면 어떻게 되겠습니까?

둘째로 '참 목자'는, 그리스도 예수 안에 있는 믿음으로 말미암아 구원에 이르는 지혜가 분명히 있어야 합니다[15]. 죄인인 인간이 어떻게 구원을 받는지 몰라서, 예수 믿는 믿음에 더해 선행도 하고, 종교적인 공로도 쌓아야 한다는 등의 주장을 한다면 바울이 말한 '다른 복음'입니다.

셋째로 '참 목자'는, 성경이 가르치는 "교훈과 책망과 바르게 함과 의로 교육"하는 일에, 본인이 먼저 순종함으로 본을 보일 수 있어야 합니다. 그래서 바울이 에베소교회 장로들을 청해서 했던 말이 무엇이었습니까?

> 17-18, 31, "바울이 밀레도에서 사람을 에베소로 보내어 교회 장로들을 청하니 18. 오매 그들에게 말하되 아시아에 들어온 첫날부터 지금까지 내가 항상 여러분 가운데서 어떻게 행하였는지를 여러분도 아는 바니 31. 그러므로 여러분이 일깨어 내가 삼 년이나 밤낮 쉬지 않고 눈물로 각 사람을 훈계하던 것을 기억하라"

바울이 3년간 그들과 함께 있으면서, 바울이 어떻게 살았는지 성도들이 보고 알았고, 그가 쉬지 않고 눈물로 기도했던 것을 기억하라고 말하고 있습니다. 바울이 에베소교회 장로들과 디모데에게 이 같은 권면을 한 것은, 자기가 에베소교회에서 한 공로를 인정해 달라거나, 자기를 자랑하려고 한 것이 아닙니다. 먼저는, 너희도 성경에 근거한 올바른 신앙을 가지라는 뜻입니다. 또한, 너희 뒤를 따라올 믿음의 후배와 후손들에게 올바른 신앙의 본을 보이라는 뜻입니다. '사나운 이리들'은 지금도 우는 사자처럼 다니면서 삼킬 자들을 찾고 있습니다.

> 베드로전서 5:8-10, "근신하라 깨어라 너희 대적 마귀가 우는 사자 같이 두루 다니며 삼킬 자를 찾나니 9. 너희는 믿음을 굳건하게 하여 그를 대적하라 이는 세상에 있는 너희 형제들도 동일한 고난을 당하는 줄을 앎이라 10. 모든 은혜의 하나님 곧 그리스도 안에서 너희를 부르사 자기의 영원한 영광에 들어가게 하신 이가 잠깐 고난을 당한 너희를 친히 온전하게 하시며 굳건하게 하시며 강하게 하시며 터를 견고하게 하시리라"

보시는 것처럼, 베드로 사도도 예수님과 똑같은 말을 하고 있습니다. "이는 세상에 있는 너희 형제들도 동일한 고난을 당하는 줄을 앎이라." 기독교 신앙은 '고난이 없는, 만사가 형통하게 되는' 그런 신앙이 아닙니다. 우리는, 우리 앞에 '고난'이 있을 거란 사실을 알고도, 예수 신앙이 가장 귀하고 보배로운 것임을 알기에, 모든 것을 다 팔아서라도 이 믿음을 지키는 것입니다. 헛된 신화 같은 이야기로 우리의 귀만 즐겁게 하는 '거짓 선지자'들의 미혹에 빠지지 않도록, 더욱 성경 말씀에 귀 기울이는 복된 신앙생활 하시길 기원합니다.

악한 마귀는 우리를 넘어뜨리기 위해서 모든 일을 다 할 것입니다. 오늘날 우리에게 있어서 가장 큰 위험은 박해가 없고, 고난이 없는 것입니다. 그것은 우리 앞에 있었던 이천 년 교회의 역사가 증명해 주고 있습니다. "그런즉 선 줄로 생각하는 자는 넘어질까 조심하라"(고전 10:12)라고 했습니다. '사나운 이리'가 우리 가운데 들어올 거라고 경고의 말씀으로 분명히 우리에게 가르쳐 주셨으니, 성령의 검과 같은 말씀으로 자신의 믿음을 잘 지키기 원합니다. 한 끼니 배부르게 밥 먹은 것으로 사람이 건강해지지 못하는 것처럼, 우리의 신앙도 한 번 은혜 받은 것으로 온전해지고 완성되는 것이 아닙니다. 저녁에 배부르게 밥을 먹었어도, 다음 날 아침이 되면 또 밥을 먹어야 합니다.

기도원 들어가서 삼 일 금식 기도하면, 한 3년 치 신앙이 만들어지고, 은혜받고 방언 은사받으면 10년 치 신앙이 만들어지는 그런 법은 없습니다. 이스라엘 백성들이 광야에서, 매일 하나님의 만나를 받아먹으며 산 것처럼, 그날 받은 은혜는 그날의 것이고, 내일은 내일 필요한 은혜를 또 받아야 합니다. 저와 여러분, 우리 교회가 이처럼 매일 하나님의 은혜를 사모하면서, 하나님의 말씀인 성경을 우리의 힘과 양식으로 삼는 신앙생활 하기를 기원합니다.

사도행전 20:36~38

다 크게 울며

"이 말을 한 후 무릎을 꿇고 그 모든 사람들과 함께 기도하니 37. 다 크게 울며 바울의 목을 안고 입을 맞추고 38. 다시 그 얼굴을 보지 못하리라 한 말로 말미암아 더욱 근심하고 배에까지 그를 전송하니라"

지난 시간에, 교회 안에 들어와 있는 '잘못된 신화'가 있다고 말씀드렸습니다. "예수 안에서 경건하게 잘 살면, 하나님 말씀에 순종하면, 어려운 일도 쉽게 해결되고, 답답한 일이나 괴로운 일은 당하지 않을 것"이라는 신화라고 했습니다. 우리가 성경을 읽다 보면, 하나님 말씀에 순종했음에도 고난을 받거나 순교한 사람들에 관한 기록이 의외로 많이 있다는 것을 발견하게 됩니다. 예수님을 제외하고라도, 대표적으로 확인할 수 있는 사람이 사도 바울입니다.

본문은 바울이 밀레도에서 에베소교회 장로들과 마지막 인사를 나누는 장면입니다. 바울이 예상하는 것처럼, 그가 예루살렘으로 돌아가는 순간 투옥과 고난이 그를 기다릴 것입니다. 그것은 성령께서 바울에게 말씀해 주신 것이기도 합니다[23]. 하지만 바울은 자기가 고난을 받게 될 거라는 사실을 알고도 예루살렘으로 돌아가는 일을 망설이지 않았습니다. 오히려 자신이 주 예수로부터 받은 사명과 하나님의 은혜에 관한 복음을 증언하는 일을 완수하기 위해 가야만 한다는, 결연한 의지까지 보여 주고 있습니다(24).

이 같은 근거로 보면, 성경에서 가르치는 기독교 신앙은 '현재 직면한 고통이나 어려운 일을 해결하는 비법이나 주문이 아니'라는 것을 확인할 수 있습니다. 오히려 마치 불나방이 불 속으로 덤벼들듯이, 우리가 기독교 신앙을 신실하게 지키는 것 때문에, 괴로움을 당할 수도 있다는 것을 알면서도 뛰어드는 것입니다. 본문에서 보는 것처럼, 에베소교회 장로들이 바울의 목을 안고 크게 울고 입을 맞추며 인사한 후에, 배 있는 곳까지 가서 그를 전송했습니다(37-38). 36절에 그들이 무릎을 꿇고 함께 기도했다고 했습니다. 그 기도는 어떤 내용이었을까요? 바울이 23절에도 말했던 것처럼, 그 기도는 '바울이 고난과 투옥을 당하지 않게 해 달라는 기도는 아니었을 것'입니다. 그곳에 가면 고난을 받을 것이라고 성령께서 알려 주신 바였고, 바울도 각오하고 있는 일이었습니다.

바울이 가는 마지막 길을 전송하고 있는 에베소교회 장로들도 마찬가지입니다. 바울이 에베소에 머물던 지금까지는 별일이 없었지만, 바울이 떠나고 나면 '사나운 이리'들이 곧바로 에베소교회를 공격해 올 것입니다. 이처럼 어려운 일이 곧바로 벌어질 것을 알면서도, 장로들 역시 바울이 예루살렘으로 떠나려는 것을 막지 않았습니다. 다만 크게 울며 기도할 뿐이었습니다.

오늘 우리가 살펴보려고 하는 것이 바로 이 부분입니다. 기독교 신앙은 울 일이 없고 걱정할 일도 없어지는 특별한 비책이 아닙니다. 오히려 울어야 할 일이 있고, 고생길이 뻔히 보이고, 세상적으로는 답이 없어 보이는 것을 알면서도 걸어가는 것이, 기독교 신앙을 가진 성도의 길입니다. 그래서 우리가 기독교 신앙을 올바로 이해하려면, 오늘 본문에서처럼 성경이 가르치고 있는 '울음'에 관한 정확한 이해가 필요합니다.

본문에 바울과 에베소교회 장로들이 서로 부둥켜안고 울고 있습니다. 그런데 그 울음은 절망스러운 상황에서 터져 나오는 비명 같은 울음이 아닙니다. 자신의 신세를 한탄하고, 자포자기의 심정으로 하소연하는 울음도 아닙니다. 오히려 그들이 앞으로 해야 할 일과 책임져야 하는 교회를 절대로 포기하지 않겠다고 하는 각오와 결단이, '울음'이라는 극한의 표현으로 터져 나온 것입니다. 그리고 성경에는, 본문에 기록된 '울음'과 비슷한 의미를 지닌, 의미 있는 사건들이 여러 개 소개되어 있습니다. 가장 대표적인 사건이 '느헤미야의 울음'입니다.

느헤미야는 남쪽 유다가 바벨론에 의해 멸망하고, 포로로 끌려온 지 141년 후에 태어난 사람이기에, 태어난 국적으로만 따지면 페르시아 사람입니다. 이방 나라에서 유대인으로 태어난 느헤미야는, 당시 세계를 지배하던 페르시아 제국의 궁궐에서 근무하던 고위 관리, 즉 왕의 '술 관원'이었습니다(느 1:11). 왕의 '술 관원'은 임금이 마시는 술을 책임지고 진상하는 관리로, 왕이 마시는 술에 대한 독극물 감시와 술 상대를 해 줄 수 있는 최측근이라 할 수 있습니다. 이처럼 느헤미야는 당시 세계를 지배하던 제국 페르시아 왕의 신임을 받는 고위 관리였지만, 하나님의 택하심을 받은 백성이라는 정체성을 잃지 않았습니다.

그러던 중에 느헤미야는, 예루살렘에 큰 환난이 있고 그 백성들이 능욕을 받고 있으며, 예루살렘 성은 허물어졌고 성문까지 불탔다는 소식을 듣게 됩니다. 그 소식을 들은 느헤미야는 크게 울고 슬퍼한 후에, 하나님께 기도했습니다.

> 느헤미야 1:1-4, "하가랴의 아들 느헤미야의 말이라 아닥사스다 왕 제 이십년 기슬르월에 내가 수산 궁에 있는데 2. 내 형제들 가운데 하나인 하나니가 두어 사람과 함께 유다에서 내게 이르렀기로 내가 그 사로잡힘을 면하고 남아 있는 유다와 예루살렘 사람들의 형편을 물은즉 3. 그들이 내게 이르되 사로잡힘을 면하고 남아 있는 자들이 그 지방 거기에서 큰 환난을 당하고 능욕을 받으며 예루살렘 성은 허물어지고 성문들은 불 탔다 하는지라 4. 내가 이 말을 듣고 앉아서 울고 수일 동안 슬퍼하며 하늘의 하나님 앞에 금식하며 기도하여"

느헤미야가 앉아서 울고 수일 동안 슬퍼한 이유가 무엇입니까? 단순히 예루살렘 성이 허물어지고, 성문이 불타 버렸으며, 유다 백성들이 수치를 당하고 있다는 것에 대한 연민의 감정 때문이 아니었습니다. 오히려 하나님의 뜻을 구하고, 자신이 할 일을 결심하는 기도의 동기였습니다. 느헤미야는 예루살렘에 관한 소식을 들은 후 4개월 동안 치밀하게 준비하여, 자기가 모시는 아닥사스다 왕에게 예루살렘 성 재건에 대한 허락을 받아 냅니다. 그런데 단순히 성전 재건에 대한 허락만 받은 것이 아니라, 느헤미야를 호위할 군대와 마병과 성전 재건에 필요한 물품들까지 다 받아 냈습니다(느 2:1-9). 이렇게 예루살렘으로 돌아온 느헤미야는, 사마리아 사람들과 대적들의 집요한 방해에도 불구하고 52일 만에 성벽 재건을 끝마쳤습니다(느 6:15).

이렇게 성벽 재건을 끝낸 느헤미야는, 문지기와 레위 사람들을 세워서 성을 파수하게 하고(느 7:1-3), 학사 에스라와 함께 영적 부흥 운동을 시작했습니다. 먼저는 율법에 기록된 대로 초막절을 지키게 했고(느 8장), 초막절이 끝난 후에는 다시 성회로 모여 말씀 앞에서 자복하고 회개하게 했습니다(느 9장). 그리고는 지도자들과 레위인들이 하나님 앞에서 언약을 새롭게 세워 성명서를 작성하는 언약 갱신까지 하게 했습니다(느 10장).

> 느헤미야 9:38, "우리가 이 모든 일로 말미암아 이제 견고한 언약을 세워 기록하고 우리의 방백들과 레위 사람들과 제사장들이 다 인봉하나이다 하였느니라"

1983년 6월 30일부터 11월 14일까지 453시간 45분 동안 KBS가 방영한 〈KBS 특별생방송, '이산가족을 찾습니다'〉는 유네스코 세계 기록 유산에 등재된 가장 긴 생방송입니다. 당시 그 방송은, 전 국민을 눈물바다로 만들었던 감동과 감격의 방송이었습니다. 패티킴이 불렀던 〈누가 이 사람을 모르시나요〉라는 방송의 주제곡은 지금도 한 소절만 들어도 그때의 감성에 젖을 만큼 온 국민의 마음을 적신 노래입니다.

느헤미야의 울음도 그런 것이었을까요? 허물어진 성과 파손된 성문으로 인해서 고통당하는 자기 민족을 생각하면서 동정심에 울었던 것일까요? 느헤미야의 울음은 단지 동정심이나 자기감정에 젖어서 운 것이 아니었습니다. 느헤미야는 금식하면서 하나님의 뜻을 구했고, 예루살렘 성을 재건하기 위해 페르시아 제국의 절대자인 왕을 설득했고, 최측근의 자리에서 스스로 내려왔습니다. 그리고 신속하게 예루살렘 성을 재건한 뒤에는, 학사 에스라와 함께 이스라엘 백성이 하나님께로 온전히 돌아오도록 영적 부흥 운동을 일으켰습니다. 그 일을 감당하기 위해서 느헤미야는, 자신의 목숨까지 내려놓고 대적들과 싸워야 하는 것도 피하지 않았습니다. 한 마디로 '느헤미야의 울음'은 포로로 끌려갔다가 돌아와서도 정신 못 차리는 이스라엘 백성들을, 영적으로 각성시키고 회복시키는 '결단의 울음'이었습니다.

두 번째로 '울음'에 관한 사건을 예로 들면, '벧세메스로 가는 소'들의 울음입니다. 사사 시대의 마지막인, 엘리가 제사장으로 있던 시기에 하나님께서 엘리의 두 아들을 심판하실 것임을, 어린 사무엘을 통해 전하게 하셨습니다(삼상 3:1-3). 정상적인 상황이었다면, 하나님께서 당신의 뜻을 엘리에게 말씀하셨을 것입니다. 하지만 엘리에게는 "여호와의 말씀이 희귀하여 이상이 흔히 보이지 않았습니다."(삼상 3:1) 그 대표적인 이유가, 제사장이었던 엘리 두 아들이 성전에서 하나님을 멸시하고 죄를 반복해서 범하는 것을, 엘리 제사장이 책망하거나 막지 않았기 때문입니다.

하나님께서는 그들에 대한 심판의 도구로 블레셋을 사용하셨고, 이스라엘은 그 전쟁에서 패하여 사천 명가량의 군사가 죽임을 당하게 됩니다(삼상 4:2). 이스라엘의 장로들은 언약궤를 전쟁터로 가져오면 전쟁에서 이길 거로 생각했지만, 그전보다 더 크게 패해서 삼만 명이 죽고 언약궤도 빼앗겼습니다(삼상 4:10). 언약궤를 메고 전쟁터로 나갔던 엘리의 두 아들은 그 전쟁에서 죽었고, 엘리 제사장과 비느하스의 아내도 그 소식을 들은 후 죽었습니다(삼상 4:11-21).

전쟁에서 이긴 블레셋은, 마치 전리품을 챙기듯이 '여호와의 언약궤'

를 자기 나라로 가지고 왔지만, 옮겨간 곳마다 하나님의 심판이 임했습니다(삼상 5:1-12). 결국, 블레셋 사람들은 '여호와의 언약궤'를 전리품으로 빼앗아간 지 일곱 달 만에, 그 언약궤를 이스라엘로 다시 되돌려 보내기로 합니다. 그런데 블레셋 사람들의 마음에 드는 한 가지 의심을 지울 수가 없었습니다. 그것은, '언약궤'가 옮겨진 곳마다 발생했던 재앙이, 진짜로 '언약궤'의 주인이신 하나님께서 내리신 것인지, 아니면 우연히 생긴 일인지 알고 싶었던 것입니다.

그래서 한 가지 꾀를 냈습니다. 새 수레를 만들고, 아직 멍에를 메어 보지 않은 젖이 나는 암소 두 마리가 끄는 수레 위에 '언약궤'를 얹어서 보내기로 한 것입니다. 이때 암소가 젖을 먹이던 송아지 두 마리는 마구간에 매어서 어미와 떨어지게 해서, 그 상황에도 암소 두 마리가 벧세메스로 가는지 지켜보자고 한 것입니다. 그래서 만약 소들이 벧세메스로 가면, 블레셋에 내렸던 큰 재앙이 하나님께서 내린 것이고, 그렇지 않다면 우연히 당한 것으로 알자는 것이었습니다(삼상 6:1-11).

블레셋 사람들은 '여호와의 언약궤'가 정말로 하나님께서 함께하시는 능력의 '언약궤'인지, 아닌지를 알아보기 위해서 몇 가지 장치를 마련했습니다. 첫째는, '멍에를 메어 보지 않은 암소 두 마리'를 쌍으로 묶은 것입니다. 사람을 태워 본 적이 없는 야생의 소나 말 위에 사람이 올라타서, 오랫동안 떨어지지 않고 버티는 경기를 '로데오 경기'라고 합니다. 길들지 않은 소나 말은, 자기들의 등이나 어깨 위에 무언가 얹혔을 때 심하게 뛰면서 반항을 합니다. 그런데 그런 소 두 마리를 쌍으로 묶어서 멍에를 씌웠으니, 일반적인 상식과 경험에서 생각하면 그 멍에는 날뛰는 소들에 의해 부서지게 되는 것이 당연합니다.

둘째는, '젖 나는 암소 두 마리'의 송아지를 어미 뒤에 매어서, 어미의 소리를 듣게 한 것입니다. 암짐승이 가장 예민할 때가 젖 먹이는 새끼가 있는 시기입니다. 집에서 기르는 개들도 젖먹이는 시기에는 주인이라도 조심해야 합니다. 그런데 그 예민한 시기에, '암소'들을 자기 송아지로부터 떼어 놨습니다. 블레셋 사람들이 이와 같은 장치로 '언약궤'를 시험한 이유는 분명합니다. 자기 땅에 내린 재앙이 누구에게서 온 것인지 확인하겠다는 것이었습니다.

블레셋의 방백들이 하나님을 시험하기 위해 만든 세 번째 장치가 있었습니다. 그것은 사람이 소들을 끌어가는 것이 아니라, '암소 두 마리'만이 끄는 수레가 과연 '벧세메스'까지 찾아갈 수 있는지 지켜보기만 한 것입니다. 만약 누군가 수레를 인도했던 블레셋 사람이 있었다면, 이스라엘 사람에게 언약궤를 전해 준 뒤에 수레를 끌고 블레셋으로 돌아갔다고 기록했을 것입니다. 하지만 성경에는 "벧세메스 사람들이 골짜기에서 밀을 베다가 궤를 보고 기뻐서 어쩔 줄을 몰랐다"(삼상 6:13)라고 기록하고 있습니다. 다시 말씀드려서, 출발지인 '에그론'에서 '벧세메스'까지 약 20~30km의 길을, 수레를 끄는 사람 없이 두 마리 암소가 언약궤를 실은 수레를 끌고 갔다는 것입니다.

> 사무엘상 6:12, "암소가 벧세메스 길로 바로 행하여 대로로 가며 갈 때에 울고 좌우로 치우치지 아니하였고 블레셋 방백들은 벧세메스 경계선까지 따라가니라"

이 말씀에서 우리는 두 가지 사실을 확인할 수 있습니다. 첫째, '두 마리 암소'가 울면서도 좌우로 치우치지 않고 '벧세메스'로 곧장 갔다는 것과 둘째, 블레셋 방백들이 국경선까지 따라가면서 확인했다는 것입니다. 그래서 그 결과는 어떻게 됐을까요? '두 마리 암소'가 끄는 수레가 국경선을 넘어 목적지인 '벧세메스'에 도착할 때까지 좌우로 치우치지 않고 곧장 갔습니다. 그러면 수레를 끌고 간, 어찌 보면 주인 없는 '두 마리 암소'는 어떻게 됐을까요?

> 사무엘상 6:14, "수레가 벧세메스 사람 여호수아의 밭 큰 돌 있는 곳에 이르러 선지라 무리가 수레의 나무를 패고 그 암소들을 번제물로 여호와께 드리고"

'두 마리 암소'는 하나님께 드리는 '번제'의 제물이 되어 죽습니다. 여기서 우리가 주목해서 살펴보려는 것이, 젖 먹이는 자기 송아지들을 떼 놓고 '벧세메스'로 향해 걸어가면서 울었던 '암소들의 울음'입니다. 이 암소들은 사람이 아니라 한낱 미물에 불과한 짐승입니다. 지금까지 멍에를 메어 보지 않은 야생의 상태였고, 젖을 먹이는 송아지까지 떼어 놓은 상태입니다. 하지만 이 '암소'들은 자기들이 끌고 있는 수레 위에 놓인 '언약궤'가 '하나님의 임재'를 상징하고 있고, 블레셋 사람들이 하나님을 시험하고 있음을 알았습니다.

암소들은 사람이 아닌데 어떻게 그런 것을 알았을까요? 이스라엘 백성들이 광야 생활을 하던 시기에, 재물에 눈이 먼 발람 선지자가 자기가 타고 가던 나귀로부터 꾸중을 들었던 사건을 기억하실 것입니다[민 22:28-30]. 성경에는 짐승이라 할지라도 여호와께서 함께하시면, 천사를 보기도 하고, 인간의 말을 했으며, 하나님의 뜻을 사람에게 대신 전하기도 한 사례가 있습니다. 사람에게 길들지 않은 야생의 상태의 암소가, 자기 몸에 원치 않는 멍에가 씌워졌을 때 날뛰는 것은 짐승의 본성입니다. 자기 새끼에게 젖을 먹이는 것은, 자식을 먹이는 모든 어미가 갖는 본능입니다. 하지만 이 두 마리 암소들은, 야생의 본성과 모성의 본능을 모두 억제한 채, '울면서도' 자기들의 어깨에 메인 수레를 이끌고 '벧세메스'까지 걸어갔습니다. 그리고 그들의 마지막은 '하나님께 드리는 번제'의 제물로 바쳐지는 것이었습니다.

오늘 우리는 '울음'과 관련되어 성경에 기록된 세 가지 사건을 살펴보고 있습니다. 첫째로, 느헤미야의 울음에서 얻는 교훈은, 그 울음의 결과가 예루살렘 성벽의 재건과 함께 '이스라엘 백성의 영적 각성과 갱신'을 이끌어 냈다는 것입니다. 둘째로, '벧세메스로 간 암소들'에게서 얻는 교훈은, 젖을 먹이는 암소들이 자기 새끼를 떼어 놓고 울면서 가면서도 끝까지 '하나님의 뜻에 순종'했다는 것입니다. 셋째로, 바울과 에베소교회 장로들의 울음은, 그들 각자에게 맡겨진 사명을 끝까지 책임지기 위해서, 고난의 길이 펼쳐질 것을 알고도 그 길을 갔다는 것입니다.

우리가 가야 할 신앙의 길이 이런 모습일 수 있습니다. 예수만 믿으면 만사가 형통하게 잘 풀리고, 늘 웃음소리가 넘치는 인생을 살게 되는 것이 아니라, 신앙 때문에 울고 희생해야 하는 길로 가야 할 수도 있습니다. 왜 우리가 울어야 합니까? 지금까지 살펴본 것처럼, 저들은 자기를 위해서 운 것이 아니라, 자기가 맡은 일을 포기하지 않기 위해서 운 것입니다. 내 형편이 나아지고, 어려운 순간을 눈물로 모면하기 위해 운 것이 아니라, 주님께서 자기에게 맡겨 주신 일을 끝까지 완수하겠노라는 결단의 울음이었습니다. 에베소교회 장로들과 울고 헤어진 바울이, 실제적으로 자기가 맡은 일을 어떻게 끝까지 책임 있게 견뎌 냈는지 설명해 주는 말씀이 있습니다.

> 고린도후서 11:23-27, "그들이 그리스도의 일꾼이냐 정신없는 말을 하거니와 나는 더욱 그러하도다 내가 수고를 넘치도록 하고 옥에 갇히기도 더 많이 하고 매도 수없이 맞고 여러 번 죽을 뻔하였으니 24. 유대인들에게 사십에서 하나 감한 매를 다섯 번 맞았으며 25. 세 번 태장으로 맞고 한 번 돌로 맞고 세 번 파선하고 일 주야를 깊은 바다에서 지냈으며 26. 여러 번 여행하면서 강의 위험과 강도의 위험과 동족의 위험과 이방인의 위험과 시내의 위험과 광야의 위험과 바다의 위험과 거짓 형제 중의 위험을 당하고 27. 또 수고하며 애쓰고 여러 번 자지 못하고 주리며 목마르고 여러 번 굶고 춥고 헐벗었노라"

지금 바울이 말하려는 것은, "내가 얼마나 많은 고생을 했는지 너희들이 알기는 하냐?"라고 하면서, 자신이 경험한 고생담을 이야기하는 것이 아닙니다.

> 고린도후서 11:28-29, "이 외의 일은 고사하고 아직도 날마다 내 속에 눌리는 일이 있으니 곧 모든 교회를 위하여 염려하는 것이라 29. 누가 약하면 내가 약하지 아니하며 누가 실족하게 되면 내가 애타지 아니하더냐"

바울이 매를 맞고, 감옥에 갇히고, 춥고 배고팠던 것 때문에 울었던 것이 아닙니다. 모든 교회를 염려하는 마음에 울고, 믿음이 연약한 사람과 믿음에서 실족한 사람들을 보면서 애타는 마음으로 우는 것입니다. 바울이 이런 마음과 신앙의 삶을 살게 된 것은, 그가 그리스도 예수를 본받은 삶을 살고 있었기 때문에 그렇게 할 수 있었던 것이었습니다.

> 이사야 53:4-5, "그는 실로 우리의 질고를 지고 우리의 슬픔을 당하였거늘 우리는 생각하기를 그는 징벌을 받아 하나님께 맞으며 고난을 당한다 하였노라 5. 그가 찔림은 우리의 허물 때문이요 그가 상함은 우리의 죄악 때문이라 그가 징계를 받으므로 우리는 평화를 누리고 그가 채찍에 맞으므로 우리는 나음을 받았도다"

하나님의 아들이신 그리스도께서 징벌을 받고, 고난을 받고, 채찍에 맞고, 저주의 상징인 십자가에 달려 죽어야 했던 이유가 무엇입니까? 죄인인 우리를 살리셔야 했기 때문입니다. 우리를 살려야 하기에, 하나님과 단절되는 극단의 고난까지 대신 받으신 것입니다.

> 마태복음 27:46, "제구시쯤에 예수께서 크게 소리 질러 이르시되 엘리 엘리 라마 사박다니 하시니 이는 곧 나의 하나님, 나의 하나님, 어찌하여 나를 버리셨나이까 하는 뜻이라"

지금까지 우리는 교회나 기도원 등에서, 자기를 위해 간절한 눈물로 기도하는 사람들을 봐 왔고, 그렇게 기도 잘하는 사람을 믿음이 좋은 사람으로 생각했습니다. 그런데 오늘 우리가 살펴본 것처럼, 성경에 기록된 눈물로 기도하던 믿음의 사람들은, 자신을 위해 운 것이 아니라 다른 사람을 위해 운 사람들이었습니다. 우리가 '간절한 눈물로 기도했다.'라는 것을, 조금 더 자세히 살펴봐야 하는 이유가 바로 이 때문입니다.

'간절한 눈물로 기도'하는 것은, 우리 기독교 신앙에만 있는 것이 아닙니다. 우상을 섬기는 다른 종교를 믿는 사람들도 그런 기도를 하고, 조상신이나 자연신을 믿는 사람들도 자기들의 소원을 이루기 위해 간절한 눈물로 기도합니다. 그래서 '울면서 기도했다.'라는 것만으로 '믿음이 좋다'라고 말할 수는 없습니다. 우리는 "기도 잘하는 사람은 믿음 좋은 사람"이라는 공식에 익숙합니다. 하지만 그가 눈물로 기도한 기도의 방향과 그 결과를 확인하지 않고, 단지 '울면서 기도하더라.'라는 것만 보고서 중요한 신앙상의 결정을 하면 안 될 때가 있습니다.

몇 주째 우리가 확인하고 있는 것이, 바울이 에베소교회를 떠나면서 장로들에게 교회와 성도들을 말씀으로 잘 보살펴 달라고 부탁하고 있습니다[28]. 그리고 그들은 같은 마음으로 함께 기도하고 크게 운 후에, 목을 안고 입을 맞춰 인사하고 헤어집니다[36-38]. 그들이 기도하고 울었던 이유는, '앞으로 우리가 하는 일이 잘 되게 해 달라'는 의미의 울음과 기도는 아니었을 것입니다. 오히려 울면서도 가지 않을 수 없는 상황에서, "그래도 우리가 끝까지 포기하지 말자."라는 굳은 결단과 각오를 서로 다지는 그런 울음입니다.

그런데 이런 것을 확인하지 않고, 단지 '울면서 간절히 기도하더라'는 것만 보고 감동하면 어떤 결과가 벌어질까요? '자기를 위해서 울며 기도하던 사람'이, 교회에서 신앙상의 중요한 결정을 하게 된다면, 그가 하는 기도의 방향과 결정은 누구를 위하는 쪽으로 내려질까요? '자기를 위해서 울며 기도하던 목사'가 교단에서 신앙상의 중요한 결정을 하게 된다면, 그가 하는 기도의 방향과 결정은 누구를 위하는 쪽으로 내려질까요? 주와 복음과 교회와 관계없이, 전부 자기를 위하는 쪽으로 결정할 것입니다.

오늘날 많은 교회와 교단에서 자주 발견되는 안타까운 현상이 있습니다. 교회를 건축하거나, 단기 선교나 전교인 수련회와 같이 교회 재정이 많이 들어가는 행사를 하고 나면, 큰 다툼이 생기거나 시험에 드는 일이 벌어지는 것입니다. 목사님들이 모인 교단에서도 마찬가지입니다. 최초의 교회였던 예루살렘교회나 이방에 세워진 교회나, 주 예수 그리스도의 이름으로 세워진 교회는 그리스도를 머리로 하는 하나의 교회입니다. 바울이 에베소가 아닌 항구가 있는 밀레도로 장로들을 부른 이유도, 고린도교회에서 모금한 부조를 하루라도 빨리 예루살렘교회에 갖다주기 위해서였습니다.

이와 같은 성경적 배경에서 '같은 신앙을 고백하는 목사와 교회들'이 연합하여 만든 것이 교단입니다. 그런데 교단의 '노회'나 '총회'가 시작되면, 목사님들이 싸우느라 정신없습니다. 회의를 시작하기 전에 예배도 드리고, 성찬식까지 했는데, 사회자가 회의만 시작하면 고성이 나오고, 심지어 어떤 교단에서는 가스총까지 쏜 목사님이 있었습니다. 왜 이런 일들이 생기는 것일까요? '기도 잘하더라!' 이것만 봐서 그렇습니다. 그가 눈물로 기도하는 내용이 무엇인지, 그 기도의 방향과 목적지가 어디인지는 전혀 확인하지 않고, '기도 잘하면 믿음 좋은 사람'으로 여기니 그렇게 됩니다.

제가 지금 드리는 말씀은, '자기를 위해서 기도하지 말라'는 것이 아닙니다. 우리는 일용할 양식을 위해서, 자신과 가족의 믿음과 시험에 들지 않기 위해서, 악에서 건짐을 받기 위해서 간절한 마음으로 하나님께 기도해야 합니다. 하지만 바울이 장로들에게 교회를 부탁하는 것처럼, 교회에서 무엇인가를 결정하거나 책임을 맡겨야 하는 상황이 생겼을 때, 누구에게 그 일을 맡겨야 할까요? 자기를 위해서 우는 사람이 아니라, 타인을 위해서 울 수 있는 사람이어야 합니다. 그리고 저와 여러분이 지향해야 하는 신앙의 방향도, 이제는 타인을 위해서 울며 기도할 수 있는 신앙을 가져야 합니다.

수고하고 무거운 내 짐은 다른 사람에게 떠넘기고, 가벼운 마음으로 신앙생활 하는 것이 아니라, 남의 짐을 대신 질 수 있는 신앙생활을 할 수 있어야 합니다. 기독교 신앙은, 듣기 좋은 말로 "사랑합니다, 우리 서로 사랑합시다!" 하면서 생글생글 웃기만 하는 것이 아닙니다. 그 사랑을 하기 위해서 '모든 것을 참으며, 모든 것을 견디는 것'이 신앙입니다.

> 고린도전서 13:4-7, "사랑은 오래 참고 사랑은 온유하며 시기하지 아니하며 사랑은 자랑하지 아니하며 교만하지 아니하며 5. 무례히 행하지 아니하며 자기의 유익을 구하지 아니하며 성내지 아니하며 악한 것을 생각하지 아니하며 6. 불의를 기뻐하지 아니하며 진리와 함께 기뻐하고 7. 모든 것을 참으며 모든 것을 믿으며 모든 것을 바라며 모든 것을 견디느니라"

"하나님은 여러분을 사랑하십니다, 온 세상을 그리스도께로", 이런 식의 무슨 대통령 선거 캠페인 같은 구호가 기독교 신앙을 설명하는 것이 아닙니다. 온 세상 사람이 아니라, 내가 책임을 맡은 '그 한 사람'을 그리스도께 인도하고, 사랑하기 위해서 내가 얼마나 참고 견뎌 낼 수 있는지, 그게 기독교 신앙입니다.

> 로마서 9:1-3, "내가 그리스도 안에서 참말을 하고 거짓말을 아니하노라 나에게 큰 근심이 있는 것과 마음에 그치지 않는 고통이 있는 것을 내 양심이 성령 안에서 나와 더불어 증언하노니 3. 나의 형제 곧 골육의 친척을 위하여 내 자신이 저주를 받아 그리스도에게서 끊어질지라도 원하는 바로라"

"만일 내가 사랑하는 그 사람이 구원받을 수만 있다면, 내가 저주를 받아서 그리스도에게서 떨어져 나가는 한이 있더라도, 나는 그렇게 되기를 바랍니다." 이것이 바로 바울이 울며 기도했던 내용이었고, 그가 가진 진심의 마음이었습니다. 저와 여러분도 이런 믿음까지 이르게 되기 원합니다. 나 자신을 위해서만 울며 기도할 뿐만 아니라, 이제는 타인을 위해서도 울며 기도할 수 있는 믿음을 갖기 원합니다.

'바울의 울음'은, 복음을 들어야 하는 동족과 이방인에게 가기 위해서 자기 목숨도 아끼지 않겠다고 하는 결단의 울음이었고, 그의 열매가 저와 여러분입니다. '느헤미야의 울음'은, 나라를 빼앗기고 우상 숭배가 만연했던 동족의 믿음을 일깨우고, 하나님께로 돌아오게 하는 영적 갱신과 회복 운동의 시작이었습니다. '벧세메스로 가는 두 마리 암소의 울음'은, 하나님을 의심하는 블레셋 사람들에게 '하나님의 하나님 되심을 증명해 보이는' 순종의 울음이었습니다.

저와 여러분은 어떤 의미의 눈물로 하나님께 기도하고 있습니까? 타인을 위해서 목숨까지 바치지는 못해도, 두 마리 암소처럼 '우는 한이 있더라도 끝까지 순종할 수 있는' 믿음까지는 이를 수 있었으면 좋겠습니다. 그 믿음까지 이르기 위해서 오늘도 눈물로 기도할 수 있는 저와 여러분이 되길 기원합니다.

사도행전 21:8~14

주의 뜻대로 이루어지이다

"이튿날 떠나 가이사랴에 이르러 일곱 집사 중 하나인 전도자 빌립의 집에 들어가서 머무르니라 9. 그에게 딸 넷이 있으니 처녀로 예언하는 자라 10. 여러 날 머물러 있더니 아가보라 하는 한 선지자가 유대로부터 내려와 11. 우리에게 와서 바울의 띠를 가져다가 자기 수족을 잡아매고 말하기를 성령이 말씀하시되 예루살렘에서 유대인들이 이같이 이 띠 임자를 결박하여 이방인의 손에 넘겨 주리라 하거늘 12. 우리가 그 말을 듣고 그곳 사람들과 더불어 바울에게 예루살렘으로 올라가지 말라 권하니 13. 바울이 대답하되 여러분이 어찌하여 울어 내 마음을 상하게 하느냐 나는 주 예수의 이름을 위하여 결박당할 뿐 아니라 예루살렘에서 죽을 것도 각오하였노라 하니 14. 그가 권함을 받지 아니하므로 우리가 주의 뜻대로 이루어지이다 하고 그쳤노라"

오늘 우리가 살펴보려고 하는 21장은, 밀레도에서 에베소교회 장로들과 작별하고 예루살렘으로 돌아가는 바울의 여정을 소개하고 있습니다. 지금이야 바다를 건너가야 하는 나라나 도시로 가고자 할 때 주로 비행기를 이용하지만, 바울이 사역하던 당시에는 배를 타고 가는 것이 가장 빨랐습니다. 그런데 당시의 배는 오늘날처럼 많은 승객을 태울 수 있는 여객선이나 유람선이 없었고, 주로 소수의 승객을 태우고 해안선을 따라 운행하는 배들이 많았습니다.

1~3절에 바울이 고스로 가서 로도를 거쳐서 '바다라'로 갔다가, 거기서 베니게로 건너가는 배를 타고 가다가 두로에 도착해서 일주일간 머물게 되었다고 합니다. 만약 사도행전이 '바울의 수난기'라거나 '백범 김구 평전'처럼, '바울 평전'과 같은 목적으로 만들어진 책이었다면, 1~3절은 생략하거나 축소했을 것입니다. 바울이 말한 바와 같이, 바울은 예루살렘으로 돌아가기로 작정하면서 핍박을 당하거나 죽게 되는 것까지도 각오한다고 했었습니다.

> 사도행전 20:24, "주 예수께 받은 사명 곧 하나님의 은혜의 복음을 증언하는 일을 마치려 함에는 나의 생명조차 조금도 귀한 것으로 여기지 아니하노라"

그리고 이와 같은 바울의 각오는, 하루라도 빨리 예루살렘으로 향하는 배를 타기 위해서 항구가 있는 밀레도에 와서 배를 기다리는 것으로 이어졌습니다. 위인전이나 영화에서 보는 것처럼, 바울의 결심과 각오가 좀 더 극적인 효과를 얻으려면, 그다음에는 어떤 기록들이 이어져야 할까요? "바울이 예루살렘에 도착했더니 아니나 다를까, 바리새인들이 풀어놓은 사람들에게 붙잡혀서 매를 맞고 로마로 압송되어 거기서 죽었다." 이렇게 되어야 합니다. 그런데 성경은, 바울의 굳은 각오와 실행력을 칭찬하고 극대화하는 쪽으로 기록되지 않고, 오히려 바울을 붙잡고 늘어지는 사람들이 있었다고 기록하고 있습니다.

> 4, "제자들을 찾아 거기서 이레를 머물더니 그 제자들이 성령의 감동으로 바울더러 예루살렘에 들어가지 말라 하더라"

오늘 본문에도, 바울이 '빌립 집사'의 집에 머물고 있을 때 '아가보'라 하는 선지자가 와서, 바울이 핍박당할 것을 예언하자 무리가 울면서 말렸다고 했습니다.

> 10-12, "여러 날 머물러 있더니 아가보라 하는 한 선지자가 유대로부터 내려와 11. 우리에게 와서 바울의 띠를 가져다가 자기 수족을 잡아매고 말하기를 성령이 말씀하시되 예루살렘에서 유대인들이 이같이 이 띠 임자를 결박하여 이방인의 손에 넘겨 주리라 하거늘 12. 우리가 그 말을 듣고 그곳 사람들과 더불어 바울에게 예루살렘으로 올라가지 말라 권하니"

일제 강점기 시대에 독립운동을 했던 사람들을 담아낸 영화들을 보면, 주인공으로 등장하는 사람뿐만 아니라 그 주변 사람들까지 모두 영웅 같은 사람들입니다. 기록으로 남길 사진 한 장 찍은 뒤에는, 자기가 맡은 일을 수행하기 위해서 뒤도 돌아보지 않고 뛰어 나갑니다. 그 중 어느 사람도 "안 가면 안 돼?"라든지, "이번에 하지 말고 다음에 해 보자."라는 식의 망설임이 없습니다. 주인공뿐만 아니라 그의 동료들도 자신의 목숨을 아끼지 않고 던지는 것입니다. 그런데 바울 주변에는 그런 용감한 사람은 없고, 전부 바울을 말리고만 있습니다. 사도행전을 기록한 누가는, 왜 이런 내용을 숨기지 않고 모두 기록했을까요? 그런데 우리의 눈길을 끄는 대목은, 그 사람들이 단지 바울이 걱정돼서 가지 말라는 것이 아니라, 성령의 감동을 받은 뒤에 바울을 말리고 있다는 것입니다.

4절에 "그 제자들이 성령의 감동으로" 바울을 말렸고, 11절에 아가보도 "성령이 말씀하시되"라고 하면서 바울을 말리고 있는 것입니다.

그러면 바울이 예루살렘으로 가려고 하는 것은 무엇이고, 성령의 감동을 받은 제자들과 선지자가 바울을 말리고 있는 것은 무엇이냐 하는 문제가 생깁니다. 먼저 우리가 분명히 알아야 할 것은, 성령께서 바울을 찾아오셔서 하신 말씀과 제자들이 성령의 감동을 받아서 하는 말의 결과가 똑같다는 것입니다. 그것은 무엇입니까? 바울이 예루살렘으로 가게 되면 결박당해 감옥에 갇히고, 환란을 당하게 되고, 이방인의 손에 넘겨지게 되리라는 것입니다. 다른 점은 무엇이지요? 바울은 그것을 알면서도 예루살렘으로 가야겠다는 것이고, 제자들은 그렇게 될 것을 알면서도 왜 가려고 하느냐며 말리는 것입니다.

바울이 예루살렘으로 가려고 하는 이유는 무엇입니까? "주 예수께 받은 사명 곧 하나님의 은혜의 복음을 증언하는 일을 마쳐야 하므로"(행 20:24) 가야만 한다는 것입니다. 그러면 제자들이 바울을 말리는 이유는 무엇일까요? 예루살렘으로 올라가면 그런 흉악한 일을 당하게 될 것이라고 이미 성령께서 알려 주셨는데, 그렇게 목숨을 내던지는 것이 현명한 선택이냐고 묻는 것입니다. "꼭 그렇게 해야만 합니까? 아직 복음을 듣지 못한 도시들도 많은데, 우리와 오래 계시면서 더 많은 사람에게 복음을 전하는 것이 낫지 않냐?"는 것입니다.

여러분은 어느 쪽이 더 나은 결정이라고 생각하십니까? 예루살렘으로 갔다가 붙잡혀서 로마 황제에게 끌려간 뒤에 거기서 죽는 것이 낫겠습니까, 아니면 살아남아서 많은 사람에게 복음을 전하는 것이 낫겠습니까? 그런데 우리나라 교회도 이와 비슷한 선택과 결정을 해야 했던 때가 있었습니다. 일제 강점기 시절에 교회와 성도들이 '신사 참배'

를 해야 하는지에 관한 선택을 해야 했던 것입니다. 당시 일본 정부는, 신사 참배를 거부하는 교회와 목회자를 일본 정부에 대한 반역으로 여겨서, 감옥에 가두고 고문을 가하거나 심지어 죽이기까지 했습니다.

우리가 잘 아는 주기철 목사님도 신사 참배를 거부하다가 순교하신 분입니다. 일본 정부는 신사 참배를 거부하는 신학교를 비롯한 기독 학교를 폐쇄했고, 교회를 향한 핍박의 강도를 더욱 높임과 동시에 목회자에 대한 회유도 함께했습니다. 당시 선교사들과 목회자들은, 신사 참배를 강요하는 일본 정부에 맞서다가 죽거나, 타협하고 살아남아서 복음을 전하는 것 중에서 하나를 선택해야 했습니다. 그리고 1938년 9월 9일에 열린 제27회 장로교 총회는, '신사 참배는 종교 행위가 아니라 국민의례와 같은 행사'라는 이유로 신사 참배 찬성을 결정했습니다.

물론 모든 장로교회와 목회자들이 신사 참배에 동참했던 것은 아니었습니다. 신사 참배를 결정한 조선예수교장로회 총회를 탈퇴하거나, 신사 참배를 거부했다는 이유로 교단에서 제명된 목사들이 모여서 '고신 교단'을 만들었습니다. 하지만 신사 참배로 인해 생긴 상처는, 해방 이후 여러 이유로 장로교단의 분열로 이어졌고, 현재 한국에는 250여 개의 장로교단이 있다고 알려져 있습니다. 그런데 오늘 우리가 살펴보려고 하는 내용은, '한국 장로교단의 분열 역사와 그 차이점' 이런 학술적인 내용이 아닙니다. 오늘 본문을 포함해서 성경은, 박해와 죽음이 예고된 상황에서 교회와 성도들이 어떤 선택을 할 것인지에 관한 질문을 끊임없이 우리에게 주고 있다는 것입니다. 이와 같은 선택과 결정은 우리 예수님도 똑같이 하셨습니다. 최후의 만찬 자리에서 예수님께서 제자들에게 "자신이 많은 고난을 받고 장로들과 대제사장에 의해 죽임 당하게 될 것"을 말씀하시자, 베드로가 말렸습니다. 그때 예수님께서 베드로에게 이렇게 말씀하셨습니다.

> 마태복음 16:23, "예수께서 돌이키시며 베드로에게 이르시되 사탄아 내 뒤로 물러가라 너는 나를 넘어지게 하는 자로다 네가 하나님의 일을 생각하지 아니하고 도리어 사람의 일을 생각하는도다 하시고"

예수님은 이제 얼마 지나지 않아, 자신이 사람들에게 붙잡혀서 대제사장 앞에 끌려가게 될 것과 그 후 고난을 받고 죽임을 당할 것을 알고 있었습니다. 그 일을 겪는 것이 얼마나 고통스러운 일이었을지는, 겟세마네 동산에서 예수님께서 하셨던 기도만 봐도 짐작할 수 있습니다.

> 누가복음 22:42-44, "이르시되 아버지여 만일 아버지의 뜻이거든 이 잔을 내게서 옮기시옵소서 그러나 내 원대로 마시옵고 아버지의 원대로 되기를 원하나이다 하시니 43. 천사가 하늘로부터 예수께 나타나 힘을 더하더라 44. 예수께서 힘쓰고 애써 더욱 간절히 기도하시니 땀이 땅에 떨어지는 핏방울 같이 되더라"

'불 보듯 뻔하다.'라는 말이 있습니다. "앞으로 일어날 일이 의심할 여지가 없이 아주 명백하다."라는 뜻입니다. 예수님 앞에 있는 십자가 고난은 '불 보듯 뻔한' 일이었습니다. 예루살렘으로 가고 있는 바울이 받게 될 고난도, '불 보듯 뻔한' 일입니다. 그런데 예수님도, 바울도 '불 보듯 뻔한' 고난의 길을 주저 없이 걸어갔습니다. 왜 그렇습니까? 그것이 바로 '아버지께서 원하시는 일'이었기 때문입니다. 그러면 '불 보듯 뻔한' 고난의 길은 예수님이나 바울에게만 요구된 것이었을까요? 아니요, 그 길은 저와 여러분을 포함한 모든 성도에게 똑같이 예고된 길이기도 합니다.

> 요한복음 15:18-20, "세상이 너희를 미워하면 너희보다 먼저 나를 미워한 줄을 알라 19. 너희가 세상에 속하였으면 세상이 자기의 것을 사랑할 것이나 너희는 세상에 속한 자가 아니요 도리어 내가 너희를 세상에서 택하였기 때문에 세상이 너희를 미워하느니라 20. 내가 너희에게 종이 주인보다 더 크지 못하다 한 말을 기억하라 사람들이 나를 박해하였은즉 너희도 박해할 것이요 내 말을 지켰은즉 너희 말도 지킬 것이라"

초등학교 때 학교에서 운동회 하던 날을 기억하십니까? 평소에 친한 친구라도, 그날 '백팀과 청팀'으로 나뉘었다면 목이 쉴 때까지 자기 팀을 응원하며 싸웁니다. 그런데 예수님께서 하신 말씀은, 하루만 싸우는 운동회를 말하는 것이 아닙니다. 우리는 세상에 속한 사람이 아니라 예수께 속한 사람입니다. 세상은 예수를 미워하여, 예수를 박해하고 죽였습니다. 그렇다면 예수에 속한, 예수의 편이 되어 사는 우리를, 세상은 어떻게 할까요? 그래서 예수님께서 "너희는 세상에 속한 자가 아니요, 내가 너희를 세상에서 택하였기 때문에 세상이 너희를 미워하느니라."라고 말씀하신 것입니다. 여러분, 예수님께서 세상에 오셔서 복음을 전하시면서, '내 양', '내 것(소유)', '내 편'에 관해서 끊임없이 말씀하셨다는 것을 아십니까?

> 요한복음 10:26-27, "너희가 내 양이 아니므로 믿지 아니하는도다 27. 내 양은 내 음성을 들으며 나는 그들을 알며 그들은 나를 따르느니라"

보시는 것처럼, 예수님께서는 '내 양'은 내 음성을 듣고, 나를 안다고 했습니다.

> 요한복음 17:9-10, "내가 그들을 위하여 비옵나니 내가 비옵는 것은 세상을 위함이 아니요 내게 주신 자들을 위함이니이다 그들은 아버지의 것이로소이다 10. 내 것은 다 아버지의 것이요 아버지의 것은 내 것이온데 내가 그들로 말미암아 영광을 받았나이다"

십자가 죽음 바로 직전에, 예수님께서 어떤 사람들을 위해 기도하고 있습니까? 아버지께서 예수님에게 주신 '내 것', 곧 '예수님의 것'을 위해 기도하셨습니다. 오늘 저와 여러분이 '예수님의 것', '예수님의 편'이 됐다는 것을 믿으십니까? 그렇다면 우리가 '예수님의 편'이 되어 있는 것이, 세상의 그 어떤 것보다 복되다는 것을 믿으시기 바랍니다. 한 가지 기억하셔야 하는 것은, 여러분이 예수님의 편이 되어 준 것이 아닙니다. 요한복음 15장 말씀처럼, 예수님께서 우리를 세상에서 택해 주신 것입니다. 그리고 예수님은 자신의 소유를 다른 누구에게 절대로 빼앗기지 않는 분입니다.

> 요한복음 10:28-29, "내가 그들에게 영생을 주노니 영원히 멸망하지 아니할 것이요 또 그들을 내 손에서 빼앗을 자가 없느니라 29. 그들을 주신 내 아버지는 만물보다 크시매 아무도 아버지 손에서 빼앗을 수 없느니라"

그런데 예수님의 편이 된다는 것을 '복'으로 생각하지 않는 사람들이 있습니다. 오히려 예수님을 쓸모없게 생각하고, 발에 거치적거리는 돌처럼 생각합니다.

베드로전서 2:6-10, "성경에 기록되었으되 보라 내가 택한 보배로운 모퉁잇돌을 시온에 두노니 그를 믿는 자는 부끄러움을 당하지 아니하리라 하였으니 7. 그러므로 믿는 너희에게는 보배이나 믿지 아니하는 자에게는 건축자들이 버린 그 돌이 모퉁이의 머릿돌이 되고 8. 또한 부딪치는 돌과 걸려 넘어지게 하는 바위가 되었다 하였느니라 그들이 말씀을 순종하지 아니하므로 넘어지나니 이는 그들을 이렇게 정하신 것이라 9. 그러나 너희는 택하신 족속이요 왕 같은 제사장들이요 거룩한 나라요 그의 소유가 된 백성이니 이는 너희를 어두운 데서 불러 내어 그의 기이한 빛에 들어가게 하신 이의 아름다운 덕을 선포하게 하려 하심이라 10. 너희가 전에는 백성이 아니더니 이제는 하나님의 백성이요 전에는 긍휼을 얻지 못하였더니 이제는 긍휼을 얻은 자니라"

우리가 '예수의 것'이 되었다, '예수 편'이 되었다는 것이 무슨 뜻입니까? 예수가 우리의 보배요, 자랑이 되었다는 뜻입니다. 하지만 '예수의 것'이 아닌 사람, '예수 편'이 아닌 사람에게는 어떻습니까? 그들에게 '예수'는 쓸모없어서 버린 돌이요, 걸려 넘어지는 바위 같은 것입니다. 왜 그들에게는 '예수'가 '걸려 넘어지는 바위'일까요? 그들이 하나님의 말씀에 순종하지 않기 때문에, 또는 하나님 말씀에 순종하지 않으려고 하기 때문입니다.

차량 통행이 잦지 않은 사거리에는 주로 점멸 신호등을 설치합니다. 점멸 신호등이 있는 사거리에서는, 마치 '4 Way stop'처럼 먼저 도착한 차량이 주변을 살펴 가면서 안전하게 통과하면 됩니다. 하지만 어제까지 점멸 신호등이었던 것이, 오늘부터 정상 신호등으로 바뀌었다면 어떻게 해야 합니까? 그곳을 지나는 차들은 신호등을 잘 지켜야 합니다. 만약 어떤 차가 빨간불이 켜졌는데도 눈치 봐서 대충 지나가면 어떻게 될까요? 여기는 언제나 이렇게 통과했었고, 지금까지 아무 문제가 없었다고 변명해도 소용없습니다.

"내가 택한 보배로운 모퉁잇돌을 시온에 둔다, (그러니 이제부터) 그를 믿는 자는 부끄러움을 당하지 않을 것이다." 하나님께서 이렇게 법을 정하셨습니다. 이것을 바꿔 말하면, "그를 믿지 않는 자는 부끄러움을 당하게 될 것"입니다. 어디에서 부끄러움을 당하게 될까요? 하나님 앞에 서게 되었을 때 그렇게 됩니다. 그러면 사람들은 왜 똑같은 말씀을 듣고도 순종하지 않고, 오히려 예수님 믿는 것을 쓸모없어하고, 싫어하는 것일까요? 예수님께서 당신의 소유가 된 백성, 자기편으로 삼으신 사람들에게 요구하시는 것이 있기 때문입니다.

> 베드로전서 2:21-25, "이를 위하여 너희가 부르심을 받았으니 그리스도 너희를 위하여 고난을 받으사 너희에게 본을 끼쳐 그 자취를 따라오게 하려 하셨느니라 22. 그는 죄를 범하지 아니하시고 그 입에 거짓도 없으시며 23. 욕을 당하시되 맞대어 욕하지 아니하시고 고난을 당하시되 위협하지 아니하시고 오직 공의로 심판하시는 이에게 부탁하시며 24. 친히 나무에 달려 그 몸으로 우리 죄를 담당하셨으니 이는 우리로 죄에 대하여 죽고 의에 대하여 살게 하심이라 그가 채찍에 맞음으로 너희는 나음을 얻었나니 25. 너희가 전에는 양과 같이 길을 잃었더니 이제는 너희 영혼의 목자와 감독 되신 이에게 돌아왔느니라"

"너희에게 본을 끼쳐 그 자취를 따라오게 하려 하셨느니라"[21]라고 했습니다. 예수님께서 자기 백성으로 삼으신 사람에게 '예수님이 가신 발자취를 따르도록' 하셨는데, 믿지 않는 사람들에게 그 길은 바보 같은 길이요 망하는 길입니다. 예수님은 죄를 범하지 않으셨고, 거짓이 없는 분이십니다. 그분은 모욕을 당하면서도 맞서서 똑같이 욕하지 않으시고, 고난을 겪으면서도 위협하지 않으셨습니다. 대신 그 모든 것을 공정하게 심판하시는 하나님께 맡기셨습니다. 이처럼 예수님께서 우리 대신 매 맞고 상처를 입으셨기에 우리가 나음을 얻었고, 길 잃은 양과 같던 우리가 목자되시는 예수께로 돌아오게 됐습니다. 우리가 예수께로 돌아왔다는 뜻이 무엇입니까? 예수의 법칙대로 산다는 것입니다. 전에 죄 가운데서 마음대로 살던 법칙이 아니라, 예수의 법칙으로 사는 것입니다.

하지만 22~24절에 기록된 말씀처럼, 예수의 법칙으로 사는 것은 생각만 하면 쉽게 따라 할 수 있는 것이 아닙니다. 이렇게 예를 드리겠습니다. 양심을 지키며 사는 사람과 양심이라고는 눈 씻고 찾아 봐도, 도무지 찾아볼 수 없는 사람이 싸우면 누가 이기겠습니까? 거짓말을 하지 않는 사람과 너무 거짓말을 많이 해서 그 사람 말 중에서 뭐가 진실인지, 뭐가 거짓말인지 도무지 알 수 없는 사람이 싸우면 누가 이기겠습니까? 사람으로서 지켜야 할 도리를 지키면서 사는 사람과 내가 이기지 못하면 죽은 것과 다름없다는 생각으로 죽기 살기로 싸우는 사람 중에 누가 이기겠습니까?

예수님께서 보이셨던 삶의 모범, 우리에게 따라오라고 남겨 주신 '발자취'가 바로 이것입니다. 세상에서 도무지 이길 수 없는 방법으로 사셨고, 그 길로 우리를 부르신 것입니다. 설교를 시작하면서 말씀드렸던 것처럼, 이 길은 우리에게 이미 예고된 것입니다. 성경이 기록되지 않았던 당시에는 성령께서 제자들에게 특별한 감동으로 이 길을 알려 주셨고, 성경이 완성된 이후에는 성경을 통해 우리에게 알려 주셨습니다. 그리고 우리는 '이미 알고 있는 그 길'의 선택 앞에 언제나 서 있습니다.

에베소교회 장로들이 예루살렘으로 가려는 바울에게 꼭 가셔야겠냐고 말합니다. 두로에 있는 제자들도 예루살렘으로 들어가지 말라고 만류합니다. 빌립 집사의 네 딸과 아가보 선지자는, 가지 말라고 울면서 옷깃을 잡았습니다. 그 모든 사람이 '불 보듯 뻔히' 아는 것이 무엇입니까? 가면 죽는다는 것입니다. 몰라서 당하는 거야 어쩔 수 없다지만, 그걸 아는데 왜 가려느냐는 것이지요. 그런데 그걸 알면서도 가는 것이 바울의 믿음이었고, 우리의 믿음이어야 합니다.

> 13-14, "바울이 대답하되 여러분이 어찌하여 울어 내 마음을 상하게 하느냐 나는 주 예수의 이름을 위하여 결박당할 뿐 아니라 예루살렘에서 죽을 것도 각오하였노라 하니 14. 그가 권함을 받지 아니하므로 우리가 주의 뜻대로 이루어지이다 하고 그쳤노라"

하나님께서 아담과 하와에게 주셨던 가장 큰 복은, 세상을 다스리고 정복하는 권한을 주신 것, 그들에게 창조주와 버금가는 권력을 주신 것이 아닙니다. 인간에게 주신 가장 큰 복은 하나님께서 창조하신 피조물임에도, 그들에게 '선악을 알게 하는 나무의 실과'를 먹지 않을 수 있는 '자유 의지'를 주신 것입니다. 하나님께서 창조 사역을 끝내신 이후 지금까지 인간을 제외한 다른 모든 피조물은, 오늘도 하나님께서 정하신 창조의 원리를 따라 움직이며 살아가고 있습니다.

지구상에서 현존하는 가장 큰 동물인 대왕 고래도, 육지 동물 중에서 가장 큰 동물인 코끼리나 기린도, 맹수의 왕인 호랑이나 사자도 창조의 원리대로 살아갑니다. 인간이 자랑하는 최고의 과학 기술로도 측정할 수 없을 만큼 큰 우주도, 하나님께서 창조하신 원리를 따라 한 치의 오차나 변수도 없이 움직이고 있습니다. 하지만 하나님께서는 오직 인간에게만 '자유 의지'를 허락해 주셨습니다. 그리고 그 '자유 의지'는, '인간이 하나님의 뜻을 거스르는 것'까지 허락되었습니다.

여러분, 인간이 '자유 의지'를 따라 사는 것이 당연한 권리라고 생각되십니까? 신까지 언급하지 않더라도, 인간은 타인의 '자유 의지'에 관대하지 않습니다. 만약 인간이 절대 권력을 가졌다면, 타인의 자유를 더욱 제한하려 할 것입니다. 그 절대 권력은 무서운 독재자나 폭력 조직의 수괴만 행사하는 것이 아닙니다. '사랑'이라는 아름답고 지고지순한 감정도 '타인의 자유'를 제한합니다. 만약 나를 사랑한다고 고백한 사람이 '내가 싫어하는 일'을 한다면, 그것이 반복된다면, 우리는 그 사람이 고백한 '사랑'이 진심이나 진실이 아니리라 의심합니다. '사랑'은 아름다운 것이지만, 그러나 그 '사랑'에는 서로를 위해서 '자신의 자유 의지'를 어느 부분 포기해야 하는 것이 전제되어 있기 때문입니다. 그래서 내가 누군가를 사랑하는 감정이 있더라도, 그를 위해서 '내가 좋아하는 어떤 것'을 절대로 포기할 수 없다고 한다면, 그 사랑은 유지되기 힘들 것입니다.

가령 여러분이 사랑하는 어떤 사람에게 '무한한 자유 의지'를 인정해 주었습니다. 그러면서 그 사람에게 나를 위해 딱 한 가지만 지켜 달라고 부탁을 했습니다. 그런데 그 상대방이, 딱 한 가지만 지켜 달라는 그걸 지켜 주지 않습니다. 그러면서 하는 말이, "야! 그게 어떻게 사랑이야, 사랑한다면 내가 원하는 것을 다 해 줘야 진짜 사랑이지. 네가 나에게 요구하는 것은 진짜 사랑이 아닌 것 같아." 이렇게 그 사람은 자기가 하고 싶은 모든 것을 모든 것을 다 하면서, 내가 해 달라는 딱 한 가지만 지켜 달라는데 그것조차 해 주지 않겠답니다. 만약 여러분의 아들이나 딸이 그런 사람과 만나서 결혼하겠다고 하면, 허락하시겠습니까?

그것이 바로 '선악과'입니다. 하나님께서 인간에게 모든 것을 다 주시고, 딱 한 가지만 지켜 달라고 하신 것이, '선악과만 먹지 말라'는 것이었습니다. 그런데 인간이 그 선악과를 따 먹었습니다. 그리고 하는 말이 무엇입니까? "하나님, 그건 진정한 사랑이 아닌 것 같아요. 사랑한다면서 그것도 이해 못 하십니까? 진짜 사랑한다면 선악과를 만들지 말았어야죠." 이게 맞는 말입니까? '사랑' 뿐이겠습니까? 인간사에서 벌어지는 모든 일이 '내 자유 의지'를 고집하는 순간, 그 관계를 좋게 유지할 수 없게 되고 심지어 원수가 될 수도 있습니다.

그런데 하나님께서는, 창조주이시면서 절대자이시면서도 인간에게 '하나님을 거스를 수도 있는 자유 의지'를 주셨습니다. 그리고 아담과 하와에게 주셨던 그 '자유 의지'는, 본문에 나오는 사도 바울에게도 주셨고, 오늘 저와 여러분에게도 똑같이 주셨습니다. 아담에게 '선악을 알게 하는 나무의 열매를 먹지 않을 자유'를 주셨던 것처럼, 바울도 예루살렘으로 가면 고난받을 것을 알려 주면서, 가지 않을 자유를 주셨습니다. 그런데 똑같이 받은 자유 의지를, 아담은 하나님의 뜻을 거슬러

'선악과'를 따 먹는 쪽을 선택했고, 바울은 고난받을 것을 알면서도 예루살렘으로 들어갔습니다. 바울이 그런 선택을 한 이유가 무엇이었습니까? "주 예수께 받은 사명 곧 하나님의 은혜의 복음을 증언하는 일을 마치는 것이 바로 바울이 해야 할 일이요, 바울이 달려가야 할 길"이라고 생각했기 때문입니다. 그렇다면, 오늘 저와 여러분은 어떨 것 같습니까?

앞서도 말씀드린 것처럼, 성경이 완성되기 이전에는 성령께서 제자들을 찾아오시고, 선지자를 찾아와서 바울의 앞날에 일어날 일에 관해서 말씀해 주셨습니다. 하지만 성경이 완성된 이후에는, 기록된 성경 말씀을 통해서 '예수님의 것, 예수님의 편이 된' 우리 앞에 고난이 있을 거라고 알려 주고 있습니다. 세상 사람들은 그들이 살아가는 인생길의 앞날에 '불 보듯 뻔히' 고난의 길이 예고되어 있다면, 그 길을 외면하고 가려 하지 않을 것입니다. 하지만 예수의 것이 되어 '그리스도인'이 된 우리는, 예수 이름을 위하여, 그 이름으로 인하여 당하는 고난이라면, 알면서도 기꺼이 감내하면서 걸어가는 것입니다.

2021년의 마지막 주일입니다. 세상 사람들은 연말연시가 되면 토정비결을 보고, 신년 운세를 보면서 자기들의 앞날에 꽃길이 펼쳐지길 기대할 것입니다. 하지만 그리스도인이 된 저와 여러분은, 올 한 해 동안 우리가 정말로 '예수의 것, 예수의 편'이 되어 살아왔는지 돌아보아야 할 것입니다. 또한, 2022년 새해에는 '예수의 편'이 되어 살기로 작정해야 할 것입니다. 우리가, 우리 앞에는 언제나 꽃길이 펼쳐질 것을 기대하면서 '예수의 편'이 되어 살겠다는 것이 아닙니다. 바울처럼 앞길에 고난과 죽음이 예고된 상황에서도, "그 길을 걸어가는 것이 내가 받은 사명이요, 내가 해야 할 일"이라는 믿음으로 걸어가는 것입니다.

> 베드로전서 4:12-14, "사랑하는 자들아 너희를 연단하려고 오는 불 시험을 이상한 일 당하는 것 같이 이상히 여기지 말고 13. 오히려 너희가 그리스도의 고난에 참여하는 것으로 즐거워하라 이는 그의 영광을 나타내실 때에 너희로 즐거워하고 기뻐하게 하려 함이라 14. 너희가 그리스도의 이름으로 치욕을 당하면 복 있는 자로다 영광의 영 곧 하나님의 영이 너희 위에 계심이라"

우리를 연단하려고 오는 불 시험과 고난에 참여해야 하는 일이 있을 것입니다. 그럴 때 이상하게 생각하지 마시고, 오히려 우리가 그리스도의 고난에 참여하게 된 것을 즐거워하시기 바랍니다. 왜 그렇습니까? 우리가 '예수의 편'이라는 것이 분명하게 확인되었기 때문이고, '우리 편'의 대장이 되시는 '그리스도'는 절대 패배하지 않을 것이기 때문입니다. 그래서 성경이 하는 말씀이 무엇입니까? "영광의 영 곧 하나님의 영이 너희 위에 계심이라", 그러니 너희가 복이 있는 자라고 말하는 것입니다. 잠시 머물다 갈 현재의 즐거움을 위하며 살다가, 장차 영원히 얻어야 할 '영광의 기쁨'을 놓치게 되는 잘못된 선택을 하지 말고 좋은 선택을 잘해 나가기 원합니다.

사도행전 21:19~26

다 율법에 열성을 가진 자라

"바울이 문안하고 하나님이 자기의 사역으로 말미암아 이방 가운데서 하신 일을 낱낱이 말하니 20. 그들이 듣고 하나님께 영광을 돌리고 바울더러 이르되 형제여 그대도 보는 바에 유대인 중에 믿는 자 수만 명이 있으니 다 율법에 열성을 가진 자라 21. 네가 이방에 있는 모든 유대인을 가르치되 모세를 배반하고 아들들에게 할례를 행하지 말고 또 관습을 지키지 말라 한다 함을 그들이 들었도다 22. 그러면 어찌할꼬 그들이 필연 그대가 온 것을 들으리니 23. 우리가 말하는 이대로 하라 서원한 네 사람이 우리에게 있으니 24. 그들을 데리고 함께 결례를 행하고 그들을 위하여 비용을 내어 머리를 깎게 하라 그러면 모든 사람이 그대에 대하여 들은 것이 사실이 아니고 그대도 율법을 지켜 행하는 줄로 알 것이라 25. 주를 믿는 이방인에게는 우리가 우상의 제물과 피와 목매어 죽인 것과 음행을 피할 것을 결의하고 편지하였느니라 하니 26. 바울이 이 사람들을 데리고 이튿날 그들과 함께 결례를 행하고 성전에 들어가서 각 사람을 위하여 제사 드릴 때까지의 결례 기간이 만기된 것을 신고하니라"

19절에 "바울이 문안하고"라고 했습니다. 오늘날과 비교하면 예루살렘교회 담임 목사인 야고보와 장로들에게 문안한 것입니다. 바울은 바나바와 함께 예루살렘교회에서 이방 선교를 위해서 파송한 사람입니다. 스데반의 순교 이후 각지로 흩어진 성도들이 '안디옥'이라는 도시에서 복음을 전했고, 예루살렘교회에서는 그곳 성도들을 위해 바나바를 선정해서 보냈습니다. 그리고 바나바는 고향에 머물고 있던 사울(바울)과 함께 안디옥교회로 가서 성도들에게 복음을 가르쳤을 때, 그들이 '그리스도인'이라는 별명까지 얻게 됩니다. 그 후 예루살렘에 큰 흉년이 들었을 때, 안디옥교회는 헌금을 모아 바나바와 사울 편으로 예루살렘교회에 전달하고 돌아오게 했습니다(행 11:21-30). 이것이 의미하는 바는, 당시 예루살렘교회의 장로들이 바나바와 사울(바울)이 이방에 세워진 안디옥교회를 함께 목회하고 있음을 인정한 것입니다.

> 사도행전 12:25, "바나바와 사울이 부조하는 일을 마치고 마가라 하는 요한을 데리고 예루살렘에서 돌아오니라"

예루살렘교회가 교회에서 처음 파송한 바나바만 선교사로 인정하고 사울을 인정하지 않았다면, 사도행전을 기록한 누가는 이렇게 기록하지 않았을 것입니다. "바나바가 부조하는 일을 마치고 사울과 마가라 하는 요한을 데리고 예루살렘에서 돌아오니라." 이렇게 예루살렘교회가 '바나바'만 인정하는 식으로 기록했겠지요. 그런데 성경은 '바나바와 사울'을 함께 언급하고, '마가라 하는 요한'은 그들이 데려온 사람이라고 기록하면서 그들의 직분이 서로 달랐음을 분명히 했습니다. 예루살렘교회에서 파송받았던 바울이 본교회로 돌아왔으니 무엇을 해야 할까요? 당연히 그동안 자신이 했던 선교 보고를 해야 했을 것입니다. 그래서 바울이 이렇게 보고합니다.

> 19, "하나님이 자기의 사역으로 말미암아 이방 가운데서 하신 일을 낱낱이 말하니"

이 순서가 중요합니다. 바울뿐만 아니라 우리가 무슨 일을 하든지 주어(주체)는 '하나님'이시고, 우리는 하나님께서 하시는 일에 쓰임 받은 종의 한 사람입니다. 오늘 우리가 중점적으로 살펴보려고 하는 것은, 그 뒤에 기록된 말씀입니다. 바울이 이방 전도의 사역을 잘 마치고 예루살렘으로 돌아온 것은, 하나님께는 영광이요 교회와 온 성도들은 크게 기뻐하고 환영할 일입니다. 하지만 바울이 너무나 훌륭하게 복음 전도 사역을 잘 감당한 것과 별개로, 그가 잘한 그 일 때문에 교회의 장로들이 걱정하는 면이 있음을 발견하게 됩니다.

> 20, "그들이 듣고 하나님께 영광을 돌리고 바울더러 이르되 형제여 그대도 보는 바에 유대인 중에 믿는 자 수만 명이 있으니 다 율법에 열성을 가진 자라"

여기 "유대인 중에 믿는 자 수만 명이 있으니."라고 했습니다. 이 말은, 믿는 성도 중에 '유대적 그리스도인'의 수가 수만 명에 다다를 만큼 많았다는 뜻입니다. 그들은 복음을 받아들여 믿음을 가졌지만, 그들이 전통적으로 지켜 왔던 모세의 율법을 비롯한 각종 규례들도 믿지 않는 유대인들처럼 지키는 사람들이었습니다. 그래서 그들을 가리켜서 "다 율법에 열성을 가진 자라."라고 했던 것입니다. 그런데 문제는 무엇입니까?

> 21-22, "네가 이방에 있는 모든 유대인을 가르치되 모세를 배반하고 아들들에게 할례를 행하지 말고 또 관습을 지키지 말라 한다 함을 그들이 들었도다 22. 그러면 어찌할꼬 그들이 필연 그대가 온 것을 들으리니"

바울에 관한 소문이, 예루살렘과 유대 사회에 어떻게 퍼져 있었는지 보여 줍니다. 남북 이스라엘의 멸망 이후 여러 나라로 흩어졌던(디아스포라) 유대인들은, 율법에 명시된 절기나 명절이 되면 예루살렘으로 돌아와서 지켰습니다. 그런데 그렇게 돌아온 유대인들이, 바울이 이방에서 복음을 전하며 했던 말들을 예루살렘의 바리새인과 사람들에게 이야기했고, 그 소문이 퍼졌던 것입니다. 그 소문의 내용이 무엇이었을까요? 바울이 "모세를 배반하고 아들들에게 할례를 행하지 말고 또 관습을 지키지 말라고 했다."라는 것이었습니다. 하지만 그 소문은 완전히 잘못된 것이었습니다. 바울은 율법을 부정한 적이 없고, 오히려 율법은 거룩하고 선하다고 말했습니다.

> 로마서 7:12, "이로 보건대 율법은 거룩하고 계명도 거룩하고 의로우며 선하도다"

또한, 율법은 사람들을 그리스도께로 인도하여 믿음을 갖게 한다고 했습니다.

> 갈라디아서 3:24, "이같이 율법이 우리를 그리스도께로 인도하는 초등교사가 되어 우리로 하여금 믿음으로 말미암아 의롭다 함을 얻게 하려 함이라"

그러면 왜 사람들은 바울에 관하여 잘못된 소문을 퍼뜨린 것이었을까요? 그것은 유대인들이 율법에 관하여 잘못된 지식을 갖고 있고, 하나님의 의에 복종하지 않고 스스로 의롭게 되려고 하는, 그 잘못을 바울이 지적했기 때문입니다.

로마서 10:2-3, "내가 증언하노니 그들이 하나님께 열심이 있으나 올바른 지식을 따른 것이 아니니라 3. 하나님의 의를 모르고 자기 의를 세우려고 힘써 하나님의 의에 복종하지 아니하였느니라"

구약 이스라엘이 율법이나 절기를 지키지 않아서 멸망했던 것이 아닙니다. 그들은 가장 악한 왕이 통치하던 시절에도, 형식적으로는 율법을 잘 지켰습니다. 하지만 문제는 그들이 율법을 주신 하나님의 뜻을 생각하지 않고, 단지 형식적으로만 종교 행위를 하고 죄를 범하면서도, 오히려 당당하게 굴었다는 것입니다.

예레미야 2:4-9, "야곱의 집과 이스라엘의 집 모든 족속들아 여호와의 말씀을 들으라 5. 나 여호와가 이와 같이 말하노라 너희 조상들이 내게서 무슨 불의함을 보았기에 나를 멀리 하고 가서 헛된 것을 따라 헛되이 행하였느냐 6. 그들이 우리를 애굽 땅에서 인도하여 내시고 광야 곧 사막과 구덩이 땅, 건조하고 사망의 그늘진 땅, 사람이 그곳으로 다니지 아니하고 그 곳에 사람이 거주하지 아니하는 땅을 우리가 통과하게 하시던 여호와께서 어디 계시냐 하고 말하지 아니하였도다 7. 내가 너희를 기름진 땅에 인도하여 그것의 열매와 그것의 아름다운 것을 먹게 하였거늘 너희가 이리로 들어와서는 내 땅을 더럽히고 내 기업을 역겨운 것으로 만들었으며 8. 제사장들은 여호와께서 어디 계시냐 말하지 아니하였으며 율법을 다루는 자들은 나를 알지 못하며 관리들도 나에게 반역하며 선지자들은 바알의 이름으로 예언하고 무익한 것들을 따랐느니라 9. 그러므로 내가 다시 싸우고 너희 자손들과도 싸우리라 여호와의 말씀이니라"

하나님께서 이스라엘 백성에게 서운하게 대접하거나 잘못한 것이 있습니까? 그들이 메마른 광야를 통과하던 40년간, 하나님께서 그들의 먹을 것과 입을 것, 심지어 발도 부르트지 않게 해 주셨지만, 그들은 하나님께 관심이 없었습니다. 하나님께서 그들을 비옥한 땅으로 인도하여 과일과 풍성한 농작물을 먹게 해 주었지만, 그들은 하나님이 준 땅을 죄악으로 더럽혀서 역겹게 만들었습니다. 심지어 제사장들도 하나님을 찾지 않고, 율법을 다루는 자와 관리들조차 하나님을 거역했으며, 선지자들은 바알의 이름으로 예언하고 헛된 우상을 섬겼습니다. 그런데도 그들은 스스로 말하기를 "나는 더럽혀지지 않았다, 바알들의 뒤를 따르지 않았다"(렘 2:23)라고 하면서, 하나님 앞에서 뻔뻔하게 굴었습니다. 그뿐만 아니라 이스라엘은 말하기를 "나에게는 아무 죄가 없으므로 여호와께서 분노를 내게서 돌이키셨다."라고 자신 있게 말했습니다. 그래서 하나님께서는 그들이 그렇게 뻔뻔하기 때문에 심판하겠다고 하셨습니다.

> 예레미야 2:35, "그러나 너는 말하기를 나는 무죄하니 그의 진노가 참으로 내게서 떠났다 하거니와 보라 네 말이 나는 죄를 범하지 아니하였다 하였으므로 내가 너를 심판하리라"

제사장 가문에서 태어난 예레미야는, 요시야 왕 13년부터 남유다가 멸망할 때까지 약 40년간 사역했던 선지자입니다. 하지만 예레미야가 40년간 말씀을 선포할 동안 아무도 그의 말을 듣지 않았고, 결국 남유다는 바벨론에 의해 멸망(B.C. 586년)하고 말았습니다. 하나님께서는 유다 백성을 향해 "너희가 뻔뻔스럽게도 죄를 짓지 않았다고 했기에 너희를 심판하겠다."라고 말씀한 것을 봤습니다. 그리고 그들은 실제로 바벨론에 의해 멸망했습니다. 이 역사적 사실은, "우리가 율법을 잘 지켰다, 죄를 짓지 않았다."라며 자신만만했던 그들의 자부심이, 심판이라는 결과로 법정에서 탄핵된 것과 같습니다. 그렇다면 심판받은 이후 이스라엘은 하나님 앞에 어떤 자세를 보여야 했을까요? '우리는 죄를 짓지 않았다, 우리는 잘했다'며 교만했던 죄를 회개하고, 선지자를 통해 하나님께서 주신 말씀에 귀 기울이며 순종하는 자세를 가져야 했습니다.

하나님께서는 이스라엘이 멸망한 이후에도, 많은 선지자를 보내어 그들에게 회개를 촉구하셨고, 심지어 포로로 끌려갔던 곳에서 돌아오도록 은혜를 베푸셨습니다. 하지만 이스라엘은 포로에서 돌아온 뒤에도 변하지 않았고, 하나님께서 말라기 선지자 이후 400여 년간 선지자를 보내지 않으시는 것으로 또다시 심판했습니다. 그러다가 세례 요한이 등장하여 광야에서 그들에게 회개를 촉구했을 때, 사람들이 세례 요한을 찾아와서 "네가 선지자냐?"라며 물었습니다(요 1:21). 400년간 선지자가 없던 시절에 선지자 같은 이가 나타난 것은 반가운 일입니다. 바리새인과 사두개인들이 세례 요한을 찾아와서 '그가 선지자인지' 물었다는 것은, 그가 전하는 말이나 그의 모습이 그들 눈에 선지자처럼 보였다는 뜻입니다. 세례 요한은 자기가 누구인지 묻는 사람들에게, "하나님의 아들이 세상에 오셨음을 증언하는 사람"(요 1:26-34)이라고 대답해 주었습니다. 선지자 정도가 아니라 하나님의 아들이 세상에 오셨다고 가르쳐 준 것입니다. 하지만 바리새인과 사두개인을 비롯한 유대인들은, 세례요한의 말을 듣지 않았을 뿐만 아니라 그들을 구원하러 오신 예수님마저도 십자가에 못 박아 죽였습니다.

> 히브리서 10:1, "율법은 장차 올 좋은 일의 그림자일 뿐이요 참 형상이 아니므로 해마다 늘 드리는 같은 제사로는 나아오는 자들을 언제나 온전하게 할 수 없느니라"

율법은 장차 오실 '그리스도'의 그림자일 뿐, 참 형상은 아닙니다. 이스라엘 백성이 아무리 제사를 잘 드리고 율법을 잘 지킨다 해도, 그 율법은 그들이 범한 죄를 기억하게 하는 것이지, 죄를 완전히 없애 주지는 못합니다.

> 히브리서 10:3-4, "그러나 이 제사들에는 해마다 죄를 기억하게 하는 것이 있나니 4. 이는 황소와 염소의 피가 능히 죄를 없이 하지 못함이라"

율법에서 제사의 방법과 함께, 그에 맞는 제물의 종류에 관해서 가르쳐 준 이유는, 죄를 범한 사람과 그들이 범한 죄의 종류에 따라 방법이 달랐기 때문입니다. 그리고 결정적으로 그들이 속죄를 위해 드리는 제사는, 용서받아야 할 죄의 개별 사항에 한정된 것이지, 그 사람이 범한 모든 죄를 다 없애 주는 것은 아닙니다. 결국, 율법으로는 인간의 모든 죄를 다 없게 해 줄 수 없을 뿐만 아니라, 그것이 가능하지도 않습니다. 그래서 하나님께서 죄인들을 위해 주신 방법이 무엇이었습니까?

> 히브리서 10:5, "그러므로 주께서 세상에 임하실 때에 이르시되 하나님이 제사와 예물을 원하지 아니하시고 오직 나를 위하여 한 몸을 예비하셨도다"

제사와 예물을 드리지 않아도, 그리고 밝혀져서 단죄된 특정한 죄뿐만 아니라, 모든 죄를 없애 주실 수 있는 예수 그리스도를 세상에 보내주신 것입니다. 바울이 이방 나라들을 다니면서 전했던 복음이 바로 이것이었습니다. 사도행전 강해를 하면서 여러 번 말씀드린 것처럼, 바울이 이방의 도시에 들어가서 복음을 전할 때, 언제나 회당을 찾아가서 전했다는 것을 기억하십니까? 바울은 흩어진 자기 백성들에게 먼저 복음을 전했고, 유대교에 들어온 경건한 이방인들에게 복음을 전했으며, 그 복음을 듣고 온 이방인에게 복음을 전했습니다. 바울이 전했던 복음을 듣는 일차적인 대상이 유대인들이었기에, 바울은 하나님께서 그들에게 주신 율법의 의미와 그 완성으로 오신 그리스도를 전했던 것입니다.

> 에베소서 2:13-18, "이제는 전에 멀리 있던 너희가 그리스도 예수 안에서 그리스도의 피로 가까워졌느니라 14. 그는 우리의 화평이신지라 둘로 하나를 만드사 원수 된 것 곧 중간에 막힌 담을 자기 육체로 허시고 15. 법조문으로 된 계명의 율법을 폐하셨으니 이는 이 둘로 자기 안에서 한 새 사람을 지어 화평하게 하시고 16. 또 십자가로 이 둘을 한 몸으로 하나님과 화목하게 하려 하심이라 원수 된 것을 십자가로 소멸하시고 17. 또 오셔서 먼 데 있는 너희에게 평안을 전하시고 가까운 데 있는 자들에게 평안을 전하셨으니 18. 이는 그로 말미암아 우리 둘이 한 성령 안에서 아버지께 나아감을 얻게 하려 하심이라"

그리스도께서 죄로 인해 하나님과 원수된 것, 중간에 막힌 담을 자신의 육체로 허무시고, 법조문으로 된 계명의 율법을 폐하여 하나님과 하나되게 하셨습니다. 이제 누구든지 예수 그리스도만 믿으면, 하나님께 나아갈 수 있게 됐습니다. 그런데 문제는, 믿는 유대인 중에도 율법을 열심히 지키는 자가 있었던 것입니다. 그리고 그들은 바울이 이방에서 "모세를 배반하고, 아들에게 할례도 행하지 말고, 유대인의 관습을 지키지 말라."라고 했다는 소문을 듣고 화가 난 상태입니다.

그런데 율법에 관한 이 문제는, 바울과 바나바가 에베소교회에서 생긴 문제로 예루살렘교회를 찾아왔을 때 야고보와 베드로 등 제자들과 장로들이 이미 결론을 내려 줬던 내용이었습니다. 이방인 중에서 하나님께로 돌아오는 자들에게는 율법의 멍에를 지우지 말자는 것이었습니다. 그리고 바울이 이방 나라와 도시들을 다니면서 율법에 관해 말했던 것은, 이방인 중에서 하나님께로 돌아온 사람들에게 말한 것이었지, 유대인에게 한 말이 아닙니다.

> 사도행전 15:19-21, "그러므로 내 의견에는 이방인 중에서 하나님께로 돌아오는 자들을 괴롭게 하지 말고 20. 다만 우상의 더러운 것과 음행과 목매어 죽인 것과 피를 멀리하라고 편지하는 것이 옳으니 21. 이는 예로부터 각 성에서 모세를 전하는 자가 있어 안식일마다 회당에서 그 글을 읽음이라 하더라"

그러면 이방에 흩어진 '디아스포라', 곧 유대인에게는 어떻게 대했을까요? 바울이 1차 전도 여행을 시작하면서 '디모데'를 데리고 갔는데, 그가 성인이 될 때까지 할례를 받지 않은 것을 알고는 그를 데려다가 할례를 받도록 했습니다.

> 사도행전 16:2-3, "디모데는 루스드라와 이고니온에 있는 형제들에게 칭찬 받는 자니 3. 바울이 그를 데리고 떠나고자 할새 그 지역에 있는 유대인으로 말미암아 그를 데려다가 할례를 행하니 이는 그 사람들이 그의 아버지는 헬라인인 줄 다 앎이러라"

그 지역에 있는 유대인들을 위해 할례를 받게 한 것입니다. 바울은 유대인들이 소중히 여기는 율법으로 대표되는 할례에 관하여, 그 자체에 특별한 의미를 부여하지 않았습니다. 우리가 성경에서 살펴본 바와 같이, 그리스도께서 율법의 완성이요 '참 형상'으로 이미 오셨기 때문에, 할례를 하고 안 하고의 여부는 중요한 것이 아니었기 때문입니다.

> 고린도전서 7:18-19, "할례자로서 부르심을 받은 자가 있느냐 무할례자가 되지 말며 무할례자로 부르심을 받은 자가 있느냐 할례를 받지 말라 19. 할례받는 것도 아무것도 아니요 할례받지 아니하는 것도 아무것도 아니로되 오직 하나님의 계명을 지킬 따름이니라"

19절 마지막에 "오직 하나님의 계명을 지킬 따름이니라."라고 했습니다. 초대 교회에서 '이방인의 할례 문제'는, 교회 구성원의 대부분을 차지하고 있던 유대 그리스도인들에게는 매우 불만족스러운, 뜨거운 감자 같은 것이었습니다. 그래서 바울의 이와 같은 가르침은, 대부분의 선교지에서 바울이 오해를 받거나 교회가 분쟁하게 되는 중요한 원인이 되었습니다. 그러면 바울은 자기가 오해받고 있음을 알면서도, 왜 이런 가르침을 사람들에게 주었을까요? 율법에 열성을 가진 유대인들은, 당연히 할례를 받아야 한다고 주장했습니다. 하지만 오랜 디아스포라의 생활 속에서, 헬라의 생활 방식에 적응한 유대인 중에는, 스스로 할례의 흔적을 감추려 하거나 없애려 하는 사람들도 있었습니다.

이스라엘 멸망 이후 400년이 넘는 세월이 흘렀고, 그렇게 이방 나라로 흩어진 유대인들은 자기가 거주하는 그 나라의 법과 문화에 적응하며 살고 있었습니다. 결국, 자기 생활에 유리한 유익을 위하여 할례를 행하기도 하고 없애 버리기도 하는 할례라면, 이방에 사는 유대인들이 그것을 행해야 하는 이유가 무엇일까요? 이것은 멸망당한 구약 이스라엘 백성들이 범했던 잘못과 똑같은 것입니다. 그들이 해야 하는 순종은, 형식적으로 율법을 흉내 내는 것이 아니라, 하나님의 계명을 마음과 힘과 뜻을 다하여 지키는 것이었습니다. 여기서 '계명'은 모세의 율법과 규례와 같은 법적 규제가 아니라, 하나님께서 그 율법을 주신 이유를 올바로 알고 순종하는 것입니다. 바울이 하나님의 부르심에 의하여 새사람이 된 사람들에게는, 할례나 무할례가 아무런 문제가 되지 않는다고 가르쳤던 것도 바로 이런 이유 때문입니다.

구원받은 성도에게 중요한 것은, 포도나무이신 그리스도께서 우리에게 주신 계명을(요 15:12) 귀히 여기고, 서로 사랑하며 사는 것입니다. 이 '사랑'은 어떤 것입니까? "자랑하지 않고, 교만하지 않고, 무례하게 행동하지 않고, 자기의 유익을 구하지 않고, 모든 것을 참고 견디는 것"입니다(고전 13:4-7). 이것은 유대인들이나 율법에 열성을 가진 믿는 자들이 가진 모습과 다른 점입니다. 그들은 하나님께서 주신 율법을 마치 자기들이 세운 공로처럼 여겼고, 남보다 조문 하나 더 지킨 것을 자랑했으며, 무례하게 행동하면서도 부끄러운 줄 몰랐습니다. 그래서 바울은 형식적 할례가 아니라, 그리스도의 법을 따라 살라고 한 것입니다.

하지만 바울이 율법에 관해 가르친 바른 진리는, 나쁜 소문으로 왜곡되어 예루살렘 전체에 퍼져 있었고, 그가 돌아왔다는 소식 역시 빠르게 퍼졌습니다. 그리고 잘못된 소문에 익숙해진 유대인들은 바울을 죽이려고 할 것입니다. 그래서 야고보와 장로들은 바울에게 한 가지 해법을 제시했습니다. 바울이 자기 돈으로 하나님께 서원한 네 사람의 결례 비용을 내게 함으로, 그가 율법을 모범적으로 잘 지킨다는 것을 사람들에게 알게 하자는 것이었습니다.

23-24. "우리가 말하는 이대로 하라 서원한 네 사람이 우리에게 있으니 24. 그들을 데리고 함께 결례를 행하고 그들을 위하여 비용을 내어 머리를 깎게 하라 그러면 모든 사람이 그대에 대하여 들은 것이 사실이 아니고 그대도 율법을 지켜 행하는 줄로 알 것이라"

'서원'은 하나님께 기도하는 마음으로 무엇인가를 약속하는 것을 뜻합니다. 그 서원은 사사 입다나 삼손, 또는 사무엘에게서 보는 것처럼 '부모에 의한 서원'이 있고, '본인의 자유의사에 따른 서원'도 있습니다. 서원의 기간 역시 영구적인 것(삿 13:7; 삼상 1:11)도 있지만, 일정 기간에 한정된 서원도 있었습니다(민 6:8, 12). 본문에 나오는 네 명의 서원한 사람은, 아마도 본인의 자유 의지에 따라 일정 기간에 한정된 서원을 했던 사람들로 보입니다. 보통 서원을 하면 기본적으로 지켜야 하는 규범이, 머리를 깎지 않고, 독주를 마시지 않으며, 시체를 가까이하지 않아야 했습니다(삿 13:7). 그리고 하나님 앞에서 일정 기간에 한정된 서원을 한 사람이 정한 기간이 끝났을 경우, 제사장에게 가서 결례를 행해야 했습니다. 그 결례는 길었던 머리를 깎고, 희생 제물을 하나님께 드리는 것이었습니다. 드려야 할 희생 제물은, 번제물로 일 년 된 숫양 하나, 속죄 제물로 일 년 된 어린 암양 하나, 화목제로 숫양 하나, 그 외에 무교병 과자 등이었습니다(민 6:1-21).

이처럼 결례에 드려야 할 제물이 많았기 때문에 비용도 만만치 않았습니다. 그래서 유대인 공동체에서 가난한 서원자를 위해 비용을 대신 부담해 주는 것은, 율법을 지키는 행위 중에서도 아주 높은 수준의 경건한 행위로 인정받았습니다. 그런데 야고보가 바울에게 이런 제안을 했던 것은, 돈을 들여서 유대인들과 율법에 열성이 있는 믿는 성도들의 환심을 사는 것이 어떻겠냐고 한 것이 아닙니다. 바울이 율법을 부정하거나, 사람들에게 율법을 지키지 말라고 선동한 사람이 아니라는 것을 분명하게 보여 주어서, 사람들의 오해를 풀도록 하자는 것이었습니다. 그리고 바울은, 야고보와 장로들의 이 제안을 받아들여서 그대로 따랐습니다.

> 26. "바울이 이 사람들을 데리고 이튿날 그들과 함께 결례를 행하고 성전에 들어가서 각 사람을 위하여 제사 드릴 때까지의 결례 기간이 만기된 것을 신고하니라"

이 말씀이 우리에게 주는 고민이 있습니다. 그것은 바울이 예루살렘으로 돌아오기 전에 보였던 모습과, 돌아온 이후에 보인 모습이 맞지 않아 보이는 것입니다. 바울이 예루살렘으로 돌아오려고 했을 때, 에베소 교회 장로들과 빌립의 네 딸을 비롯한 많은 사람이 가지 말라고 붙잡았던 것을 기억하십니까? 하지만 그럴 때마다 바울은, "내 생명조차 조금도 귀한 것으로 여기지 않는다."라고 하면서, 결박과 환란이 있을 것을 알면서도 예루살렘으로 돌아왔습니다.

그런데 예루살렘으로 돌아와서는, 바울에 관한 나쁜 소문을 들은 유대인들이 그를 해칠지도 모른다고 하니까, 돈을 들여서 율법을 지키는 모습을 보여 줍니다. 그래서 어떤 신학자들은, 바울이 야고보의 제안을 받아들여서 이런 선택을 한 것은, 유대의 율법주의자들과 타협한 '실패한 선택'이었다고 주장하기도 합니다. 하지만 이것은 바울의 선교 전략, 곧 "유대인에게는 유대인처럼, 율법이 없는 자에게는 율법이 없는 자처럼 되어" 약한 자들을 얻고자 한 것이었습니다.

고린도전서 9:19-23, "내가 모든 사람에게서 자유로우나 스스로 모든 사람에게 종이 된 것은 더 많은 사람을 얻고자 함이라 20. 유대인들에게 내가 유대인과 같이 된 것은 유대인들을 얻고자 함이요 율법 아래에 있는 자들에게는 내가 율법 아래에 있지 아니하나 율법 아래에 있는 자 같이 된 것은 율법 아래에 있는 자들을 얻고자 함이요 21. 율법 없는 자에게는 내가 하나님께는 율법 없는 자가 아니요 도리어 그리스도의 율법 아래에 있는 자이나 율법 없는 자와 같이 된 것은 율법 없는 자들을 얻고자 함이라 22. 약한 자들에게 내가 약한 자와 같이 된 것은 약한 자들을 얻고자 함이요 내가 여러 사람에게 여러 모습이 된 것은 아무쪼록 몇 사람이라도 구원하고자 함이니 23. 내가 복음을 위하여 모든 것을 행함은 복음에 참여하고자 함이라"

기독교 신앙은 명분이나 형식이 아닙니다. 명분이나 형식에 빠지면 구약 이스라엘과 신약의 바리새인들처럼 "나는 더럽혀지지 않았다, 바알의 뒤를 따르지 않았다"(렘 2:23)라고 하면서 뻔뻔해집니다. 왜요? 어쨌든 율법이 요구하는 행위들은 잘 지키지 않았냐는 것입니다. 기독교 신앙은 하나님께 항복하는 것입니다. 하나님의 뜻을 이루기 위해서라면 내 자존심을 죽이고 자기를 부인하는 것, 종의 자세로 순종하는 것입니다. 바울이 율법에 열성을 가진 성도들에게 상처를 주지 않고, 예루살렘에 있는 유대인에게 복음을 전하기 위해서, 율법을 지키는 자의 모습을 보여 주고 있습니다. 이것은 바울이 예루살렘 사람들을 속이기 위해서 자신의 정체를 속이고 꾸미는 것이 아니라, 그들에게 유익을 끼쳐 구원을 얻게 하려는 행동이었습니다.

고린도전서 10:31-33, "그런즉 너희가 먹든지 마시든지 무엇을 하든지 다 하나님의 영광을 위하여 하라 32. 유대인에게나 헬라인에게나 하나님의 교회에나 거치는 자가 되지 말고 33. 나와 같이 모든 일에 모든 사람을 기쁘게 하여 자신의 유익을 구하지 아니하고 많은 사람의 유익을 구하여 그들로 구원을 받게 하라"

바울의 생각, 그의 관심은 오직 "먹든지 마시든지 무엇을 하든지 다 하나님의 영광을 위하는" 이 한 가지뿐입니다. 그 하나님께서 가장 귀하게 여기시는 곳이 어디입니까? 바로 교회입니다. 그래서 "많은 사람의 유익을 구하여 그들로 구원을 받게" 하려고, 사람들에게 "내 목숨도 귀하게 여기지 않는다."라고 했던, 그 자존심마저 버린 것입니다. 이 부분에 관한 내용은 다음 주에 좀 더 말씀드리겠습니다.

새해를 시작하는 첫 주일입니다. 오늘 한 가지만 기억하시기 바랍니다. 하나님께서 구약 이스라엘 백성에게 율법을 주신 것은, 그들이 하나님을 믿겠노라고 찾아와서 주신 것이 아니라 은혜로 주신 것이었습니다. 율법은 그들이 하나님의 백성임을 나타내는 상징이요, 증거와 같은 것입니다. 그들이 율법을 지켰기 때문에 하나님의 백성이 된 것이 아니라, 그들이 하나님께서 선택한 백성이었기 때문에 하나님 백성답게 살라고 주신 것이 율법입니다. 우리가 교통 법규를 지키며 운전하는 것은 자랑거리가 아니라 당연한 일입니다. 구약 이스라엘 백성들이 율법을 지키며 사는 것은 당연히 해야 할 일이었습니다.

하나님께서 예수 그리스도를 우리에게 보내 주신 것은, 우리가 예수님을 믿겠다고 하니까 주신 것이 아니라, 은혜와 선물로 보내 주신 것입니다. 우리가 예수를 믿고 교회에 나와서 신앙생활 해야 하는 것은, 우리가 하나님의 백성이요 예수님의 소유가 되었으니 당연히 해야 하는 순종입니다. 그리스도께서 자기 피로 세우신 교회를 사도들에게 맡기셨기에, 바울도 장로들에게 주님의 교회를 맡긴 것처럼, 우리도 물려받은 교회를 잘 물려줘야 합니다. "마음으로 예수님을 잘 믿으면 되지 꼭 교회에 가야만 하는 것은 아니다, 교회답지 않은 교회는 가고 싶지 않다."라는 식의 궤변에 속지 마시기 바랍니다.

교회답지 않은 교회를 만든 것은 인간이 그렇게 만든 것이지, 그리스도의 교회가 믿을 수 없는 곳인 것은 아닙니다. 그리고 우리가 믿는 것은, 교회에 다니는 인간이 아니라 예수 그리스도입니다. 자기 논리에 빠져서 그리스도께서 피로 값을 주고 사신 교회를 부인하고, 사도들과 믿음의 선조들에게서 물려받은 교회를 부정하는 죄를 범하면 안 됩니다. 이 부분에 관해서는 다음 주에 좀 더 말씀드리겠습니다. 구약 이스라엘이 하나님으로부터 받은 은혜를 멸시하다가 멸망했고, 자기 백성으로 오신 예수님을 멸시한 바리새인과 유대인들이 구원받지 못했습니다. 저와 여러분은 우리가 받은 은혜를 귀히 여기고 복된 신앙생활 하기 원합니다.

사도행전 21:19~26

그들과 함께 결례를 행하고

"바울이 문안하고 하나님이 자기의 사역으로 말미암아 이방 가운데서 하신 일을 낱낱이 말하니 20. 그들이 듣고 하나님께 영광을 돌리고 바울더러 이르되 형제여 그대도 보는 바에 유대인 중에 믿는 자 수만 명이 있으니 다 율법에 열성을 가진 자라 21. 네가 이방에 있는 모든 유대인을 가르치되 모세를 배반하고 아들들에게 할례를 행하지 말고 또 관습을 지키지 말라 한다 함을 그들이 들었도다 22. 그러면 어찌할꼬 그들이 필연 그대가 온 것을 들으리니 23. 우리가 말하는 이대로 하라 서원한 네 사람이 우리에게 있으니 24. 그들을 데리고 함께 결례를 행하고 그들을 위하여 비용을 내어 머리를 깎게 하라 그러면 모든 사람이 그대에 대하여 들은 것이 사실이 아니고 그대도 율법을 지켜 행하는 줄로 알 것이라 25. 주를 믿는 이방인에게는 우리가 우상의 제물과 피와 목매어 죽인 것과 음행을 피할 것을 결의하고 편지하였느니라 하니 26. 바울이 이 사람들을 데리고 이튿날 그들과 함께 결례를 행하고 성전에 들어가서 각 사람을 위하여 제사 드릴 때까지의 결례 기간이 만기된 것을 신고하니라"

지난 시간에 바울이 예루살렘으로 돌아온 이후의 행적에 관해 살펴봤습니다. 하나님께서 바울의 사역을 통해 이방 가운데서 행하신 일들을 보고했을 때, 야고보 사도와 예루살렘교회 장로들은 하나님께 영광을 돌리며 기뻐했습니다. 하지만 바울이 이렇게 훌륭하게 이방 전도의 사역을 잘해 낸 것과는 별개로, 예루살렘과 유대 사회에는 바울에 관한 나쁜 소문이 많이 퍼져 있었습니다. 그 소문은 "바울이 이방에 있는 모든 유대인에게 모세를 배반하고 아들들에게 할례를 행하지 말고 또 관습을 지키지 말라"[21]라고 가르쳤다는 것이었습니다.

예루살렘에 있는 유대인들은 율법을 지키는 일에 열성이 있었고, 예수님을 믿고 성도가 된 사람 중에도 율법에 열성인 사람들이 수만에 이를 만큼 많았습니다. 야고보 사도는, 바울이 돌아왔다는 소문이 예루살렘에 금세 퍼질 텐데, 그렇게 되면 그 소문을 들은 사람들이 바울을 헤치지 않을까 하는 걱정을 했습니다. 그래서 바울에게 한 가지 제안을 했습니다. 교회에 기한이 정해진 서원을 한 형제가 네 명이 있는데, 그들이 제사장에게 가서 결례를 행할 때 그들을 위해 바울이 비용을 대신 내 주라는 것이었습니다. 서원의 종료를 위한 결례를 행할 때 드려야 할 제물의 종류가 많았기에, 결례 비용을 대신 내 주는 것은 유대인 사회에서 높은 수준의 경건한 행위였습니다.

야고보의 이 같은 제안은, 바울이 모세를 배신하라고 가르쳤다는 소문이 예루살렘 전체에 퍼진 상황에서, 그 잘못된 소문을 잠재울 만한 좋은 행위였습니다. 그리고 바울은 다음 날 야고보의 제안대로 그 사람들을 데리고 성전으로 가서, 각 사람을 위한 결례 제사를 드리고 기간이 만료되었음을 신고했습니다[26]. 오늘 우리가 집중적으로 살펴보려고 하는 내용이 이 부분입니다. 이미 바울은 예루살렘으로 돌아오기 전부터, 자신이 돌아가면 결박과 핍박을 당할 거란 사실을 알고 있었고, 그를 만류하는 사람들의 제안도 거절했었습니다. 오히려 바울은, "내 생명조차 조금도 귀한 것으로 여기지 않는다."라고 하면서, 주님께서 자기에게 맡긴 사명을 끝까지 마치겠다는 결기를 보였습니다.

그랬던 바울이 예루살렘으로 돌아온 후에는, 자신에 관한 소문을 듣고 화가 나 있는 유대인과 율법주의자들의 오해를 풀어 주려고 타협하는 모습을 보였습니다. 야고보 사도가 한 말처럼, "바울도 율법을 지켜 행하는 줄로 알게" 하기 위해서 하나님께 서원한 가난한 사람들의 비용을 자기 돈으로 대신 내 준 것입니다[24]. 그래서 어떤 신학자들과 목회자들은, 바울의 이러한 선택은 유대주의자들과 타협한 '실패한 선택'이었다고 주장하기도 합니다. 그런데 우리는 바울이 한 이 일을 어떤 특정한 행위만으로 판단할 것이 아니라, 성경 전체의 가르침 안에서 바울이 왜 그런 선택을 했는지 이유를 찾아야 합니다. 왜냐하면, 바울이 했던 어떤 행동 하나만 특정해서, "바울은 이런 사람"이라고 규정할 수 없는 사건들이 성경에 너무나 많이 기록되어 있기 때문입니다.

유대인이나 율법에 열성인 성도들이 바울에 대해서 가진 오해가 무엇입니까? "바울은 율법을 지키지 않는 사람이다, 이방에서 사람들에게 모세를 배반하고 율법을 지키지 말라고 가르치며 선동하던 사람이다."라는 것입니다. 하지만 실제로 바울은 어떤 사람이었습니까? 예루살렘으로 오는 도중에 무교절을 지키기 위해서 회당이 있는 빌립보를 일부러 들렀고, 오순절 절기를 예루살렘에서 지키려고 하루라도 빨리 오려고 했습니다. 성인이 되도록 할례를 하지 않은 디모데를 데리고 가서 받도록 해 줬습니다. 이처럼 바울은 누구보다 율법을 잘 지키려고 했고, 잘 지켰던 사람입니다.

하지만 이방인으로 복음을 듣고 성도가 된 사람들에게는, 유대인들 조차 능히 메지 못하던 율법의 무거운 짐을 지우지 않으려고(행 15:10) 애를 썼습니다. 그래서 오늘 본문의 내용도 그와 같은 관점에서 바라보고 해석해야 합니다. 지난 시간에 기독교 신앙은 형식이나 명분에 빠져서는 안 된다고 말씀드렸습니다. 구약 이스라엘이 멸망한 것은, 그들이 율법을 전혀 지키지 않았거나 하나님께 드리는 제사를 하지 않아서 멸망한 것이 아니라고도 말씀드렸습니다. 이스라엘 역사에서 가장 악한 왕이 통치하던 시절에도, 율법을 지키는 형식의 면에서는 그들 스스로 잘했다고 여길 만큼 잘했습니다. 하지만 실제로 그들은 삶 속에서 하나님을 떠나 우상을 섬겼고, 하나님 앞에 가증한 일을 행했습니다(왕상 11:7, 왕하 23:13; 겔 8:6).

그들의 이 같은 행동은, 예수님이 세상에 오신 후에도 변하지 않았습니다. 구제할 때 사람에게서 영광을 받으려고 회당과 거리에서 공개적으로 했고, 기도할 때도 회당과 큰 거리 어귀에 서서 사람들 들으라고 큰 목소리로 기도했습니다. 금식할 때는 사람에게 보이려고 일부러 얼굴을 흉하게 했습니다(마 6:1-6, 16). 심지어 어떤 바리새인은 성전에서 기도할 때, 자기와 세리를 비교하면서 자기가 지켜 행한 의로움을 강조하면서 세리를 죄인 취급했습니다(눅 18:10-12). 하지만 그들이 하나님 앞에서 스스로 잘했노라고 자랑했던 모든 것들은, 예수님으로부터 '외식하는 바리새인들이여.'라며 오히려 책망받은 것들이었습니다. 율법을 지키라고 해서 나름대로 잘 지켰는데 그게 왜 책망받을 일이 되었을까요? 그것은 그들이 율법을 지키는 형식에 빠져서, 하나님께서 왜 그들에게 율법을 주셨는지, 그리고 그들이 왜 율법을 지켜야 하는지 알지 못했기 때문입니다.

> 디모데전서 1:8-10, "그러나 율법은 사람이 그것을 적법하게만 쓰면 선한 것임을 우리는 아노라 9. 알 것은 이것이니 율법은 옳은 사람을 위하여 세운 것이 아니요 오직 불법한 자와 복종하지 아니하는 자와 경건하지 아니한 자와 죄인과 거룩하지 아니한 자와 망령된 자와 아버지를 죽이는 자와 어머니를 죽이는 자와 살인하는 자며 10. 음행하는 자와 남색하는 자와 인신매매를 하는 자와 거짓말하는 자와 거짓 맹세하는 자와 기타 바른 교훈을 거스르는 자를 위함이니"

하나님께서 율법을 왜 주셨다고 했습니까? 율법은 옳은 사람, 의로운 사람을 위해 주신 것이 아니라, 법을 어기는 사람, 경건하지 않고 죄를 범하고, 바른 교훈을 거스르는 자들에게 주신 것입니다. 다시 말씀드려서, 하나님께서 이스라엘 백성에게 율법을 주신 것은 그들이 옳고, 의롭고, 잘해서 주신 것이 아니라 그들이 죄를 범했기 때문에 주신 것입니다. 여기 언급된 죄들을 보십시오. 자기 부모를 죽인 사람을 그냥 둬도 되겠습니까? 율법은 "저런 죄를 범하지 마라, 죄를 범하면 벌을 받는다." 그런 내용입니다.

원래 '법'을 잘 지키는 사람에게 '법'은, 있는지 없는지도 모르는 내용입니다. 그리고 '법'을 잘 지키는 사람은 자기가 '법'을 잘 지켰다고 자랑하지 않습니다. 그런데 바리새인이나 율법주의자들은 자기가 '법'을 잘 지켰다고 자랑했습니다. 이런 사람들은 어떤 부류의 사람일까요? 실제로는 '법'을 안 지키는 사람입니다. '법'을 안 지켜서 붙잡혀 온 사람들은, 자기가 받아야 할 형벌을 가볍게 하려고 온갖 종류의 칭찬받을 만한, 또는 용서받을 만한 근거를 내지 않습니까? 당연히 잘 지켜야 하는 율법을, 그리고 그걸 잘 지켰다고 자랑할 것도 없는 행위를 자랑하고 있다면, 그 사람은 그것 외에 다른 뭔가에 문제가 있는 사람입니다.

하나님께서 주신 율법은 모든 사람에게 안전과 유익을 주는 선한 것입니다. 하지만 문제는 모든 사람이 죄를 범하여 하나님의 영광에 이르지 못한다는 것입니다(롬 3:23). 율법은 하나님께서 사람에게 안전과 유익을 주는 선한 용도로 주신 것인데, 모든 사람이 죄를 범하다 보니 그 율법이 죄목과 형량을 정하는 것이 되었습니다. 국민의 안전과 행복을 위해 법을 만들었는데, 그 법을 위반하여 살인, 강도, 도둑질, 사기 등 죄를 범한 사람에게는, 그 법이 형벌을 정해 주는 것과 같습니다. 그래서 하나님께서 자기 아들 예수 그리스도를 세상에 보내어 인간이 범한 모든 죄의 형벌을 대신 받게 함으로, 법조문으로 된 율법을 대신하게 하셨습니다. 모든 죄는 그에 따른 형벌을 받게 되어 있지만, 예수 그리스도께서 그 형벌을 대신 받으셨기 때문에, 이제 그 예수를 믿는 사람은 죄에서 자유롭게 됐습니다. 그것이 바로 '하나님의 영광스러운 기쁜 소식', 곧 복음입니다.

> 디모데전서 1:11, "이 교훈은 내게 맡기신 바 복되신 하나님의 영광의 복음을 따름이니라"

우리가 종교 행위를 해서 구원받고, 착한 일을 해서 구원받는 것이 아닙니다. 우리가 범한 모든 죄의 형벌을 우리 대신 받으신, 예수 그리스도를 믿음으로 구원받습니다. 그리고 그 믿음의 근거는 구약의 율법에서 출발합니다. 율법에 명시된 종교적인 어떤 행위를 잘했다고 인간의 죄가 없어지지 않습니다.

예를 들면, 동네에서 착하고 성실하다고 소문난 어떤 사람이 있었습니다. 그 사람에 대한 미담이 얼마나 많은지, 그 사람을 보는 이마다 칭찬과 환영이 끊이지 않습니다. 그런데 알고 보니 그 사람이 늦은 밤마다 무서운 강도질을 하는 사람이었습니다. 그러다가 그 사람이 경찰에 붙잡혀서 재판에 넘겨졌습니다. 그 사람은 죄인입니까, 아닙니까? 낮에는 착한 사람이었으니 죄가 없어집니까? 낮에 착한 일을 했다 할지라도, 그가 범한 죄의 사실은 변하지 않습니다. 그리고 그 죄가 오랫동안 반복된 습관화된 죄라면, 그 형량은 높아질 것입니다. 다른 사람에게 칭찬받을 만한 종교적인 어떤 행위를 했다고 해서 그 사람의 죄가 없어지거나, 그 사람이 의인이나 성인으로 칭송받을 수 없습니다. 그래서 성도는 무엇으로 세상을 삽니까? 예수 그리스도를 믿는 믿음으로 삽니다.

> 로마서 1:17, "복음에는 하나님의 의가 나타나서 믿음으로 믿음에 이르게 하나니 기록된바 오직 의인은 믿음으로 말미암아 살리라 함과 같으니라"

기독교 신앙은 형식주의가 아니라는 말씀이 바로 이 뜻입니다. "하나님을 알되 하나님을 영화롭게 하지 않고 감사하지 않는 사람, 스스로 지혜 있다고 자처하면서 하나님의 영광이 아니라 자기 영광을 위해 사는 사람" 그 사람이 누구입니까? 예수 그리스도를 십자가에 못 박은 바리새인과 유대인들이었고, 형식주의에 빠져서 율법에 열성을 가졌던 사람들이었습니다.

로마서 1:21-23, "하나님을 알되 하나님을 영화롭게도 아니하며 감사하지도 아니하고 오히려 그 생각이 허망하여지며 미련한 마음이 어두워졌나니 22. 스스로 지혜 있다 하나 어리석게 되어 23. 썩어지지 아니하는 하나님의 영광을 썩어질 사람과 새와 짐승과 기어다니는 동물 모양의 우상으로 바꾸었느니라"

두 번째로, 기독교 신앙은 '명분'도 아니라고 말씀드렸습니다. '명분'이란, "마땅히 지켜야 할 도리 또는 본분"입니다. 바울이 예루살렘으로 돌아오면 결박과 환란이 그를 기다릴 거란 사실을 알고도 돌아왔습니다. 그 이유가 무엇이었습니까? "주 예수께 받은 사명 곧 하나님의 은혜의 복음을 증언하는 일을 마치는 것"(행 20:24)이 그가 맡은 책임이요 명분이었기 때문입니다. 그런데 기독교 신앙은 그런 '명분'도 아닙니다. 어떤 면에서 아니라는 말입니까? 바울이 자기가 결심했으니, 자신의 방법으로 결과물을 만들어 내는 명분이 아닙니다. 우리 식으로 생각하면 이렇게 말할 수 있을 겁니다. "주를 위하여 목숨도 아끼지 않겠다고 한 사람이, 그깟 소문이 겁이 나서 알지도 못하는 사람의 결례 비용까지 대신 내 주면서 율법을 지키는 척한단 말이냐?", "그렇게 치사하게 굴 것 같으면 차라리 안 하고 말겠다." 이럴 수 있습니다.

하지만 바울이 타협하는 것처럼 보이는 행동을 한 것은, "주 예수께 받은 사명 곧 하나님의 은혜의 복음을 증언하는 일"을 끝까지 잘 마치려고 한 것입니다. 만약 바울이 '명분'론자라면, 그래서 자기가 한 말에 대해서 책임을 지고 자기 '체면'을 유지하려고 했다면 어떻게 했을까요? 예루살렘 성전 중앙에 서서, "너희가 소문으로 들었던 사람이 바로 나다, 내가 바울이다!"라고 하면서 바리새인들 손에 보란 듯이 붙잡혀

갔을 것입니다. 그런데 그것은 하나님께서 바울에게 원하시는 방법이 아니었고, 성도이지만 아직 율법에 열성이 있는 믿음의 형제들을 위하는 방법도 아니었습니다. 바울이 맡은 바 사명이 무엇입니까? 결박당하고, 고문당해서 죽는 것입니까? 아닙니다. 모든 사람을 그리스도 앞으로 이끌어 와서 구원받게 하고, 하나님을 아는 바른 지식을 얻게 하는 것입니다.

> 고린도전서 9:20-23, "유대인들에게 내가 유대인과 같이 된 것은 유대인들을 얻고자 함이요 율법 아래에 있는 자들에게는 내가 율법 아래에 있지 아니하나 율법 아래에 있는 자 같이 된 것은 율법 아래에 있는 자들을 얻고자 함이요 21. 율법 없는 자에게는 내가 하나님께는 율법 없는 자가 아니요 도리어 그리스도의 율법 아래에 있는 자이나 율법 없는 자와 같이 된 것은 율법 없는 자들을 얻고자 함이라 22. 약한 자들에게 내가 약한 자와 같이 된 것은 약한 자들을 얻고자 함이요 내가 여러 사람에게 여러 모습이 된 것은 아무쪼록 몇 사람이라도 구원하고자 함이니 23. 내가 복음을 위하여 모든 것을 행함은 복음에 참여하고자 함이라"

바울이 예루살렘으로 돌아온 것은, "몇 사람이라도 구원하기 위해서"입니다[22]. 바울이 자기 자존심을 앞세우고 자기가 세운 명분과 체면을 중요하게 여겼다면, 많은 사람 앞에서 보란 듯 붙잡혀 가는 것을 선택했을 것입니다. 하지만 바울이 그렇게 했다면, 사람들은 바울이 왜 붙잡혀 갔다고 생각할까요? 바울이 모세를 배반하고 율법을 어겼기 때문에 붙잡혀 갔다고 생각할 것입니다. 하지만 바울은 "몇 사람이라도 구원하는" 사명을 위해서 그 일에 방해되는 모든 것, 즉 바울 자신의 자존심이나 생명일지라도 다 내려놓은 것입니다. 율법을 따라 사는 사람들에게, 바울이 누구보다 율법을 잘 지키는 사람처럼 형식을 갖춘 것은, 그가 전하려는 복음이 그것 때문에 방해받지 않기 위해서입니다. 어떤 형식에 맞지 않거나 기준에 모자란 것 때문에, 정작 본인이 맡은 바 사명과 중요한 본질이 제대로 전달되지 않는 잘못을 범하고 싶지 않았던 것입니다.

어제 테니스를 좋아하는 사람의 관심을 끌 만한 뉴스 속보가 나왔습니다. 골프에 메이저 경기가 있는 것처럼, '호주 오픈'은 테니스계의 메이저 경기입니다. 오는 1월 17일부터 30일까지 호주 멜버른에서 '호주 오픈' 테니스 경기가 열리는데, 현재 세계 랭킹 1위인 노바 조코비치가 호주에서 추방될 위기라는 것입니다. 호주 정부는 "선수 팬 자원봉사자 전원의 백신 접종을 의무화"했는데, 조코비치 선수는 백신을 맞지 않았기 때문에 '법 앞에 평등'하다며 추방을 결정했습니다. 노바 조코비치는 호주 오픈에서 9번이나 우승했던 테니스 영웅이었지만, '백신 접종'이라는 형식을 갖추지 않으니 그 실력을 발휘할 기회를 잃게 된 것입니다.

예루살렘으로 돌아온 바울이 '율법'이라는 형식을 갖춘 이유가 바로 이것입니다. 바울이 예루살렘에서 해야 할 일은, 그가 그곳에 오기 전에 사람들에게 보였던 당당한 모습을, 유대주의자들에게 끌려가면서도 굽히지 않는 것이 아닙니다. 그가 해야 할 일은, '몇 사람이라도 구원하기 위해' 복음을 잘 전하는 것입니다. 그래서 "주 예수께 받은 사명"이라는 명분을, 자기 자존심을 세우는 쪽으로 사용한 것이 아니라, 오히려 자존심을 꺾고 자기를 부인하는 방법으로 사용했습니다.

마태복음 16:24, "이에 예수께서 제자들에게 이르시되 누구든지 나를 따라오려거든 자기를 부인하고 자기 십자가를 지고 나를 따를 것이니라"

신앙이 무엇입니까? 그리스도의 제자가 따라야 할 '제자의 도리'가 무엇입니까? 자기를 부인하는 것입니다. 하나님께 나를 맡기는 순종이요, 겸손입니다. 그것을 위해서 우리가 해야 할 일이 무엇일까요? 사소한 것을 지키는 것입니다.

디모데후서 4:1-5, "하나님 앞과 살아 있는 자와 죽은 자를 심판하실 그리스도 예수 앞에서 그가 나타나실 것과 그의 나라를 두고 엄히 명하노니 2. 너는 말씀을 전파하라 때를 얻든지 못 얻든지 항상 힘쓰라 범사에 오래 참음과 가르침으로 경책하며 경계하며 권하라 3. 때가 이르리니 사람이 바른 교훈을 받지 아니하며 귀가 가려워서 자기의 사욕을 따를 스승을 많이 두고 4. 또 그 귀를 진리에서 돌이켜 허탄한 이야기를 따르리라 5. 그러나 너는 모든 일에 신중하여 고난을 받으며 전도자의 일을 하며 네 직무를 다하라"

기독교 교회 역사에 있어서 교회가 가장 부흥하고 왕성했던 시기를 말한다면, 아마도 교황과 교회의 권위가 하늘을 찌르던 중세 시대였을 것입니다. 그 시기 유럽의 각 나라와 도시에 세워진 교회와 수도원을 보십시오. 교회의 그 규모와 건축의 아름다움은, 그 자체가 하나의 미술관이요 박물관입니다. 지금도 유럽 여행을 하다 보면, 빼놓지 않고 방문해서 둘러보는 곳 가운데 하나가 중세 시대에 건축된 성당이고, 그 안에 그려진 그림을 보지 않습니까? 하지만 우리가 아는 바처럼 중세 교회는 영적 암흑기였고, 교회가 세상의 권력자와 야합하여 백성들의 삶을 피폐하게 하고, 타락을 방조했던 시기였습니다.

그렇다면 오늘날의 교회는 어떨까요? 미술적 관점에서 교회 건축물의 아름다움은 별로 없을지 몰라도, 그 규모에서는 과거 그 어떤 시기와 비교할 수 없을 만큼 초대형 교회가 차고 넘칩니다. 세상 사람들은 교회를 '재벌'로, 목사를 '그룹의 회장'과 비교하기도 합니다. 이처럼 외적인 부분에서 교회는 큰 성장을 이룬 면이 있습니다. 그렇다면 교회가 세상에 끼치는 영향력은 얼마나 될까요? 우리나라뿐만 아니라 미국에서도 기독교인의 숫자는 점점 줄어들고 있습니다. 하지만 그것보다 더 큰 문제는, 학교와 문화, 생활 양식과 사람들의 정서 등 모든 부분에서 그동안 당연하게 여겨 왔던 기독교적 가치가 제거되고 있습니다. 연말이 되면 어디서나 들을 수 있었던 크리스마스 캐럴조차도 들을 수 없게 됐고, 메리 크리스마스라는 말도 일종의 금기어처럼 되어 말하지 않게 됐습니다. 사회 전반에 반기독교의 정서가 점점 더 깊어지고 있는 것이 현실입니다.

왜 이런 현상이 벌어졌을까요? 큰 교회가 없어서일까요? 교회가 사회 복지 사업이나, 공동체에서 소외된 사람들을 돌보는 일을 하지 않아서일까요? 아니요, "오른손이 한 일을 왼손이 모르게 하라."라는 예수님의 가르침처럼, 교회가 드러내지 않아서 그렇지 실제로는 사회 공동체를 위해 많은 일을 합니다. 그러면 왜 세상은 점점 더 기독교를 싫어하고, 교회를 떠나는 것일까요? 물론 일차적인 이유는, 교회와 성도가 세상에 속하지 않았기 때문입니다(요 15:19). 하지만 그것만이 사람들이 교회를 떠나는 이유라고 말할 수는 없습니다. 왜냐하면, 성경에 보면 기독교에 가장 적대적이었던 초대 교회 시절에 오히려 성도의 수가 많아지고, 복음의 영향력이 더욱 왕성했기 때문입니다.

> 사도행전 6:7, "하나님의 말씀이 점점 왕성하여 예루살렘에 있는 제자의 수가 더 심히 많아지고 허다한 제사장의 무리도 이 도에 복종하니라"
>
> 사도행전 9:31, "그리하여 온 유대와 갈릴리와 사마리아 교회가 평안하여 든든히 서 가고 주를 경외함과 성령의 위로로 진행하여 수가 더 많아지니라"

그렇다면 하나님의 말씀이 점점 왕성하여 제자의 수가 더 많아지던 초대 교회 당시와 그 반대의 상황으로 가고 있는 오늘날 교회가 서로 다른 점은 무엇일까요? 그것은 앞서 디모데후서 4장에서 살펴본 것처럼, "모든 일에 신중하여 자기 직무를 다하는" 성도들이 있는 교회와 그런 것이 없는 교회의 차이입니다. 바꿔 말하면, '명분에 빠져 있는 교회'와 '해야 할 일을 하는 교회'의 차이입니다.

> 마태복음 24:1-2, "예수께서 성전에서 나와서 가실 때에 제자들이 성전 건물들을 가리켜 보이려고 나아오니 2. 대답하여 이르시되 너희가 이 모든 것을 보지 못하느냐 내가 진실로 너희에게 이르노니 돌 하나도 돌 위에 남지 않고 다 무너뜨려지리라"

같은 상황에 대해서 마가는, "제자 중 하나가 이르되 선생님이여 보소서 이 돌들이 어떠하며 이 건물들이 어떠하나이까"(막 13:1) 이렇게 기록하고 있습니다. 제자들이 예수님께 예루살렘 성전을 보여 주면서 말하고 싶은 것이 무엇입니까? "성전의 건물이 너무 아름답지 않습니까? 성전 건축에 사용된 돌들이 정말 고급스럽지 않습니까?" 이런 자랑을 하고 싶은 것입니다. "우리가 하나님을 위해서 이렇게 좋은 성전을 지었습니다." 아주 좋은 명분입니다. 그런데 예수님께서는 그 제자들에게 뭐라고 대답하셨습니까? "돌 하나도 돌 위에 남지 않고 다 무너뜨려지리라." 너희가 하나님을 위한다고 자랑하는 그 '명분', 하나도 받지 않겠다는 것입니다.

예수님께서 제자들과 사람들에게 무엇을 가르치셨는지 생각해 보시기 바랍니다. 예수님은 '큰 교회를 지어라', '오천만을 그리스도인으로 만들어라', '김일성, 김정은을 전도해서 교회의 장로로 만들어라' 이런 말씀을 하지 않으셨습니다.

> 마태복음 5:43-48, "또 네 이웃을 사랑하고 네 원수를 미워하라 하였다는 것을 너희가 들었으나 44. 나는 너희에게 이르노니 너희 원수를 사랑하며 너희를 박해하는 자를 위하여 기도하라 45. 이같이 한즉 하늘에 계신 너희 아버지의 아들이 되리니 이는 하나님이 그 해를 악인과 선인에게 비추시며 비를 의로운 자와 불의한 자에게 내려주심이라 46. 너희가 너희를 사랑하는 자를 사랑하면 무슨 상이 있으리요 세리도 이같이 아니하느냐 47. 또 너희가 너희 형제에게만 문안하면 남보다 더하는 것이 무엇이냐 이방인들도 이같이 아니하느냐 48. 그러므로 하늘에 계신 너희 아버지의 온전하심과 같이 너희도 온전하라"

"너희가 남보다 더하는 것이 무엇이냐, 너희가 세상 사람보다 나은 게 뭐냐?", "우리가 교회에 나왔습니다, 십일조와 헌금을 냈습니다, 성전 건축도 했습니다.", 이건 '남보다 더하는 것'이 아닙니다. 세상이 볼 때 그것은 "교회 다니는 사람들이, 자기들을 위해서 하는 것"입니다. 예수님과 제자들, 사도들은 '제자들이 예수님께 성전을 가리키며 자랑했던 것'처럼, 교회라는 외형을 위해서 사람들을 소모하는 쪽으로 가르치지 않았습니다. 오히려 성도들이 자기 삶의 자리에서, "모든 일에 신중하여 자기 직무를 다하는" 성도가 될 것을 가르쳤습니다.

> 고린도전서 10:31-33, "그런즉 너희가 먹든지 마시든지 무엇을 하든지 다 하나님의 영광을 위하여 하라 32. 유대인에게나 헬라인에게나 하나님의 교회에나 거치는 자가 되지 말고 33. 나와 같이 모든 일에 모든 사람을 기쁘게 하여 자신의 유익을 구하지 아니하고 많은 사람의 유익을 구하여 그들로 구원을 받게 하라"

바울이 고린도교회 성도들에게 한 말이 무엇입니까? "너희는 세상 사람들처럼 자기의 유익만을 위해 살지 말고 남의 유익을 위해 실제적 삶을 살라"는 것입니다. 예를 들면, 부모는 가족과 자녀의 생활을 위해서 돈을 벌고, 자녀가 건강하게 잘 성장하도록 환경적인 필요를 좋게 만들어 주려고 최선의 노력을 합니다. 하지만 부모가 돈을 많이 벌어서 환경적인 필요를 완벽하게 충족해 줬다고 해서 자녀가 정서적으로, 인격적으로, 학습적인 면에서 잘 성장하는 것은 아닙니다. 외적인 면, 환경적인 면으로 채워 주는 것만큼 자녀와 정서적, 인격적인 교감을 나눠야 하고, 부모가 사는 모습을 통해서 자녀에게 선한 영향을 줘야 합니다.

그것을 성경의 표현으로 하면 "모든 일에 신중하여 자기 직무를 다하는" 것입니다. 오늘날 교회가 세상에서 '맛 잃은 소금'처럼, '불 꺼진 등불'처럼 되어 영향력을 잃어버린 이유가 무엇입니까? 각자가 자기 삶의 위치에서 '성도로서의 자기 직무'를 다하지 못했기 때문입니다. "나는 교회 건축을 위해서 많은 헌금을 했다, 나는 단기 선교도 다녀왔다, 나는 교회에서 하는 봉사에 제일 많이 참여했다." 이런 것을 명분으로 삼았습니다. 성도로서 '자기 직무를 다하는 것'이 그런 거라면, 차라리 그런 일을 하기보다는 가정에서 자녀들과 함께 성경을 읽고 생각을 나누시면서, 자녀들이 하나님의 말씀을 따라 살도록 방향과 길을 가르쳐 주십시오. 남유다의 멸망 이후 2,534년간 나라 없이 세계로 흩어져 살면서, 성전이라는 종교적 중심지도 없이 살던 이스라엘이 그들의 신앙을 잃어버리지 않았습니다. 그 이유는 부모가 자녀에게 '유대인으로서 자기 직무'를 다했기 때문입니다.

기독교 국가라고 알려졌던 미국과 20세기 이후 기독교가 최고로 부흥했던 대한민국이, 오늘날 빠른 속도로 세속화되는 이유가 무엇입니까? 외적인 명분에 빠져서 성도로서 "모든 일에 신중하여 자기 직무를 다하는" 이 일을 올바로 하지 않았기 때문입니다. 부모는 누구보다 믿음이 좋은 교회의 장로와 권사와 목사로 성도들의 존경과 칭찬을 한 몸에 받고 있는데, 그 자녀는 반교회주의자인 사람들이 많습니다. 심지어 반기독교가 되어, 교회를 증오하고 하나님을 부인하는 사람도 있습니다. 왜 그렇습니까? 부모가 하나님을 위한다는 '명분'에만 빠져 있기 때문입니다. 내가 교회에 헌금 많이 하고 교회에서 봉사 많이 하면, 하나님이 내 자녀를 올바로 키워 주십니까? 아니요, 내 자녀를 올바로 키워야 할 책임은 나에게 있습니다.

율법주의자가 아닌 바울이, 왜 누구보다 율법을 잘 지키는 사람인 것처럼 보이려고, 다른 사람을 위해서 결례의 비용을 대신 내 주고 증인이 되어 주고 있습니까? 바울이 "나는 주 예수께 받은 사명이 있다."라는 것만 중요하게 여긴 명분론자가 아니라, 복음을 전하는 사명을 실제로 잘 감당하기 위해서 그렇게 한 것입니다.

기독교 신앙은 종교적인 형식만 잘하면 되는 것도 아니고, 하나님을 위한다는 명분에 빠져서 '내 열심, 자기 증명'만 잘하면 되는 것도 아닙니다. 저와 여러분이 각자의 삶의 자리에서 '성도답게, 하나님의 자녀와 백성답게' 책임 있는 삶을 살아가기 원합니다. 일반인이 그린 그림과 명작의 차이는 '섬세함'에 있다고 합니다. 우리 신앙의 '섬세함'은 삶의 자리에서 하나님 말씀에 잘 순종하는 것입니다. 오늘 저와 여러분도 형식이나 명분에 빠져서 자기를 치장하는 신앙이 아니라 자기 직무와 책임을 다하는 신앙을 갖기 원합니다.

사도행전 21:30~36

그들이 그를 죽이려 할 때

"온 성이 소동하여 백성이 달려와 모여 바울을 잡아 성전 밖으로 끌고 나가니 문들이 곧 닫히더라 31. 그들이 그를 죽이려 할 때에 온 예루살렘이 요란하다는 소문이 군대의 천부장에게 들리매 32. 그가 급히 군인들과 백부장들을 거느리고 달려 내려가니 그들이 천부장과 군인들을 보고 바울 치기를 그치는지라 33. 이에 천부장이 가까이 가서 바울을 잡아 두 쇠사슬로 결박하라 명하고 그가 누구이며 그가 무슨 일을 하였느냐 물으니 34. 무리 가운데서 어떤 이는 이런 말로, 어떤 이는 저런 말로 소리치거늘 천부장이 소동으로 말미암아 진상을 알 수 없어 그를 영내로 데려가라 명하니라 35. 바울이 층대에 이를 때에 무리의 폭행으로 말미암아 군사들에게 들려가니 36. 이는 백성의 무리가 그를 없이하자고 외치며 따라 감이러라"

바울이 하나님께 서원한 네 사람과 함께 성전으로 가서 정결 예식을 드린 후에, 그들의 서원이 마치는 날짜와 예물을 드릴 날짜를 신고했습니다[26]. 그렇게 한 이유는, 예루살렘에 바울에 대한 나쁜 소문이 퍼져 있었기 때문입니다. 그 소문은, 바울이 이방에 사는 유대인들에게 모세를 배반하고, 아들에게 할례도 행하지 말며, 유대인의 관습을 지키지 말라고 가르쳤다는 것이었습니다. 하지만 그 소문은 사실이 아니었습니다. 바울은 자기가 위험에 처할 줄 알고도 오순절 절기를 지키기 위해서 서둘러 돌아올 만큼 율법을 잘 지켰던 사람입니다. 하지만 바울이 정말 그렇게 가르쳤고, 실제로 율법을 어겼는지와 상관없이, 바울은 사람들에게 붙잡혀서[27] 성전 밖으로 끌려 나가서 많은 매를 맞았습니다[32]. 사도행전을 기록한 누가는 당시 사람들이 바울을 죽이려고 했다고 기록할 만큼 바울이 많은 매를 맞았다고 했습니다[31]. 본문은 바울이 위험에 처하게 되는 그 모든 과정을 상세하게 설명하고 있습니다.

27. "그 이레가 거의 차매 아시아로부터 온 유대인들이 성전에서 바울을 보고 모든 무리를 충동하여 그를 붙들고"

아시아 각지에 살던 유대인들이 오순절 절기를 지키기 위해서 예루살렘으로 올라왔다가, 성전에 있는 바울을 발견하곤 그를 붙잡았습니다. 예루살렘에 살던 사람들은 바울이 누구인지 잘 몰랐지만, 아시아 각지에서 온 사람들은 자기들이 사는 곳에 와서 복음을 전하던 바울을 대번에 알아본 것입니다. 그들이 '성전에서 바울을 보'라고 했는데, 정확하게 말하면 성전 영내에 있는 '이스라엘의 뜰'에서 본 것입니다. 예수님 당시 성전에는, 제사장들이 들어가는 성소와 지성소 외에 유대 백성들이 들어가는 '이스라엘 뜰'과 이방인도 들어가는 '이방인의 뜰'이 있었습니다. 바울은 서원한 사람들의 결례를 돕기 위해 성전에 갔기 때문에, 아시아에서 온 사람들은 '이스라엘 뜰'에서 바울을 본 것으로 추정됩니다. 그 사람들이 "모든 무리를 충동해서 바울을 붙잡았다."라고 했습니다. '충동하다'는 말은, 바울이 에베소에서 복음을 전할 때 은 세공사 데메드리오가 바울을 고발하려고 사람들을 선동하던 것과 같은 뜻입니다(행 19:23-41).

28, "외치되 이스라엘 사람들아 도우라 이 사람은 각처에서 우리 백성과 율법과 이 곳을 비방하여 모든 사람을 가르치는 그 자인데 또 헬라인을 데리고 성전에 들어가서 이 거룩한 곳을 더럽혔다 하니"

아시아에서 온 유대인들이 바울을 고발하는 이유에 관해서 이렇게 말합니다. "바울이 자기 백성과 율법과 성전을 비방하고 더럽혔다." 유대인들은 '아브라함의 후예'라고 하는 혈통적 정통성과, '모세로부터 받은 율법', 그리고 '하나님이 계시는 성전'을 가장 소중하게 생각하는 사람들입니다. 그런데 바울이 그 세 가지 모두를 비방하고 더럽혔다고 하니, 그 말을 들은 유대인들이 그냥 모른 체하고 넘어갈 수 없는 심각한 죄목이었던 것입니다. "거룩한 곳을 더럽혔다."라고 했는데, 그 뜻은 '평범하게 만들었다'는 뜻입니다.

앞서 말씀드린 것처럼 성전에는 유대인 남자들만 들어갈 수 있는 '이스라엘의 뜰'과 이방인들도 들어갈 수 있는 '바깥 뜰'이 구분되어 있었습니다. 그리고 이방인들은 '이스라엘의 뜰' 안으로는 절대로 들어갈 수 없었습니다. 종교에 관한 유대인들의 법은 당시 로마 정부도 인정했던 불가침 영역이었습니다. 그래서 만약 이방인이 이 법을 어기고 '이스라엘의 뜰' 안으로 들어갔을 경우, 유대인의 종교법에 따라 처형을 당해도 어쩔 수 없었습니다. 성경학자들에 의하면 '이스라엘의 뜰'을 표시하는 울타리에는, "울타리를 넘어 침입해 들어가는 자는 사형에 처하게 된다."라는 경고문이 붙어 있었다고 합니다.

유대 백성들이 생각하는 '거룩'은 '구별됨'입니다. 하나님께서 아브라함의 후손인 자기들을 이방인과 구별되게 선택하여 '거룩한 존재'로 만드셨다는 것입니다. 그래서 예루살렘 성전에도 유대인만 들어가는 '이스라엘의 뜰'과 이방인들도 들어갈 수 있는 '바깥 뜰'을 구별해 놓았던 것입니다. 그런데 바울이 '거룩한 백성들'만 들어올 수 있는 장소에, 이방인을 데리고 들어와서 '평범하게 만들었다', 곧 더럽혔다고 하니 참을 수 없었던 것입니다. 로마 정부마저도 함부로 하지 못하는 금기의 규율을 어겼으니, 성전에 있던 유대인들이 바울을 향해 죽이고 싶을 만큼의 분노를 표했던 것은 당연해 보입니다. 그러면 아시아에서 온 유대인들은 바울을 보고서 왜 이런 말을 했을까요?

> 29. "이는 그들이 전에 에베소 사람 드로비모가 바울과 함께 시내에 있음을 보고 바울이 그를 성전에 데리고 들어간 줄로 생각함이러라"

바울을 고발한 '아시아에서 온 유대인들'이 '에베소' 출신이었음을 알 수 있습니다. 바울이 에베소에서 복음을 전할 때 은 세공사 데메드리오가 선동했던 대규모 소요는, 에베소에 사는 사람이라면 모르는 사람이 없을 정도였습니다(행 19:23-34). 당시 바울을 붙잡지 못한 성난 군중들이 바울과 함께 다니던 사람을 대신 붙잡아 왔었기에, 바울과 함께 다니던 '드로비모' 역시 잘 아는 사람이었던 것입니다. 그런데 에베소 소동의 주인공이었던 바울과 드로비모가 예루살렘 시내에서 함께 다니는 것을 본 에베소에서 온 사람들이, 성전에 있는 바울을 발견한 것입니다. 여기서 우리가 주목할 점은, 성경에 "바울이 드로비모를 데리고 성전에 들어갔다"가 아니라, "그를 성전에 데리고 들어간 것으로 생각하였다."라고 했습니다. 바울은 서원한 사람들의 결례를 위해 성전에 왔는데, 에베소에서 온 유대인들은 성전에 있는 바울을 발견하곤 드로비모도 함께 있을 거라고 생각한 것입니다.

30, "온 성이 소동하여 백성이 달려와 모여 바울을 잡아 성전 밖으로 끌고 나가니 문들이 곧 닫히더라"

선동된 예루살렘의 유대인들은 흥분하기 시작했고, 사태는 더욱 과격한 모습으로 발전하고 있음을 볼 수 있습니다. 당시 세계를 지배하고 있던 로마법에 따르면, 재판을 통해 죄목도 정해지지 않은 사람을 때리거나 옥에 가두는 것은 금지되어 있었습니다.

사도행전 16:37, "바울이 이르되 로마 사람인 우리를 죄도 정하지 아니하고 공중 앞에서 때리고 옥에 가두었다가 이제는 가만히 내보내고자 하느냐 아니라 그들이 친히 와서 우리를 데리고 나가야 하리라 한대"

심지어 대제사장 가야바가 거짓 증인들을 동원해서 예수님을 심문할 때도, 비록 형식적이었을지라도 예수님에게 자신을 변호할 기회는 줬었습니다.

마태복음 26:62-63, "대제사장이 일어서서 예수께 묻되 아무 대답도 없느냐 이 사람들이 너를 치는 증거가 어떠하냐 하되 63. 예수께서 침묵하시거늘 대제사장이 이르되 내가 너로 살아 계신 하나님께 맹세하게 하노니 네가 하나님의 아들 그리스도인지 우리에게 말하라"

하지만 바울에게는 한마디 변론의 기회도 주지 않고 성전 밖으로 끌어냈습니다. 사람들이 바울을 성전 바깥으로 끌어내어 문을 닫은 두 가지 이유가 있습니다. 첫째는, 성난 군중이 성전 안에서 바울을 죽이는 것을 염려했기 때문입니다. 어떤 이유로든 사람을 성전 안에서 죽이는 것은 '성전을 더럽히는 죄'가 됩니다. 만약 성난 군중들을 통제하지 못해서 성전 안에서 바울을 죽인다면, 그들이 '바울이 성전을 더럽혔다'라며 사람들을 충동해서 고발한 죄목과 충돌하게 될 것입니다.

둘째는, 바울이 성소 안으로 들어가서 율법을 따라 제단의 뿔을 잡아서 죽임 당함을 면하는 만약의 가능성을 없애려고 한 것이었습니다(왕상 1:50-51). 번제단의 네 모퉁이에 있는 뿔은, 심판과 구원의 능력을 상징합니다(출 27:2). 이 뿔의 용도는 희생 제물을 제단에 붙들어 매기 위한 것이었는데(시 118:27), 뿔을 붙잡았다는 것은 제물로 드려졌다, 속죄를 구한다는 의미가 있는 것입니다.

나이 많은 다윗 왕이 아직 후계자를 정하지 않았을 때, 다윗의 아들 중 한 사람인 '아도니야'가 스스로 왕이 되고자 하여 사람들을 모아 파티를 열었습니다. 이 사실을 안 나단 선지자가 밧세바와 함께 다윗을 찾아와서, 왕이 여호와 하나님께 맹세하여 솔로몬을 후계자로 세우겠다고 하지 않았느냐고 말했습니다. 다윗은 제사장 '사독'을 불러서, 솔로몬을 데리고 성막으로 가서 기름을 부어 왕으로 삼으라고 말했고, 그날 솔로몬은 다윗의 정식 후계자로 결정되었습니다. 이렇게 되자 자기 형제 왕자들과 다윗의 신하들을 불러서 파티를 열고 왕이 되고자 했던 '아도니야'는 솔로몬을 두려워하여 성막으로 가서 제단 뿔을 잡았습니다.

> 열왕기상 1:51-52, "어떤 사람이 솔로몬에게 말하여 이르되 아도니야가 솔로몬 왕을 두려워하여 지금 제단 뿔을 잡고 말하기를 솔로몬 왕이 오늘 칼로 자기 종을 죽이지 않겠다고 내게 맹세하기를 원한다 하나이다 52. 솔로몬이 이르되 그가 만일 선한 사람일진대 그의 머리털 하나도 땅에 떨어지지 아니하려니와 그에게 악한 것이 보이면 죽으리라 하고"

이렇게 죽을 죄인이라도 제단 뿔만 잡으면 생명은 지킬 수 있었습니다. 그래서 바울도 성전에 있는 제단 뿔을 붙잡을까 봐 밖으로 끌어낸 것입니다. 여기까지 보면, 바울을 죽이려고 했던 사람들의 선동은 성공한 것처럼 보입니다. 그런데 이런 상황에서 예상하지 못한 반전이 생겼습니다.

> 31-32, "그들이 그를 죽이려 할 때에 온 예루살렘이 요란하다는 소문이 군대의 천부장에게 들리매 32. 그가 급히 군인들과 백부장들을 거느리고 달려 내려가니 그들이 천부장과 군인들을 보고 바울 치기를 그치는지라"

바울이 성난 군중들의 험한 매질로 인해 죽음의 문턱까지 이르렀을 때, 로마 군대의 천부장이 군사들을 이끌고 와서 바울을 구해 준 것입니다. 만약 바울을 때리던 장소가 유대의 종교법이 적용되는 성전 안에서 발생했다면, 당시 예루살렘의 치안을 담당하는 천부장이라 할지라도 어쩔 수 없었을 것입니다. 하지만 유대인들이 바울에게 매질을 가하던 장소는 유대인의 종교법이 인정되는 성전 안이 아니라, 로마법을 따라야 하는 성전 바깥이었습니다. 로마의 식민 지배를 받던 이스라엘은, 성전이 아닌 곳에서 로마 법원의 판결을 받지 않고 자기들 마음대로 죄목을 정하여 사람을 사형에 처할 수 없었습니다.

천부장은 매를 맞고 쓰러져 있는 바울을 두 쇠사슬로 결박하라고 했습니다[33]. 당시 로마 군인들은 죄인을 체포할 때, 도망가는 것을 방지하기 위해서 체포한 죄인의 두 손을 두 명의 군인이 각각 자기 손과 함께 묶어서 끌고 갔습니다. 이렇게 바울의 목숨이 끊어지게 될 순간에 천부장이 나타나서 구해 준 것입니다. 바울을 체포한 천부장은, 사람들에게 바울이 지은 죄가 무엇인지 물었습니다. 하지만 사람들은 바울이 무슨 죄가 있어서 끌려온 것인지, 바울이 왜 매를 맞아야 하는지 분명한 죄목을 말하지 못하고 서로 소리만 지를 뿐이었습니다.

> 34, "무리 가운데서 어떤 이는 이런 말로, 어떤 이는 저런 말로 소리치거늘 천부장이 소동으로 말미암아 진상을 알 수 없어 그를 영내로 데려가라 명하니라"

그런데 이 모습은, 은 세공사 데메드리오에게 선동된 에베소 사람들이 바울과 함께 다니던 사람들을 서기장에게 고발했을 때 보였던 상황과 똑같습니다.

> 사도행전 19:32, "사람들이 외쳐 어떤 이는 이런 말을, 어떤 이는 저런 말을 하니 모인 무리가 분란하여 태반이나 어찌하여 모였는지 알지 못하더라"

바울을 모함하고, 사람들을 선동해서 바울과 성도들을 죽음 직전까지 몰아갈 수는 있었지만, 그 이상까지는 하지 못하는 모습이 반복되고 있음을 볼 수 있습니다. 그리고 그 이유에 대해서 성경은, "어떤 이는 이런 말을, 어떤 이는 저런 말을 하니" 그 진상이 무엇인지, 그들이 왜 모였는지 알지 못하더라고 했습니다. 바울을 모함해서 죽을 만큼 매를 때리고 재판관에게 고발해서 처벌을 받게 하려고 했다면, 그에 맞는 합당한 이유가 있어야 하지 않겠습니까? 그런데 정확한 근거를 대지 못할 뿐 아니라, 왜 모였는지도 몰랐다고 합니다. 이처럼 자기들이 왜 모였는지도 모르면서 소동만 일으킨 데는 이유가 있습니다.

고린도전서 9:26, "그러므로 나는 달음질하기를 향방 없는 것 같이 아니
하고 싸우기를 허공을 치는 것 같이 아니하며"

바울을 때리는 유대인들은 어디가 목표인지, 싸우는 대상과 이유가 무엇인지 알지도 못하면서, 떼로 모여서 와글와글 소리만 쳤습니다. 왜 그랬을까요? 사람마다 세상을 사는 목표가 다르고, 싸우는 대상도 다르기 때문입니다. 사람들은 자기가 좋아하는 것, 자기가 중요하게 생각하는 것을 얻기 위해 삽니다. 바꿔서 말하면, 자기가 좋아하지 않거나 중요하게 생각하지 않는 일에 대해서는 상대적으로 너그럽고, 관용적인 모습을 보이며 산다는 것입니다. 그래서 누군가에게는 너무나 중요한 일이, 또 다른 누군가에게는 대수롭지 않은 일이 되기도 합니다. 본문에 유대인들이 천부장 앞에서 서로 목소리를 높이면서 소동을 부렸지만, 정작 무엇 때문에 그러는지 진상을 알 수 없었던 이유가 바로 여기에 있습니다.

진리를 모르는, 구원받지 못한 사람이 세상을 살아가는 모습이 이와 같습니다. 사람마다 자기가 중요하게 생각하는 것을 주장하면서, 그것이 이루어져야 아름다운 세상, 모두가 행복한 세상이 만들어진다고 말합니다. 그런데 그렇게 모두가 행복하고 좋아할 수 있는 아름다운 세상이 과연 있을까요? 하나님께서 가장 좋게 만들어 주셨던 에덴동산에서도 사람은 만족하지 못했고, 행복하지 않았습니다. 왜요? 하나님께서 선악과를 먹지 말라고 하셨기 때문입니다. 사람은 본성적으로 '금지'를 싫어합니다. 더 구체적으로 말씀드리면, "나에게 무엇인가를 하지 말라고 명령하는 존재"를 인정하고 싶지 않은 본능이 있습니다. 가정에서는 '금지'를 명령하는 부모가 싫고, 학교에서는 '금지'를 명령하는 선생님

이 싫고, 사회에서는 '금지'를 명령하는 각종 법과 규제가 싫습니다.

세상에 불법과 탈법이 난무하는 이유가 무엇일까요? 다른 사람은 '금지의 법' 아래 살더라도 자기는 '법' 위에 살고 싶어서 권력을 잡고 싶어 하는 것도 그런 이유 때문입니다. 나에게 명령하는 누군가를 인정하고 싶지 않은 사람들의 죄된 본성은, '천지를 지으시고 사람을 만드신 하나님'마저도 인정하지 않으려고 합니다. 예루살렘의 유대인들이 바울을 죽이려고 할 만큼 분노했던 이유가 무엇입니까? 표면적으로는 바울이 모세를 배신하고, 율법을 어기라고 가르쳤다는 것이었지만, 실제로는 바울이 예수 그리스도를 믿어야 구원을 받는다고 했기 때문입니다.

> 고린도전서 1:30-31, "너희는 하나님으로부터 나서 그리스도 예수 안에 있고 예수는 하나님으로부터 나와서 우리에게 지혜와 의로움과 거룩함과 구원함이 되셨으니 31. 기록된바 자랑하는 자는 주 안에서 자랑하라 함과 같게 하려 함이라"

유대인들의 자랑은 무엇입니까? 아브라함의 후손이라는 혈통적인 자랑과 자기들은 모세로부터 율법을 받았다고 하는, 그들이 지켜 온 전통에 관한 자랑입니다. 하지만 바울이 말하는 것은 무엇입니까? 그림자와 상징에 불과한 것을 자랑하지 말고, 하나님께서 약속의 실제로 주신 예수 그리스도를 자랑하라는 것입니다.

> 디모데후서 1:9, "하나님이 우리를 구원하사 거룩하신 소명으로 부르심은 우리의 행위대로 하심이 아니요 오직 자기의 뜻과 영원 전부터 그리스도 예수 안에서 우리에게 주신 은혜대로 하심이라"

하나님께서 우리를 부르고 구원하신 것은, 우리의 행위를 보고 주신 것이 아니라, 영원 전부터 그리스도 예수 안에서 우리에게 주신 은혜로 구원하신 것입니다. 그러나 무엇이든지 자랑할 것이 있다면, 주 예수를 자랑하라는 것입니다. 하지만 유대인들은 바울이 전하는 이 복음을 인정하려고 하지 않았습니다.

> 사도행전 7:51-54, "목이 곧고 마음과 귀에 할례를 받지 못한 사람들아 너희도 너희 조상과 같이 항상 성령을 거스르는도다 52. 너희 조상들이 선지자들 중의 누구를 박해하지 아니하였느냐 의인이 오시리라 예고한 자들을 그들이 죽였고 이제 너희는 그 의인을 잡아 준 자요 살인한 자가 되나니 53. 너희는 천사가 전한 율법을 받고도 지키지 아니하였도다 하니라 54. 그들이 이 말을 듣고 마음에 찔려 그를 향하여 이를 갈거늘"

우리가 이것을 알아야 합니다. 누구보다 복음을 쉽게 이해하고 받아들일 수 있는 사람들이 유대인이었습니다. 그들은 아브라함의 혈통이었고, 율법을 받았으며, 성전에서 예배했던 사람들입니다. 그들은 모세와 선지자들로부터 메시아가 세상에 오실 것을 직접 약속받았습니다. 사백 년이 넘도록 볼 수 없었던 선지자가 홀연히 나타나 광야에서 세례를 주면서, 사람들에게 회개할 것을 외치며 메시아가 세상에 오셨음을 알려 주었습니다. 동방에서 온 박사들이 헤롯왕을 찾아와 "유대인의 왕으로 난 아기"가 어디 있는지 물은 것 때문에, 예수님과 비슷한 나이의 남자들은 찾아볼 수 없던 시기입니다. 무엇보다도 예수님께서 행하신 일과 전하시는 말씀을 들어 보면, 하나님의 아들이 아니라면 하실 수 없는 일과 말씀을 하셨습니다.

요한복음 14:11, "내가 아버지 안에 거하고 아버지께서 내 안에 계심을 믿으라 그렇지 못하겠거든 행하는 그 일로 말미암아 나를 믿으라"

하지만 유대인들은 예수님이 행하신 일을 보고도 예수님을 믿지 않았습니다. 왜 그랬을까요? 그들의 조상이 그랬던 것처럼, 하나님을 믿지 않은 것입니다. 예수를 믿기에 가장 유리했던 유대인들마저 믿기를 거절했다면, 혈통적, 역사적으로 유대인과 관계없는 다른 나라 사람들은 어떻게 예수를 믿을 수 있을까요? 그래서 우리가 예수를 믿는 믿음을 갖게 된 것이 하나님의 은혜라는 것입니다. 동시에 이 은혜는, 본문에 바울이 유대인들에게 붙잡혀서 죽도를 매를 맞은 것처럼, 우리도 예수를 믿지 않는 세상 사람들의 표적이 될 수 있음을 뜻합니다.

여러 번 말씀을 드렸지만, 세상은 교회를 좋아하지 않습니다. 교회가 나쁜 일을 많이 하거나, 사회에 해악을 끼치기 때문에 싫어하는 것이 아닙니다. 교회가 전하는 복음이 "하나님께 순종하라"는 것을 가르치기 때문에 싫어합니다. 하나님께서 당신의 아들 예수 그리스도를 통해 구원의 길을 열어 주셨으니, 우리가 예수를 믿어야 구원받는다고 하니까 싫어합니다. 하나님께서 주신 율법은 모두가 인정할 만한 도덕적이고 상식적인 법입니다. 하지만 타락한 인간은, 그것을 하나님께서 주셨기 때문에 받지 않으려고 합니다.

미국 사회를 보십시오. 존 F. 케네디가 대통령이었던 1960년대에 비해서 2020년대의 경제, 문화, 생활이 훨씬 더 풍요롭고 편리하게 살게 되었습니다. 하지만 그때와 비교하면 오늘날의 사회 범죄가 훨씬 잔인하고 흉악합니다. 인간에게 도덕성이란 것이 있기는 할까 싶을 만큼,

기준 자체가 사라졌습니다. 왜 이런 현상이 벌어졌을까요? 청교도 신앙을 바탕으로 세워진 나라의 학교에서 기독교 교육을 금지했기 때문입니다. 학교에서 기독교 종교로 개종시키려는 목적이 아니라도, 어린 자녀들에게 보편적인 도덕적 기준을 세워 준다는 면에서 성경을 가르치는 것은 너무나 유익합니다.

하지만 세상은 최소한의 기준도 성경이라는 터 위에 세워지는 것을 싫어합니다. 왜 그렇습니까? 그 성경이 창조주요 절대자이신 하나님의 말씀이기 때문입니다. 그래서 아무런 기준 없이 살면서, 사람마다 자기가 원하는 것을 하다가 수많은 사회적 불안과 혼란이 생기더라도, 차라리 그게 더 낫다고 생각합니다. 하나님의 뜻에 굴복하고 천국에서 살기보다는, 지옥에서 살더라도 내 마음대로 하며 살겠다고 하는 것입니다. 복음을 대하는 사람들의 생각과 자세는 이천 년 전이나 지금이나 똑같습니다.

그렇다면 이런 상황에서 바울은 어떻게 복음을 전했을까요? 22~28장까지 바울이 유대인 군중 앞에서, 산헤드린 공회에서, 유대 총독이었던 펠릭스와 베스도 앞에서, 그리고 헤롯왕 앞에서 복음을 전하는 모습이 나옵니다. 앞으로 우리가 하나씩 살펴보게 되겠지만, 바울은 자기에게 위험한 어떤 상황에서도 오직 하나님의 아들 예수가 세상을 구원할 그리스도이심을 선포했습니다. 바울은 자신에게 분노를 표출하는 유대 군중들이나 산헤드린 권력자에게, 또는 자기를 풀어 줄 권세가 있는 총독들이나 헤롯왕의 마음을 얻으려고 하지 않았습니다. 주 예수께서 자기에게 맡기신 복음 전하는 것 외에, 다른 인간적인 방법으로 사람들의 관심을 끌거나 위험한 상황을 빠져나가려고 하지 않았습니다. 그리고 오늘날 교회와 성도들이 배워야 할 신앙의 자세가 바로 이런 면입니다.

> 누가복음 12:4-5, "내가 내 친구 너희에게 말하노니 몸을 죽이고 그 후에는 능히 더 못하는 자들을 두려워하지 말라 5. 마땅히 두려워할 자를 내가 너희에게 보이리니 곧 죽인 후에 또한 지옥에 던져 넣는 권세 있는 그를 두려워하라 내가 참으로 너희에게 이르노니 그를 두려워하라"

교회와 성도들은 세상을 두려워하는 사람들이 아니라, 몸과 영혼을 지옥에 던져 넣는 권세가 있는 하나님을 두려워하는 사람들입니다. 그래서 교회와 성도들은 세상이 요구하는 것을 듣고 따르는 것이 아니라, 하나님의 말씀을 듣고 순종하는 사람들입니다. 이천 년 전에도 지금도, 세상은 교회를 향해서 기준을 바꾸라고 요구합니다. 예수, 십자가, 구원 이런 거 말하지 말고, 사람들이 받아들일 수 있는 것, 자기들이 인정하는 것을 말하고 따르라고 요구합니다. 그것이 바울 시대에는 복음이 아니라 유대인의 전통을 지키라는 것이었고, 오늘날에는 예수나 십자가 이런 어려운 말 하지 말고 사랑, 이해, 공존, 화해, 평화, 나눔 이런 말을 하라는 것입니다.

기독교에서 그런 것을 주장하는 대표적인 모임이 종교 다원주의입니다. 그런 교회들은 예수를 부정하는 것은 아니지만, 회개를 촉구하고 고난이 오더라도 말씀에 순종하며, 천국을 소망하며 살라고 하는 설교는 별로 하지 않습니다. 대신에 그 기준을 세상으로 옮겨서, 하나님은 당신을 사랑하시니 당신이 원하는 것을 믿고 기도하면 하나님께서 다 들어주셔서 세상에서 잘된다고 설교합니다. 우리가 하는 기도가 응답

되고 세상에서 잘되는 것도 우리에게 필요하고 유익한 것입니다. 하지만 우리가 마땅히 지켜야 할 기준이 옮겨지는 것은 안 됩니다.

바울이 사람들에게 핍박을 당하고 순교까지 당한 이유는, 주 예수께 받은 사명을 세상의 요구에 따라 타협하고 바꾸지 않았기 때문입니다 ^(행 20:24). 우리의 기준은 오직 하나님의 말씀입니다. 은혜와 선물로 받은 복음입니다. 세상은 절대로 우리의 기준이 될 수 없습니다. 사람마다 다르기 때문입니다. 기준 없이 살다가 자기들이 범한 죄의 형벌로 끝날 사람들처럼 살면 안 됩니다. 저와 여러분의 믿음이 하나님의 말씀이라는 분명한 복음의 기준 위에 세워지고, 우리가 섬기는 교회도 그 위에 세워지기 원합니다.

사도행전 22:10~21

주님 무엇을 하리이까

"내가 이르되 주님 무엇을 하리이까 주께서 이르시되 일어나 다메섹으로 들어가라 네가 해야 할 모든 것을 거기서 누가 이르리라 하시거늘 11. 나는 그 빛의 광채로 말미암아 볼 수 없게 되었으므로 나와 함께 있는 사람들의 손에 끌려 다메섹에 들어갔노라 12. 율법에 따라 경건한 사람으로 거기 사는 모든 유대인들에게 칭찬을 듣는 아나니아라 하는 이가 13. 내게 와 곁에 서서 말하되 형제 사울아 다시 보라 하거늘 즉시 그를 쳐다보았노라 14. 그가 또 이르되 우리 조상들의 하나님이 너를 택하여 너로 하여금 자기 뜻을 알게 하시며 그 의인을 보게 하시고 그 입에서 나오는 음성을 듣게 하셨으니 15. 네가 그를 위하여 모든 사람 앞에서 네가 보고 들은 것에 증인이 되리라 16. 이제는 왜 주저하느냐 일어나 주의 이름을 불러 세례를 받고 너의 죄를 씻으라 하더라 17. 후에 내가 예루살렘으로 돌아와서 성전에서 기도할 때에 황홀한 중에 18. 보매 주께서 내게 말씀하시되 속히 예루살렘에서 나가라 그들이 네가 내게 대하여 증언하는 말을 듣지 아니하리라 하시거늘 19. 내가 말하기를 주님 내가 주를 믿는 사람들을 가두고 또 각 회당에서 때리고 20. 또 주의 증인 스데반이 피를 흘릴 때에 내가 곁에 서서 찬성하고 그 죽이는 사람들의 옷을 지킨 줄 그들도 아나이다 21. 나더러 또 이르시되 떠나가라 내가 너를 멀리 이방인에게로 보내리라 하셨느니라"

지난 시간에 에베소에서 온 유대인들이 예루살렘 성전에 모인 사람들을 선동하여, 바울을 성전 바깥으로 끌어낸 후 죽을 만큼 매를 때린 사건을 살펴봤습니다. 성전에서 큰 소동이 발생한 것을 안 천부장은, 군사들을 이끌고 와서 성난 군중들과 바울을 격리한 후에, 무슨 이유로 사람들이 바울을 때렸는지 물어봤습니다. 하지만 그곳에 모인 사람들은 이 사람은 이런 말로, 저 사람은 저런 말로 소리 높여서 바울을 고발하는 이유를 말했지만 정확한 진상은 파악할 수 없었습니다. 천부장은 군사들에게 바울을 데리고 영내로 들어가라고 명령했고, 군사들은 많은 매를 맞고 쓰러져 있는 바울을 들춰 메고 데리고 갔습니다(행 21:31-35). 하지만 성난 군중들은, 군사들이 바울을 메고 데리고 가는 중에도 그들 뒤를 따라가면서, 바울을 없애 버리라고 소리쳤습니다(행 21:36).

천부장과 군사들이 부대의 영내로 들어가는 계단으로 올라갈 때, 바울은 천부장에게 헬라어를 사용하여 자기가 사람들에게 말할 수 있도록 해 달라고 부탁했습니다. 예루살렘의 치안과 질서를 통제하는 천부장은 로마 정부에서 파견된 사람이기에 헬라어를 사용했지만, 당시 유대 사람들은 아람어를 주로 사용했습니다. 천부장은 바울이 헬라어를 할 줄 안다는 사실에 놀라면서, 바울이 자기 백성에게 말을 할 수 있게 해 달라는 요청을 들어줬습니다(행 21:37-39). 바울은 로마 군사들이 부대로 들어가는 계단 위에 서서, 자기를 때리던 유대인들에게 히브리 말로 말하기 시작했습니다(행 21:40). 2절에 보면 바울이 히브리 말로 말하는 것을 들은 유대인들이 지금까지 바울을 죽이라고 소리치던 것을 멈추고 조용히 했다고 말씀하고 있습니다(2).

앞서 말씀드렸지만, 앗수르와 바벨론에 의해 멸망한 이스라엘은

400년이 넘는 오랜 시간 동안 나라 없는 백성으로 살았고, 그들의 언어도 잊어버렸습니다. 그 400년이 넘는 세월을 지나오면서 유대인들은 그들을 지배했던 나라들이 사용했던 언어, 즉 아람어를 주로 사용했었습니다. 1세기의 가장 뛰어난 유대인 학자요, 모세 오경에 대한 방대한 주석을 남긴 필로$^{\text{Philo of Alexandria}}$조차도 히브리어로 쓰인 오경을 해석하지 못했다고 합니다. 그래서 성경학자들은 당시 바울이 사용한 '히브리 말'은, 구약 성경 시대의 히브리어가 아니라 포로기 이후 아람어 화한, 아람어와 섞인 '히브리 말'로 추정합니다.

2절에 바울이 '히브리 말'로 이야기를 시작했을 때, 소리 지르던 유대인들은 더욱 조용히 바울이 하는 말을 들었다고 했습니다. '히브리 말'은 유대인들이 종교 행사를 위해서 성전에 모였을 때 사용하는 언어였지, 일상생활에서는 유대인조차도 거의 사용하지 않는 언어였기 때문입니다. 그래서 바울이 히브리 말로 이야기했을 때, 종교 행사 때처럼 들었던 것입니다.

2, "그들이 그가 히브리 말로 말함을 듣고 더욱 조용한지라 이어 이르되"

지난 시간에도 말씀드렸던 것처럼, 22~28장까지 바울은 유대인 군중과 산헤드린 공회에서, 유대 총독이었던 벨릭스와 베스도 앞에서 복음을 전합니다. 그리고 마지막에 헤롯 아그립바 2세 왕 앞에서 복음을 전합니다. 그런데 바울이 전하는 복음의 내용을 보면, 복음이 무엇인지에 관한 교리적인 설명보다는, 자기가 '복음'을 믿고 변화된 과정에 관해서 설명하고 있습니다. 다시 말씀드려서, 자신을 죽이려고 하는 유대인들에게 복음과 유대교의 차이점을 설명하는 대신에, 자기가 복음을 믿을 수밖에 없었던 이유를 설명한 것입니다.

3-5, "나는 유대인으로 길리기아 다소에서 났고 이 성에서 자라 가말리엘의 문하에서 우리 조상들의 율법의 엄한 교훈을 받았고 오늘 너희 모든 사람처럼 하나님께 대하여 열심이 있는 자라 4. 내가 이 도를 박해하여 사람을 죽이기까지 하고 남녀를 결박하여 옥에 넘겼노니 5. 이에 대제사장과 모든 장로들이 내 증인이라 또 내가 그들에게서 다메섹 형제들에게 가는 공문을 받아 가지고 거기 있는 자들도 결박하여 예루살렘으로 끌어다가 형벌 받게 하려고 가더니"

바울이 하는 말이 무엇입니까? 나도 당신들처럼 율법을 존중하고, 우리 조상들의 하나님을 열심히 좇는 자였다는 것입니다. 그뿐만 아니라 예수 믿는 자들을 박해하고 죽이기까지 했었고, 대제사장에게 그들을 잡아들일 공문까지 받아서 다메섹까지 찾아갔던 사람이었다는 것입니다. 자기가 했던 일에 대해서는, 대제사장과 장로들이 증인이라고까지 말했습니다. 이렇게 되면, 바울이 모세를 배반하고 아들들에게 할례를 행하지 말며, 유대인의 규례를 지키지 말라고 했다는 소문은 잘못된 소문이었음이 증명된 것입니다.

그런데 그랬던 바울이 바뀔 수밖에 없는 놀라운 사건을 경험하게 되었고, 그에 관한 이야기를 천부장의 부대 앞까지 따라온 유대인들에게 설명하는 것입니다. 그것은 자기들이 십자가에 못 박아 죽였다고 생각했던 예수님께서 자기를 찾아오셨을 뿐만 아니라, 모든 사람 앞에서 자신을 증인으로 세워 주셨다는 것입니다.

6-9, "가는 중 다메섹에 가까이 갔을 때에 오정쯤 되어 홀연히 하늘로부터 큰 빛이 나를 둘러 비치매 7. 내가 땅에 엎드러져 들으니 소리 있어 이르되 사울아 사울아 네가 왜 나를 박해하느냐 하시거늘 8. 내가 대답하되 주님 누구시니이까 하니 이르시되 나는 네가 박해하는 나사렛 예수라 하시더라 9. 나와 함께 있는 사람들이 빛은 보면서도 나에게 말씀하시는 이의 소리는 듣지 못하더라"

여기서 우리가 주목해야 할 말씀은 9절입니다. 앞서 사도행전 9장 7절에서는 바울과 같이 가던 사람들이 소리만 듣고 빛은 보지 못했다고 했는데, 본문에서는 빛은 보았으나 소리는 듣지 못했다고 했습니다. 여기서 중요한 것은 표현상 차이에도 불구하고 본질적인 내용은 같다는 것입니다. 첫째는, 바울이 혼자 길을 가다가 예수님을 만난 것이 아니라, 여러 사람과 함께 다메섹에 있는 그리스도인들을 붙잡으러 가던 도중에 예수님을 만났습니다. 둘째는, 예수님께서 바울에게 말씀하시는 소리를 다른 사람은 듣지 못했습니다. 이것은 바울을 제외한 다른 사람들은, 바울과 같은 목적으로 같은 장소를 향해서 가고 있었음에도, 예수님을 만나는 경험에 참여하지 못했다는 뜻입니다. 이와 비슷한 말씀이 있죠.

마태복음 24:40-42, "그 때에 두 사람이 밭에 있으매 한 사람은 데려가고 한 사람은 버려둠을 당할 것이요 41. 두 여자가 맷돌질을 하고 있으매 한 사람은 데려가고 한 사람은 버려둠을 당할 것이니라 42. 그러므로 깨어 있으라 어느 날에 너희 주가 임할는지 너희가 알지 못함이니라"

종교 개혁자들과 그분들의 신앙을 이어받은 목회자들과 신학자들이 만들어 준 각종 신앙 고백서와 요리 문답서가 한결같이 가르쳐 주는 진리가 바로 이것입니다. 구원은 누가 받습니까? 하나님께서 선택하신 하나님의 백성들이 받습니다. 자기가 원하는 때에, 자기가 선택한 방법으로 구원받는 것이 아니라, 똑같은 장소에서 똑같은 일을 하고 있어도 한 사람은 구원받고, 한 사람은 버림받습니다. "아니, 어떻게 하나님이 그러실 수 있냐? 하나님은 사랑이 많으신 분이시라면서, 자기 마음대로 누군가를 일방적으로 버리는 것은 하나님답지 않다." 이렇게 말하는 사람들이 있습니다. 그런데 이것은 잘못된 생각이고 주장입니다.

원래 사람은 아담의 범죄로 말미암아 죽었던 존재입니다. 하나님께서 "선악을 알게 하는 나무의 실과를 먹는 날에는 반드시 죽으리라"고 법으로 말씀하셨고, 사람이 그 법을 어겼으니 그때 이미 영혼이 죽었습니다. 비록 육신의 생명까지 죽이지 않으시고, 여인의 후손에 관한 언약을 주시면서 구원받을 가능성을 열어 주셨지만, 인간의 구원은 하나님의 뜻에 달린 것입니다. 이것은 마치 어떤 특정한 날에 대통령이 특별 사면을 하는 것과 같습니다. 대통령의 특별 사면은 수형 생활을 하는 모든 죄수를 석방하는 것이 아닙니다. 그중의 어떤 사람들이 사면의 혜택을 받는 것이고, 그중에 누구를 사면할지에 관한 권한은 대통령에게 있습니다.

바울이 예루살렘의 유대인들에게 하는 말이 바로 이것입니다. 대제사장과 장로들로부터 권한을 위임받아서, 다메섹에 있는 예수 믿는 사람들을 체포하러 여러 사람과 함께 가는 도중에 예수님의 음성을 들었다는 것입니다. 어떤 사람은 강한 빛은 봤지만 예수님의 음성은 듣지 못했고, 또 어떤 사람은 뭔가 소리는 들었는데 빛은 보지 못했다고 했습니다. 그런데 그 많은 사람 중에 오직 바울 한 사람만이 예수님의 음성을 들었습니다. 그것이 바로 오늘 우리가 읽은 본문 말씀입니다.

> 10, "내가 이르되 주님 무엇을 하리이까 주께서 이르시되 일어나 다메섹으로 들어가라 네가 해야 할 모든 것을 거기서 누가 이르리라 하시거늘"

앞서 8절에서 "주님 누구십니까?"라고 물었던 바울은, 10절에서 "주님 무엇을 하리이까?"라고 다시 묻고 있습니다. 이 말은 사도행전 2장에서 베드로의 설교를 들은 유대인들이 "형제들아 우리가 어찌할꼬"(행 2:37)라면서 당황스러운 반응을 보였던 것과 같은 의미입니다. 그때 베드로는 사람들에게, "너희가 회개하여 각각 예수 그리스도의 이름으로 세례를 받고 죄 사함을 받으라"(행 2:38)라고 말해 주었습니다. 예수님을 만난 바울도, 지금까지 자기가 가졌던 신념과 해 왔던 일들이 잘못되었음을 회개하면서, 이제 자기가 어떻게 해야 하는지를 예수님께 묻고 있습니다.

복음을 들은 사람, 참으로 예수님을 만난 사람들에게서 공통으로 발견되는 모습이 바로 이와 같습니다. 나를 찾아오시고 불러 주신 주님께, '누구십니까?' 이렇게 묻는 것이 신관입니다. 세상의 종교와 다르죠. 세상의 종교는 인간이 자기의 필요에 따라 신을 만듭니다. 사냥하거나 산삼을 캐러 산으로 갈 때는 자기를 도와줄 산신을 부르고, 물고기 잡으러 갈 때는 용왕신을 부르고, 자녀를 낳아야 할 때는 삼신할매를 부릅니다. 우리 일상에 익숙하게 들어와 있는 토정비결이나 사주, 택일이나 작명, 하다못해 오늘의 운세나 포춘 쿠키에 있는 글들을 읽는 것도 그와 비슷한 개념입니다.

나에게 도움을 주고 유익하게 할 수 있다면, 신이 아니라 행운이나 우연이라 할지라도 의지하고 싶고, 기도하고 믿고 싶은 것이 인간의 본능입니다. 그 본능이 종교라는 형식을 가지면 종교성이 되는 것이고, 특별히 자기가 섬길 신은 정하지 않았지만 필요할 때마다 모르는 신에게라도 기도한다면 치성입니다. 그리고 종교성이 됐든, 치성이 됐든 그 목적의 공통점은 자기를 믿는 것입니다. 하지만 "주님 누구십니까?"라고 물은 것이 세상의 종교와 다른 점은, 이어지는 그의 말이 "주님 무엇을 하리이까? 어떻게 해야 합니까?"로 이어지고 있기 때문입니다. 기독교 진리가 세상의 종교와 근본적으로 다른 점이 바로 이것입니다. 세상 종교는 "주님, 그래서 저는 무엇을 해야 합니까, 이제 나는 어떻게 해야 하나요?" 이런 반응이 필요하지 않습니다. 왜 그렇습니까? 그 신을 선택한 주체가 자기 자신이기 때문입니다. 내가 필요해서 그 신을 선택했는데, 그 신에게 자기가 어떻게 해야 하는지 물어볼 이유가 없습니다. 종교에 다녀 보다가 도움이 되면 계속 다니면 되고, 아니면 관둬도 상관없습니다.

하지만 기독교 진리는 그렇지 않습니다. 천지를 창조하신 하나님, 죄를 용납하지 않는 공의로우신 하나님 앞에 섰을 때, 자신의 상태를 발견하게 되는 것입니다. 그것이 무엇이죠? 자기에게 있는 근본적인 문제, 바로 죄를 깨닫게 됩니다. 베드로의 설교를 들었던 유대인들이, "형제들아, 그런즉 우리가 어떻게 해야 할까?"라며 물었던 것도, 그들이 자기들의 죄를 깨달았기 때문에 그런 것입니다. 그래서 복음이 전파되는 현장에는 언제나 회개가 함께 있습니다. 바울도 주님의 명령을 따라서 다메섹으로 들어간 뒤에, 아나니아라 하는 사람을 통해 자기 죄를 회개하고 세례를 받았습니다.

> 16, "이제는 왜 주저하느냐 일어나 주의 이름을 불러 세례를 받고 너의
> 죄를 씻으라 하더라"

회개와 세례가 중요한 이유가 무엇입니까? 그것은 "이제 내가 무엇을 하리이까?"라는 고백에서 이어지는 자기 발견과 실행력 있는 답변이, 회개이기 때문입니다. 하나님께서 인간에게 요구하시는 것은, 인간의 능력이 아닙니다. 인간이 얼마나 선한 의지를 갖고, 좋은 일을 많이 했는지를 요구하지 않습니다. 대신 멸망할 수밖에 없는 자신의 상태를 발견하게 하시고, 고백하게 합니다.

> 이사야 6:5, "그 때에 내가 말하되 화로다 나여 망하게 되었도다 나는 입
> 술이 부정한 사람이요 나는 입술이 부정한 백성 중에 거주하면서 만군의
> 여호와이신 왕을 뵈었음이로다 하였더라"

이렇게 자신의 죄를 고백하는 자에게 하나님께서는 용서의 은혜를 주십니다.

> 이사야 6:6-7, "그 때에 그 스랍 중의 하나가 부젓가락으로 제단에서 집
> 은 바 핀 숯을 손에 가지고 내게로 날아와서 7. 그것을 내 입술에 대며
> 이르되 보라 이것이 네 입에 닿았으니 네 악이 제하여졌고 네 죄가 사하
> 여졌느니라 하더라"

아담과 하와가 하나님 앞에서 쫓겨난 이유가 무엇입니까? 죄 때문입니다. 그렇다면 타락한 인간이 하나님 앞으로 돌아올 수 있는 조건은 무엇이겠습니까? 인간이 범한 죄가 사해지고, 그 본성 안에 남아 있는 악이 제하여져야 합니다. 하지만 이미 타락하여 멸망한 인간이 스스로

죄의 문제를 해결할 수 없습니다. 그래서 하나님께서 당신의 아들 예수 그리스도를 세상에 보내시어, 인간 대신 죄의 형벌을 담당하게 하시는 방법으로 인간의 죄를 용서해 주셨습니다. 이제는 누구든지 예수 그리스도를 믿으면 죄의 사함을 받고, 구원받게 하셨습니다. 이것이 바로 기독교 진리가 말하는 복음의 은혜입니다.

누구든지 예수님을 영접하고, 교회에 입교하여 성도가 될 때 세례를 줍니다. 세례는 무엇을 의미합니까? "나는 은혜받은 사람입니다"를 회중들 앞에서 인정하는 것입니다. 그 은혜는 무엇이죠? 도무지 용서받을 수 없는 '죄'의 문제를 용서받은 것입니다. 또한, 내가 어떤 의로운 행위를 한 것이 없음에도, 예수 그리스도께서 이루신 의를 마치 내가 한 것처럼, 하나님께서 봐 주시고 의롭다고 인정해 주신 것입니다. 그런데 "내 죄가 하나님으로부터 용서받았다, 하나님께서 나를 의로운 사람으로 인정해 주신다."라는 것을 우리가 어떻게 확신할 수 있습니까? 그래서 우리에게 주신 표징이 바로 '회개와 세례'입니다.

'회개와 세례'는 우리가 구원받는 조건은 아닙니다. 하지만 '회개와 세례'는, 구원받은 성도가 자신의 믿음을 확신하는 데 있어서 가장 확실하게 확인할 수 있는 표입니다. 또한, 바울처럼 구원받은 이후 변화된 삶을 시작할 수 있는 출발점이기도 합니다. 구원받은 성도가 누릴 수 있는 가장 큰 변화, 가장 큰 복과 은혜는 무엇일까요?

고린도전서 1:4-9, "그리스도 예수 안에서 너희에게 주신 하나님의 은혜로 말미암아 내가 너희를 위하여 항상 하나님께 감사하노니 5. 이는

> 너희가 그 안에서 모든 일 곧 모든 언변과 모든 지식에 풍족하므로 6. 그리스도의 증거가 너희 중에 견고하게 되어 7. 너희가 모든 은사에 부족함이 없이 우리 주 예수 그리스도의 나타나심을 기다림이라 8. 주께서 너희를 우리 주 예수 그리스도의 날에 책망할 것이 없는 자로 끝까지 견고하게 하시리라 9. 너희를 불러 그의 아들 예수 그리스도 우리 주와 더불어 교제하게 하시는 하나님은 미쁘시도다"

고린도교회 성도들은, 신자가 받을 수 있는 모든 은사를 받았던 사람들입니다. 고린도전서 12장과 14장에는, 성령께서 그들에게 주셨던 은사들에 관한 내용으로 가득 차 있습니다. 하지만 바울이 고린도교회 성도들을 보면서 감사했던 것은, 그들이 가졌던 지식이나 언변, 또는 그리스도의 증거라고 말한 은사나 능력 같은 것이 아닙니다. 고린도교회 성도들이 누리게 된 가장 큰 은혜가 무엇입니까? "그의 아들 예수 그리스도 우리 주와 더불어 교제하게 하시는"[9] 그 하나님을 경험하는 것입니다. 하나님을 알게 되고, 하나님과 화목하게 된 것입니다. '화목하다'라는 말은, "서로 뜻이 맞고 정답다"는 뜻입니다.

> 에베소서 2:14-18, "그는 우리의 화평이신지라 둘로 하나를 만드사 원수 된 것 곧 중간에 막힌 담을 자기 육체로 허시고 15. 법조문으로 된 계명의 율법을 폐하셨으니 이는 이 둘로 자기 안에서 한 새 사람을 지어 화평하게 하시고 16. 또 십자가로 이 둘을 한 몸으로 하나님과 화목하게 하려 하심이라 원수 된 것을 십자가로 소멸하시고 17. 또 오셔서 먼 데 있는 너희에게 평안을 전하시고 가까운 데 있는 자들에게 평안을 전하셨으니 18. 이는 그로 말미암아 우리 둘이 한 성령 안에서 아버지께 나아감을 얻게 하심이라"

그리스도께서 하나님과 인간 사이에 막혔던 죄의 담을 자기 육체를 십자가에 못 박으심으로 허물어 버리시고 하나님과 화목하게 만드셨습니다. 또한, 예수님께서는 유대인과 이방인 사이에 막혀 있던 담도 함께 허무셔서, 이제는 한 성령 안에서 모든 믿는 사람이 하나님께 나아갈 수 있게 되었습니다. 바울이 자기를 때린 유대인들에게 '히브리어'로 한 설교가 바로 이런 내용입니다.

> 17-21, "후에 내가 예루살렘으로 돌아와서 성전에서 기도할 때에 황홀한 중에 18. 보매 주께서 내게 말씀하시되 속히 예루살렘에서 나가라 그들은 네가 내게 대하여 증언하는 말을 듣지 아니하리라 하시거늘 19. 내가 말하기를 주님 내가 주를 믿는 사람들을 가두고 또 각 회당에서 때리고 20. 또 주의 증인 스데반이 피를 흘릴 때에 내가 곁에 서서 찬성하고 그 죽이는 사람들의 옷을 지킨 줄 그들도 아나이다 21. 나더러 또 이르시되 떠나가라 내가 너를 멀리 이방인에게로 보내리라 하셨느니라"

예수님께서 바울에게 하신 말씀이 무엇이었습니까? 유대인들은 바울이 예수님에 관하여 증언하는 말을 듣지 않을 거라는 것입니다. 그래서 "내가 너를 멀리 이방인에게 보낼 것이니 떠나라."라고 하셨다고 말했습니다. 바울이 유대인들에게 하는 말은, 성경이나 율법의 지식이 있어야 이해할 수 있는 말이 아니고, 철학이나 학문적 소양이 있는 사람만 알아듣는 말이 아닙니다. 오히려 어린아이라 할지라도 다 이해할 수 있는 말을 하고 있습니다. 왜요? 바울 자신이 경험한 일, 예수님을 만난 일을 이야기하고 있기 때문입니다.

오늘 우리가 가져야 할 신앙의 경험이 바로 이것입니다. 바울이 성난 유대인들에게 전하고 있는 이야기의 핵심이 무엇일까요? 내가 예전에 율법에 열성이 있는 한 사람으로, 예수 믿는 사람들을 핍박하고 원정대를 이끌고 다메섹까지 쫓아갈 때는 주님과 대화할 수 있는 사람이 아니었다. 그런데 예수님을 만나고 성령 안에서 화목한 사람이 되자, 주님의 말씀을 들을 수 있고 교제할 수 있는 '뜻이 맞고 정을 나눌 수 있는' 사람이 되었다는 것입니다. 오늘 우리가 받은 복과 은혜도, 바울이 경험한 것과 똑같습니다. 성령 안에서 주님과 교제할 수 있고, 주님의 음성을 들을 수 있습니다. 그 음성은 어떤 것일까요? "내일 서쪽에서 귀인이 올 것이다." 이런 것일까요?

> 요한1서 1:3-5, "우리가 보고 들은 바를 너희에게도 전함은 너희로 우리와 사귐이 있게 하려 함이니 우리의 사귐은 아버지와 그의 아들 예수 그리스도와 더불어 누림이라 4. 우리가 이것을 씀은 우리의 기쁨이 충만하게 하려 함이라 5. 우리가 그에게서 듣고 너희에게 전하는 소식은 이 것이니 곧 하나님은 빛이시라 그에게는 어둠이 조금도 없으시다는 것이 니라"

우리가 아버지와 그의 아들 예수 그리스도와 더불어 누리는 사귐, 그에게서 듣고 우리에게 전해 주는 복된 음성이 무엇입니까? "하나님은 빛이시라 그에게는 어둠이 조금도 없으시다는 것이니라." 우리가 하나님과 사귐이 있고, 화목하게 되어 얻은 가장 큰 복이 이것입니다. 어둠에 속한 것, 죄에 속한 것이 우리에게서 떠나는 것, 멀어지는 것입니다. 인간에게 문제가 생기고, 불행이 생기고, 고통과 괴로움이 오는 이유가 무엇입니까? 죄 때문입니다. 세상 종교를 믿고, 운세와 점을 믿는 사람들의 공통점은, 뭔가 문제가 생기고 아쉬운 일이 생겼을 때마다 신을 찾고, 점을 찾고, 부적을 찾는다는 것입니다. 하지만 인간이 자기 손으로 만든 신이 무슨 능력이 있겠으며, 세월 속에서 쌓인 통계를 근거로 운수와 경험의 점을 쳐 보는 것이 무슨 효력이 있겠습니까?

제가 어릴 적에 살던 집은, 비가 오면 천정에서 물이 샜습니다. 그러면 부모님께서 양동이나 바가지를 가져다가 빗물이 떨어지는 곳에 놓고 물을 받았습니다. 만약 여러분이 그런 집에서 살고 있다면 이 문제를 어떻게 해결하시겠습니까? 비가 올 때마다 온 집안의 그릇을 빗물이 떨어지는 곳에 받치겠습니까, 아니면 비가 새는 근원을 찾아서 고치겠습니까? 비가 새는 천정과 지붕을 근본적으로 고치지 않으면, 쏟아지는 비의 양이 많아질수록 비가 새는 곳은 더 많아질 거고, 떨어지는 양도 많아질 것입니다.

인간의 근본적인 문제는 '죄' 때문에 생기는 것이니, "하나님은 빛이시라 그에게는 어둠이 조금도 없으시다는 것이니라." 하나님과 화목하면 문제가 해결됩니다. 그 하나님과 화목할 수 있는 유일한 방법이 무엇입니까? 예수 믿는 것입니다. 우리가 하나님과 화목한 존재, 사귐과 교제할 수 있는 존재가 되었다는 것은, 우리에게 있는 근본적인 '죄'의 문제가 완전히 해결됐다는 것입니다. 어둠에 속한 '죄와 악'이 우리에게 다가올 때, 그것을 때로는 은밀하게 때로는 익숙하게 받아들이는 것이 아니라, 그 '죄'가 불편하고 싫어지는 것입니다. 왜요? 우리 안에 빛이신 하나님이 함께 계시고, 그 관계가 너무나 좋기 때문입니다.

예수 믿은 복이 무엇인지 우리가 정확하게 알아야 합니다. 내가 천사의 말을 하고, 예언하는 능력이 있어 모든 비밀을 알고, 산을 옮길 만한 능력과 남을 위해 내 몸을 불사르게 내줄 수 있는 것이 복이 아닙니다. 하나님의 빛이 내 안에 있어서 어둠에 속한 것이 내게 오지 못하는 것이 복입니다. 예수를 믿은 이후 여러분에게 생긴 변화와 자랑이 무엇입니까? 딱히 이야기할 만한 특별한 것이 없어서 마치 믿음이 없는 것처럼 느껴지십니까? 우리는 한때 한국과 미국에서 가장 영향력 있는 복음 전도자였지만, 어둠에 속한 죄의 유혹에 빠져서 모든 빛을 잃어버린 목사님들을 많이 목격했습니다.

놀라운 능력을 행하고, 큰 업적을 세우고, 유명한 전도자가 되는 것이 복이 아니라 죄의 유혹에 넘어지지 않고, 어둠을 싫어하게 된 사람이 복 있는 사람입니다. 그 사람이 바로 빛이신 하나님과 깊은 사귐이 있는, 화목한 사람이기 때문입니다. 저와 여러분, 우리 하와이한빛장로교회가 그런 신앙을 가졌으면 합니다. "예수 믿은 당신이 복된 사람입니다.", "죄 문제가 해결된 당신이 복된 사람입니다.", "하나님과 화목하게 된 당신이 복된 사람입니다." 어둠에 속한 것은, 그림자라도 여러분에게 가까이 오지 못하도록, 빛이신 하나님, 빛이신 그리스도와 늘 함께하시는 저와 여러분이 되길 기원합니다.

사도행전 22:17~23

떠들며 옷을 벗어 던지고

"후에 내가 예루살렘으로 돌아와서 성전에서 기도할 때에 황홀한 중에 18. 보매 주께서 내게 말씀하시되 속히 예루살렘에서 나가라 그들은 네가 내게 대하여 증언하는 말을 듣지 아니하리라 하시거늘 19. 내가 말하기를 주님 내가 주를 믿는 사람들을 가두고 또 각 회당에서 때리고 20. 또 주의 증인 스데반이 피를 흘릴 때에 내가 곁에 서서 찬성하고 그 죽이는 사람들의 옷을 지킨 줄 그들도 아나이다 21. 나더러 또 이르시되 떠나가라 내가 너를 멀리 이방인에게로 보내리라 하셨느니라 22. 이 말하는 것까지 그들이 듣다가 소리 질러 이르되 이러한 자는 세상에서 없애 버리자 살려 둘 자가 아니라 하여 23. 떠들며 옷을 벗어 던지고 티끌을 공중에 날리니"

바울이 자기를 죽이려고 몰려든 성난 군중들 앞에서, 자기가 복음을 믿게 된 경위와 이방인들에게 복음을 전하는 이유를 설명하고 있습니다. 바울이 하는 말은 고상한 철학적 담론이나, 남들이 발견하지 못한 깊은 진리를 설파하는 것이 아닙니다. 오히려 바울은 "나도 당신들과 같은 사람이었다, 나도 당신들처럼 율법을 존중하고, 우리 조상들의 하나님을 열심히 좇는 자였다."라고 고백했습니다. 그뿐이겠습니까? 바리새인 열심 당원이었던 바울은, 스데반 집사를 공개 처형한 것을 계기로 다메섹으로 도망간 사람들까지 붙잡아 오는 것을 자원했습니다. 그것이 율법을 존중하고, 하나님을 열심히 좇는 자의 도리라고 생각한 것입니다.

그랬던 바울이 다메섹으로 가던 길에서 예수님을 만나게 되었습니다. 그 예수는 누구입니까? 자기들이 십자가 위에서 죽였던 사람입니다. 이처럼 예상치 못한 장소에서 예수님을 만난 것을 계기로 바울은 변화되었습니다. 그가 예수님을 만나게 된 것은, 그가 예수님을 만나길 원했다거나, 예수에 관해 도를 닦고 깊은 연구를 하다가 진리를 깨닫듯이 만난 것이 아닙니다. 그야말로 예수에 관한 분노가 예수님을 믿는 사람들에게까지 최대치로 올라가 있을 때, 마치 '마른하늘에 날벼락'이라는 말처럼 갑자기 예수님을 만났습니다. 그 예수님께서 바울에게 이렇게 말씀하셨습니다.

> 14-15, "그가 또 이르되 우리 조상들의 하나님이 너를 택하여 너로 하여금 자기 뜻을 알게 하시며 그 의인을 보게 하시고 그 입에서 나오는 음성을 듣게 하셨으니 15. 네가 그를 위하여 모든 사람 앞에서 네가 보고 들은 것에 증인이 되리라"

14절에 '우리 조상들의 하나님'이라고 했습니다. 바울은 자신이 회심하게 된 과정과 자기가 받은 소명을 설명하면서, 유대인들이 강한 유대감을 가지고 있는 '조상들의 하나님'께서 자신을 택하셨다고 했습니다. 자기가 받은 소명이 전적인 하나님의 명령에 따른 것임을 말한 것입니다. 하나님께서는 바울을 택하여 세 가지를 하게 하셨다고 했습니다.

첫째, '자기의 뜻, 곧 하나님의 뜻을 알게' 하셨습니다.

예수님을 만나고 믿게 된 바울에게 '하나님의 뜻을 알게' 하셨다는 것은, 지금까지 바리새인 열성 당원으로 살던 바울이 변할 수밖에 없는 중요한 사건입니다. 예수님을 만나기 전까지 바울은, 자기가 부모와 스승으로부터 율법에 관해 배우고 경험하고 생각하고 판단한 것이 하나님의 뜻이라고 믿으며 살았습니다. 하지만 하나님께서는 바울이 사람으로부터 배운 지식과 경험이 아니라, 하나님께서 직접 '자기의 뜻을 알게' 하시는 방법으로 바울의 고정 관념을 바꿔 주셨습니다. 율법과 유대인들이 지금까지 지켜 오던 규례가 하나님의 뜻이 아니라, 하나님께서 바울에게 직접 당신의 뜻을 알게 해 주셨으니, 그 뜻을 따르는 것이 당연합니다.

둘째, '의인 즉, 부활하신 예수 그리스도를 보게' 하셨습니다.

그 예수님은 유대인들이 '신성을 모독한 죄인'으로 여겨 십자가에 못 박아 죽인 사람이었습니다. 하지만 하나님께서는, 그 예수님이 '의인', 즉 하나님께서 그들의 조상에게 약속하셨던 메시아였음을 바울의 눈으로 보게 해 주신 것입니다. 바울이 부활하신 예수님을 만난 것은, 그가 기독교인으로서의 확실한 신앙을 갖게 된 결정적인 계기였고, 동시에 그가 사도로 살게 된 근거가 된 사건입니다.

셋째, '예수님의 입에서 나오는 음성을 듣게' 하셨습니다.

바울이 예수님의 말씀을 직접 들은 것은, 그가 강한 빛 속에서 보고 들은 것이 환상이나 환청이 아니라, 부활하신 예수님을 실제로 만난 사건임을 의미합니다. 이렇게 바울에게 세 가지를 경험하게 하신 하나님께서, 한 가지를 명령하셨습니다. 그것은 "모든 사람 앞에서 그가 보고 들은 것에 증인이" 되게 하신 것입니다. '모든 사람'이란, 유대인뿐만 아니라 이방인들까지 포함한 것으로, 바울이 증인이 되어 전하는 복음이 유대인에게만 한정된 것이 아니라 포괄적임을 뜻합니다. 그리고 그 '복음'은 하나님께서 예수 그리스도를 통해 보여 주시고, 들려주시고, 알게 해 주신 것입니다. 그런데 오늘 본문에 보면, 바울의 말을 들은 유대인들의 분노가 더욱 거세진 것을 확인할 수 있습니다.

> 22-23, "이 말하는 것까지 그들이 듣다가 소리 질러 이르되 이러한 자는 세상에서 없애 버리자 살려 둘 자가 아니라 하여 23. 떠들며 옷을 벗어 던지고 티끌을 공중에 날리니"

유대인들이 이렇게 바울을 향하여 분노한 이유가 무엇일까요? 바울이 이방인의 사도가 된 계기가 '하나님의 명령이었다'고 말했기 때문입니다. 유대인들의 분노를 이해하기 위해서는 그들의 종교적 먼저 관습을 알아야 합니다. 지난 시간에도 말씀드렸던 것처럼, 유대인들은 그들이 아브라함의 후손, 즉 하나님이 택하신 선민이라는 민족적 우월감이 대단한 사람들입니다. 그래서 만약 이방인이 하나님의 백성이 되려면, 먼저 할례를 행하고 유대인으로 귀화하여 자기들처럼 율법을 지켜야만 하나님의 백성으로 인정받을 수 있습니다. 그런데 바울은 하나님께서 자신을 이방인에게 보내서, 복음을 듣고 믿는 사람은 유대인의 율법이나 관습과 상관없이 하나님의 백성이 되게 하셨다는 것입니다.

"이 말하는 것까지 그들이 듣다가 소리 질러 이르되"[22]라고 했습니다. "바울이 말하는 것을 더 이상 듣지 못하겠다, 저런 말을 하는 자는 '세상에서 없애 버려야 할' 나쁜 인간이다." 이와 같은 반응을 보인 것입니다. 왜 그렇습니까? 바울이 하는 말이 유대인들이 가진 종교성을 인정하지 않는 것이기 때문입니다. 유대인들의 자랑이 무엇입니까? 아브라함의 후손, 하나님의 선민이라는 혈통의 자랑, 모세의 율법을 가졌다는 유물의 자랑, 성전을 가졌다는 건물의 자랑입니다. 그런데 바울은, 지금까지 그들이 가지고 있던 자랑들을 전무 무력화해 버렸습니다. "아브라함의 후손이 아니어도, 할례를 행하거나 율법과 규례를 지키지 않아도, 성전에서 제사 안 드려도 '하나님의 백성'이 될 수 있게 하셨다."라는 것입니다. 어떻게요? 자기들이 '신성 모독의 죄'를 지었다며 십자가에 못 박아 죽인 예수님을 믿기만 하면, 그 누구라도 '하나님의 백성'이 될 수 있다는 것입니다.

오늘 우리가 살펴보려고 하는 것은, '유대인들이 바울에게 보인 분노'입니다. 왜 유대인들은 바울의 말을 들으면서, '더는 들어 줄 수 없는 말, 이런 말을 하는 자는 세상에 살려 둘 수 없는', 그런 말로 들렸을까 하는 것입니다. 사실 조금만 생각해 보면, 유대인들이 바울을 향해 분노할 이유가 없습니다. 오히려 하나님께서 바울을 통해 그들에게 하신 말씀을 잘 들어야 했습니다.

유대인들이 가졌던 첫 번째 자랑이 무엇이었습니까? 아브라함의 후손이요 하나님의 선민이라는 혈통적 자랑, 민족적 자랑이었습니다. 그러면 그들이 자랑하는 혈통은 누가 주신 것입니까? 하나님이 주신 것입니다. 하나님께서 아브라함은 선택하셔도 되지만, 다른 사람은 선택하면 안 됩니까? 그렇지 않습니다. 하나님은 누구라도 자기 백성으로 선택하실 수 있습니다. 하나님께서 아브라함을 선택하신 것처럼, 하나님께서 자신의 방법으로 이방인을 자기 백성으로 삼으실 수 있고, 그렇게 하시겠다는 것입니다. 그런데 유대인들은 하나님께서 정하신 뜻을, 바울에게 분노를 표출하는 방식으로 하나님을 대적하고 있습니다.

유대인들의 두 번째 자랑은, 자기들은 모세로부터 받은 율법이 있다는 것입니다. 그런데 그 율법은 누가 주신 것입니까? 모세가 깨달은 도를 물려준 것인가요? 하나님께서 친히 두 돌판에 써서 주셨고, 말씀으로 그 의미를 가르쳐 주셨습니다. 그리고 하나님께서는 그때와 똑같이, "누구든지 예수님을 믿는 사람은 영생, 곧 구원을 주시겠다."라는 말씀을 바울을 통해 사람들에게 전하게 하셨습니다. 유대인들이 자랑으로 삼은 '율법'은 완성된 것도 아니고 영원한 것도 아니었습니다. 인간이 아무리 열심히 율법을 지키려고 노력한다고 해도, 그것으로 자기들의 죄를 없앨 수 없을 뿐만 아니라, 노력한다고 해서 거룩한 존재가 될 수도 없습니다. 그런데 하나님께서 당신의 아들을 통해 사람을 죄 없는 존재로 만들어 주셨습니다.

> 히브리서 7:27, "그는 저 대제사장들이 먼저 자기 죄를 위하고 다음에 백성의 죄를 위하여 날마다 제사 드리는 것과 같이 할 필요가 없으니 이는 그가 단번에 자기를 드려 이루셨음이라"

예수님께서 자기 몸으로 드린 제사는, 대제사장들이 백성의 죄를 위하여 날마다 제사드리는 것처럼 할 필요가 없는, 단번에 완성된 영원한 제사였습니다. 이처럼 율법의 완성으로 오신 예수님은 단지 인간의 죄만 없애 주신 것이 아니라, 인간을 하나님 앞에 설 수 있는 거룩한 존재로 만들어 주셨습니다.

> 히브리서 10:10, "이 뜻을 따라 예수 그리스도의 몸을 단번에 드리심으로 말미암아 우리가 거룩함을 얻었노라"

우리의 죄가 용서받았다는 것과 하나님 앞에 설 수 있는 '거룩한 자, 의로운 자'가 되었다는 것은 전혀 다른 문제입니다. 우리의 죄가 용서받았다는 것은, 마땅히 받아야 할 죄의 형벌이 면해진 것입니다. 이제는 죄의 형벌에서 벗어나서 자유롭게 살 수 있게 된 것입니다. 하지만 죄가 면해졌다고 해서 우리가 하나님의 자녀가 될 수 있는 것은 아닙니다. 부모에게서 태어난 친자가 아닌 사람이 그 부모의 자녀가 될 수 있는 유일한 길은, 그 부모가 입양을 통해 양자로 삼아 준 사람이 자녀가 될 수 있습니다. 우리가 거룩함을 입었다는 말이 그런 뜻입니다. 인정된 것이고, 받은 것입니다.

유대인들의 세 번째 자랑은, 하나님께 예배할 수 있는 예루살렘 성전이었습니다. 성전에 대한 유대인들의 자부심은 예수님의 제자들도 가지고 있던 자랑이었습니다.

> 마가복음 13:1, "예수께서 성전에서 나가실 때에 제자 중 하나가 이르되 선생님이여 보소서 이 돌들이 어떠하며 이 건물들이 어떠하니이까"

그런데 그 성전도 유대인이 만든 성전이 아니라, 유대 지역을 담당하는 왕으로 임명받은 헤롯이 자신의 정치적 목적을 이루기 위해서 만들어 준 것이었습니다. 헤롯은 종교적 열정이 매우 강한 유대인들의 환심을 얻기 위해서, 전쟁 통에 파괴된 스룹바벨 성전을 대신할 새 성전(헤롯 성전)을 건축하게 했습니다. 기원전 19년에 시작된 성전공사는 헤롯의 증손자인 아그립바 2세가 왕으로 통치하던 시기(A.D. 64년)에 비로소 완성됩니다. 따라서 제자들이 예수님께 성전의 건물을 자랑하던 때는, 아직 완공도 되지 않았던 시기였음을 알 수 있습니다. 하지만 예수님께서는, 유대인과 제자들이 그토록 자랑하던 성전이 무너지게 될 것이라고 말씀하셨습니다.

> 마가복음 13:2, "예수께서 이르시되 네가 이 큰 건물들을 보느냐 돌 하나도 돌 위에 남지 않고 다 무너뜨려지리라 하시니라"

지금 드리는 말씀은, 유대인들이 자랑으로 삼던 성전조차도 그들이 하나님을 위하는 마음과 헌신의 열정으로 지은 것이 아니었다는 것입니다. 이방인 왕이 유대인들의 마음을 얻기 위해서 정치적 목적으로 만든 것입니다. 그리고 80년이 넘게 걸려 세워진 성전은, 완공된 지 겨우 6년 만에(A.D. 70년) 티투스 장군이 이끄는 로마 군대에 의해 완전히 파괴되고 맙니다. 지금까지 살펴본 것처럼, 유대인들이 자랑으로 삼았던 모든 것들이, 사실은 그들 자신의 힘으로 이룬 것이 아니라 하나님이 주신 것, 외부로부터 얻은 것들입니다. 그리고 외부로부터 얻은 그 성전은, 예수님의 말씀처럼 "돌 하나 돌 위에 남지 않고" 모두 무너지고 말았습니다.

인간이 자랑으로 삼는 모든 것이 사실은 이와 같습니다. 현재 내가 소유한 것 중에서, 내 힘으로 얻었다고 할 수 있는 것이 있습니까? "내가 열심히 일해서 돈을 벌었다, 저축하고 아껴서 자수성가했다."라고 할 수도 있을 것입니다. 그런데 그것이 정말 오롯이 나 혼자만의 힘으로 된 것일까요? 똑같은 하나님의 창조물이지만, 지구를 벗어나는 순간 인간은 생존할 수 없습니다. 사실은 높은 산이 있는 해발 5천 m만 높이 올라가도 사람이 살기 힘듭니다. 우리가 당연하다고 생각하고 누리는 공기, 햇빛, 물, 바람 같은 것들이 전부 하나님께서 인간을 위해서 주신 것들입니다. 그중에 어느 것 하나라도 없다면, 사람의 생존에 큰 위험 요소가 됩니다.

건강은 어떻습니까? 그게 내가 운동하고 관리하면 언제나 건강할 수 있나요? 내 힘으로 이루고 얻은 것처럼 보이는 것조차도, 사실은 내가 한 것이 아니라 하나님께서 주신 환경 속에서 얻은 것입니다. 그리고 우리가 이것을 인정한다면, 우리는 하나님의 말씀을 믿고 따라야 합니다. 그런데 이와 같은 당연한 이치를 말하는 바울의 말을 들은 유대인들은, "이러한 자는 세상에서 없애 버리자. 살려 둘 자가 아니"라고 하면서 분노하고 있습니다. 왜 이런 현상이 벌어진 것일까요?

기독교 신앙의 차별성, 독특성이 바로 여기에 있습니다. 세상의 모든 종교가 '신'을 부르고, '진리'를 추구하지만, 그 주체는 사람입니다. 아직 방법을 깨닫지 못하고, 경지에 이르지 못했을 뿐이지, 언젠가 일정 수준 이상의 도를 깨닫고 경지에 이르면, 누구든지 부처와 미륵과 신이 된다는 것입니다. 그러니 세상 종교를 믿고 따르는 사람들에게 가장 중요한 것은 무엇이겠습니까? 어려운 경전을 외우고 고행을 견디는 것, 오랜 명상 기도로 남다름을 증명하는 것입니다. 오래된 탑과 벽에 그려진 그림, 각종 불상과 대웅전을 자랑하는 것입니다. 그런데 그 모든 것들이 희한하게도 유대인들이 자랑으로 삼았던 것과 비슷하지 않습니까?

하지만 기독교 신앙은 그렇지 않습니다. 기독교는 하나님의 하나님 되심, 즉 하나님의 절대적인 권위와 주권 아래 무릎을 꿇고 복종하는 것에서 출발합니다. 첫 사람 아담부터 지금까지 사람들은 언제나 하나님의 권위에 도전했습니다. 창조주인 하나님과 피조물인 사람이 구별되는 단 하나의 다른 점이, '선악을 알게 하는 나무의 열매'를 먹지 말라는 것이었습니다. 그 외에 동산에 있는 모든 나무의 열매를 임의로 먹을 수 있었고, 하나님께서 창조하신 모든 것을 다스리고 정복할 수 있는 권위도 주셨습니다. 하지만 첫 사람 아담은, 오직 하나뿐인 하나님의 명령을 어겼습니다. 왜요? 하나님처럼 되고 싶어서 먹지 말라고 하신 선악과를 따 먹었습니다.

죄가 무엇입니까? 실정법을 어기고, 도덕과 양심의 법을 어긴 것입니까? 아니요, 죄는 하나님을 인정하려고 하지 않는 것입니다. 하나님을 인정한다고 해도 그 권위, 권력을 하나님과 나눠 가지려는 것입니다. 인간이 하나님을 섬긴다는 명목으로 종교 행위를 잘하면 죄가 없습니까? 그것도 아닙니다. 죄란, 종교적인 행위에서도 얼마든지 스며들 수 있습니다. 예수님께서 유대인들이 잘못하고 있는 세 가지 종교 행위를 꾸짖으셨습니다. 그 세 가지는 구제와 기도와 금식입니다.

> 마태복음 6:1-2, "사람에게 보이려고 그들 앞에서 너희 의를 행하지 않도록 주의하라 그리하지 아니하면 하늘에 계신 너희 아버지께 상을 받지 못하느니라 2. 그러므로 구제할 때에 외식하는 자가 사람에게서 영광을 받으려고 회당과 거리에서 하는 것 같이 너희 앞에 나팔을 불지 말라 진실로 너희에게 이르노니 그들은 자기 상을 이미 받았느니라"

의를 행할 때 어떻게 하지 말라고 했습니까? 사람에게 보이려고 하지 마라. 사람으로부터 자기 영광을 얻으려고 하는 구제는 위선을 떠는 것과 같다고 했습니다. 기도하는 것도 마찬가지입니다.

> 마태복음 6:5, "또 너희는 기도할 때에 외식하는 자와 같이 하지 말라 그들은 사람에게 보이려고 회당과 큰 거리 어귀에 서서 기도하기를 좋아하느니라 내가 진실로 너희에게 이르노니 그들은 자기 상을 이미 받았느니라"

우리의 믿음에 마땅히 계셔야 할 하나님의 자리를 내놓으려고 하지 않고, 그 주도권을 자기 자신이 쥐고 싶어 하는 것, 그것이 바로 선악과를 따 먹은 죄입니다. 요한복음 5장에 예수님께서 38년을 앓던 병자를 고친 기적이 기록되어 있습니다. 그런데 그 기적을 목격한 유대인들이 고침을 받은 사람에게 이렇게 말합니다.

> 요한복음 5:10, "유대인들이 병 나은 사람에게 이르되 안식일인데 네가 자리를 들고 가는 것이 옳지 아니하니라"

누가 그 사람을 고쳤는지는 관심 없고, 하여간 안식일에는 안 된다는 것입니다. 38년이나 중풍 병을 앓다가 예수님을 만나서 고침을 받았는데, 그날이 안식일이면 안 되는 이유가 무엇입니까? 자기들의 자랑거리가 사라지기 때문입니다. 지금까지 유대인들의 자랑은, 죽는 한이 있더라도 안식일은 지킨다는 것입니다. "아무리 예수라도 어떻게 안식일에 병을 고칠 수 있냐, 안식일에 병 나은 것이 무슨 자랑이고 잘한 일이라고 누웠던 자리를 들고 나갈 수 있냐, 좋은 말로 할 때 제자리로 돌아가라."라는 것입니다. 그런데 병 고침을 받은 사람에게는 깐깐하게 굴던 기준을, 자신들의 재산이 걸린 상황에서는 쉽게 허용하고 있었습니다.

> 마태복음 12:11-12, "예수께서 이르시되 너희 중에 어떤 사람이 양 한 마리가 있어 안식일에 구덩이에 빠졌으면 끌어내지 않겠느냐 12. 사람이 양보다 얼마나 더 귀하냐 그러므로 안식일에 선을 행하는 것이 옳으니라 하시고"

왜 구덩이에 빠진 양은 안식일이라도 끌어내어 살려 줘도 되고, 38년을 중풍병으로 고생한 사람은 안식일이기 때문에 고쳐 주면 안 되는 것입니까? 안식일에 뭘 해야 한다, 뭘 하면 안 된다는 명령을 자기가 하고 싶은 것입니다. 하나님의 아들이 세상에 오셔서 모든 병든 것과 약한 것을 고쳐 주시는데, 그 꼴을 도저히 못 보겠다면서 예수님을 죽인 사람들이 당시 유대인들이었습니다. 이와 비슷한 사례는 예수님의 제자들에게서도 발견됩니다.

> 누가복음 9:51-56, "예수께서 승천하실 기약이 차가매 예루살렘을 향하여 올라가기로 굳게 결심하시고 52. 사자들을 앞서 보내시매 그들이 가서 예수를 위하여 준비하려고 사마리아인의 한 마을에 들어갔더니 53. 예수께서 예루살렘을 향하여 가시기 때문에 그들이 받아들이지 아니 하는지라 54. 제자 야고보와 요한이 이를 보고 이르되 주여 우리가 불을 명하여 하늘로부터 내려 저들을 멸하라 하기를 원하시나이까 55. 예수께서 돌아보시며 꾸짖으시고 56. 함께 다른 마을로 가시니라"

십자가 죽음을 앞둔 예수님께서 제자들과 함께 예루살렘으로 가고 있습니다. 갈릴리에서 예루살렘으로 가는 가장 빠른 길이 사마리아를 통과하는 것이었기에, 예수님께서 몇몇 제자를 앞서 보내어 숙소를 알아보게 하셨습니다. 하지만 사마리아 사람들은 유대인인 예수님 일행을 받아들이지 않았습니다. 그러자 야고보와 요한이 예수님께 "주여 우리가 불을 명하여 하늘로부터 내려 저들을 멸하라 하기를 원하시나이까?"라며 마치 자기들이 사마리아 사람들을 심판하거나 무서운 벌을 줄 수 있는 것처럼 말했습니다.

사마리아 사람들이 유대인인 예수님과 제자들을 거부한 것은 남북 이스라엘의 멸망이라는 역사적인 상황에서 발생한 가슴 아픈 사건의 상처 때문입니다. 유대인들은 같은 민족이었던 사마리아 사람을 이방인처럼 여기며 상대해 주지 않았고, 사마리아 사람들도 자기들을 멸시하는 유대인들을 좋게 대하지 않았습니다. 그런 관점에서 사마리아 사람들이 보인 반응을 보면 이해할 수 있는 일입니다. 그런데 야고보와 요한은, "우리가 불을 명하여 저들을 멸하라 할까요?"라고 하면서, "예수님도 그걸 원하시지요?" 이렇게 묻고 있습니다.

하늘에서 불을 내려서 사람을 심판하는 권한은 오직 하나님께만 있는 것입니다. 그런데 야고보와 요한이 뭐 하는 사람이기에 그 심판의 권한을 자기들이 사용하겠다는 것입니까? 그리고 예수님도 그걸 원하지 않느냐고 되묻고 있습니다. "예수님을 거부하다니, 어떻게 그럴 수 있냐? 저것들이 예수님이 누군지 모르나 본데 하늘에서 불을 내려서 멸하는 것으로 본때를 보여 주겠다." 여러분, 이것이 신앙입니까? 예수님이 정말로 그걸 원한다고 생각하십니까? 그런데 이렇게 모든 생각과 판단의 기준을 자기에게 두면, 이런 말도 안 되는 행동을 하면서도 "예수님도 그걸 원하신다."라고 확신하게 됩니다.

  유대인들이 바울에게 보인 반응을 통해서 '죄가 무엇인지', '신앙이라는 이름으로 우리가 어떻게 하나님을 거스를 수 있는지' 살펴보고 있습니다. 그 모든 잘못된 판단과 행동을 하게 되는 원인은, 하나님이 계셔야 할 자리를 자기가 차지하고 있기 때문입니다. 내가 종교적인 행위를 열심히 잘하고 있다고 해서 정당해지는 것이 아닙니다. 바울을 죽이려고 하는 유대인들도, 그들 나름대로는 정당한 종교 행위를 하는 것입니다. 하지만 그들의 행위는 하나님의 뜻을 거스르는 것이었습니다.

> 18. "보매 주께서 내게 말씀하시되 속히 예루살렘에서 나가라 그들은 네가 내게 대하여 증언하는 말을 듣지 아니하리라 하시거늘"

"유대인들은 바울이 예수님에 대해서 증언하는 말을 듣지 않을 것이다." 예수님은 그것을 이미 알고 계셨고, 그래서 그렇게 될 것이라고 바울에게 미리 알려 주셨습니다. 신앙의 정당성을 자기 자신에게서 찾는 사람, 자기가 주도권을 갖고 놓지 않으려는 사람, 이런 사람들은 올바른 기독교 신앙을 가진 사람이 아닙니다. 바울을 향해서 "이러한 사람은 살려둘 수 없다."라고 하면서 적개심을 보이는 사람들이 단지 이천 년 전에 살던 유대인들뿐이라고 생각하십니까? 오늘날 교회와 성도들에게서도 그와 비슷한 모습이 얼마나 많은지 모릅니다.

  신자의 자랑, 교회의 자랑이 하나님의 말씀과 예수 그리스도의 십자가가 아니라, 제자들이 예수님에게 자랑했던 것처럼 외형적인 것만 자랑스러워하고 있습니다. 교회의 건물과 모이는 성도의 수가 자랑이고, 파송한 선교사의 숫자와 교회에서 열리는 각종 행사들을 자랑합니다. 그런데 정작 기독교 신앙에 있어야 하는, 말씀에 전적으로 순종하는 자기 자신은 없습니다. 하나님을 절대 순종해야 할 권위자로, 그분의 말씀을 내 발의 등과 빛으로 삼고, 자기 안에서 불쑥불쑥 올라오는 교만과 욕심을 내려놓는 것이 참믿음입니다. 사람에게 인정받고, 평가받고, 자랑할 거리가 되는 것이 참믿음이 아닙니다. 우리의 믿음은 하나님 앞에서 인정받아야 하고, 하나님께서 기뻐하셔야 합니다. 저와 여러분도 이 싸움을 잘해 나가길 원합니다.

사도행전 22:24~29

나는 나면서부터라 하니

"천부장이 바울을 영내로 데려가라 명하고 그들이 무슨 일로 그에 대하여 떠드는지 알고자 하여 채찍질하며 심문하라 한대 25. 가죽 줄로 바울을 매니 바울이 곁에 서 있는 백부장더러 이르되 너희가 로마 시민 된 자를 죄도 정하지 아니하고 채찍질할 수 있느냐 하니 26. 백부장이 듣고 가서 천부장에게 전하여 이르되 어찌하려 하느냐 이는 로마 시민이라 하니 27. 천부장이 와서 바울에게 말하되 네가 로마 시민이냐 내게 말하라 이르되 그러하다 28. 천부장이 대답하되 나는 돈을 많이 들여 이 시민권을 얻었노라 바울이 이르되 나는 나면서부터라 하니 29. 심문하려던 사람들이 곧 그에게서 물러가고 천부장도 그가 로마 시민인 줄 알고 또 그 결박한 것 때문에 두려워하니라"

바울이 자신을 향해 죽이고 싶을 만큼 적대감을 표출하고 있는 유대인들 앞에서 자신이 예수를 믿게 되고 복음을 전하는 사도가 된 과정을 설명하고 있습니다. 하지만 유대인들은 바울의 말을 끝까지 듣지도 않고 옷을 벗어 던지고, 길바닥의 흙을 집어 던지고 공중에 날리면서 바울을 죽이라고 소리쳤습니다(22-23). 유대인들의 소동이 더욱 거칠어지자, 천부장은 부하들에게 바울을 안으로 데리고 들어가라고 명령했습니다. 천부장은 "유대인들이 무슨 이유로 바울을 죽이려고 하는 것인지 그 이유"를 밝혀내기 위해서, 부하들에게 바울을 채찍질하며 심문하라고 명령했습니다.

  영화 〈패션 오브 크라이스트〉에 보면, 로마 군인들이 예수님을 채찍으로 때리기 위해서 예수님을 말뚝에 묶어 두고 때리는 장면이 나옵니다. 당시 사용했던 채찍의 끝에는 쇠로 된 갈고리가 달려 있어서, 채찍이 사람 몸에 닿을 때마다 살갗이 찢겨 나갔고 심한 경우 뼈까지 부서지기도 했습니다. 로마 군인들이 바울을 그런 채찍으로 때리려고 말뚝에 묶자, 바울은 "너희가 로마의 시민이 된 자를 죄도 정하지 아니하고 채찍질할 수 있느냐?"라며 따져 물었습니다. 당시의 로마법은, "로마 시민이 정당한 재판에 따라 형이 확정되지 않은 경우, 함부로 매를 때리거나 채찍질을 가하는 것을 금하는 법"이 있었습니다. 만약 이 법을 어길 경우, 그 행위를 한 사람에게 엄격한 처벌을 내렸습니다. 그래서 이 법을 잘 알고 있는 로마 시민은, 로마가 지배하는 어느 도시에 가든지 법정에 호소하여 불이익을 받지 않는 특권을 누렸습니다.

  바울도 이와 같은 법을 잘 알았기에, "로마 시민인 자신에게 재판도 열지 않고 채찍질을 하려고 하느냐?"라며 항의했던 것입니다. 그 말을 들은 백부장은 당황해하면서 그 사실을 천부장에게 알렸습니다. 천부장 역시 깜짝 놀라서 바울에게 와서 그가 진짜로 로마 시민인지 물었습니다. 일반적인 상황이라면, 예루살렘의 치안을 담당하는 대장인 천부장이, 피의자로 붙잡혀 온 바울을 자기에게 끌고 오라고 해서 사실 여부를 확인했을 것입니다. 하지만 바울이 '로마 시민'이라고 했기 때문에, 범죄 혐의도 분명하지 않은 바울에게 채찍까지 때리라고 명령한 것이 문제가 될까 염려해서 직접 온 것입니다.

천부장은 유대인인 바울이 언제, 그리고 어떻게 시민권을 획득했는지 물었습니다. 당시에 로마인이 아닌 사람이 시민권을 얻는 것은 매우 어려워서, 로마를 위해 뛰어난 공헌을 했던 사람에게 마치 훈장처럼 주어졌습니다. 그만큼 로마 시민권은 어디를 가든지 상당한 특권을 누릴 수 있는 명예였습니다. 하지만 시간이 지나면서 이 시민권을 뇌물을 주고 사는 사람들이 있었고, 로마 황제들이 공개적으로 시민권을 팔아서 국고를 채우기도 했습니다. 역사 기록에 의하면, 로마서의 배경이 되는 글라우디오 황제 때는 그의 아내까지도 시민권을 팔아서 재물을 쌓았다고 합니다. 천부장 역시 그의 이름이 '글라우디오 루시아'(행 23:26)로 소개되는 것을 보면, 그가 글라우디오 황제에게 돈을 주고 로마 시민권을 산 것으로 보입니다. 그렇다 보니 천부장은 돈이 없어 보이는 바울이 어떻게 시민권을 얻게 되었는지 물었던 것입니다.

바울은 "나는 나면서부터 로마 시민이었다."라고 대답했습니다. 이 말은 적어도 바울의 아버지가 로마 시민이었음을 뜻합니다. 성경에는 바울의 가문이 언제, 어떻게 로마 시민권을 갖게 되었는지 말하지 않습니다. 하지만 학자들에 의하면, B.C. 171년경 바울의 고향인 다소가 헬라의 시(市)로 편입됐는데, 당시 그 도시의 엘리트들은 로마 시민으로 인정해 주었다고 합니다. 그래서 그때 바울의 선조도 그중의 한 사람으로 포함되었을 것으로 예상합니다. 이렇게 바울이 로마 시민이라는 사실이 밝혀지자, 그를 심문하던 군인들뿐만 아니라 최고 책임자였던 천부장도 두려움에 빠졌습니다. 그렇다 보니 이 사실을 은폐하기 위해서 총독에게 허위 보고서를 보냈습니다.

사도행전 23:26-27, "글라우디오 루시아는 총독 벨릭스 각하께 문안하나이다 27. 이 사람이 유대인들에게 잡혀 죽게 된 것을 내가 로마 사람인 줄 들어 알고 군대를 거느리고 가서 구원하여다가"

오늘 우리가 살펴보려고 하는 것은, 바울이 로마 군인에게 붙잡혀서 채찍질을 당할 처지가 되자 '로마 시민권'을 무기로 위기를 넘기는 모습에 관한 것입니다. 앞서 21장에서도 바울은, 예루살렘에 퍼진 잘못된 소문을 무마하기 위해서 다른 사람이 하나님께 서원했다가 해지하는 결례 비용을 대신 내 준 적이 있었습니다. 그래서 어떤 신학자들과 목회자들은, "복음을 전하다가 죽을 각오까지 한 바울이 그깟 소문 때문에 율법주의자들과 타협한 것이 아니냐."라고 비판하기도 합니다. 문제는 오늘 본문에도, 그와 비슷한 상황이 또다시 벌어지고 있다는 것입니다. 복음 전하는 사명을 위하여 자기 생명도 아끼지 않는다고 했던 바울이었으니, 죽는 한이 있더라도 당당하게 채찍에 맞는 것이 신앙적이지 않으냐는 것입니다.

일제 강점기 시절을 배경으로 하는 영화나 드라마를 보면, 우리나라에 들어와서 살던 일본 사람은 어떤 나쁜 짓을 해도 심하게 처벌받지 않는 것을 자주 봅니다. 이른바 '황국 신민'이라는 특별 시민이었기에 특별한 대우를 받았던 것입니다. 그렇게 보면, '로마 시민권'을 꺼내 든 바울도 그와 비슷하게 보이기도 합니다. 바로 이 부분을 우리가 잘 살피고, 분별력 있는 신앙의 기준을 가져야 합니다.

지난 시간에 "죄의 본성을 가진 인간이, 신앙이라는 이름으로 어떻게 하나님을 거스를 수 있는지"에 관해서 살펴봤습니다. 우리가 하나님을 위한다는 선한 의지를 명분으로 신앙적인 행동을 한다고 할지라도, 하나님이 계셔야 할 자리를 자기가 차지하고 있으면 죄라고 말씀드렸습니다. 신앙의 정당성을 자기 자신에게서 찾는 사람, 하나님의 뜻마저도 자기가 판단하고 규정하는 이런 사람들은 올바른 기독교 신앙을 가진 사람이 아닙니다. 열심히 기도하고, 금식도 자주 하고, 구제하는 일을 잘하면 하나님의 뜻을 이루고, 말씀에 순종하는 것입니까?(마 6:1-8) 아니요. 사람에게 보이려고 하는 것은 자기 영광을 위해 하는 것이라고 했습니다. 본문에 바울이 자기가 가진 '로마 시민권'까지 꺼내 보이면서 채찍에 맞을 뻔한 위기에서 벗어난 사건을, 성경적인 관점에서 봐야 하는 이유가 여기 있습니다. 바울은 복음 전하는 사명을 다하다가 당하게 된 핍박을 피한 적이 없습니다. 오히려 그러한 모든 고통스러운 일을 경험하고도, 자기 신체가 겪는 아픔보다 모든 교회를 위하는 염려가 더 컸던 사람이었습니다.

> 고린도후서 11:23-28, "그들이 그리스도의 일꾼이냐 정신 없는 말을 하거니와 나는 더욱 그러하도다 내가 수고를 넘치도록 하고 옥에 갇히기도 더 많이 하고 매도 수없이 맞고 여러 번 죽을 뻔하였으니 24. 유대인들에게 사십에서 하나 감한 매를 다섯 번 맞았으며 25. 세 번 태장으로 맞고 한 번 돌로 맞고 세 번 파선하고 일 주야를 깊은 바다에서 지냈으며 26. 여러 번 여행하면서 강의 위험과 강도의 위험과 동족의 위험과 이방인의 위험과 시내의 위험과 광야의 위험과 바다의 위험과 거짓 형제 중의 위험을 당하고 27. 또 수고하며 애쓰고 여러 번 자지 못하고 주리며 목마르고 여러 번 굶고 춥고 헐벗었노라 28. 이 외의 일은 고사하고 아직도 날마다 내 속에 눌리는 일이 있으니 곧 모든 교회를 위하여 염려하는 것이라"

자주 말씀드리지만, 제가 만약 바울이었다면 스데반 집사가 부러웠을 것입니다. 어차피 순교로 생이 끝날 텐데 한 번 돌로 맞고 죽었다면 얼마나 좋겠습니까? 그런데 돌만 맞은 것이 아니라, 남들은 한 번만 경험해도 생사를 오간다는 '사십에 하나 감한 매'를 다섯 번이나 맞았고, 태장으로 세 번을 맞았습니다. 이 '태장'이 본문에 나오는 '끝부분에 쇠갈고리가 달린 채찍'으로 맞는 것입니다. 그뿐입니까? 복음을 전하다가 이런 핍박을 당했음에도 고린도교회 성도들로부터는 사도로 인정받지 못했고, 유대인 동족으로부터 배교자 취급을 받았습니다. 백번 양보해서 사람으로부터는 이런 오해와 배신을 당할 수 있다 하겠습니다. 그렇다면 적어도 하나님은 바울이 먹고사는 문제는 해결해 줘야 하지 않겠습니까? 그런데 그것도 아닙니다. 주리고, 목마르고, 굶고, 춥고, 헐벗은 생활을 했습니다.

아무리 바울이 불타는 열정과 소명 의식이 있다고 해도, 개인의 의지만으로는 감당할 수 없는 경험을 너무나 많이 했습니다. 하지만 그럼에도 불구하고 바울이 사도로서의 사명을 끝까지 감당할 수 있었던 그 힘의 근원이 어디에 있었겠습니까? 하나님께서 그와 함께하신다는 믿음, 그가 기도할 때 하나님께서 대답해 주시는 깊은 교제와 사귐의 은혜가 그에게 있었기에 감당할 수 있었던 것입니다. 바울이 기도할 때 들어주시고, 응답해 주셨다고 하니까 바울에게 좋았을까요?

고린도후서 12:7-9, "여러 계시를 받은 것이 지극히 크므로 너무 자만하지 않게 하시려고 내 육체에 가시 곧 사탄의 사자를 주셨으니 이는 나를 쳐서 너무 자만하지 않게 하려 하심이라 8. 이것이 내게서 떠나가게 하기 위하여 내가 세 번 주께 간구하였더니 9. 나에게 이르시기를 내 은혜가 네게 족하도다 이는 내 능력이 약한 데서 온전하여짐이라 하신지라 그러므로 도리어 크게 기뻐함으로 나의 여러 약한 것들에 대하여 자랑하리니 이는 그리스도의 능력이 내게 머물게 하려 함이라"

바울에게는 '육체에 가시, 곧 사탄의 사자'와 같은 치명적인 질병이 있었습니다. 그래서 그것이라도 자기에게서 떠나가게 해 달라고 세 번이나 기도했습니다. 그런데 하나님의 대답이 무엇이었다고요? "네 은혜가 네게 족하다."였습니다. 왜요? 바울에게 있는 그 '가시, 사탄의 사자'와 같은 고통 때문에 바울이 교만해지지 않고, 하나님을 더욱 의지할 수 있게 되었기 때문입니다. 그래서 바울이 이렇게 대답합니다.

> 고린도후서 12:10, "그러므로 내가 그리스도를 위하여 약한 것들과 능욕과 궁핍과 박해와 곤고를 기뻐하노니 이는 내가 약한 그 때에 강함이라"

자기가 약한 그때, 바울은 더 강해질 수 있었습니다. 어떻게요? 하나님을 바라보고, 그분을 의지하며 견뎌 낼 수 있었기 때문입니다. 본문에 바울이 '로마 시민권'을 이용해서 '채찍에 맞을 뻔한 위기'를 벗어나는 사건을 우리가 어떻게 해석해야 하는지 설명하기 위해서 배경을 말씀드리고 있습니다. 바울은 자기가 받은 사명이 '로마에 가서 복음을 전하는 것'임을 알고 있었습니다.

> 로마서 1:15, "그러므로 나는 할 수 있는 대로 로마에 있는 너희에게도 복음 전하기를 원하노라"

그 사명을 다하기 위해 바울은 여러 번 '로마'로 가려고 시도했지만,

바울이 자기의 의지로 가려고 했던 방법은 다 막혀서 끝내 가지 못했습니다.

로마서 1:13, "형제들아 내가 여러 번 너희에게 가고자 한 것을 너희가 모르기를 원하지 아니하노니 이는 너희 중에서도 다른 이방인 중에서와 같이 열매를 맺게 하려 함이로되 지금까지 길이 막혔도다"

결국, 바울은 하나님께서 인도하시는 방법으로 '로마'로 갈 수 있기를 기다렸습니다.

로마서 1:10, "어떻게 하든지 이제 하나님의 뜻 안에서 너희에게로 나아갈 좋은 길 얻기를 구하노라"

바울이 로마에 가서 복음을 전하는 것은, 주님께서 그에게 주신 사명입니다. 바울도 그 일을 간절히 원하고 있고, 또 임무를 완수하기 위해 최선을 다했습니다. 하지만 그 일은, 바울이 만들어 낸 수단이 아니라 하나님의 방법으로 해야 합니다. 그리고 그 일을 완수하기 전까지 바울은, "나는 주께서 내게 주신 사명을 감당하기 위해 생명도 아끼지 않는다."라고 했던 그 말을 함부로 책임지면 안 됩니다. 돌에 맞든지, 사십에 하나 감한 매를 다섯 번 맞든지, 세 번 태장으로 맞든지, 춥고, 굶고, 헐벗은 생활을 하든지, 자기 몸에 가시가 있든지 잘 견뎌야 합니다.

갈라디아서 2:20, "내가 그리스도와 함께 십자가에 못 박혔나니 그런즉 이제는 내가 사는 것이 아니요 오직 내 안에 그리스도께서 사시는 것이라 이제 내가 육체 가운데 사는 것은 나를 사랑하사 나를 위하여 자기 자신을 버리신 하나님의 아들을 믿는 믿음 안에서 사는 것이라"

"하나님의 아들을 믿는 믿음 안에서 사는 것"은 어떤 것입니까? "내가 믿음으로 살기로 했으니, 그래서 하나님께 모두 맡겼으니, 이제 내가 어떻게 되든지 그건 내 책임이 아니라 하나님 책임이다." 이런 것입니까? "내가 그리스도와 함께 십자가에 못 박혔다, 이제 나는 믿음 안에서 산다."라고 하는 것은, 하나님 없이 살던 내가 하나님의 자녀가 되어 사는 변화를 뜻합니다. '십자가와 함께 못 박힌 자, 하나님의 자녀가 되어 사는 변화'는 무엇입니까? 주님께서 내 인생의 유일한 주인으로 계셔서, 그분의 명령을 따라 사는 것입니다. '그분의 명령을 따라 산다'는 것은 무엇입니까? 내가 결정하지 않는 것입니다.

믿음이 무엇입니까? 하나님의 뜻에 내 몸이 순종하는 것입니다. 그런데 우리는 어떻게 기도합니까? 내가 이렇게 좋은 뜻을 가지고 일할 테니, 하나님께서는 그 뜻을 이룰 능력을 달라고 기도합니다. 예수님이 쉬실 곳을 내주지 않는 사마리아 사람들에게 "하늘에서 불을 내려서 혼내 주라고 할까요? 주님도 그걸 원하시지요?" 이렇게 물어봤던 제자들입니다. 그것이 아닙니다. "나에게 하나님의 뜻을 알게 하시고, 하나님의 방법을 알려 주셔서, 그것을 잘 감당하고 순종하게 하옵소서." 이렇게 되어야 합니다. 우리가 이와 같은 순종을 어떻게 할 수 있는지 가르쳐 주는 대표적인 예가 있습니다. 바로 예수님께서 마귀에게 시험받으시며 보여 주신 모범입니다.

> 마태복음 4:5-7, "이에 마귀가 예수를 거룩한 성으로 데려다가 성전 꼭대기에 세우고 6. 이르되 네가 만일 하나님의 아들이어든 뛰어내리라 기록되었으되 그가 너를 위하여 그의 사자들을 명하시리니 그들이 손으로 너를 받들어 발이 돌에 부딪치지 않게 하리로다 하였느니라 7. 예수께서 이르시되 또 기록되었으되 주 너의 하나님을 시험하지 말라 하였느니라 하시니"

마귀가 예수님을 성전 꼭대기로 데리고 가서 "네가 만일 하나님의 아들이라면 뛰어내려 보라"면서 예수님의 정체, 정통성을 증명해 보라고 했습니다. 그러면서 "만일 예수님이 정말 하나님의 아들이라면, 하나님께서 자기의 천사들을 보내서 예수님이 땅에 떨어져서 죽지 않게 붙잡아 줄 것"이라고 했습니다. 마귀의 이 시험은, 그 답을 증명해 보이는 것이 별로 어렵지 않습니다. 성전 꼭대기에서 뛰어내렸을 때 사는지, 죽는지 보여 주면 끝나는 것입니다. 그런데 예수님은 "주 너의 하나님을 시험하지 말라"고 말씀하셨습니다. 바로 이 부분, 즉 "하나님을 시험하지 말라"는 것을 우리가 잘 알아야 합니다.

예수님이 세상에 오신 이유가 무엇입니까? 자기가 하나님의 아들인 것을 증명하기 위해 오신 것입니까? 아닙니다. 예수님은 죄로 인해 영원한 멸망으로 끝날 인생을 구원하기 위해 오셨습니다. 자기 몸을 인간의 죄를 대신할 속죄의 제물로 십자가에 드리기 위해 오셨습니다. 우리가 이 부분에 있어서 올바른 신앙의 지식을 가져야 합니다. 지금도 마귀는 끊임없이 하나님의 자녀인 우리에게, 우리의 정체성을 증명해 보라고 요구하고 있기 때문입니다. 그뿐만 아니라 믿음을 가진 성도들도 이 부분에서 계속 유혹에 넘어집니다. "기도 열심히 하면 병이 낫고, 문제가 해결되고, 원하는 소원을 이루고" 하는 방법으로 자기가 받은 구원을 확인하려고 하고, 하나님을 증명하고 싶은 것입니다.

물론 하나님께서 '기도 응답'이라는 방법으로 하나님의 하나님되심과 하나님의 자녀된 자의 복이 무엇인지 확인시켜 주실 때가 있습니다. 하지만 마귀의 시험을 받은 예수님께서, 성전에서 뛰어내리는 것으로 자기가 하나님의 아들임을 증명하려고 하는 것은 '하나님을 시험하는 것' 입니다. 이것은 마치 바이든 대통령의 손자가 바이든에게 전화해서, "내가 진짜 할아버지의 손자라면 백악관 경호원 열 명을 지금 나에게 보내 달라"는 것과 같습니다. 우리가 하나님의 자녀인 것을 사람들에게 증명해 보이는 방법이, "우리가 기도할 때 우리 소원이 응답받는 것" 밖에 없다고 생각하십니까? 오히려 성경에서는 우리가 하나님의 아들이기 때문에 징계를 받는다고 했습니다.

> 히브리서 12:6-8, "주께서 그 사랑하시는 자를 징계하시고 그가 받아들이시는 아들마다 채찍질하심이라 하였으니 7. 너희가 참음은 징계를 받기 위함이라 하나님이 아들과 같이 너희를 대우하시나니 어찌 아버지가 징계하지 않는 아들이 있으리요 8. 징계는 다 받는 것이거늘 너희에게 없으면 사생자요 친아들이 아니니라"

왜 주님께서 이와 같은 말씀을 하셨을까요?

> 히브리서 12:4, "너희가 죄와 싸우되 아직 피흘리기까지는 대항하지 아니하고"

구원받은 양심으로 죄와 싸우기는 하지만, 피를 흘릴 만큼 대항하지는 않는답니다. 하나님의 자녀로서, 하나님께서 가장 미워하시는 죄와 싸울 때, 손해 보지는 않을 만큼만 싸우고, 아프지 않을 정도까지만 싸우는 것입니다. 우리의 죄 때문에 예수께서 십자가를 지셨는데, 다시 죄로 돌아갈 수 있습니까? 그래서 성경 말씀으로 권면하시고, 주의 종을 통해 꾸짖기도 하십니다.

히브리서 12:5, "또 아들들에게 권하는 것 같이 너희에게 권면하신 말씀도 잊었도다 일렀으되 내 아들아 주의 징계하심을 경히 여기지 말며 그에게 꾸지람을 받을 때에 낙심하지 말라"

그런데도 하나님의 자녀가 정신을 못 차리면 어떻게 됩니까? 징계하시고, 채찍질하셔서, 어긋난 길로 나간 자식이 다시 돌아오게 하십니다. 하나님께서 우리가 하나님의 자녀라는 것을 어떻게 증명해 보이신다고요? 주의 말씀으로 권면하고, 꾸짖고, 징계하고, 채찍질해서 돌아오게 하신답니다. 만약 우리가 마음껏 죄를 짓고 다녀도 이런 징계가 없다면 그건 좋은 일입니까, 심각하게 우리의 정체성과 우리가 받은 구원을 고민해야 할 일입니까? 우리가 어린 시절을 지나왔지만, 철없던 시절에는 부모님이 용돈 부족하게 주고 심하게 야단치면, "저 사람이 진짜 내 부모가 맞나?" 고민하곤 했습니다. 그런데 철들고 나면, "내 잘못을 꾸짖어 주시던 그 부모님"이 그리운 법입니다.

예수님의 생애를 생각해 보십시오. 앞서도 말씀드린 것처럼, 예수님은 우리를 대신해서 십자가를 지려고 오셨습니다. 그러면 예수님이 십자가에 달려 죽으신 것만 힘들고, 나머지는 괜찮았습니까? 천지를 지으신 창조주께서 인간이 되어 세상에 오신 것 자체가 고난입니다. 예수님이 어느 날 갑자기 성인으로 홀연히 등장한 것이 아니라, 갓난아기로 태어나 마리아의 젖을 먹어야 했고, 그 모친이 기저귀를 갈아 줘야 했습니다. 소년 시절에 혼자 성전에 남아 있었을 때는, "얘야, 이게 무슨 짓이냐? 네 아버지와 내가 너를 찾느라고 얼마나 마음 졸이며 고생했는지 아니?"(눅 2:48) 이런 꾸중도 들었습니다.

춥고, 목마르고, 배고프고, 피곤한 인생의 연약함도 견뎌야 했고, 뺨을 맞고 채찍도 맞고, 무거운 십자가를 지고 가다가 쓰러져서 일어나지 못하기도 했습니다. 사람들로부터 모욕적인 말을 들었을 뿐만 아니라, 마지막 순간에는 자기와 늘 함께 다니던 제자들마저 모두 도망가 버리는 외로움을 견뎌야 했습니다. 십자가 죽음이라는 정해진 결말이 있다면, 빨리 당하는 것이 낫지 않았을까요? 그런데 예수님께서는 제자들에게 자주 이렇게 말씀하셨습니다. "내 때가 아직 이르지 않았다." 또는 "때가 이르면 이루어지리라."라고 하셨습니다. 그때는 언제입니까? 십자가를 지셔야 할 때입니다. 그전까지는 그 어떤 고통이나 괴로움이나 억울함도 다 견뎌야 하셨던 것입니다.

바울도 마찬가지입니다. 로마에 가서 복음을 전하는 것이 그에게 맡겨진 사명이고 책임이라면, 그전까지 당해야 하는 것은 당하고, 견딜 것은 견뎌야 합니다. 앞서도 살펴봤지만, 바울이 하루라도 빨리 로마로 가고 싶지 않았겠습니까? 그래서 자기 나름대로는 최선을 다해서 가려고 했지만, 그때마다 막혔습니다. 왜요? 아직 하나님께서 그를 인도하실 때가 이르지 않았기 때문입니다. 결국, 바울은 로마로 압송되는 죄수의 신세가 되어서야 가게 됩니다(롬 28:14).

바울이 자신의 삶에서 어떻게 하나님의 뜻을 이루어 갔는지 살펴보고 있습니다. 사도행전에 기록된 바울의 사역을 읽으면서 그동안 사람들의 관심은 어디에 있었습니까? 가는 곳마다 병자를 고치고, 귀신을 쫓아내고, 죽은 자를 살리는 것이었습니다. 그런데 바울의 삶에는 기적을 행한 것만 있는 것이 아니라, 사탄의 가시와도 같은 육체의 질병을 갖고도 어떻게 그 많은 핍박을 다 견뎠을까 하는 점도 있었습니다. 바울이 당한 그 핍박 중에서 하나라도 우리가 당한다면 어떨 것 같습니까? "이제 족하오니, 죽여 주시옵소서." 이런 기도가 절로 나오지 않겠습니까? 그런데 바울은 하나님께서 허락하시는 때가 이를 때까지, 미리 포기하지 않고 끝까지 다 견뎌 냈습니다. 그것이 바로 믿음입니다. '때'는 하나님께서 결정하시는 것이지, 내가 결정하는 것이 아닙니다. 그때까지 우리가 할 일은, 스스로 자폭하지 않고 잘 견디고 기다리는 것입니다.

가장 좋은 믿음은, "하나님의 뜻과 내 순종, 내 책임이 만나는 것"입니다. 그러면 나쁜 믿음은 무엇일까요? "내 뜻에 하나님의 책임을 얹는 것"입니다. 난 기도했으니, 이제 되든지 안 되든지 다 하나님 책임이라고 미루는 것입니다. 아닙니다. 그런 기도는 일천 번 기도하고, 사십 일 금식 기도해도 믿음이 아닙니다. 기다려야 합니다. 지루해도 기다리고, 어렵고 힘들어도 견디며 기다려야 합니다. 자폭하는 것으로 크게 한 건 믿음을 이루려는 것은 이슬람교 내에서도 인정받지 못하는 극단주의 이슬람 무장세력 신자들의 방식입니다.

하나님께서 우리를 어떻게 인도하실지, 어떤 방법으로 사용하실지 모르지만, 징계와 꾸지람을 듣고 힘겨운 훈련을 받는다고 해도 잘 준비되어야 합니다. '굵고 짧게 큰 건 하나' 멋지게 해내라고 부르실지, '낚싯줄보다 가늘고 길어서 눈 씻고 찾으려고 해도 잘 보이지도 않게' 사용하실지 모르지만 순종해야 합니다. "내 인생은 내가 만들어 가겠다"며 사는 것은 세상 사람들이 사는 방식입니다. 그러면 우리는 어떻게 삽니까? "내가 그리스도와 함께 십자가에 못 박혔으니, 이제는 내가 사는 것이 아니요 오직 내 안에 그리스도께서 사시는 것이라" 내가 주인이 되어 사는 것이 아니라, 주께서 주인이 되어 나를 이끄시는 대로 훈련받을 부분은 잘 받아서 준비되고, 견딜 부분은 견뎌 내며 기다리는 것입니다. 답답해서 못 참겠다며 스스로 자폭하지 않는 것입니다. 저와 여러분도 이런 믿음의 자세로 살기 원합니다.

사도행전 23:6~10

부활로 말미암아 심문을 받노라

"바울이 그 중 일부는 사두개인이요 다른 일부는 바리새인인 줄 알고 공회에서 외쳐 이르되 여러분 형제들아 나는 바리새인이요 또 바리새인의 아들이라 죽은 자의 소망 곧 부활로 말미암아 내가 심문을 받노라 7. 그 말을 한즉 바리새인과 사두개인 사이에 다툼이 생겨 무리가 나누어지니 8. 이는 사두개인은 부활도 없고 천사도 없고 영도 없다 하고 바리새인은 다 있다 함이라 9. 크게 떠들새 바리새인 편에서 몇 서기관이 일어나 다투어 이르되 우리가 이 사람을 보니 악한 것이 없도다 혹 영이나 혹 천사가 그에게 말하였으면 어찌 하겠느냐 하여 10. 큰 분쟁이 생기니 천부장은 바울이 그들에게 찢겨질까 하여 군인을 명하여 내려가 무리 가운데서 빼앗아 가지고 영내로 들어가라 하니라"

바울이 로마 시민이라는 것을 안 천부장은, 유대인의 공회를 소집했습니다. 로마 시민권자인 바울이 어떤 죄를 범해서 붙잡혀 왔는지 모르는 상태에서, 늘 하던 대로 고문과 채찍으로 자백을 받아 낼 수 없는 상황이 생겼기 때문입니다. 천부장이 산헤드린 공회를 정식으로 소집한 것은, 그가 바울 사건을 얼마나 신중한 태도로 처리하고 있는지를 볼 수 있는 장면입니다. 물론 산헤드린 공회를 소집해서 바울을 심문한다고 해도, 바울에게 유리한 상황이 만들어지지는 않을 것입니다. 공회를 구성하고 있는 사두개인과 바리새인들이 바울에게 적대적이기 때문입니다. 하지만 유대 공동체를 대표하는 공회를 소집하여 바울을 심문하고, 그 결과에 따라 바울에 대한 신병을 처리한다면 천부장이 책임질 일은 없게 됩니다.

> 사도행전 22:30, "이튿날 천부장은 유대인들이 무슨 일로 그를 고발하는지 진상을 알고자 하여 그 결박을 풀고 명하여 제사장들과 온 공회를 모으고 바울을 데리고 내려가서 그들 앞에 세우니라"

22장과 23장은 바울이 산헤드린 공회원 앞에서 자신을 변론하는 모습입니다.

> 1, "바울이 공회를 주목하여 이르되 여러분 형제들아 오늘까지 나는 범사에 양심을 따라 하나님을 섬겼노라 하거늘"

이 말씀을 보면, 공회가 시작되자 천부장이 제일 먼저 변론의 기회를 준 것인지, 아니면 공회 회원들의 고소가 있고 난 뒤에 변론하는 것인지 분명치 않습니다. 하지만 바울이 말하기 시작하자 대제사장이 그의 입을 치라고 명령하고, 바울이 감정적으로 대응하는 것을 볼 때, 바울에 대한 고소가 먼저 있었던 것으로 보입니다. 그 내용은, 에베소에서 온 유대인들이 성전에서 사람들을 선동했던 말로 보입니다.

> 사도행전 21:28, "외치되 이스라엘 사람들아 도우라 이 사람은 각처에서 우리 백성과 율법과 이곳을 비방하여 모든 사람을 가르치는 그 자인데 또 헬라인을 데리고 성전에 들어가서 이 거룩한 곳을 더럽혔다 하니"

그 후 발언 기회를 얻은 바울은 침착하고 담대하게 자신을 변호하기 시작했습니다. 바울이 산헤드린 공회의 회원들에게 '여러분 형제들아.'라고 부르고 있습니다. 이 표현은 '공의회'나 '재판'과 같은 공적인 자리에서는 어울리지 않는 말입니다. 보통은 베드로처럼 '백성의 관리들과 장로들아'(행 4:8) 같은 표현을 사용합니다. 그런데도 '여러분 형제들아'라고 말한 것은, 자기를 고소하는 사람들의 주장처럼 '율법적으로나 도덕적으로' 잘못한 것이 없음을 강조하는 표현으로 보입니다. 그래서 바울은 "오늘까지 나는 범사에 양심을 따라 하나님을 섬겼노라."라고 하면서, 자기도 산헤드린 공회의 회원들과 똑같은 믿음을 따라 살았다고 말했습니다.

대제사장 아나니아는 바울 곁에 있는 사람에게, '그의 입을 치라'고 명령했습니다. 역사가 요세푸스에 의하면, '아나니아'는 탐욕과 잔인함으로 유명했다고 합니다. 마치 일제 강점기 시대의 이완용처럼, 로마 정부를 위하는 정치를 하고 유대 민족, 심지어 같은 제사장들에게서도 세금을 거둬서 재산을 축적했다고 합니다. 그 결과 대제사장 아나니아는 66년도에 티투스 장군이 이끄는 로마 군대와 전쟁이 시작되었을 때, 헤롯 대왕의 궁전 안에 있는 도수관 속에 숨어 있다가 자기 민족에게 죽임을 당했다고 기록되어 있습니다.

유대 문화에서 뺨이나 입을 때리는 것은 인격을 모독하는 최악의 행동입니다. 바울이 경우에 합당하지 않은 말이나 사람의 감정을 돋우는 나쁜 말을 하지 않았음에도 '그의 입을 치라'고 명령한 것은 아나니아의 폭력적인 성격을 보여 줍니다. 아나니아의 이와 같은 부당한 명령에 대해서 바울도 강하게 맞섰습니다.

  3, "바울이 이르되 회칠한 담이여 하나님이 너를 치시리로다 네가 나를
   율법대로 심판한다고 앉아서 율법을 어기고 나를 치라 하느냐 하니"

 '회칠한 담'이라고 표현한 바울의 말은, 예수님께서 서기관과 바리새인들을 향해 '회칠한 무덤이여'(마 23:27)라고 책망한 것을 연상케 합니다. '회칠한 무덤'은 겉은 깨끗한 것 같지만 그 속은 썩은 시체가 있는 것을 뜻하며, '회칠한 담'은 기반이 안정되지 못해 흔들리는 담에 회칠만 해 둔 것을 뜻합니다. 둘 다 겉과 속이 다른 위선자를 지목하여 가리키는 표현입니다. 바울은 '아나니아'의 위선을 지적하는 것에 머무르지 않고, '하나님이 너를 치시리로다'(신 28:22)라고 하는 율법에 기록된 표현으로 저주를 선언했습니다. 앞서 말씀드린 것처럼 학자들은 이것을 아나니아에 대한 예언으로 해석합니다.

 바울이 아나니아에게 이렇게 말한 것은, "네가 나를 율법대로 심판한다고 앉아서 율법을 어기고 나를 치라 하느냐?"라는 그의 모순된 행동을 지적한 것입니다. 재판은 법에 따라 공정하게 진행되어야 하고(레 19:15), 유죄가 확정되기 전까지는 형벌을 집행할 수 없습니다. 하지만 아나니아는, 바울의 죄가 정해지지 않은 상태에서 바울의 인격을 모독하는 '입을 치라'는 처벌을 명령했기 때문에, 그것은 율법을 어긴 것입니다. 그러자 곁에 선 사람들이 "네가 하나님의 대제사장을 욕하느냐."라고 했습니다[4]. 하나님께서는 모세에게 준 '규례'에서, 이스라엘 백성들 사이에 분쟁이 생겼을 때 제사장이나 재판장에게 가서 판결을 구하

고, 거기에 복종하라고 하셨습니다.

> 신명기 17:10-13, "여호와께서 택하신 곳에서 그들이 네게 보이는 판결의 뜻대로 네가 행하되 그들이 네게 가르치는 대로 삼가 행할 것이니 11. 곧 그들이 네게 가르치는 율법의 뜻대로, 그들이 네게 말하는 판결대로 행할 것이요 그들이 네게 보이는 판결을 어겨 좌로나 우로나 치우치지 말 것이니라 12. 사람이 만일 무법하게 행하고 네 하나님 여호와 앞에 서서 섬기는 제사장이나 재판장에게 듣지 아니하거든 그 사람을 죽여 이스라엘 중에서 악을 제하여 버리라 13. 그리하면 온 백성이 듣고 두려워하여 다시는 무법하게 행하지 아니하리라"

이 말씀은, 재판하는 제사장이나 재판관이 하나님께서 말씀하신 율법의 뜻을 따라 좌로나 우로나 치우치지 않게 판결할 때 그것을 들으라는 뜻입니다. 그런데 이스라엘이 멸망한 후 왕 대신 대제사장이 유대 민족의 대표자가 되자, 하나님 말씀인 율법의 권위는 사라지고, 대제사장이라는 직위만 남게 됐습니다. 그래서 누구보다 정확하게 율법을 지키고, 좌로나 우로나 치우치지 않고 재판을 해야 할 대제사장이 율법을 어기면서 직위로 사람을 억압하게 된 것입니다. 하지만 대제사장이 율법을 지키지 않고 자기 마음대로 명령한다 해서, 바울도 대제사장의 말을 무시해도 되는 것은 아닙니다. 그래도 율법은 지켜야 합니다. 사람들의 말을 들은 바울은, 그가 대제사장이었는지 알지 못했다고 말했습니다.

> 5, "바울이 이르되 형제들아 나는 그가 대제사장인 줄 알지 못하였노라 기록하였으되 너의 백성의 관리를 비방하지 말라 하였느니라 하더라"

바울이 인용한 말씀은 출애굽기 22장 28절 내용입니다. 이것은 바울의 입을 치라고 말한 아나니아가 대제사장이었음을 바울이 정말 몰랐음을 뜻합니다. 재판을 주관하는 관리에 관한 출애굽기 말씀을 인용할 만큼 성경을 잘 아는 바울이, 대제사장 아나니아에게 고의로 불손하게 말할 사람은 아니기 때문입니다. 그렇다면 바울이 대제사장을 알아보지 못한 이유는 무엇일까요? 바울이 사람들 앞에서 자신을 변론하고 있는 공회는 정기적인 산헤드린 회의가 아니라, 진상 규명을 위해 천부장이 긴급하게 소집한 재판을 위한 회의였습니다. 그리고 그 재판을 주관하는 사람(의장) 역시, 산헤드린 공회가 열릴 때 의장으로 회의를 진행하는 대제사장이 아니라 회의를 소집한 천부장이었습니다. 그런 상황에서 바울이 재판 절차를 따라 정당하게 자기 변론을 하던 도중에, 누군가 '자기의 입을 치라'고 말을 했기 때문에, 그가 누군지 몰랐던 것입니다. 바울은 "너의 백성의 관리를 비방하지 말라 하였느니라."라는 율법을 인용하면서, 앞서 "양심을 따라 하나님을 섬겼다."라는 자신의 말이 진심임을 확증해 보였습니다.

> 6, "바울이 그중 일부는 사두개인이요 다른 일부는 바리새인인 줄 알고 공회에서 외쳐 이르되 여러분 형제들아 나는 바리새인이요 또 바리새인의 아들이라 죽은 자의 소망 곧 부활로 말미암아 내가 심문을 받노라"

"그중 일부는 사두개인이요 다른 일부는 바리새인"이었다고 했습니다. '그중'이란, '산헤드린 공회'가 사두개인과 바리새인으로 구성되었음을 말합니다. '사두개인'의 기원은, 다윗과 솔로몬 시대의 대제사장이었던 '사독'입니다. 그런데 '사두개인'이 유대 사회를 대표하는 집단으로 인정받게 된 것은, 남북 이스라엘이 멸망한 이후 대제사장이 왕을 대신

한 때부터(B.C. 166경)였습니다. 이들은 모세 시대의 유대적 전통만을 고수해서, '모세 오경'만을 정경으로 인정하고 왕실 기록(역사서)이나 선지자들의 전승 문서는 인정하지 않았습니다.

그렇다 보니 죽은 자의 부활이나, 천사와 마귀 등 영적 세계에 관한 것도, '모세 오경'에 기록된 전통적인 것이 아니라고 해서 믿지 않았습니다. 하지만 그렇다고 해서 '사두개인'들이 율법을 따라 철저하게 여호와 하나님을 의지하며 살았는가 하면, 그것도 아니었습니다. 그들은 자신들의 체제를 유지하기 위해서 지배 국가(친로마)에 충성하는 귀족 집단이었기에, 유대 민중의 생활과 어우러지지 않는 철저한 이익 집단이었습니다.

'바리새^{Pharise}'라는 말은 '분리된 자'라는 의미의 히브리어에서 나온 말입니다. 이스라엘의 멸망 이후 이방 문화의 영향을 받아, 이스라엘 고유의 전통과 문화, 무엇보다도 여호와 하나님을 믿는 신앙이 점차 약해질 수밖에 없었습니다. 유대인들이 바벨론 포로 생활을 하는 동안, 흩어져 살던 유대인들 사이에서 하나님의 말씀(모세 오경, 토라)으로 돌아가자고 하는 운동이 일어났습니다. 그 결과 제사장 계층이 아닌 유대인 일반인들, 그리고 성전이 없었기 때문에 회당을 중심으로 모였습니다. 이들은 율법을 엄격하게 지키는 사람들이었으며, 친로마적인 귀족 계급의 '사두개인'과 달리, 유대 백성들에게 경건한 지도자로 존경받는 사람들이 많았습니다.

'바리새파' 사람들은 마카비 전쟁(B.C. 135년경) 이후 가장 강력한 종교적인 당파로 발전했고, 예수님 시대에는 가장 큰 세력을 가지고 있었던 사람들이었습니다. '바리새인'들은 '모세 오경' 외에도 선지자들의 전승을 권위 있는 정경으로 받아들였고, 죽은 자의 부활과 내세, 천사와 마귀와 같은 영적 세계를 인정했습니다. 하지만 '하나님의 통치'만을 믿는 바리새인들은, 로마가 이스라엘을 지배하는 것이 그들의 신앙에 배치된다고 보고, 로마에 대해 적대감을 가지고 있었습니다. 이처럼 '사두개인'과 '바리새인'은 태생적으로, 종교적으로, 정치적으로 서로 맞지 않는 상극의 집단이었습니다. 하지만 이런 두 집단이 예수님을 죽이고 바울을 심문하는 데는 뜻을 모았습니다.

지난주에도 말씀드렸던 것처럼, 바울이 받은 사명은 '로마에 가서 복음을 전하는 것'입니다. 그 사명을 완수하기 전까지, 스스로 포기하거나 영웅 흉내를 내서는 안 됩니다. 그래서 바울은 예수님의 말씀처럼, '뱀 같은 지혜'[마 10:16]로 "죽은 자의 소망 곧 부활로 말미암아 내가 심문을 받는다."라고 말하여 위기를 벗어납니다. 바울이 말한 '죽은 자의 소망 곧 부활'은 다른 '바리새인들'도 믿는 신앙처럼 보이지만, 바울의 부활 신앙은 예수 부활에 근거한 믿음이기에 본질적으로 다릅니다. 어쨌든 이 같은 바울의 발언은 즉시 효과가 나타났습니다. 사두개인과 바리새인들 사이에 신학적 논쟁이 벌어진 것입니다[7-9]. 그들의 분쟁이 얼마나 격렬했던지, 천부장은 로마 시민인 바울이 사두개인과 바리새인들 사이에서 '찢겨질까' 염려했을 만큼, 그 상황이 심각했습니다[10]. 그래서 천부장은 군인들에게 바울을 "무리 가운데서 빼앗아서 영내로 들어가라"라고 명령했습니다.

오늘 살펴보려고 하는 것은, 이들이 "무엇 때문에 화가 났는가?" 하는 것입니다. 그들은 같은 민족이요, '모세 오경'이라는 한 신앙의 뿌리를 가진 사람들입니다. 오늘 바울이 말한 한 문장의 말도, "여러분 형제들아 오늘까지 나는 범사에 양심을 따라 하나님을 섬겼노라."라는, 유대인이라면 어디서든 들을 만한 말입니다. 하지만 이 말을 들은 대제사장은, '바울의 입을 치라'고 명령했습니다. 바울이 "범사에 양심을 따라 하나님을 섬겼다"라는 말이 왜 듣기 싫었을까요? 그것은 똑같은 '모세 오경'을 하나님의 말씀으로 믿고 섬기는 '사두개인'과 '바리새인'들이, 신학적으로 다르게 해석하고 믿기에 분쟁하는 것과 같은 이치입니다. 하지만 더 근본적인 이유를 찾자면, '사두개인과 바리새인들'은 바울이 말하는 하나님을 만나지 못했기 때문입니다.

우리는 바리새인 열심 당원이었던 바울이 예수님을 만났고, 후에 예루살렘으로 돌아와서 성전에서 기도할 때 주님의 말씀을 들었다고 말한 것을 살펴봤습니다. 바울이 산헤드린 공회원들 앞에서 "나는 범사에 양심을 따라 하나님을 섬겼노라."라고 한 것도, 앞서 바울이 증언했던 말의 연장선상에 있는 말입니다. 사두개인과 바리새인들이 신학적인 입장에서 서로 다른 점이 있다 할지라도, 서로 견제와 균형을 유지하면서 정치적으로 함께 갈 수 있는 부분이 있었습니다. 앞서도 말씀드렸지만, 예수님을 십자가에 못 박게 하고, 스데반을 죽이고, 다메섹에 있는 그리스도인들을 붙잡아 오게 하고, 바울을 심문하는 것이 그것입니다. 하지만 바울이 "양심을 따라 하나님을 섬겼다."라고 하는 말은 참을 수 없습니다. 왜 그렇습니까? 바울의 말을 인정해 주는 순간, 그들은 "하나님을 올바로 섬기지 못한 것"이 되기 때문입니다.

천부장이 주재한 산헤드린 공회에서 바울이 하는 말은, 단지 바울 한 사람만의 주장이 아니라 예루살렘에 있는 기독교인 전체가 따르는 믿음의 핵심입니다. 이미 예루살렘에는 예수님의 제자들을 중심으로 세워진 교회가 있었고, 경건하고 지혜로운 일곱 집사가 세워졌을 만큼 그 수가 날마다 더해 가는 상황이었습니다. 게다가 에베소에서 온 유대인들이 바울을 고발할 정도로, 세계 각지에 흩어져 사는 디아스포라 유대인들 사이에서도 바울(복음)의 영향력은 커지고 있었습니다. 그러니 바울이 "양심을 따라 하나님을 섬겼다."라고 하는 말을 그대로 인정해 줄 수 없었던 것입니다.

'사두개인과 바리새인'이 서로 종교적, 정치적으로 주장하는 바가 다르고, 그 구성원도 '레위 지파'와 '일반인'으로 달랐지만 때로는 하나가 될 수 있었습니다. 하지만 바리새인 출신의 '바울'의 주장은 도저히 받아들일 수 없었습니다. 왜 그렇습니까? 우리는 성경이 밝히고 있는 인간의 죄의 본성을 알아야 합니다. 그것이 '하나님을 믿는 신앙'이라는 옷을 입고 있다 할지라도 감출 수 없습니다. 인간은 처음부터 하나님을 배반하고, 하나님의 자리를 탐했던 자들이었습니다. '모세 오경'을 믿는 '사두개인'들은 왜 부활을 믿지 않고, 영을 믿지 않았을까요? 그들이 믿는 '모세 오경'은, '제사장 신분'을 유지하고 강화하기 위해 사용되는 도구였을 뿐, 실제로 하나님의 말씀에 순종하는 믿음이 없었기 때문입니다. 그러면 '모세 오경'뿐만 아니라 부활도 믿고 영도 믿었던 '바리새인들'은, 왜 바울이 전하는 복음을 받아들이지 못했을까요? 그들 역시 자기들이 구축해 놓은 '신앙의 규범'에 사람들이 복종하도록 만들면서, 하나님이 계셔야 할 자리를 없애 버리고 자기들이 그 자리를 차지했습니다.

　기독교 신앙의 기초는, 하나님의 아들이신 그리스도께서 세상에 오셔서 죄로 멸망할 사람들을 위해 자기 몸을 속죄의 제물로 하나님께 드린 것에 있습니다. 예수님의 십자가 죽음 이후 두려움과 절망에 빠진 제자들에게, 부활하신 예수님께서 찾아와서 자신의 몸을 보이셨고, 그들에게 부활의 소망을 주셨습니다. 그리스도인을 핍박하던 바울에게도 예수님께서 친히 찾아와 만나 주셨고, 그에게 이방 전도를 위한 사도의 사명을 주셨습니다. 예수님께서는 또 다른 보혜사인 성령을 사람들에게 보내 주셔서, 누구든지 예수님을 믿고 고백하는 사람들은 성령을 통해 예수님을 만나게 해 주셨습니다. 오늘날 저와 여러분이, 바울이 산헤드린 공회원들 앞에서 전하는 복음의 내용과 똑같은 믿음을 가질 수 있는 이유가 바로 이것입니다.

　믿음이 무엇입니까? 하나님을 만난 것이요, 부활하신 그리스도를 영접한 것입니다. 그리스도를 영접했다는 것은, 머리에 기독교적인 지식이 있다는 것이 아니라, 하나님께서 기뻐하시는 대로 우리 몸과 마음이 기쁜 마음으로 순종하는 것입니다. 바울이 돌에 맞고, 채찍에 맞고, 감옥에 갇히고, 춥고, 굶고, 목마르고, 헐벗으면서도 복음 전하는 사명을 계속할 수 있었던 이유가 바로 여기에 있습니다. 바울이 성난 유대인 군중과 산헤드린 공회원들 앞에서 하는 말이 무엇입니까? "내가 주를 만났다."입니다. 그것 외에 다른 말로 복음을 설명하지 않습니다. 바울은 부활하신 주님을 직접 만났기 때문에 그 사실을 말하고 있고, 사실을 말하고 있기에 '지금까지 양심을 따라 하나님을 섬긴 것' 역시 분명한 사실입니다.

하지만 바울의 말을 듣는 대제사장과 산헤드린 의원들은 어떻게 생각했습니까? 바울이 주장하는 것은 자기들이 믿는 유대교의 하나님이 아니라는 것입니다. 그들이 생각하고 믿는 유대교의 하나님은 어떤 분입니까? 자기들의 종교적, 정치적 지위와 권력을 유지하고 세습할 수 있도록, '율법'이라고 하는 강력한 도구를 주신 분입니다. 그 '율법'은 바리새인과 서기관인 자기들의 믿음이 얼마나 좋은지 자랑할 수 있는 액세서리였고, 동시에 죄인들을 정죄하고 벌을 줄 수 있는 무기였습니다. 하지만 바울이 전하는 복음은, 사람이 율법을 지켜서 구원받는 것이 아니라, 유대인이나 헬라인이나 예수님만 믿으면 구원받고, 하나님의 백성이 된다는 것입니다.

만약, 바울이 전하는 복음이 하나님의 뜻이라면, 지금까지 종교적, 정치적으로 기득권을 누려 왔던 사두개인과 바리새인들은 자기들의 존재 기반을 잃게 됩니다. 그러니 '그 입을 쳐서'라도 바울이 전하는 복음을 막아야 했던 것입니다. 그런데 '사두개인과 바리새인들'은 이천 년 전에만 있던 사람이 아닙니다. 오늘날 기독교에도 그 모양과 형태만 다를 뿐이지 똑같은 사람들이 있습니다. 하나님이 계셔야 할 자리를 자기들이 차고앉아서, '절대적인 복음의 진리'를 '인간이 이해하고 받아들일 수 있는 개념'으로 바꾼 후 이득을 챙기는 사람들입니다.

기독교 신앙은, '하나님께서 우리를 찾아와 만나 주신 것'입니다. 하나님만이 온 천하 만물의 주인이시며, 예수 그리스도를 믿는 것 외에 하나님께 가는 방법이 없습니다. 이것을 가리켜서 '구원'이요 '복음'이라고 합니다. 하지만 오늘날 기독교 안에는, 예수님의 십자가 죽음과 부활로 우리에게 주신 '구원'이라는 진리를, 세상에서 누리는 기쁨으로 바꿔서 가르치는 사람들이 있습니다. 그들은 "구원받은 사람은 죽으면 천국에 가고, 구원받지 못한 사람은 죽으면 지옥에 간다."라고 하는 말은 '구원'에 관한 올바른 가르침이 아니라고 주장합니다. 그런 주장을 설명하기 위해서 구원받은 것을 놀이공원에 간 것으로 예를 듭니다. 입장권 사서 놀이공원에 들어갔지만, 놀이기구는 하나도 안 타고 벤치에 앉아만 있으면 별 재미는 없잖냐, 놀이공원에 들어간 게 무슨 의미가 있냐는 것입니다. 놀이공원에는 놀이기구를 타고 즐겨야 들어간 의미가 있다고 말합니다. 하지만 우리가 경험하는 것처럼 어린 손주들과 놀이공원에 간 할머니, 할아버지들은 놀이기구를 거의 타지 않고 손주들 대신 줄을 서 주고, 손주들이 타고 노는 모습을 보면서 좋아하십니다.

구원을 놀이공원에 들어가는 것으로 비유하는 사람들은 예수님을 믿고 하나님의 자녀가 됐다고 해서 구원받은 것이 아니라, 하나님의 자녀로 하나님과 더불어 사는 기쁨을 누리는 것이 구원이라고 합니다. 그러면서 "하나님의 자녀로 살아가는 기쁨"은 죽음을 넘어선 것이라고 합니다. 그래서 생물학적인 삶을 다 산 후에 죽어서도 하나님과 더불어 살 수 있다는 소망을 갖는 것이 '구원'이라고 합니다. 그런데 정말 '구원'이 하나님과 더불어 살 수 있다는 소망을 갖는 것일까요? 천국은 불확실한 미래에 대한 기대, 염원, 소망이 아니라 실제로 우리가 가게 될 곳이고, 예수 그리스도로 말미암아 이미 우리가 받은 곳입니다.

그들은 천국도 '하나님의 주권과 통치'가 있는 곳은 어디나 하나님 나라라고 합니다. 그래서 죽어서 가는 '천국'만 하늘나라가 아니라, 이 땅도 하나님 나라라고 합니다. 우리가 사는 세상에서 하나님을 체험하고 기쁘게 살아가는, 잔치와 같은 우리의 삶이 바로 천국의 삶과 같은 것이라고 합니다. 그들은 "하나님은 죽은 자의 하나님이 아니라 살아있는 자의 하나님"이라고 하면서, 세상에서 기쁘고 즐겁게 사는 것이 천국의 삶인 것처럼 말합니다. 말은 그럴 듯하게 들리는데, 결국 천국과 영생의 삶을 부정하는 것과 같습니다. 죽은 자의 부활과 이 세상의 삶에 관해서 바울은 이렇게 말했습니다.

> 고린도전서 15:12-15, "그리스도께서 죽은 자 가운데서 다시 살아나셨다 전파되었거늘 너희 중에서 어떤 사람들은 어찌하여 죽은 자 가운데서 부활이 없다 하느냐 13. 만일 죽은 자의 부활이 없으면 그리스도도 다시 살아나지 못하셨으리라 14. 그리스도께서 만일 다시 살아나지 못하셨으면 우리가 전파하는 것도 헛것이요 또 너희 믿음도 헛것이며 15. 또 우리가 하나님의 거짓 증인으로 발견되리니 우리가 하나님이 그리스도를 다시 살리셨다고 증언하였음이라 만일 죽은 자가 다시 살아나는 일이 없으면 하나님이 그리스도를 다시 살리지 아니하셨으리라"

만일 죽은 자의 부활과 천국이 없다면, 우리의 믿음은 헛된 것이 되고 맙니다. 이 복음을 전하는 바울도, 오늘 여러분 앞에서 설교하는 저나 그 설교를 듣는 여러분이나 모두 쓸데없는 일을 하고 있는 것입니다.

> 고린도전서 15:16-20, "만일 죽은 자가 다시 살아나는 일이 없으면 그리스도도 다시 살아나신 일이 없었을 터이요 17. 그리스도께서 다시 살아나신 일이 없으면 너희의 믿음도 헛되고 너희가 여전히 죄 가운데 있

을 것이요 18. 또한 그리스도 안에서 잠자는 자도 망하였으리니 19. 만일 그리스도 안에서 우리가 바라는 것이 다만 이 세상의 삶뿐이면 모든 사람 가운데 우리가 더욱 불쌍한 자이리라 20. 그러나 이제 그리스도께서 죽은 자 가운데서 다시 살아나사 잠자는 자들의 첫 열매가 되셨도다"

여기서도 분명히 말씀하는 것이 만일 "우리가 바라는 것이 다만 이 세상의 삶뿐이면 모든 사람 가운데 우리가 더욱 불쌍한 자"일 것입니다. 세상을 사는 기쁨과 즐거움만을 추구한다면, 주일날 교회에 나와서 딱딱한 의자에 앉아서 설교를 듣는 것보다, 내가 좋아하는 것을 하는 것이 훨씬 좋을 것입니다. 하나님만 믿으면 됐지 매 주일 교회에 나와서 예배하고 헌금할 필요 있습니까? 그러면 이런 주장을 하는 신학교 교수들과 목사들은 왜 그러는 걸까요? 그런 말 듣기를 좋아하는 사람들이 있고, 방송국에서 불러 주니 그렇습니다. 유명해지고, 돈 많이 벌고, 방송에 자주 나와서 더 유명해지니 얼마나 좋습니까?

만약 부활이 없고, 천국이 없고, 구원이 없다면, 바울은 왜 저렇게 많은 매와 채찍을 맞고, 감옥에 갇히고, 춥고, 목마르고, 헐벗고, 굶주린 삶을 살아야 했을까요? 그래서 바울이 하는 말이, 만일 "우리가 바라는 것이 다만 이 세상의 삶뿐이면 모든 사람 가운데 우리가 더욱 불쌍한 자"일 것이라고 말한 것입니다. 거짓말하는 사람, 속이는 사람은 말이 많습니다. 혓바닥이 길고, 설명이 깁니다. 그래서 그런 말을 들을 때, 베뢰아 사람들처럼 "간절한 마음으로 말씀을 받고 이것이 그러한가 하여 날마다 성경을 연구하는"(행 17:11) 마음으로 들어야 합니다.

바울과 사두개인, 바리새인들이 똑같은 율법의 교훈을 받았고, 양심을 따라 하나님을 섬긴다고 했지만, 그들의 믿음은 바울을 죽이고 싶을 만큼 달랐습니다. 정상적인 교회에서 제대로 된 신학교를 졸업한 목사님이 똑같은 성경을 읽고 설교해도, 그 내용이 바울이 전했던 복음과 다른 설교를 할 수 있습니다. 왜요? 그들은 "바울이 만났고, 우리가 만난 예수님을 만나지 못했기 때문"입니다. 그 예수님은 신학을 공부한다고 만날 수 있는 것이 아니고, 성경을 많이 읽었다고 만날 수 있는 것이 아닙니다. 주님께서 찾아와 주셔야 만날 수 있습니다. 우리가 바울과 베드로의 설교를 이해할 수 있고, 선지자들의 예언과 시편과 욥기를 이해할 수 있는 것은, 그들을 만나 주신 하나님을 우리도 만났기 때문입니다.

> 갈라디아서 1:7-10, "다른 복음은 없나니 다만 어떤 사람들이 너희를 교란하여 그리스도의 복음을 변하게 하려 함이라 8. 그러나 우리나 혹은 하늘로부터 온 천사라도 우리가 너희에게 전한 복음 외에 다른 복음을 전하면 저주를 받을지어다 9. 우리가 전에 말하였거니와 내가 지금 다시 말하노니 만일 누구든지 너희가 받은 것 외에 다른 복음을 전하면 저주를 받을지어다 10. 이제 내가 사람들에게 좋게 하랴 하나님께 좋게 하랴 사람들에게 기쁨을 구하랴 내가 지금까지 사람들의 기쁨을 구하였다면 그리스도의 종이 아니니라"

우리는 '바른 복음'을 듣고, '바른 믿음' 안에서 살아야 합니다. 저와 여러분이 이 복된 믿음의 길에서 흔들리거나 떨어지지 않고 끝까지 말씀에 순종하며 살아가기를 주님의 이름으로 축원합니다.

사도행전 23:11

로마에서도 증언하여야 하리라

"그 날 밤에 주께서 바울 곁에 서서 이르시되 담대하라 네가 예루살렘에서 나의 일을 증언한 것 같이 로마에서도 증언하여야 하리라 하시니라"

바울이 산헤드린 공회원들 앞에서 "오늘까지 나는 범사에 양심을 따라 하나님을 섬겼노라."라고 말한 것 때문에 유대인들 사이에서 큰 분쟁이 벌어졌습니다. 그 분위기가 얼마나 험악했던지, "천부장은 바울이 그들에게 찢겨 죽을까 염려하여, 부하들에게 무리로부터 빼앗아서 부대 안으로 데려가라고 명령"했습니다. 부대 안으로 들어온 바울은 다시 감옥에 갇히게 되었고, 이와 같은 환난과 고통은 죄수의 몸으로 로마로 갈 때까지 계속될 것입니다. 그리고 오늘 본문은, 바울이 여전히 감옥에 갇혀 있을 때 주신 말씀입니다.

주님께서 바울에게 "담대하라 네가 예루살렘에서 나의 일을 증언한 것같이 로마에서도 증언하여야 하리라." 이렇게 직접 말씀해 주셨으니 얼마나 든든했을까요? 그런데 주님의 말씀을 직접 들은 바울의 현재 형편은 조금도 변하지 않았습니다. 사실 주님께서 원하시면 얼마든지 바울을 풀어 주실 수도 있었을 것입니다.

> 사도행전 5:17-20, "대제사장과 그와 함께 있는 사람 즉 사두개인의 당파가 다 마음에 시기가 가득하여 일어나서 18. 사도들을 잡아다가 옥에 가두었더니 19. 주의 사자가 밤에 옥문을 열고 끌어내어 이르되 20. 가서 성전에 서서 이 생명의 말씀을 다 백성에게 말하라 하매"

성전에서 이 생명의 말씀을 백성에게 전하라고 하신 것과 예루살렘에서 전한 것처럼 로마에서도 증언해야 할 것이라는 말씀이 사실은 같은 말입니다. 그런데 사도들을 감옥에서 풀어 주셨던 주님께서, 바울은 그냥 그대로 두셨습니다. 여기에 우리의 고민이 있습니다. 하나님이 능력이 없으셔서 할 수 없었다고 한다면 어쩔 수 없는 일이지요. 하지만 능력이 있으심에도 안 해 주셨다고 한다면 섭섭한 마음이 들 것입니다. 그래서 우리는 하나님께서 당신의 자녀와 백성, 바울처럼 하나님께서 선택하시고 사명을 주신 사람을 그에 합당한 사람으로 만들어 가는 과정을 배워야 합니다.

> 로마서 5:1-4, "그러므로 우리가 믿음으로 의롭다 하심을 받았으니 우리 주 예수 그리스도로 말미암아 하나님과 화평을 누리자 2. 또한 그로 말미암아 우리가 믿음으로 서 있는 이 은혜에 들어감을 얻었으며 하나님의 영광을 바라고 즐거워하느니라 3. 다만 이뿐 아니라 우리가 환난 중에도 즐거워하나니 이는 환난은 인내를, 4. 인내는 연단을, 연단은 소망을 이루는 줄 앎이로다"

3월 9일, 돌아오는 수요일이 되면 대한민국의 새 대통령이 선출될 것입니다. 우리나라도 미국처럼 두 명의 대통령 후보가 치열하게 경쟁하고 있습니다. 문제는 누가 대통령이 될지는 투표함이 열리기 전까지 아무도 모른다는 것입니다. 그런데 만약 어떤 후보의 당선이 확실하다,

마음 졸일 필요 없이 확실하게 이긴다는 보장이 있다면, 그 후보를 위해 선거 운동하는 사람들은 기쁘지 않겠습니까?

우리가 예수를 믿음으로 의롭다 하심을 받았고, 하나님과 화목하게 됐습니다. 이제 우리는 그리스도를 통해 우리가 누리고 있는 은혜를 경험하게 됐습니다. 무엇보다 우리는 하나님의 영광에 참여한다는 즐거움을 가진 사람들입니다. 이 즐거움, 이 기쁨은 마음 졸일 필요가 없는, 보장되고 확실한 것입니다. 그런데 문제는 무엇입니까? 그렇게 즐거워하자, 기뻐해도 된다고 해 놓고 "그래서 우리는 환난 중에도 기뻐해야 한다."라고 말씀한 것입니다. 이것은 무슨 뜻일까요? 환난 자체를 기뻐하고 즐거워하자는 뜻입니다.

> 사도행전 14:22, "제자들의 마음을 굳게 하여 이 믿음에 머물러 있으라 권하고 또 우리가 하나님의 나라에 들어가려면 많은 환난을 겪어야 할 것이라 하고"

"많은 환난을 겪어야 할 것이라.", 부모가 공부하는 자녀에게 "열심히 공부해서 좋은 대학 졸업하면 사회에서 더 좋은 기회를 얻게 된다." 이렇게 말하는 것입니다. 저도 아이들이 대학 갈 때가 되니 좋은 대학은 어떤 학교인지 찾아봤습니다. 좋은 대학을 평가하는 가장 중요한 기준은, 교수대 학생 비율이었습니다. 교수 1인당 학생 6~9명이면 최고 좋은 대학입니다. 미국에서 100위권 안에 있는 대학들은 보통 교수 1인당 학생 15명 미만입니다. 교실에 학생 6명, 10명, 15명 있으면 수업 시간에 딴짓할 수 있겠습니까? 당연히 수업 집중도도 높고, 교수가 학생에게 요구하는 수준도 높을 것입니다. 그런 학교에서 가르치는 교수나 배우는 학생 모두 최고 엘리트들일 것입니다. 당연히 그런 학교에서 공부하면, 그렇지 않은 학교보다 힘들고 고달플 것입니다.

바울이 "많은 환난을 겪어야 할 것이라."라고 하는 말이 그런 뜻입니다. 환난이 주는 유익이 있습니다. 첫째는, "자기 자신을 정확하게 보게 합니다." 집에서 혼자 공부할 때는 다 아는 것 같고, 공부가 너무 쉽습니다. 제가 초등학교 들어가기 전에, 저희 부모님은 제가 천재인 줄 알았답니다. 그런데 그 착각이 깨지기까지 1년도 안 걸렸다는 것 아니겠습니까? 제 부모님은 좀 빨리 깨진 편이지만, 보통 아이가 중학교나 고등학교 들어갈 때 깨지기도 하고, 대학 들어가는 것, 취직 못 하는 것 보면서 깨지기도 합니다.

믿음도 똑같습니다. 사건이 없고 편안할 때는 우리 믿음이 괜찮은 것 같습니다. 그런데 정작 믿음을 사용해야 할 때가 오고 필요할 때가 되면, 머리에 있는 믿음이 어디에 들어가 있는지 도무지 찾아 볼 수가 없습니다. 막상 꺼내 놓고 보면, 그동안 늘 생각하고 외워 왔던 믿음이 아니라 고집불통과 격해지는 감정, 끝장을 보고야 마는 성질머리만 나오는 자신을 발견하게 되는 것입니다. 그런 우리 믿음의 실체를 보게 하는 것이 바로 환난입니다. 환난이 오기 전까지는 '이 정도면 됐다'고 생각합니다. 그런데 아닙니다. 환난을 지나 봐야, 시험장에서 시험을 쳐 봐야 진짜 내 실력을 알 수 있습니다.

제가 하와이에서 세 번 운전면허 시험을 봤습니다. 오자마자 치른 첫 번 시험에는 필기와 실기 시험을 한 번에 통과했습니다. 군대에서 운전

병을 했고, 한국이나 남아공에서도 사고를 내거나 교통 위반을 한 적이 많이 없기에 그까짓 것 별거 아니라고 여기면서 쉽다고 생각했습니다. 그런데 처음 받았던 종교 비자 기간이 만료되면서, 운전면허증의 유효 기간도 종교 비자와 함께 만료되어 운전면허 시험을 다시 봐야 했습니다. 처음에 운전면허 시험을 보면서 한 번에 합격했기에 걱정도 않고 다시 봤습니다. 그런데 도로 주행 시험에서 1점 차이로 떨어져서 다시 봐야 했습니다. 두 번째 운전 시험을 볼 때는 조금 긴장됐지만, 별 실수 없이 잘했다고 생각했습니다. 그런데 두 번째 시험에서는 3점 차이로 또 떨어졌습니다. 그래서 제가 감독관에게 내가 뭘 실수했냐고 물어봤습니다. 감독관이 제가 실수한 부분을 지적해 주었는데, 몸에 밴 습관이 문제였습니다. 저는 도로교통법의 규정대로 신호와 속도를 지키면서 운전했다고 생각했지만, 나도 잘 모르는 잘못된 운전 습관들이 감독관의 채점 기준에 체크가 됐고, 결국 불합격으로 처리된 것이었습니다. 그러면 시험에 합격하려면 어떻게 해야 합니까? 잘못된 것을 고쳐야 합니다. 감독관이 가지고 있는 채점표에 실격으로 표시되지 않는 것이 실력입니다. 내 나름대로 아무리 운전 잘한다고 우겨도, 채점표에 맞지 않으면 불합격입니다.

우리가 가진 믿음의 실력은 언제 그 실체가 드러납니까? 애굽에서 유월절 장자 재앙을 면하고, 하나님께서 그들을 위해 예비해 주신 젖과 꿀이 흐르는 자유의 땅으로 떠났을 때, 그들 앞에 홍해가 있었습니다. 뒤에서는 애굽 왕 바로가 보낸 애굽의 정예 기마 부대가 쫓아오고 있었습니다. 그때 이스라엘 백성들은 무엇을 했습니까? 그들의 실력은 그때 드러났습니다.

출애굽기 14:12, "우리가 애굽에서 당신에게 이른 말이 이것이 아니냐 이르기를 우리를 내버려 두라 우리가 애굽 사람을 섬길 것이라 하지 아니하더냐 애굽 사람을 섬기는 것이 광야에서 죽는 것보다 낫겠노라"

환난이 오자 조금도 참지 못하고 하나님을 원망하고 모세를 원망했습니다. 하나님께서 애굽에 열 가지 재앙을 내리신 것을 보고도, 믿지 못한 것입니다. 그때 모세가 뭐라고 했습니까? 두려워하지 말고 여호와께서 너희를 위해 행하시는 구원을 보라고 했습니다.

출애굽기 14:13, "모세가 백성에게 이르되 너희는 두려워하지 말고 가만히 서서 여호와께서 오늘 너희를 위하여 행하시는 구원을 보라 너희가 오늘 본 애굽 사람을 영원히 다시 보지 아니하리라"

믿음이 무엇입니까? 우리는 주로 하나님께서 나에게 능력을 주시면, 내가 그 능력으로 적군을 멋지게 모두 물리치는 것을 좋은 믿음이라고 생각합니다. 그런데 모세는 뭐라고 말합니까?

출애굽기 14:14, "여호와께서 너희를 위하여 싸우시리니 너희는 가만히 있을지니라"

하나님께서 이스라엘을 위해 싸워 주시고, 그들은 가만히 있는 것이 믿음입니다. 이게 무슨 말인지 이해되십니까? 왜 가만히 있는 것이 믿음일까요?

출애굽기 14:15-18, "여호와께서 모세에게 이르시되 너는 어찌하여 내게 부르짖느냐 이스라엘 자손에게 명령하여 앞으로 나아가게 하고 16. 지팡이를 들고 손을 바다 위로 내밀어 그것이 갈라지게 하라 이스라엘 자손이 바다 가운데서 마른 땅으로 행하리라 17. 내가 애굽 사람들의 마음을 완악하게 할 것인즉 그들이 그 뒤를 따라 들어갈 것이라 내가 바로와 그의 모든 군대와 그의 병거와 마병으로 말미암아 영광을 얻으리니 18. 내가 바로와 그의 병거와 마병으로 말미암아 영광을 얻을 때에야 애굽 사람들이 나를 여호와인 줄 알리라 하시더니"

모세가 여호와 하나님의 말씀대로 "지팡이를 들고 손을 바다 위로 내밀어 그것이 갈라지게" 했습니다. 하나님께서 당신의 능력을 모세가 손에 든 지팡이 위에 두셔서 홍해 바다를 가르시고, 물이 갈라져 마른 땅이 되게 하셨습니다(출 14:21). 그런데 하나님께서 '모세의 손에 든 지팡이에 두셨던 그 능력'을 거두어 가지 않으시고 계속 남겨 두었다면, 그 다음 어떤 일이 벌어졌을 것 같습니까? 민수기 16장에 보면, 고라가 모세를 대항하여 반란을 일으켰습니다(민 16:1-2). 회중 가운데서 이름 있는 지휘관 250명도 고라와 뜻을 함께하여 동참했습니다. 만약 하나님께서 모세에게 주셨던, '홍해를 가르시던 그 능력'을 거두어 가지 않으시고, 모세가 계속 사용할 수 있도록 그냥 두셨다면 어떻게 됐을까요? 아마도 모세는 홍해를 가르던 능력으로 고라 일당을 갈라 버렸을 것입니다. 물론 고라의 반역에 동참했던 모든 사람은 하나님의 심판을 받았습니다. 하지만 그 심판을 하나님께서 하시는 것과 모세가 하는 것은 전혀 다른 것입니다.

에덴동산의 아담과 하와를 생각해 보십시오. 아무런 능력도 없는 인간들이 하나님처럼 되고 싶어서 선악과를 따 먹었습니다. 그런데 만약 그런 인간에게 다른 사람을 제압할 수 있는 특별한 능력까지 있다고 한다면, 그 능력을 하나님이 하시는 것처럼 선하고 공의롭게 사용하겠습니까? 우리는 다수의 국민이 선택해서 부여한 그나마 신뢰할 수 있는 권력조차도, 그것을 사용하는 사람에 따라 남용되고 부패할 수 있다는 것을 확인하고 있습니다. 그런데 홍해 앞에 선 모세의 경우에서 확인하는 것처럼, 그 능력이 '하나님으로부터 부여받은 것'이라는 정통성까지 더해진 것이라면 어떻게 될 것 같습니까? 모세가 '하나님의 뜻'이라는 명분으로 행하는 모든 일은, 그것이 무엇이 됐든지 다 따라야 할 절대적인 기준이 되지 않겠습니까?

모세는 지상의 모든 사람보다 온유한 사람이고(민 12:3), 믿음 있는 사람입니다. 하지만 하나님께서는 그 모세에게조차 당신의 능력을 맡겨 주지 않으셨습니다. 그래서 모세가 일이 생길 때마다 기도했던 것이, "나를 죽여 주세요."였습니다. 아브라함과 더불어 믿음의 사람으로 손꼽히는 모세조차도 어려운 일이 생길 때마다 자신의 능력 없음을 자각했고, 결국은 하나님께서 자기를 죽여 주시는 것 외에는 자기가 고통당하는 문제를 해결할 방법이 없음을 고백한 것입니다.

> 민수기 11:15, "주께서 내게 이같이 행하실진대 구하옵나니 내게 은혜를 베푸사 즉시 나를 죽여 내가 고난 당함을 내가 보지 않게 하옵소서"

믿음이 무엇입니까? 온갖 영웅이 등장하는 영화나 만화처럼, 절대 반지나 절대 능력으로 모든 어려운 일을 해결하고, 위기에 빠진 인류를 구원하는 것입니까? 아닙니다. 믿음은 환난을 당할 때마다 허우적거리면서 하나님을 찾는 것입니다. "내게 은혜를 베푸사 즉시 나를 죽여 내가 고난당함을 보지 않게 하옵소서." 죽음 외에 다른 해결 방법이 없다면서 하나님을 찾고 매달리는 것이 믿음입니다.

환난이 우리에게 유익한 두 번째 이유는, "환난이 닥쳐야 비로소 우리가 하나님의 필요성을 더 깊이 인식하게 되기 때문"입니다. 사람은 편안하고 자기가 하는 일이 뭐든 잘되면 주님을 찾지 않습니다. 다윗도 나가는 전쟁마다 승리하고, 나라가 부강해지고, 왕으로서 자기 권력이 더 튼튼하게 강화되자, 하나님을 찾을 이유가 사라졌습니다. 심지어 하나님과 사람에게 하면 안 되는 범죄를 저지르고도 자각하지 못했습니다. 부하 장수의 아내를 빼앗고, 그 장수는 전쟁터에 보내서 고의로 죽게 한 것입니다. 하나님께서는 나단 선지자를 다윗에게 보내서 그의 죄를 지적하고 책망하셨고, 다윗이 밧세바에게서 불법적으로 낳은 아이를 쳐서 심하게 앓게 하셨습니다. 다윗은 아이를 위해 간구하고 금식하며 밤새 하나님께 기도했습니다.

> 사무엘하 12:16-17, "다윗이 그 아이를 위하여 하나님께 간구하되 다윗이 금식하고 안에 들어가서 밤새도록 땅에 엎드렸으니 17. 그 집의 늙은 자들이 그 곁에 서서 다윗을 땅에서 일으키려 하되 왕이 듣지 아니하고 그들과 더불어 먹지도 아니하더라"

하지만 다윗의 간절한 기도에도 불구하고 아이는 일주일 만에 죽었습니다. 그리고 그때 다윗이 하나님께 기도했던 내용을 기록한 것이 시편 51편입니다.

시편 51:9-13, "주의 얼굴을 내 죄에서 돌이키시고 내 모든 죄악을 지워 주소서 10. 하나님이여 내 속에 정한 마음을 창조하시고 내 안에 정직한 영을 새롭게 하소서 11. 나를 주 앞에서 쫓아내지 마시며 주의 성령을 내게서 거두지 마소서 12. 주의 구원의 즐거움을 내게 회복시켜 주시고 자원하는 심령을 주사 나를 붙드소서 13. 그리하면 내가 범죄자에게 주의 도를 가르치리니 죄인들이 주께 돌아오리이다"

다윗이 '아들의 중한 병'이라는 환난 앞에서 하나님께 기도한 것이 무엇입니까? "나를 주 앞에서 쫓아내지 마시며 주의 성령을 내게서 거두지 마소서."였습니다. 하나님의 필요성, 죄 용서함을 받고, 정직한 영이 새롭게 되며, 구원의 즐거움을 다시 회복하는 것, 이것이 환난을 마주한 다윗이 하나님께 기도한 것이었습니다. 환난은 아프고 고통스러운 것입니다. 힘들고 괴로운 것입니다. 하지만 우리는 이 아픈 환난을 경험할 때, 비로소 하나님을 찾게 됩니다.

그런데 성경에는 환난을 경험하고도 하나님께 나오지 않은 사람들도 있습니다. 아합이 우상을 숭배하고 하나님 앞에 죄를 범한 결과, 이스라엘에 삼 년 육 개월간 비를 내려 주지 않으셨습니다(왕상 18:1-2). 그러던 어느 날 하나님께서 엘리야에게 비를 내려 주리니, 가서 아합을 만나라고 말씀하셨습니다. 왜 하나님께서는 엘리야에게 아합을 만나라고 말씀하셨을까요? 나단 선지자가 다윗을 찾아와서 그의 죄를 지적했던 것과 똑같은 이유였을 것입니다. 하지만 엘리야를 만난 아합은 이렇게 엘리야에게 쏘아붙였습니다.

> 열왕기상 18:17, "엘리야를 볼 때에 아합이 그에게 이르되 이스라엘을 괴롭게 하는 자여 너냐"

이스라엘을 괴롭게 하는 자가 누굽니까? 엘리야입니까? 아합 아닙니까? 그런데 아합은 뻔뻔하게도 엘리야 때문에 비가 오지 않는 거라고 말합니다. 그러자 엘리야는 자기가 이스라엘을 괴롭게 한 것이 아니라 당신과 당신의 아버지의 집이 이스라엘을 괴롭혔다고 대답했습니다.

> 열왕기상 18:18, "그가 대답하되 내가 이스라엘을 괴롭게 한 것이 아니라 당신과 당신의 아버지의 집이 괴롭게 하였으니 이는 여호와의 명령을 버렸고 당신이 바알들을 따랐음이라"

우리는 '환난의 복'을 받을 줄 알아야 합니다. 왜 환난이 복입니까? 다윗을 통해 확인하는 것처럼, 만약 우리에게 환난이 없다면 우리는 죄를 범하고도 그것이 죄인 줄 모르고 뻔뻔하고 자신만만하게 살 것이기 때문입니다. 비록 부정적이고 안 좋은 방법으로 하나님 앞으로 끌고 가지만, 그래도 다윗처럼 자신의 죄를 발견하고 하나님께 회개하며 나올 수 있다면, 그것도 복입니다. 하지만 이 환난의 복은 아무나 받는 것이 아니라는 것 역시 확인하고 있습니다. 아합의 사례에서 보는 것처럼, 환난의 원인을 타인에게서 찾고 자기를 정당화하면서 절대로 하나님께로 돌아오지 않는 사람도 있기 때문입니다.

환난이 우리에게 주는 세 번째 유익은, "우리를 정금같이 만들어 주는" 것입니다. 욥기가 바로 그런 내용입니다. '욥'은 죄를 짓지 않는 사람이었습니다. 자기뿐만 아니라 혹시 자기 자녀들이 집에서 생일잔치를 벌였을 때도, 혹시 자녀들이 마음으로라도 죄를 범했을까 봐 명수대로 번제를 드린 사람입니다. 이렇게 사는 사람이 세상에 또 어디에 있을까 싶을 만큼 욥은 완전하게 살았던 사람이고, 하나님께서도 욥의 그와 같은 행실은 인정해 주셨습니다.

> 욥기 1:8, "여호와께서 사탄에게 이르시되 네가 내 종 욥을 주의하여 보았느냐 그와 같이 온전하고 정직하여 하나님을 경외하며 악에서 떠난 자는 세상에 없느니라" 그런데 문제는, 욥이 받은 환난이 전무후무하게 극심했다는 것입니다.

우리는 욥기를 통해서, 하나님께서 욥에게 요구하셨던 신앙의 수준 그리고 우리에게 요구하시는 신앙의 수준이 어디까지 이르기 원하시는지 알아야 합니다. 욥이 자기 친구들에게 피를 토하는 심정으로 하소연했던 것이 있습니다.

> 욥기 7:17-20, "사람이 무엇이기에 주께서 그를 크게 만드사 그에게 마음을 두시고 18. 아침마다 권징하시며 순간마다 단련하시나이까 19. 주께서 내게서 눈을 돌이키지 아니하시며 내가 침을 삼킬 동안도 나를 놓지 아니하시기를 어느 때까지 하시리이까 20. 사람을 감찰하시는 이여 내가 범죄하였던들 주께 무슨 해가 되오리이까 어찌하여 나를 당신의 과녁으로 삼으셔서 내게 무거운 짐이 되게 하셨나이까"

욥은 자기가 당한 환난이 하나님께서 주신 것임을 알고 있었습니다. 그리고 하나님께서 그렇게 하신 데는 특별한 목적이 있다는 것도 알고 있었습니다. 하지만 그것을 다 알고 있다고 해도, 그가 겪고 있는 환난은 너무 고통스러웠습니다. 그래서 뭐라고 합니까? "왜 주님께서는 내게서 눈을 돌리지 않고 계속 쳐다보십니까? 침 삼킬 순간도 주지 않고 나를 감찰하시는 이유가 무엇입니까? 내가 죄를 범했던들 하나님께 무슨 해가 된다고 나를 과녁으로 삼으시고, 나를 추적하십니까?" 이런 고백을 하고 있습니다.

욥의 이런 항변에 대한 욥기 38~41장에 기록된 하나님의 답변은 이것입니다. "너는 잘못한 것이 없다. 하지만 죄를 범하지 않고 사는 것이 전부는 아니다. 그보다 더욱 깊어지는 신앙의 삶, 정금과 같은 믿음의 삶을 살라"는 것입니다. 그 정금 같은 믿음은 어떤 것입니까? 욥의 대답에서 확인할 수 있습니다.

> 욥기 42:5-6, "내가 주께 대하여 귀로 듣기만 하였사오나 이제는 눈으로 주를 뵈옵나이다 6. 그러므로 내가 스스로 거두어들이고 티끌과 재 가운데에서 회개하나이다"

하나님께서 우리에게 원하시는 신앙의 수준은, "세상에서 죄짓지 않고 사는 것, 잘못하지 않는 정도의 수준"이 아닙니다. 불로 연단한 금과 같이 값비싼 믿음의 수준에까지 이르는 것입니다. 주님께서 바울을 찾아오셔서 "담대하라. 네가 예루살렘에서 나의 일을 증언한 것같이 로마에서도 증언하여야 하리라." 이렇게 말씀하셨습니다. 하지만 주님께서는 바울에게 사명만 주셨지, 바울이 현재 당하고 있는 형편이나 상황은 전혀 바꿔 주지 않으셨습니다. 여전히 감옥에 갇힌 상태라는 것입니다.

욥이 당한 환난은 신구약 모든 성경의 인물 중에서 가장 극심했을 것입니다. 하지만 바울이 경험한 환난도 욥에 못지않은 최고 수준의 고난이었습니다. 그런데 이 두 사람에게서 발견되는 공통점이 있습니다. 그것은 그들이 하나님께서 원하시는 수준에 이를 때까지 하나님께서 그 생명을 지켜 주셨다는 것입니다. 그 무엇도 우리를 그리스도 예수 안에 있는 하나님의 사랑에서 끊을 수 없습니다. 현재 내가 어떤 위치에서 무엇을 경험하고 있든지 이와 같은 믿음 안에서 사는 것, 그것이 바로 욥과 바울이 도달했던 정금 같은 신앙의 경지입니다.

> 로마서 8:37-39, "그러나 이 모든 일에 우리를 사랑하시는 이로 말미암아 우리가 넉넉히 이기느니라 38. 내가 확신하노니 사망이나 생명이나 천사들이나 권세자들이나 현재 일이나 장래 일이나 능력이나 39. 높음이나 깊음이나 다른 어떤 피조물이라도 우리를 우리 주 그리스도 예수 안에 있는 하나님의 사랑에서 끊을 수 없으리라"

최근 기독교의 동향을 보면, 도덕적 삶을 살고, 착하게 사는 것이 기독교 신앙의 본질인 것처럼 강조하는 흐름이 있습니다. 그래서 교회에서 예배만 열심히 드리는 것이 좋은 신앙이 아니라, 이웃을 돌아보고 선한 일을 하며, 세상에서 모범을 보이는 것이 좋은 신앙이라고 말합니다. 물론 우리가 그렇게 살아야 합니다. 하지만 그것이 우리 신앙의 본질이 아닙니다. 세상에서 착하게 살고, 남을 도우며 사는 것을 우리 신앙의 본질로 삼고 다른 종교나 세상 사람들과 경쟁하기 시작하면, 그리스도의 십자가는 사라지고 맙니다.

하나님께서 욥을 통해서 보여 주셨듯이, "그와 같이 온전하고 정직하여 하나님을 경외하며 악에서 떠난 자는 세상에 없을" 만큼 살았어도, 하나님을 아는 면에 있어서 욥에게 부족함이 있었습니다. 어떤 면에서 부족했습니까? "하나님의 주권, 하나님의 통치, 하나님의 일하심에 믿고 순종하는 면"에 있어서 욥이 알지 못했던 부분이 있었던 것입니다. 그래서 환난의 끝에 이르러서야 비로소 욥은, "지금까지 내가 귀로 듣기만 했었는데, 이제는 눈으로 주를 뵙습니다."라고 고백할 수 있었던 것입니다. 잘 살고 형통할 때는 믿음이 있는 것 같고, 환난과 고통을 경험할 때는 "하나님 도대체 나한테 왜 그러십니까?" 원망하는 것은, 광야 이스라엘과 같은 믿음입니다. 환경을 넘고 환난을 넘어서, 우리를 정금 같은 믿음의 경지까지 인도해 가시고 자라게 하시는 하나님을 만나는 것, 그것이 우리가 도달해야 할 목표입니다.

오늘 환난이 우리에게 주는 세 가지 유익에 관해 살펴보았습니다. 첫째는, "자기 자신을 정확하게 보게 합니다." 둘째는, "환난이 닥쳐야 우리가 하나님의 필요성을 더 깊이 인식하게" 됩니다. 셋째는, "우리를 정금같이 만들어" 줍니다. 환난은 언제나 고통스럽습니다. 욥의 고백에서 확인한 것처럼 삶의 의지를 꺾고, 하나님에 대한 믿음을 의심하도록 만들기도 합니다. 하지만 그 환난의 터널을 지나고 나면, 귀로만 듣던 하나님을 눈으로 보고 확인하는 믿음으로 성장하게 될 것입니다. 저와 여러분도 어떤 상황에서도 우리를 위하시고, 자라게 하시는 하나님의 은혜에 감사하며 잘 훈련받기를 기원합니다.

사도행전 23:26~30

죽이거나 결박할 사유가 없음

"글라우디오 루시아는 총독 벨릭스 각하께 문안하나이다 27. 이 사람이 유대인들에게 잡혀 죽게 된 것을 내가 로마 사람인 줄 들어 알고 군대를 거느리고 가서 구원하여다가 28. 유대인들이 무슨 일로 그를 고발하는지 알고자 하여 그들의 공회로 데리고 내려갔더니 29. 고발하는 것이 그들의 율법 문제에 관한 것뿐이요 한 가지도 죽이거나 결박할 사유가 없음을 발견하였나이다 30. 그러나 이 사람을 해하려는 간계가 있다고 누가 내게 알려 주기로 곧 당신께로 보내며 또 고발하는 사람들도 당신 앞에서 그에 대하여 말하라 하였나이다 하였더라"

합법적인 재판을 통해 바울을 죽일 가능성이 희박해지자 바리새인과 사두개인들은 바울을 없애기 위한 암살단을 조직했습니다[12-13]. 그들은 바울을 죽이기 전에는 먹지도, 마시지도 않겠다는 맹세까지 했습니다[14]. 이와 비슷한 맹세는 사울왕 시절에 블레셋과 전쟁을 하면서도 했었습니다.

> 사무엘상 14:24, "이 날에 이스라엘 백성들이 피곤하였으니 이는 사울이 백성에게 맹세시켜 경계하여 이르기를 저녁 곧 내가 내 원수에게 보복하는 때까지 아무 음식물이든지 먹는 사람은 저주를 받을지어다 하였음이라 그러므로 모든 백성이 음식물을 맛보지 못하고"

하지만 이 잘못된 맹세의 결과, 사울의 군대는 전쟁의 완전한 승리를 거두지 못했을 뿐만 아니라, 아들인 요나단마저 잘못된 맹세의 결과로 죽일 뻔했습니다. 그래서 바울이 활동하던 당시 이스라엘에는, '맹세를 지키지 않아도 되는 네 가지 사례'가 랍비에 의해서 허용되었다고 합니다. '선동에 의한 맹세', '허세와 과장으로 한 맹세', '잘못된 맹세', '억압과 강요로 인해 지킬 수 없는 맹세' 등이 예외 사례로 허용된 것입니다.

> 12-13, "날이 새매 유대인들이 당을 지어 맹세하되 바울을 죽이기 전에는 먹지도 아니하고 마시지도 아니하겠다 하고 13. 이같이 동맹한 자가 사십여 명이더라"

이처럼 바울을 죽이려고 맹세한 사람들은, 앞서 말씀드린 '네 가지 예외 사례의 맹세'에 관해서 잘 아는 사두개인이 포함되었을 것으로 보입니다. 왜냐하면, 전날 바울이 "자신은 죽은 자의 부활을 믿는다."라고 말했을 때, 바리새인들은 바울을 옹호하고 사두개인들은 그를 죽이려고 했었기 때문입니다. 이들은 빠져나갈 핑계를 만들어 놓고 하나님을 기망하는 맹세를 한 것입니다.

전날 바울이 공회 앞에서 심문을 받으면서 대제사장에게 '회칠한 담'과 같다고 지적했는데, 그들의 거짓된 실체는 그들이 한 거짓 맹세에서도 확인됩니다. 문제는 그들이 아무리 굳은 의지가 있다 해도, 현재 바울은 천부장의 병영 안에 있는 감옥에 갇혀 있다는 것과 그곳을 군사들이 지키고 있다는 것이었습니다. 그래서 생각해 낸 방법이 '대제사장과 장로들의 공문'을 받아 가는 것이었습니다.

15. "이제 너희는 그의 사실을 더 자세히 물어보려는 척하면서 공회와 함께 천부장에게 청하여 바울을 너희에게로 데리고 내려오게 하라 우리는 그가 가까이 오기 전에 죽이기로 준비하였노라 하더니"

바울을 죽이려는 자들이 세운 계획은 실현 가능성이 매우 큰 방법이었습니다. 전날 발생한 소동으로 인해 바울에 관한 심문이 아직 결론을 내리지 못한 상황이었고, 대제사장이 정식으로 요청한 의회를 천부장이 거절할 수 없기 때문입니다. 그들은 천부장의 병사들이 바울을 공의회에 출석시키기 위해 데리고 올 때, 길에 숨어 있다가 도착하기 전에 길거리에서 죽이려고 준비하고 있었습니다. 그런데 그들이 음모를 꾸미고 대제사장과 장로들에게 말하는 것을 바울의 조카가 듣고, 알게 되었습니다(16).

본문에는 바울의 조카가 어떤 사람인지에 관해서는 설명하지 않고 있습니다. 다만 바울이 빌립보교회 성도들에게 자기가 어떤 사람인지 소개했던 것을 통해서 이 조카에 관해 합리적인 추측을 할 수 있습니다(빌 3:5-6). 앞서 천부장은 바울에게 자기는 많은 돈을 내고 로마 시민권을 샀다고 했었습니다. 하지만 바울은 베냐민 지파에 속한 바리새인으로, 나면서부터 로마 시민이었습니다. 그런 면에서 로마 시민이면서 바리새인 출신의 바울의 형제(누나)에게서 태어난 조카 역시, 영향력 있는 바리새인 중 한 사람이었을 것으로 보입니다.

그래서 바울을 죽이려고 금식하며 맹세까지 한 사람들이 대제사장과 장로들을 찾아가서 바울을 죽일 계획을 보고한 사실을 전해 들을 수 있었던 것입니다. 바울의 조카는 그들의 음모에 관해서 듣자마자 바울에게 이 사실을 알렸습니다. 비록 바울이 천부장의 군대에 붙잡혀 있는 몸이기는 하지만, 그가 로마 시민인 것을 알았기에 천부장은 바울의 면회를 막지 않았던 것으로 보입니다. 오히려 바울은 로마 시민의 권리를 적극적으로 행사하여, 백부장에게 자기 조카를 천부장에게 데려가 달라고 부탁했습니다.

> 17, "바울이 한 백부장을 청하여 이르되 이 청년을 천부장에게로 인도하라 그에게 무슨 할 말이 있다 하니"

백부장이라고 하면 오늘날 군대로 비교하면 육군 부대 중대장 정도 계급입니다. 바울이 청한 백부장은, 바울을 지키는 군사들을 통솔하는 사람으로 보입니다. 그런데 바울은, 조카에게 들은 말을 자기를 지키는 백부장에게 말하지 않고, 자기 조카를 천부장에게 데리고 가 달라고 말했습니다. 왜 그랬을까요? 만약 바울이 조카에게 들은 말을 백부장에게 말하고, 군대의 지휘 체계를 따라 천부장에게 전하려고 했다면, 바울은 위험을 피하지 못했을 것입니다. 바울을 죽이려는 자들이 얼마 지나지 않아서, 대제사장이 요청한 공문을 들고 천부장을 찾아올 것이기 때문입니다.

백부장의 말을 들은 천부장은, 바울의 조카를 데리고 조용한 곳으로 갔습니다[19]. 뭔가 긴급하고 중요한 일이 생겼다고 느꼈던 것입니다. 천부장은 바울의 조카에게, 전하려는 말이 무엇인지 물었습니다.

> 20-21, "대답하되 유대인들이 공모하기를 그들이 바울에 대하여 더 자세한 것을 묻기 위함이라 하고 내일 그를 데리고 공회로 내려오기를 당

신께 청하자 하였으니 21. 당신은 그들의 청함을 따르지 마옵소서 그들 중에서 바울을 죽이기 전에는 먹지도 않고 마시지도 않기로 맹세한 자 사십여 명이 그를 죽이려고 숨어서 지금 다 준비하고 당신의 허락만 기다리나이다 하니"

바울의 조카가 전하는 말을 들은 천부장은, 그가 한 말이 사실이라고 믿었습니다. 전날 자기가 보는 앞에서 사두개인과 바리새인들이 보였던 소동을 생각하면(9-10), 유대인들이 충분히 그런 음모를 꾸밀 수 있다고 생각한 것입니다. 천부장은 바울의 조카에게, "그가 천부장에게 그와 같은 사실을 알려 줬다는 것을 아무에게도 말하지 말라"고 주의를 시켰습니다(22).

천부장이 비밀을 지키라고 한 첫 번째 이유는, 바울의 조카가 천부장에게 그 사실을 알렸던 것처럼, 부대 내에도 사두개인의 첩자가 있을 수 있기 때문입니다. 두 번째 이유는, 바울의 조카가 천부장에게 저들의 음모를 알린 것이 발각되는 순간, 그 사실을 알린 조카의 신변에 위험이 생길 수 있기 때문입니다. 세 번째 이유는, 음모자들이 자기들의 계획이 발각된 것을 알게 되면 또 다른 방법을 새롭게 계획할 것이고, 그렇게 되면 바울을 보호할 수 없기 때문입니다. 유대인들의 음모를 알게 된 천부장은 '밤 제삼 시', 오늘날 시간 개념으로 바꾸면 저녁 9시에 백부장 두 명을 불러서 급히 군사들을 준비시켰습니다. 당시는 로마 정부에 조직적으로 민란을 벌이는 유대인들이 많았습니다.

누가복음 13:1, "그때 마침 두어 사람이 와서 빌라도가 어떤 갈릴리 사람들의 피를 그들의 제물에 섞은 일로 예수께 아뢰니"

당시 갈릴리에는 바리새인 열성 당원이었던 유다라는 사람이 있었습니다. 그는 로마에 세금을 바치는 것은 율법적으로 옳지 않다고 사람들을 선동하여, 로마에 대한 대규모 반란을 일으켰습니다. 유대 총독이었던 빌라도는 군사들을 이끌고 와서 유다와 그를 추종했던 반란자들을 처형했고, 그들의 피를 담아 와서 유월절 제물에 섞어서 성전에 바쳤습니다. 빌라도가 갈릴리에서 처형한 사람들의 피를 일부러 가져와서 유월절 절기의 제물에 섞은 것은, 유대인들이 다시는 반란을 일으키지 못하게 하기 위함이었습니다. 역사가 요세푸스에 의하면, 어떤 유월절 제사 때는 삼천 명의 유대인이 제단에 바쳐지는 짐승처럼 학살당했고, 심지어 이만 명이 학살당한 적도 있다고 합니다. 이처럼 당시 유대인들의 로마에 대한 조직적인 반란은 자주 있던 사건이기 때문에, 천부장은 많은 군사를 동원해서 바울을 총독에게로 호송하도록 했습니다.

> 23-24, "백부장 둘을 불러 이르되 밤 제 삼 시에 가이사랴까지 갈 보병 이백 명과 기병 칠십 명과 창병 이백 명을 준비하라 하고 24. 또 바울을 태워 총독 벨릭스에게로 무사히 보내기 위하여 짐승을 준비하라 명하며"

바울 한 사람을 호송하기 위해 보병과 기병, 창을 든 병사까지 무려 사백 칠십 명이나 동원한 것은, 천부장이 이 사건을 얼마나 심각하게 대했는지 보여 줍니다. 거기에 더해서 예루살렘에서 가이사랴까지 약 90km의 거리를 신속하게 이동하기 위해 바울이 타고 갈 짐승(나귀)까지 준비하도록 지시했습니다. 그러면 천부장은 왜 이렇게 과도한 친절로 바울을 보호하려 했을까요? 그것은 로마 시민인 바울이 자신의 관할 구역에서 무고한 희생을 당한다면, 자기도 그 책임을 면할 수 없었기 때문입니다. 이렇게 보면, 당시 로마 시민권자의 특권이 얼마나 대단했는지 알 수 있습니다.

그런데 이것은 외형적으로 드러난 로마 시민권자에 대한 특권이고, 실제로는 하나님께서 바울의 생명을 보호하고 계시는 것입니다. 왜요? 주님께서 바울에게 명하신 사명이 그에게 아직 남아 있기 때문입니다. "그날 밤에 주께서 바울 곁에 서서 이르시되 담대하라 네가 예루살렘에서 나의 일을 증언한 것 같이 로마에서도 증언하여야 하리라 하시니라"[11] 바울을 죽이려고 결심한 사십 명이, 음모를 꾸미고 바깥에서 기다리고 있습니다. 그런데 하나님께서는 무장한 병사 사백칠십 명과 바울이 탈 짐승까지 준비해서 그를 보호해서 총독이 있는 사령부까지 호송하도록 하셨습니다.

한국 시각으로 지난 목요일 오전 4시경에 윤석열 후보가 20대 대통령으로 새롭게 당선됐습니다. 그러자 가장 먼저 변한 것이, 그의 신변에 대한 경호였습니다. 불과 몇 시간 차이였지만, 야당의 후보였을 때와 대통령으로 당선된 이후가 달랐습니다. 그를 경호하는 경찰과 청와대의 모습이 마치 영화의 한 장면처럼 보였습니다. 그런데 제가 뉴스를 여러 번 돌려 봐도, 대한민국의 대통령을 경호하는 사람들의 숫자가 바울을 호위하는 군사들의 규모만큼 많지 않았습니다. 바울의 앞뒤로 보병과 창병이 각각 이백 명씩 무장을 한 채 보호하고 있고, 그 앞뒤로 기마병 칠십 명이 또다시 경계하면서 가이사랴까지 데리고 간 것입니다. 하나님께서 하시는 일이 이렇게 멋집니다. 상상도 못 할 방법으로 보호하십니다.

로마서 8:31, 37-39, "그런즉 이 일에 대하여 우리가 무슨 말 하리요 만일 하나님이 우리를 위하시면 누가 우리를 대적하리요 37. 그러나 이 모든 일에 우리를 사랑하시는 이로 말미암아 우리가 넉넉히 이기느니라 38. 내가 확신하노니 사망이나 생명이나 천사들이나 권세자들이나 현재 일이나 장래 일이나 능력이나 39. 높음이나 깊음이나 다른 어떤 피조물이라도 우리를 우리 주 그리스도 예수 안에 있는 하나님의 사랑에서 끊을 수 없으리라"

우리가 세상을 살면서 염려가 끊이지 않는 이유는, 내가 나를 책임지려고 하기 때문입니다. 그런데 세상에는 내 힘으로 되지 않는 일이 너무나 많습니다. 하다못해 내 몸의 건강조차도 내 뜻대로 유지되거나 보호되지 못합니다. 하물며 우리가 사는 세상이겠습니까? 어느 한 곳 우리에게 안전한 장소가 있으며, 우리가 하는 일이 실패나 불안 요소 없이 늘 잘되겠습니까? 그래서 우리는, "그리스도 예수 안에 있는 하나님의 사랑" 안에 늘 거해야 합니다.

천부장의 부대에 죄수의 몸으로 붙잡혀 있는 바울이, 무슨 수로 금식까지 선포하고 자기를 죽이려는 사람들의 마음을 돌리겠으며, 그들을 막아 내겠습니까? 차라리 아무것도 모르는 상태에서 죽게 된다면 그나마 고통이 덜할 것입니다. 그런데 자기를 죽이려는 사람들이 길에서 준비하고 있다는 사실을 아는 상태에서 하룻밤을 지내고, 그 길을 갈 수밖에 없다면 죽음의 고통은 더 클 것입니다. 그런데 바울은 그 상황에서 어떻게 하고 있습니까? 자기에게 그 소식을 알려 준 조카를 천부장에게 보내서, 하나님께서 그 일을 해결하시도록 맡겼습니다.

천부장이 바울을 위해 저 많은 병사를 준비시키는 것을 바울이 알았을까요? 심지어 죄인에 불과한 자기가 타고 갈 나귀까지 준비한 것을 알았을까요? 그런데 하나님께서 하시는 일이 이와 같습니다. 그리고 우리가 읽은 말씀을, 위인전이나 동화책 읽듯이 지나쳐서는 안 되는 이유가 바로 여기 있습니다. 하나님은 바울만의 하나님이 아니라, 오늘 저와 여러분의 하나님이십니다. 하나님께서 위기에 빠진 바울을 위해서 저렇게 준비해 주셨다면, 오늘 저와 여러분을 위해서도 우리가 상상하지 못한 방법으로 세상을 움직이시기 때문입니다.

오늘 우리가 읽은 본문은, 천부장이 총독에게 보고하는 서신의 내용입니다. 유대인들이 바울을 죽이려 하고 있지만, 자기는 바울이 죽거나 체포될 만한 죄를 발견하지 못했다고 하는 것입니다. 마치 예수님께서 빌라도에게서 재판을 받던 장면과 똑같습니다. 사람들은 예수를 잡아다가 십자가에 못 박아 죽여야 한다고 아우성쳤습니다. 하지만 빌라도는 예수께서 십자가형으로 죽을 만한 이유를 발견하지 못했습니다. 게다가 빌라도의 부인조차도 빌라도에게 사람을 보내어, 예수님과 관련해서는 아무 상관도 하지 말고 그냥 풀어 주라고 요청했습니다.

> 마태복음 27:19, "총독이 재판석에 앉았을 때에 그의 아내가 사람을 보내어 이르되 저 옳은 사람에게 아무 상관도 하지 마옵소서 오늘 꿈에 내가 그 사람으로 인하여 애를 많이 태웠나이다 하더라"

당시 로마 정부는, 자기들이 지배하고 있는 나라에서 세금을 받고 그들이 반란을 꾀하지 못하도록 치안을 담당하는 정도에서만 영향력을 행사했습니다. 다시 말씀드려서, 피지배국의 종교나 풍습에 대해서 법적 판결을 내리기보다는, 그 나라 백성들이 알아서 해결하도록 내버려 두는 편이었습니다. 예수님에 관한 문제도, 그들의 종교적인 문제요 자기들의 율법에 관한 문제이지, 예수님을 법적으로 사형에 해당하는 판결을 내려야 할 이유가 전혀 없었습니다.

결정적으로 예수님을 처형해 달라고 아우성치는 사람들이 유대인 전체가 아니라, 그들의 배후에 대제사장과 사두개인들, 그리고 장로들이 있음을 알았습니다. 그래서 빌라도는 예수님을 채찍으로 때리는 형벌을 내려서 사람들의 분노를 가라앉히려고 했습니다. 하지만 유대인들은 그의 판결에 만족하지 않았습니다. 오히려 예수님을 죽이려고 하지 않는 빌라도에게, "이 사람을 풀어 주면 당신은 가이사 황제에게 반역하는 것"이라고 하면서, 정치적인 문제로 끌어들였습니다. 결국, 빌라도는 자기가 살기 위해서 예수님을 십자가 죽음에 내어 주게 됩니다.

> 요한복음 19:12, "이러하므로 빌라도가 예수를 놓으려고 힘썼으나 유대인들이 소리 질러 이르되 이 사람을 놓으면 가이사의 충신이 아니니이다 무릇 자기를 왕이라 하는 자는 가이사를 반역하는 것이니이다"

오늘 본문에서 천부장이 벨릭스 총독에게 보낸 편지도 그와 비슷한 내용입니다. 바울이 유대인들의 율법에 관한 문제로 고발됐을 뿐 그에게서 어떤 범죄의 혐의도 찾지 못했는데, 바울을 해치려는 자들이 있어서 총독에게 보냈다는 것입니다. 오늘 저와 여러분도 세상에서 이와 같은 평가를 받을 수 있기를 원합니다.

베드로전서 2:19-21, "부당하게 고난을 받아도 하나님을 생각함으로 슬픔을 참으면 이는 아름다우나 20. 죄가 있어 매를 맞고 참으면 무슨 칭찬이 있으리요 그러나 선을 행함으로 고난을 받고 참으면 이는 하나님 앞에 아름다우니라 21. 이를 위하여 너희가 부르심을 받았으니 그리스도도 너희를 위하여 고난을 받으사 너희에게 본을 끼쳐 그 자취를 따라오게 하려 하셨느니라"

우리가 누군가로부터 오해를 받거나 부당한 대우를 받는 것은 참 불편한 일입니다. 그런 경험을 한 번만 해도 힘든데, 계속 반복된다면 더욱 견디기 어려울 것입니다. 그런데 베드로 사도는, 믿는 자들이 부당하게 고난을 받을 수도 있다고 합니다. 그러면서 그리스도께서 우리를 위해 고난받으신 것을 예로 들면서, 주님께서 우리에게 고난받는 사람의 본을 보여 주시면서 따라오게 하셨다고 말합니다. 먼저 우리는, "우리가 지은 죄로 인해 고난받지 않도록" 자신의 삶을 돌아보면서 주의해야 합니다. 자기기 지은 죄 때문에 매를 맞는다면, 그것이 신앙에 무슨 유익이 되겠습니까? 하지만 예수님과 바울처럼, 지은 죄가 없는데도 고난을 받고 참는다면 하나님 앞에서 칭찬을 받을 것입니다.

제가 어릴 때만 해도, 동네에 교회가 지어지면 주민들이 좋아했습니다. 교회는 독서실에 갈 만한 형편이 되지 않는 학생들이 와서 공부도 하고, 밥도 먹을 수 있는 공간이었고, 아이들을 윤리적으로 선도한다는 공감대가 있었습니다. 저 역시 청소년 시절에, 교회에서 동기들과 형, 누나, 동생들과 함께 지냈습니다. 그래서 부모님이 교회에 다니지 않더라도, 자녀가 교회에 가는 것을 좋아했습니다. 제가 중학생 때부터 주일 학교 교사를 했는데, 주일날 아침에 아이들을 데리러 가면 '교회 선생님 오셨다'면서 어른들이 아이들을 불러 주시곤 했습니다. 그런데 요즘은 사람들이 자기 동네에 교회 세워지는 것을 싫어합니다. 심지어 빌딩에 분양이나 임대를 하면서, 교회를 들이지 않겠다는 조건을 내겁니다. 왜 이렇게 됐을까요? 교회가 동네나 주변 사람에게 유익을 주기보다는, 주차 문제나 예배 시간에 부르는 찬송이나 기도 소리를 소음으로 생각하기 때문입니다.

하지만 더 근본적인 이유는, 믿는 자들이 예수 때문에 고난받는 것이 아니라, 오히려 세상에서도 손가락질받는 죄를 짓는 일이 너무 자주 생겼기 때문입니다. 뉴스와 신문에 크리스천으로 알려진 사람들의 범죄 행위가 드러나고, 목사가 교인들에게 사기 치고, 폭행하고, 나쁜 짓한 것이 방송으로 드러납니다. 그렇다 보니 우리가 크리스천이라는 것이 부끄럽고, 목사인 것이 부끄럽게 여겨지는 것도 사실입니다. 그런데 본문에, 천부장이 총독에게 보낸 편지에 보면 바울은 체포당할 만한 일도 하지 않았다, 그런 죄를 발견하지 못했다고 하고 있습니다. 원래 하나님의 법은 세상의 법이 담지 못하는 인간의 내면에 숨겨진 죄까지도 지적하면서, 마음으로 범할 수 있는 죄까지도 짓지 말라고 하는 것입니다.

> 요한1서 3:15, "그 형제를 미워하는 자마다 살인하는 자니 살인하는 자마다 영생이 그 속에 거하지 아니하는 것을 너희가 아는 바라"

> 마태복음 5:27-28, "또 간음하지 말라 하였다는 것을 너희가 들었으나 28. 나는 너희에게 이르노니 음욕을 품고 여자를 보는 자마다 마음에 이미 간음하였느니라"

그런데 예수님을 믿는다고 하면서 마음으로뿐만 아니라 세상의 법까지 어기고 있으니, 세상에서 하나님의 이름이 수치스럽게 되는 것은 불가피한 현상입니다. 자주 드리는 말씀이지만, 우리가 받은 구원은 우리의 착한 행실이 공로가 되어 받는 것이 아니라 하나님께서 은혜와 선물로 우리에게 주신 것입니다. 그런데 기독교 진리에서 가장 중요한 구원이 우리의 행위와 상관없이 우리에게 주어진 것이라고 하다 보니, 이 구원을 너무 가볍게 생각하는 면이 생겼습니다. 그래서 사람에게 어떤 죄를 범하더라도, 하나님께 회개하면 용서받고 구원받을 수 있다는 오해가 생겼습니다. 그렇게 만들어진 영화가 〈밀양〉입니다. 하지만 예수님께서는 '하나님의 법'을 그렇게 오해하도록 가르치지 않았습니다.

> 마태복음 5:24-26, "예물을 제단 앞에 두고 먼저 가서 형제와 화목하고 그 후에 와서 예물을 드리라 25. 너를 고발하는 자와 함께 길에 있을 때에 급히 사화하라 그 고발하는 자가 너를 재판관에게 내어 주고 재판관이 옥리에게 내어주어 옥에 가둘까 염려하라 26. 진실로 네게 이르노니 네가 한 푼이라도 남김이 없이 다 갚기 전에는 결코 거기서 나오지 못하리라"

우리가 누군가에게 잘못한 죄에 대해서, 그 사람과 세상 법정에서 용서받지 못한다면, 그 모든 죄의 값을 치르기 전까지 거기서 나오지 못한다고 했습니다. 우리는 세상에서의 자신의 삶을 끊임없이 돌아보면서, 우리의 잘못으로 인해서 하나님의 이름이 세상에서 함부로 여겨짐이 없도록 주의해야 할 것입니다. 바울이 자기를 죽이려고 하는 사람들의 흉악한 계획에서 건짐을 받고 있습니다. 그 방법은 인간의 상상과 기대치를 뛰어넘는 전무후무한 방법이었습니다. 하나님께서 바울을 위하시니, 그 어떤 권세나 세력도 건드리지 못했습니다. 하지만 하나님께서는 바울의 인간됨, 그의 행실, 그가 살아온 과거 등 모든 것을 다 동원해서 천부장의 마음을 움직여서 그를 구해 내셨습니다.

천부장이 자기 상관인 총독에게, 바울이 체포되거나 죽어야 할 이유를 찾지 못했다고 편지까지 써서 보고했는데, 바울의 범죄 혐의가 드러나면 어떻게 될까요? 그러니 천부장은 자기가 할 수 있는 모든 방법을 동원해서 바울의 지난 행적을 조사했을 것입니다. 하지만 바울에게서 어떤 혐의도 찾지 못했습니다.

> 요한복음 15:18-19, "세상이 너희를 미워하면 너희보다 먼저 나를 미워한 줄을 알라 19. 너희가 세상에 속하였으면 세상이 자기의 것을 사랑할 것이나 너희는 세상에 속한 자가 아니요 도리어 내가 너희를 세상에서 택하였기 때문에 세상이 너희를 미워하느니라"

우리를 미워하는 세상은, 천부장이 바울을 조사했던 것처럼 우리에게서 죄와 잘못을 찾아내려고 모든 수단을 동원할 것입니다. 그리고 우리가 범한 죄와 잘못을 발견하는 순간, 그리스도께서 우리에게 주신 구원의 은혜를 세상의 윤리나 도덕만도 못한 것으로 폄훼할 것입니다. 그래서 우리는 서로 돌아보고 잘 살펴서, 잘못한 형제가 있다면 바로 잡아 주고 도움이 필요한 사람이 있다면 서로 짐을 지면서 그리스도를 닮아 가야 합니다.

> 갈라디아서 6:1-2, "형제들아 사람이 만일 무슨 범죄한 일이 드러나거든 신령한 너희는 온유한 심령으로 그러한 자를 바로잡고 너 자신을 살

펴보아 너도 시험을 받을까 두려워하라 2. 너희가 짐을 서로 지라 그리하여 그리스도의 법을 성취하라"

저와 여러분, 우리 하와이한빛장로교회가 이 일을 잘할 수 있기를 원합니다. 그것이 바로 교회가 존재하는 이유이고, 저와 여러분이 한 지체가 된 이유입니다. 이 믿음의 길을 끝까지 잘 싸워 승리하는 저와 여러분이 되길 기원합니다.

사도행전 24:1~9

총독 앞에서 바울을 고발하니라

"닷새 후에 대제사장 아나니아가 어떤 장로들과 한 변호사 더둘로와 함께 내려와서 총독 앞에서 바울을 고발하니라 2. 바울을 부르매 더둘로가 고발하여 이르되 3. 벨릭스 각하여 우리가 당신을 힘입어 태평을 누리고 또 이 민족이 당신의 선견으로 말미암아 여러 가지로 개선된 것을 우리가 어느 모양으로나 어느 곳에서나 크게 감사하나이다 4. 당신을 더 괴롭게 아니하려 하여 우리가 대강 여짜옵나니 관용하여 들으시기를 원하나이다 5. 우리가 보니 이 사람은 전염병 같은 자라 천하에 흩어진 유대인을 다 소요하게 하는 자요 나사렛 이단의 우두머리라 6. 그가 또 성전을 더럽게 하려 하므로 우리가 잡았사오니 (우리는 그를 모세의 법대로 재판하려고 했으나 7. 부대장 루시아가 강제로 뺏어가면서 각하께 직접 고소하라고 했습니다 - 현대인 성경) 8. 당신이 친히 그를 심문하시면 우리가 고발하는 이 모든 일을 아실 수 있나이다 하니 9. 유대인들도 이에 참가하여 이 말이 옳다 주장하니라"

천부장 루시아가 준비한 군대의 도움을 받은 바울은, 벨릭스 총독의 관저가 있는 가이사랴에 무사히 도착하게 됩니다. 바울을 죽이기 전까지는 먹지도, 마시지도 않겠노라고 맹세까지 한 사람이 사십여 명이나 있었지만, 그들의 계략은 천부장의 군대 앞에서 무력화됐습니다. 결국, 대제사장 아나니아와 몇몇 장로들은 더둘로라고 하는 변호사와 함께 총독에게 와서, 정식으로 바울을 고발하게 됩니다.

앞서 예루살렘 성전과 산헤드린 공회에서 말했던 바울의 변론이 유대인의 종교에 관한 재판이었다면, 오늘 본문은 로마 법정에서 하는 정식 재판입니다. 그래서 2~8절까지는, 더둘로라 하는 변호사가 자기를 고용한 대제사장과 몇몇 장로들의 관점에서 바울을 고소하는 내용입니다. 10~21절은, 재판장인 총독 앞에서 자기를 변론하는 바울의 이야기입니다. 오늘 본문을 통해 우리는, 세상 법정에 선 바울을 통해서 '복음의 진리를 소유한 신자들이 세상을 마주하여 살아가는 법'에 관하여 살펴보려고 합니다.

바울은 당시 유대 나라를 지배하고 있던 총독이 재판장으로 있는 '공식 법정' 앞에 서 있습니다. '재판'이라고 했을 때 우리가 일반적으로 기대하는 것이 있습니다. '공정'입니다. 먼저는 재판을 주관하고 판결하는 재판장이 공정하길 기대합니다. 둘째로, 사건을 기소하는 검사가 재판관과 배심원들 앞에서 정당한 증거와 증인들에 기초한, 합리적인 공소 이유를 제시하길 기대합니다. 거짓 증거나 조작된 증거물, 협박이나 속임수 또는 뇌물을 받은 증인들을 동원해서 재판관과 배심원을 속이면 안 되는 것입니다. 셋째는, 피고를 변호하는 변호사가 유능하고 실력 있는 사람이어서, 피고가 억울한 일을 당하지 않도록 도와줄 수 있어야 합니다. 그래서 '공정한 재판'을 통해서 사건의 거짓과 진실이 분명하게 밝혀지고, 억울한 일에 대한 정당한 구제와 보상이 이뤄지며, 정당한 처벌도 선고되어야 합니다.

그런 전제하에서 벨릭스 총독이 주관하는 '재판의 공정성'을 살펴보려고 합니다. 먼저 재판관인 '벨릭스 총독'은 어떤 사람인가 하는 것입니다. 당시 패권국이었던 로마는 점령한 나라의 도시를 다스릴 분봉왕을 임명했습니다. 우리가 잘 아는 헤롯 대왕이 유대 나라에 임명된 분봉왕이었습니다. 헤롯 대왕은 사망 직전에 세 명의 아들에게 유대 나라를 분할 상속했습니다. 큰아들인 헤롯 아켈라오는 유대와 사마리아 지역을 분할받았습니다.

빌라도와 원수였던 갈릴리의 분봉왕은 헤롯 1세의 둘째 아들 헤롯 안티파스입니다. 헤롯 안티파스는, 로마 황제인 티베리우스의 이름을 딴 '디베랴'라는 도시를 건설합니다. 그리고 디베랴는 갈릴리의 중심 도시로 성장하게 됩니다. 신약 성경에 나오는 '갈릴리 호수'가 '디베랴 호수'로 불리는 이유이기도 합니다.

막내인 헤롯 빌립 2세는 갈릴리 북쪽의 도시를 상속받았습니다. 헤롯 빌립 2세에 관한 흥미로운 기록은 세례 요한과 연관되어 등장합니다. 바로 둘째 형인 헤롯 안티파스가 빌립의 아내인 헤로디아를 빼앗은 것을 세례 요한이 지적했고, 감정이 상한 헤롯이 세례 요한을 죽인 것입니다(막 6:16-28). 그런데 로마는 점령한 나라에 분봉왕만 임명한 것이 아니라, 로마의 실효적인 영향력을 행사할 총독을 파송하여 크고 작은 분쟁을 잡고, 분봉왕을 견제했습니다. 마치 일제 강점기 시절에, 일본이 우리나라에 '조선 총독부'를 둔 것과 같습니다.

우리가 잘 아는 '본디오 빌라도'는 유대에 파송된 5대 총독이었고, 본문에 등장하는 '벨릭스'는 12대 총독입니다. 일제 강점기 시절을 그린 영화나 드라마를 보면, 당시 우리나라에 총독으로 온 사람들이 얼마나 무자비하고 악랄한 사람들이었는지 알 수 있습니다. 일본 제국주의 침략의 전체적인 틀을 만든 '이토 히로부미'가 초대 통감이었고, 우리나라 문화재를 약탈하여 가져간 '소네 아라스케'가 2대 통감이었습니다. 경술국치(국권 침탈)를 이루고 초대 총독까지 겸한 '데라우치 마사타케', 3.1 운동을 학살의 장으로 삼은 '하세가와 요시미치'(2대 총독)도 있었습니다. 특히 '조선의 히틀러'라고 불렸던 '미나미 지로'(7대 총독)는, 한글을 쓰지 못하게 하고 창씨개명을 주도해서 민족의 뿌리까지 말살하려고 했던 사람입니다.

본문에 등장하는 '벨릭스'는, 지금 말씀드린 조선 총독부에 파송된 일본의 총독들과 너무나 비슷한 그런 사람이었습니다. 로마의 역사가인 '타키투스'에 의하면, 로마 역사상 가장 타락한 사람이 바로 '벨릭스'였다고 묘사하고 있습니다. 그에 관한 모든 설명이 '최상급 악당'이었다고 되어 있습니다. "가장 돈에 욕심이 많고, 가장 비열하며, 가장 상스럽고, 가장 무능한 자다." 이렇게 되어 있습니다. 원래 벨릭스는, 로마의 황제인 클라디우스의 어머니 '안토니야'의 노예였습니다. 벨릭스와 그의 형인 팔라스, 두 사람 모두 '안토니야'의 노예였는데, 이 두 형제 모두 교활하고 약삭빨라서 '안토니야'의 마음을 사서 노예에서 해방됩니다. 이 두 형제는 황실과의 안면을 기회로 삼아서 황제의 총애를 얻어 냅니다. 황제의 총애를 얻었다는 것이 무엇을 의미할까요? 그것을 기반으로 삼아서 각종 이권 사업에서 특권을 얻어 내어 로마에서 제일 부자가 되었다고 합니다. 그들이 얼마나 큰 부자였는가 하면, 클라디우스 황제가 돈이 없다고 걱정하니까 그의 측근들이 "팔라스 형제와 친해지면 되지 않느냐?"라고 말했다고 합니다.

노예였던 벨릭스가 어떻게 유대의 총독으로 올 수 있었을까요? 노예 출신이었음에도 황제와 그의 어머니로부터 총애를 얻고, 그것을 기반으로 로마 최고의 부자가 될 만큼 이권에 빨랐던 처세술 덕분이었을 것입니다. 벨릭스는 자신의 직책을 오직 '돈을 버는 곳'에만 이용했다고 합니다. 그래서 사람을 사귈 때도 자기에게 돈을 갖다 주는 사람과만 사귀었다고 합니다. 본문에도 벨릭스의 사람 됨됨이에 관해 설명해 주는 말씀이 있습니다.

> 25-26, "바울이 의와 절제와 장차 오는 심판을 강론하니 벨릭스가 두려워하여 대답하되 지금은 가라 내가 틈이 있으면 너를 부르리라 하고 26. 동시에 또 바울에게서 돈을 받을까 바라는 고로 더 자주 불러 같이 이야기하더라"

로마 최고의 갑부에, 유대의 총독으로 와 있는 사람이 죄수로 붙잡혀 와서 자기에게 재판을 받는 사람한테까지도 돈을 받으려고 궁리하고 있습니다. 그러면 벨릭스는 왜 바울에게서 '돈을 받을까 바라는' 마음을 가졌을까요?

> 17-19, "여러 해 만에 내가 내 민족을 구제할 것과 제물을 가지고 와서 18. 드리는 중에 내가 결례를 행하였고 모임도 없고 소동도 없이 성전에 있는 것을 그들이 보았나이다 그러나 아시아로부터 온 어떤 유대인들이 있었으니 19. 그들이 만일 나를 반대할 사건이 있으면 마땅히 당신 앞에 와서 고발하였을 것이요"

바울이 3차 전도 여행을 서둘러 끝내고 급히 돌아오게 된 이유는, 고린도교회 등 여러 교회가 예루살렘교회를 도우라고 준 연보를 전해 주기 위해서였습니다. 그런데 예루살렘에는 바울에 대한 나쁜 소문이 널리 퍼져 있었고, 야고보 사도가 그 오해를 불식시키기 위해 가난한 형제들이 맹세한 결례 비용을 대신 대 주라고 해서, 그 일을 해 주려고 성전에 갔다가 붙잡히게 된 것이었습니다. 그런데 벨릭스에게는, 바울이 왜 예루살렘 성전에서 붙잡히게 됐는지는 전혀 중요하지 않았습니다. 오직 바울이 갖고 왔다고 하는 '형제를 구제할 성금'입니다. "내 민족을 구제할 돈을 가져왔다."라는 말을 들은 벨릭스는 무엇을 했을까요?

24. "수일 후에 벨릭스가 그 아내 유대 여자 드루실라와 함께 와서 바울을 불러 그리스도 예수 믿는 도를 듣거늘"

공교롭게도 벨릭스의 아내는 유대 여자 드루실라였습니다. 바울이 자기 민족을 구제하기 위해서 가져왔다고 하는 돈을 받을 수 있는 자격이 있는, 유대 여자였던 것입니다. 그러면 '드루실라'는 어떤 사람이었을까요? 그는 헤롯 아그립바 1세의 막내딸이었습니다. 헤롯 아그립바 1세는, 예수님이 태어났을 때 어린아이들을 모두 죽인 헤롯 대왕의 아들입니다. 야고보 사도를 죽이고, 베드로를 감옥에 가둔 사람(행 12:1-4)이 이 사람입니다. 벨릭스는 자기 아내가 유대 여자라고 생각했지만, '드루실라'는 유대 여자도 아니었을 뿐만 아니라 오히려 유대인의 원수와 같은 사람입니다. 그런데 예루살렘에 큰 흉년이 들어서 먹을 것이 없을 때, 이방에 세워진 교회의 성도들이 그들을 돕겠다고 모아 준 돈을, 유대 여자라며 받아 보겠다는 것입니다. 이런 사람이 바울의 생살여탈권을 쥐고 있는 재판관으로 있는 것입니다.

그러면 바울을 고소한 대제사장 아나니아는 어떤 사람이었을까요? 이스라엘 국가에는 가장 중요한 세 가지 직책이 있습니다. 왕과 선지자 그리고 제사장입니다. 그중에 가장 중요한 직책이 대제사장입니다. 하나님만을 유일한 신으로 섬기는 신성 국가에서 제사장은, 종교 예식의 집행뿐만 아니라 왕이 없던 시절에는 재판과 전쟁 등 통치까지 담당했기 때문입니다. 그래서 사울 왕이 이스라엘의 1대 왕으로 세워지기 전에는, 사무엘과 엘리 제사장이 왕을 대신해서 블레셋과 싸우기도 했습니다. 남북 이스라엘이 멸망한 이후, 이스라엘의 정통성을 이을 왕이 없던 시절에도 아나니아처럼 대제사장이 유대를 대표하는 인물로 등장하고 있습니다.

그런데 지난 시간에도 말씀드렸던 것처럼, 유대인 역사가 요세푸스에 의하면 '아나니아'는 가장 교활하고 악독하며, 거만했던 사람이었다고 말하고 있습니다. 그가 대제사장이 된 것도, 그의 전임자였던 '요나단'을 자객을 보내서 죽인 후 대제사장을 물려받은 사람입니다. 그래서 요세푸스는, 아나니아야 말로 경멸받아 마땅한 존재라고 묘사했습니다. 그런 사람이 바울을 고소하는, 일종의 검사 측 대표로 있는 것입니다.

그러면 대제사장 아나니아가 변호사로 데리고 온 '더둘로'는 어떤 사람일까요? 일단 성경은 '더둘로'가 어떤 배경을 가진 사람인지에 관해서는 말하지 않습니다. 하지만 이 '더둘로'가 옳은 사람일 가능성은 거의 없습니다. 왜 그렇습니까? 청렴한 사람은 부패한 사람을 좋아하지 않습니다. 지난 시간에 말씀드렸던 것처럼, 아나니아는 로마의 티투스 장군이 예루살렘의 반란군을 진압하러 왔을 때, 같은 민족에게 붙잡혀서 죽은 사람입니다. 요세푸스가 말한 것처럼, 가장 악독하고 교활한 사람으로 알려진 사람입니다. 그런 아나니아가 신뢰하는 사람, 그리고 그런 아나니아가 주는 돈을 받고 바울을 고소하는 대리자로 온 사람이 청렴한 사람일 리가 없기 때문입니다. 결정적으로 '더둘로'가 벨릭스를 칭송하면서 하는 말에서 확인할 수 있습니다.

> 3, "벨릭스 각하여 우리가 당신을 힘입어 태평을 누리고 또 이 민족이 당신의 선견으로 말미암아 여러 가지로 개선된 것을 우리가 어느 모양으로나 어느 곳에서나 크게 감사하나이다"

유대인은 선민의식과 민족적 우월 의식이 세계에서 제일 강한 나라입니다. 그렇다 보니 로마로부터 지배당하는 것을 참지 못해서, 반란을 일으키는 일이 자주 있었습니다. 지난 시간에 빌라도가 갈릴리의 유다가 일으킨 반란을 제압하고, 그들을 죽인 후 담아 온 피를 유월절 제물에 섞은 일이 있었다고 말씀드렸습니다. 예루살렘 성전이 파괴된 것도, 티투스 장군이 반란을 진압한 결과였습니다. 그런데 그런 로마 정부가 파송한 총독에게 뭐라고 말하고 있습니까? "우리가 당신을 힘입어 태평을 누리고 또 우리 민족이 당신의 선견지명으로 인해 여러 가지로 개선된 것을 어디서나 보면서 크게 감사하고 있습니다."

마치 일제 강점기 시절에 일본 총독에게 "일본이 철도도 깔아 주고, 학교도 많이 세워 줘서 우리나라가 크게 개선되었습니다. 정말 감사합니다." 이런 것과 같습니다. 이처럼 '더둘로'는 자기를 고용한 대제사장의 요구에 따라 바울을 죽일 수만 있다면, 어떤 마음에 없는 거짓말도 웃으면서 할 수 있는 사람이었습니다. 더둘로는 바울을 고소하는 혐의에 대해서 이렇게 설명합니다.

    5, "우리가 보니 이 사람은 전염병 같은 자라 천하에 흩어진 유대인을 다 소요하게 하는 자요 나사렛 이단의 우두머리라"

'이 사람은 전염병 같은 자'라고 했는데, 마치 전염병처럼 많은 사람에게 해를 끼치는 위험하고도 나쁜 존재이니, 벌을 받아야 마땅하다는 것입니다. 어떤 면에서 바울이 위험하다는 것입니까? "천하에 흩어져 사는 모든 유대인을 선동하여 말썽을 일으키는 자이며, 나사렛 이단의 두목"이라는 것입니다. 앞서도 말씀드린 것처럼, 유대에 파송된 총독이 하는 가장 중요한 일이 로마에 보낼 세금을 잘 걷는 것과 유대인들의 반란을 진압하는 것입니다. 교활한 더둘로는, "바울은 유대인을 선동해서 말썽을 일으키는 두목"이라는 논리로, 벨릭스 총독이 가장 민감하게 반응할 수밖에 없는 부분을 건드린 것입니다. 게다가 바울은 '나사렛 이단의 두목'이라는 것입니다.

당시 유대 사회에서 '나사렛'이라는 지역은, 가장 하층민이 살던 곳이었습니다. 그래서 빌립이 나다나엘에게 예수님을 소개했을 때, 나다나엘이 한 말이 있습니다.

    요한복음 1:45-46, "빌립이 나다나엘을 찾아 이르되 모세가 율법에 기록하였고 여러 선지자가 기록한 그이를 우리가 만났으니 요셉의 아들 나사렛 예수니라 46. 나다나엘이 이르되 나사렛에서 무슨 선한 것이 날 수 있느냐 빌립이 이르되 와서 보라 하니라"

"나사렛에서 무슨 선한 것이 날 수 있느냐?", "개천도 개천 나름이지 그 동네는 괜찮은 인물이 나올 만한 곳이 아니다." 이런 반응을 보인 것입니다. '더둘로'가 바울을 가리켜서 '나사렛 이단의 괴수'라고 말한 이유가 무엇일까요? 교육이나 환경, 상업 시설 등 모든 것이 열악한 지역에서 사는 사람이라면, 사회에 대한 불만이 많을 것입니다. 나사렛이라는 동네가 그런 곳이라는 것입니다. 그런데 바울은 그 '나사렛 이단의 두목'일 뿐만 아니라, 온 세계에 흩어져 사는 유대인들을 선동하여 말썽을 일으킬 만큼 뛰어난 선동가라는 것입니다. 그리고 '더둘로'의 주장에 그곳에 따라온 유대인들도 한몫 거들었습니다.

9, "유대인들도 이에 참가하여 이 말이 옳다 주장하니라"

오늘 우리가 살펴보려고 하는 부분이 바로 이것입니다. 바울을 재판장으로 끌고 온 사람들이 누구입니까? 대제사장의 직분을 빼앗기 위해서 자객을 보내 전임 대제사장을 죽인 아나니아입니다. 앞서 말씀드린 것처럼, 그에 대한 악명은 역사의 기록으로 남을 정도였습니다. 그가 변호사로 고용한 더둘로는, 이권을 위해서라면 거짓말과 아첨 그리고 사실에 대한 왜곡도 부끄러움 없이 웃는 얼굴로 당당하게 할 수 있는 사람이었습니다. 재판을 진행하는 벨릭스 총독은 노예 출신으로 유대의 총독까지 오를 만큼 교활한 사람이었고, 죄수인 바울에게서조차 돈을 받을까 바랐던 사람이었습니다. 결정적으로, 그 재판을 구경하는 유대인들조차 아나니아 편에 서서 더둘로가 하는 말이 옳고, 바울에게 잘못이 있다고 일방적으로 편을 드는 상황이었습니다. 어떻게 보더라도 일방적으로 기울어진 상태에서 재판이 열리고 있는 것입니다.

지금 바울이 서 있는 이 법정은, 오늘날 성도들이 사는 현실의 거울과 같습니다. '예수 그리스도의 복음'이라고 하는 이 한 가지 이유 외에, 바울이 다른 이유로 법정에 고발될 만한 잘못이 있습니까? 전혀 없습니다. 오히려 바울을 고발한 대제사장과 사두개인이나 율법에 열성을 지닌 그 어떤 바리새인들보다, 바울은 더 율법을 잘 지켰던 사람이었습니다. 11~21절까지 이어지는 바울의 변론을 봐도 바울에게서 잘못을 찾을 수 없습니다. 하지만 현실은 어떻습니까? 바울은 죽어 마땅한 죄인이라는 분위기였습니다. 우리가 이것을 알아야 합니다. 오늘날 교회와 성도들이 바른 성경의 지식과 신앙의 도를 따라 살면, 세상이 우리를 인정해 주고 가만히 놔둘 것 같습니까? 오히려 우리가 '예수 그리스도의 바른 복음'을 따라 살려고 하면, 더욱 우리를 괴롭히고 못살게 굴 것입니다. 그것은 성경과 교회의 역사가 증명하고 있습니다.

초대 교회 성도들이 로마 정부와 같은 유대인들로부터 핍박을 받은 이유가 무엇입니까? 그들이 '예수 그리스도의 복음'을 따라 살았기 때문입니다. 종교 개혁 시기의 목회자들과 성도들이 핍박을 받은 이유도 똑같습니다. 그들이 성경의 가르침을 따라 바른 신앙을 회복하고 지키려 했기 때문입니다. 오늘날도 성경이 말씀하고 있고, 우리 앞에서 바른 진리를 가르쳤던 신앙의 선조들의 신앙 고백을, 우리가 따라 살려고 하기 때문에 우리를 핍박하는 것입니다. 핍박이라고 말씀드리니까 '육체적으로 고통을 주는 것'을 생각하기 쉽습니다. 물론 초대 교회와 종교 개혁 시기의 사람들은 그런 방법으로 교회를 핍박했습니다. 하지만 당시 세상이 교회를 핍박했던 목적을 보면, '예수 그리스도의 복음'을 전하지 못하도록 막고, 그 복음을 믿는 사람은 거기서 떠나게 하는 것이었습니다.

그렇다면 오늘날 세상은 어떤 방법으로 교회를 핍박하겠습니까? 육체적으로 고통을 주는 방법이 아니더라도, '예수 그리스도의 복음'을 전하지 못하도록 막고, 복음을 믿는 사람은 거기서 떠나게 하는 방법은 많이 있습니다. 실제로 우리는 지난 2년여 기간의 코로나 상황을 지나오면서, 활발했던 복음 전도가 막히고 믿는 성도들이 복음의 도에서 떠나는 것을 목격했습니다. 그 기간 동안 교회와 성도들은 지금까지 해왔던 대로 예배드린 것 외에, 사회적으로 비난받을 만한 범죄를 저지르거나, 비윤리적인 행동을 한 적이 없습니다. 하지만 세상은 코로나 확진자가 발생할 때마다, 사람들이 교회에서 예배드리기 때문에 전염병이 더 심각해지는 것이라는 분위기를 만들었습니다.

이것은 더둘로가 벨릭스 총독에게 바울을 고발하는 이유를 말하면서, "이 사람은 전염병 같은 자"라고 했던 것과 같은 내용입니다. 하지만 더둘로가 바울을 고발했던 내용은, 11~21절까지에 기록된 대로 바울의 설명을 통해, 그의 말이 모두 사실에 근거하지 않은 내용임이 증명됐습니다. 그래서 대제사장 아나니아의 고소를 대리하는 더둘로의 말과 그가 고소한 내용에 대한 바울의 답변을 들은 벨릭스는 이렇게 판결을 했습니다.

> 22-23, "벨릭스가 이 도에 관한 것을 더 자세히 아는 고로 연기하여 이르되 천부장 루시아가 내려오거든 너희 일을 처결하리라 하고 23. 백부장에게 명하여 바울을 지키되 자유를 주고 그의 친구들이 그를 돌보아 주는 것을 금하지 말라 하니라"

이 판결을 내린 벨릭스는 신실한 사람도 아니고, 정직한 사람도 아니고, 공명정대한 사람도 아닌, 철저하게 자신의 이권만을 위해 살았던 사람입니다. 하지만 그런 사람조차 대제사장이 바울을 고소하는 내용에 동의하지 못했습니다.

오늘날 세상이 교회를 비난하고 핍박하는 것도 논리적으로, 이성적으로, 그리고 일반적인 경험과 상식의 선에서 비춰 봐도 이해할 수 없는 억지가 많습니다. 하지만 그럼에도 세상은 교회를 향한 억지스러운 비난과 선동의 방법으로 핍박하는 것을 멈추지 않을 것입니다. 이런 상황에서 우리는 어떻게 핍박을 이기며, 우리의 신앙을 지킬 수 있을까요? 벨릭스 앞에서 재판을 받고 있는 바울에게서 그 해답을 얻을 수 있습니다.

> 14-16, "그러나 이것을 당신께 고백하리이다 나는 그들이 이단이라 하는 도를 따라 조상의 하나님을 섬기고 율법과 선지자들의 글에 기록된 것을 다 믿으며 15. 그들이 기다리는 바 하나님께 향한 소망을 나도 가졌으니 곧 의인과 악인의 부활이 있으리라 함이니이다 16. 이것으로 말미암아 나도 하나님과 사람에 대하여 항상 양심에 거리낌이 없기를 힘쓰나이다"

바울은 자신에게 불리한 법정의 분위기에서, 자신의 무죄를 증명하기 위해 자신의 신앙을 감추거나 변명하는 방법을 택하지 않았습니다. 오히려 "하나님을 섬기고 율법과 선지자들의 글에 기록된 것을 다 믿으며, 하나님께 향한 소망을 가졌다."라며 신앙의 정체성을 분명하게 드러내고 있습니다. 이것은 코로나 팬데믹 시대를 지나오면서 영향력 있는 일부 목회자들과 신학자들이 '미래 교회를 위한 대안'으로 제시했던 방법과 전혀 다른 말씀입니다.

협성신학대학교 황병배 교수는, "성도들이 교회 안에 갇혀 있는 군중이 아니라 교회의 울타리를 넘어 세상, 즉 지역 사회 속으로 들어가야 한다."라고 주장했습니다. 그리고 "지역 사회 안에서 주민들과 함께하며 그들의 문제를 함께 풀어 나가는 선교사로서의 사명을 감당해야" 한다고 말했습니다. 그렇게 할 때 "교회와 세상 사이에 막혀 있는 담은 사라지고 교회는 비로소 지역 사회를 위한 신앙 공동체가 될 수 있을 것"이라고 했습니다.

그런데 교회는 지역 사회의 문제를 함께 풀어 가기 위해 있는 곳이 아닙니다. 그건 정부와 시민 단체가 할 일이고, 교회는 교회의 일을 해야 합니다. 교회가 해야 할 일은 무엇입니까? '예수 그리스도의 복음'을 믿는 성도들에 대한 핍박이 가장 강력했던 초대 교회와 종교 개혁기의 목회자들이 답을 보여 줍니다. 당시의 시대 상황은 오늘날보다 교회와 성도에 대한 핍박이 더욱 심했습니다. 하지만 바울처럼 그때의 성도들은, 핍박으로 인해 고난을 당하고 목숨을 빼앗길지라도, 자신의 신앙의 정체성을 분명하게 드러내는 것을 피하지 않았습니다. 그렇게 할 수 있었던 것은, 그들을 가르쳤던 사도들과 목회자들이 바른 신앙의 교훈을 가르치고, 자신의 신앙을 고백할 수 있도록 확신을 주었기 때문입니다.

> 마태복음 10:32-33, "누구든지 사람 앞에서 나를 시인하면 나도 하늘에 계신 내 아버지 앞에서 그를 시인할 것이요 33. 누구든지 사람 앞에서 나를 부인하면 나도 하늘에 계신 내 아버지 앞에서 그를 부인하리라"

바울은 신앙생활 하는 우리가 바라는 것이 단지 세상의 삶뿐이라면, 세상 모든 사람 가운데서 우리가 더욱 불쌍한 자이리라고 말했습니다 (고전 15:19). 우리의 소망은 잠시 머물다 갈 세상이 아니라 영원한 천국에 있습니다. 그리고 교회는 성도들에게 그 '영원한 천국'에 관한 소망과 확신을 주는 곳입니다.

교회의 타락이 가장 극심했던 중세 로마 가톨릭 시절을 제외하면, 예수님의 부활 이후부터 지금까지 세상이 교회와 성도에 대해서 호의적일 때가 없었습니다. 그렇다면 우리는, 세상이 바른 복음을 믿는 우리를 좋아하지 않을 뿐 아니라, 틈만 보이면 미워하고 핍박할 거라는 것을 늘 예상하고 있어야 합니다. 그리고 어떤 상황에서도 "하나님께서 예수 그리스도를 통해 우리에게 주신 구원의 신앙"을 고백할 수 있는, 바른 신앙의 지식과 확신을 지니고 있어야 합니다. 미혹하는 영이 신학교 교수들과 목회자들의 입을 통해서, 교묘한 말로 우리가 배우고 확신한 복음의 도리를 흔들어 대고 있습니다. 앞서 말씀드린 교수처럼, "교회가 담장을 허물고 지역 사회의 문제를 해결해 주는 역할을 해야 비로소 세상이 교회를 좋아하게 될 것"이라고 가르치는 것입니다.

> 요한복음 15:18-19, "세상이 너희를 미워하면 너희보다 먼저 나를 미워한 줄을 알라 19. 너희가 세상에 속하였으면 세상이 자기의 것을 사랑할 것이나 너희는 세상에 속한 자가 아니요 도리어 내가 너희를 세상에서 택하였기 때문에 세상이 너희를 미워하느니라"

세상이 우리를 미워하는 것은, '편이 다르기 때문'입니다. 우리는 하나님의 자녀요, 저들은 마귀의 자식이기 때문입니다. 마귀의 자식은 절대로 하나님께 나올 수 없고, 하나님 편이 될 수 없습니다. 그러면 세상이 우리를 좋아하게 만들려면 어떻게 해야 합니까? 우리가 세상 편이 되면 됩니다. 우리가 그쪽으로 넘어가면 됩니다. 그러면 그게 교회가 해야 할 일입니까? 교묘한 말잔치에 속으면 안 됩니다. 공정과 정의를 기대할 수 없는 재판관, 거짓과 술수로 고소하고 있는 대제사장, 바울에게 적대적이며 대제사장 편을 드는 유대인들 사이에 바울이 있었습니다. 모든 상황이 바울에게 불리한 가운데서도, 바울은 자신의 신앙을 당당하게 고백하고 있습니다. 그리고 오늘 저와 여러분이 바울의 그 신앙을 본받기 원합니다. 우리에게 구원의 은혜를 주신 하나님께서는, 당신의 아들 예수 그리스도를 통해 우리를 영원한 천국으로 인도하여 함께 거하길 원하십니다. 이것이 복음입니다.

그런데 오늘날 우리를 미혹하는 사람들은, "우리가 사는 세상으로 하나님이 오실 수 있게 만들자, 우리가 착하게 살자, 서로 사랑하면서 살자"고 합니다. 그게 천국입니까? 우리가 사는 곳에 하나님이 오시면 천국이 될 수 있습니까? 원래 사람은 하나님께서 만들어 주신 동산에서 하나님과 함께 살았습니다. 하지만 인간이 죄를 짓고 타락하니까, 하나님과 함께 살던 곳에서 쫓겨났습니다. 그래서 구원이 무엇입니까? 하나님과 함께 살던 곳으로 돌아가는 것입니다. 그런데 미혹하는 사람들은 뭐라고 말합니까? 하나님도 우리가 사는 곳에서 살 수 있게 만들어 주자고 합니다. 우리가 착하게 살면, 하나님이 고맙다면서 세상에 내려와서 함께 사시겠습니까?

하나님의 자녀인 우리가 그리스도를 본받아 그분의 장성한 분량까지

자라가기 위해서 바르게 살아야 하고, 성화의 삶을 살아가야 하는 것은 맞습니다. 하지만 "우리가 사는 이 땅에 하나님의 나라가 이루어지게 해 달라"는 것은, 성경이 가르치는 진리는 아닙니다. 세상은 심판이 예비된 곳이고, 언젠가 뜨거운 불에 태워질 곳입니다. 우리가 가져야 할 소망은, 주 예수 그리스도께서 우리를 위해 예비해 주신 처소에서 아버지 하나님과 영원히 함께 살 수 있는 천국이어야 합니다. 그 천국이 우리 앞에 있기에, 우리는 죽음도 두렵지 않고 죄를 지으면서도 세상에서 잘되는 사람들을 보면서도 부럽지가 않은 것입니다. 여러분이 배운 성경의 지식이 맞습니다. 구원받은 감사와 천국의 소망이 맞습니다. 그러니 어떤 상황에서도 여러분의 신앙을 당당하게 고백하며, 미혹받지 않는 확신 있는 믿음으로 설 수 있게 되기를 기원합니다.

사도행전 24:24~26

내가 틈이 있으면 너를 부르리라

"수일 후에 벨릭스가 그 아내 유대 여자 드루실라와 함께 와서 바울을 불러 그리스도 예수 믿는 도를 듣거늘 25. 바울이 의와 절제와 장차 오는 심판을 강론하니 벨릭스가 두려워하여 대답하되 지금은 가라 내가 틈이 있으면 너를 부르리라 하고 26. 동시에 또 바울에게서 돈을 받을까 바라는 고로 더 자주 불러 같이 이야기하더라"

대제사장 아나니아와 그의 변호사인 더둘로가 바울을 고발했지만, 벨릭스 총독은 바울에 대한 판결을 연기하고 제한적이지만 일정 부분 자유를 허락해 줬습니다.

23. "백부장에게 명하여 바울을 지키되 자유를 주고 그의 친구들이 그를 돌보아 주는 것을 금하지 말라 하니라"

벨릭스가 이런 판결을 내린 이유에 대해서 성경은 이렇게 설명하고 있습니다.

22. "벨릭스가 이 도에 관한 것을 더 자세히 아는 고로 연기하여 이르되 천부장 루시아가 내려오거든 너희 일을 처결하리라 하고"

여기서 말한 '이 도'는 바울이 전하는 복음을 가리키는 말입니다. 벨릭스는 어떻게 산헤드린 공회의 의장인 아나니아 혹은 그를 고발하고 있는 사두개인 무리들보다 바울이 전하는 '도', 곧 복음을 더 자세히 알았을까요? 성경학자들은 가이사랴에서 복음을 전했던 빌립을 주목합니다(행 8:40; 21:8). 가이사랴는 헤롯 대왕이 로마 황제인 아우구스투스를 기념하기 위해 만든 도시로, 헤롯 대왕과 그의 아들 헤롯 아그립바가 통치하던 시절 유대의 수도였습니다. 가이사랴는 사마리아의 북서쪽, 지중해 연안에 있는 도시로 로마의 통치를 받던 시절이었기에 그리스인과 로마인들이 많이 찾는, 로마 권력의 핵심부였습니다.

그리스와 로마에서 온 사람들이 많았다는 것은, 민족주의와 선민의식이 특별한 유대인들과 이방인들 사이에서 다툼이 벌어질 가능성이 늘 있었다는 뜻입니다. 역사 기록에 의하면, 다툼으로 인해 2만 명이 죽은 적도 있었다고 합니다. 이렇게 이방인과 유대인들 사이의 긴장감이 있는 도시에 빌립이 있었습니다. 빌립은 복음의 불모지와 같던 사마리아에서 복음을 전했을 때 "그 성에 큰 기쁨이 있더라"(행 8:9)라고 할 만큼, 복음 전도의 사역을 잘했던 사람입니다. 그리고 빌립이 전하는 복음은, 선민의식과 유대주의만 신봉하는 대제사장과 바리새인들이 가르치는 것과 비교했을 때, 그 내용과 삶의 방식이 전혀 달랐습니다. 이런 상황에서 유대 지역을 총괄하는 벨릭스는, 자신이 관할하는 지역의 종교적 상황에 대해서 충분한 정보를 가졌을 것으로 보는 것입니다.

당시 로마 정부는 점령국의 종교나 풍습에 관한 문제에 대해서 적극적으로 개입하기보다는, 그 나라의 분봉왕이나 종교 지도자가 결정하도록 허용했습니다. 그런 면에서 봤을 때, 대제사장이 유대인의 종교에 관한 문제로 바울을 기소한 사건에 대해서, 벨릭스 총독은 바울을 대제사장에게 넘겼어야 했습니다. 하지만 벨릭스는 판결을 내리지 않고 결정을 뒤로 미뤘습니다. 그러면서 "백부장에게 바울을 지키되 자유를 주고 그의 친구들이 그를 돌보아 주는 것을 금하지 말라"[23]라는 명령을 내렸습니다. 이 명령은 무엇을 의미할까요? 벨릭스 총독은, 바울이 처벌받아야 할 만한 죄를 짓지 않았다는 것을 알고 있었다는 것입니다.

하지만 그럼에도 불구하고 바울을 계속 잡아 가둬 둔 이유는, 유대의 최고 종교 지도자인 대제사장 아나니아와 그와 함께 온 장로들의 눈치를 봤던 것입니다. 또 다른 이유는 오늘 우리가 읽은 본문 말씀처럼, "바울에게서 돈을 받을까 바라는 마음"으로 계속 붙잡아 둔 것입니다. 오늘 우리가 주목해서 살펴보려고 하는 내용이 바로 이것입니다. 벨릭스 총독은 바울이 전하는 복음, 곧 "의와 절제와 장차 오는 심판에 관한 강론"을 듣고 두려운 마음이 들었습니다. 이것은 그의 마음과 영혼에 "하나님의 부르심에 관한 감각"이 있었다는 뜻입니다. 하나님은 일반 계시로서 세상 정부와 왕들, 위정자들을 선택하여 다스리십니다.

> 로마서 13:1-5, "각 사람은 위에 있는 권세들에게 복종하라 권세는 하나님으로부터 나지 않음이 없나니 모든 권세는 다 하나님께서 정하신 바라 2. 그러므로 권세를 거스르는 자는 하나님의 명을 거스름이니 거스르는 자들은 심판을 자취하리라 3. 다스리는 자들은 선한 일에 대하여 두려움이 되지 않고 악한 일에 대하여 되나니 네가 권세를 두려워하지 아니하려느냐 선을 행하라 그리하면 그에게 칭찬을 받으리라 4. 그는 하나님의 사역자가 되어 네게 선을 베푸는 자니라 그러나 네가 악을 행하거

든 두려워하라 그가 공연히 칼을 가지지 아니하였으니 곧 하나님의 사역자가 되어 악을 행하는 자에게 진노하심을 따라 보응하는 자니라 5. 그러므로 복종하지 아니할 수 없으니 진노 때문에 할 것이 아니라 양심을 따라 할 것이라"

하나님께서 왕과 위정자들을 세워서 다스리는 것은 '인간의 타락' 때문입니다. 하나님께서는 사람들의 방탕함이 억제되고, 모든 것이 선한 질서로 그들 가운데서 행해지게 하도록, 세상이 법률과 정책에 의해 다스려지기를 원하십니다. 인간은 자기를 만들어 주신 하나님마저도 배신하고 반역할 만큼, 오만함과 자기를 높이는 마음이 특별한 존재입니다. 그래서 하나님은 사람이 '위에 있는 권세에 복종하는' 연습을 통해서, 인간이 하나님께 순종하는 법을 배우길 원하십니다. 다스리는 자는 악을 행하는 자, 권세에 반역하는 자에게 혹독한 벌을 내립니다. 다스리는 자가 가진 칼은, 장식용이나 뽐을 내려고 가진 것이 아니라 실제로 심판과 형벌을 내릴 수 있는 칼입니다. 그러니 악을 행하는 자들은 통치자가 가진 칼을 두려워하는 것이 마땅합니다.

그러면 통치자는 자기가 가진 칼을 자기 마음대로 사용해도 될까요? 그렇지 않습니다. 통치자는 자신의 권세가 '하나님으로부터 위임받은 권세'임을 늘 생각하면서, 그 칼을 정의롭게 사용하고 절제하며 사용할 줄 알아야 합니다. 하나님께서는 타락한 이스라엘을 위한 몽둥이로 바벨론을 들어 사용하셨습니다. 하지만 바벨론이 '하나님으로부터 위임받은 칼'을 정의롭지 않고, 절제하지 않고 사용했기 때문에, 하나님께서는 바벨론을 멸망시키셨습니다.

예레미야 51:8-10, "바벨론이 갑자기 넘어져 파멸되니 이로 말미암아 울라 그 상처를 위하여 유향을 구하라 혹 나으리로다 9. 우리가 바벨론을 치료하려 하여도 낫지 아니한즉 버리고 각기 고향으로 돌아가자 그 화가 하늘에 미쳤고 궁창에 달하였음이로다 10. 여호와께서 우리 공의를 드러내셨으니 오라 시온에서 우리 하나님 여호와의 일을 선포하자"

9절 말씀은, 멸망 직전의 바벨론을 도와주려고 온 외국인들의 말입니다. 그들이 바벨론을 도와주려고 왔지만, "하나님의 심판으로 인해 바벨론이 완전히 망했으니 그들을 버리고 각기 자기 고향으로 돌아가자"고 했다는 것입니다. 바울이 벨릭스에게 했던 '의와 절제와 심판'에 관한 말은 이런 내용으로 보입니다. 또한 '죄로 인한 심판과 용서받은 자에 대한 구원'의 복음도 전했을 것입니다. 왜냐하면, 바울이 어떤 방법으로든지 로마로 가고 싶어 했던 이유가 그곳에서도 복음을 전하기 원했기 때문입니다. 벨릭스 역시 바울에게 "그리스도 예수를 믿는 도"에 관해 묻기도 했습니다[24]. 벨릭스는 바울의 말을 들으면서 두려운 마음이 들었습니다[25]. 앞서 말씀드린 것처럼 그의 영혼에 "하나님의 부르심에 관한 감각"이 있었다는 뜻입니다.

하지만 벨릭스는, "지금은 가라, 내가 틈이 있으면 너를 부르리라"라고 하면서, '하나님의 부르심'에 응하지 않았습니다. 대신 "바울에게서 돈을 받을까 바라는 마음으로 더 자주 불러 이야기"했습니다. 이것이 안타까운 부분입니다. 구원과 영생으로 인도하시는 하나님의 부르심에 대해서, '언젠가 틈이 생기면, 마음이 열리면' 이렇게 뒤로 미뤄 버린 것입니다. 하지만 '돈을 바라고 욕심을 채우는' 일에 관해서는 더 자주 기회를 만들고, 시간과 노력을 들여서 얻어 내려고 했습니다. 문제는 이런 부분에서는 벨릭스나 믿는 성도들이 별로 차이가 없다는 것입니다.

> 마태복음 19:16-22, "어떤 사람이 주께 와서 이르되 선생님이여 내가 무슨 선한 일을 하여야 영생을 얻으리이까 17. 예수께서 이르시되 어찌하여 선한 일을 내게 묻느냐 선한 이는 오직 한 분이시니라 네가 생명에 들어 가려면 계명들을 지키라 18. 이르되 어느 계명이오니이까 예수께서 이르시되 살인하지 말라, 간음하지 말라, 도둑질하지 말라, 거짓 증언하지 말라, 19. 네 부모를 공경하라, 네 이웃을 네 자신과 같이 사랑하라 하신 것이니라 20. 그 청년이 이르되 이 모든 것을 내가 지키었사온대 아직도 무엇이 부족하니이까 21. 예수께서 이르시되 네가 온전하고자 할진대 가서 네 소유를 팔아 가난한 자들에게 주라 그리하면 하늘에서 보화가 네게 있으리라 그리고 와서 나를 따르라 하시니 22. 그 청년이 재물이 많으므로 이 말씀을 듣고 근심하며 가니라"

어떤 사람이 예수님께 "영생을 얻으려면 어떻게 해야 하는지" 물었습니다. 이 사람은 율법에 명하신 계명들을 다 지켜 행했던, 모범적인 신앙인이었습니다. 그 사람은 어려서부터 모든 계명을 잘 지켜 왔기 때문에, 신앙적인 면에 있어서 스스로 '부족한 것이 없다고 생각할 만큼' 자신만만했던 사람이었습니다. 하지만 예수님께서는, "네가 온전한 신앙을 원한다면 네 소유를 팔아 가난한 자들에게 주고 와서 나를 따르라"고 하면서, 그의 부족한 면을 가르쳐 주셨습니다. 예수님의 말씀을 들은 청년은, 재물이 많은 고로 근심하면서 돌아갔다고 했습니다. 문제는 마태복음 19장의 이 말씀이, 오늘날 교회에서 잘못 이해하고 있는 대표적인 말씀이라는 것입니다. 그 청년이 돌아간 후 예수님께서는 제자들에게 이렇게 말씀하셨습니다.

> 마태복음 19:23-24, "예수께서 제자들에게 이르시되 내가 진실로 너희
> 에게 이르노니 부자는 천국에 들어가기가 어려우니라 25. 다시 너희에
> 게 말하노니 낙타가 바늘귀로 들어가는 것이 부자가 하나님의 나라에 들
> 어가는 것보다 쉬우니라 하시니"

부자가 하나님 나라에 들어가는 것은, 낙타가 바늘귀로 들어가기보다 어렵다고 했습니다. 다른 복음서에서는 그 청년이 관원이었다고 밝혔습니다(눅 18:18). 그러면 가난한 자는 어떻습니까? 부자가 아닌 사람, 관원이 아닌 사람, 아무런 권력이 없는 일반 시민들은 가만히 있어도 저절로 천국에 들어가나요? 자유주의 신학자들은, 이 말씀을 근거로 해서 부자는 천국에 들어갈 수 없는 악한 사람으로, 가난한 사람들은 천국에서 받아들여지는 사람으로 해석합니다. 부자와 가난한 사람, 권력을 가진 자와 압제받는 시민을 선악의 구도로 이해해서, 구원을 부자의 재물을 빼앗아 가난한 사람에게 나눠 주는 것으로 인식합니다. 그래서 권력도 부자의 재산을 빼앗아 나눠 주기 위해 존재하는 것으로 인식합니다. 사회주의의 이론이 여기서 출발했고, 그 이론의 정치적 실현이 공산당입니다. 자유주의 신학을 따르는 목사가 많은 이유가 여기 있습니다.

그런데 이 말씀은 그런 뜻이 아닙니다. 당시 유대 사회에서 바리새인과 제사장 같은 종교적인 권세를 가진 사람이나 부자들은 하나님께 인정받은, 하나님이 합격을 준 사람들로 인식됐습니다. 그렇다 보니 예수님께서 부자가 천국에 들어가기가 어렵다는 말씀을 들은 제자들이 몹시 놀라면서, "그러면 누가 구원을 얻을 수 있겠냐"고 반응한 것입니다.

25. "제자들이 듣고 몹시 놀라 이르되 그렇다면 누가 구원을 얻을 수 있으리이까"

예수님께서 부자 청년에게 하신 말씀의 핵심은, '나를 따르라'입니다. 그래서 베드로가 예수님께 했던 말도, "베드로가 여짜오되 보옵소서 우리가 우리의 것을 다 버리고 주를 따랐나이다"[28], 우리가 '주를 따랐습니다.'였습니다. 그러면 베드로는 언제 주님을 따랐습니까? 제자들은 언제 주님을 따랐을까요? 주님께서 부르시자마자, 모든 것을 버려두고 주를 따랐습니다.

> 마태복음 4:19-22, "말씀하시되 나를 따라오라 내가 너희를 사람을 낚는 어부가 되게 하리라 하시니 20. 그들이 곧 그물을 버려두고 예수를 따르니라 21. 거기서 더 가시다가 다른 두 형제 곧 세베대의 아들 야고보와 그의 형제 요한이 그의 아버지 세베대와 함께 배에서 그물 깁는 것을 보시고 부르시니 22. 그들이 곧 배와 아버지를 버려두고 예수를 따르니라"

마가는 예수님께서 그 청년을 보시고 사랑하셨다고 기록했습니다[막 10:21]. 어려서부터 성경의 계명을 잘 지켰던 청년, 예수님을 찾아와서 구원과 영생에 관해서 물어볼 만큼 남다른 신앙의 열정을 가진 사람이니 얼마나 기특했을까요? 하지만 이 청년은 '나를 따르라'는 예수님의 말씀을 들은 후, 슬픈 기색을 띠고 근심하면서 집으로 돌아갔습니다. 그 이유가 무엇이었습니까? "그 사람은 재물이 많아서" 포기할 수 없었습니다.

오늘 본문에 등장하는 벨릭스 총독이 보인 반응과 같은 맥락인 것입니다. 복음의 말씀을 듣고 두려워하는 마음이 생겼지만, 그 말씀에 순종하고 싶은 생각은 없는 것입니다. 그래서 벨릭스가 바울에게 한 말이 무엇입니까? '틈이 있으면', '모든 환경과 조건이 갖춰지면' 그때 다시 부르겠다는 것입니다. 이렇게 영적인 부르심에 대해서는 조금의 '틈'도 낼 수 없는 사람이, '돈을 받을까 바라는' 그 이유로는 바울을 자주 불러서 이야기하고 있습니다.

오늘 우리가 '자신의 신앙을 돌아봐야 하는' 이유가 바로 여기에 있습니다. 예수님께서 "네게 있는 것을 다 팔아 가난한 자들에게 주라 그리고 와서 나를 따르라"라고 하신 말씀은, 부자 청년에게만 해당하는 요구가 아닙니다. 우리 신앙에 있어서 가장 큰 문제는 무엇입니까? 오늘을 바치지 못하는 것입니다. 내일이라는 시간은, 오늘이 없다면 존재할 수 없고 기대할 수 없는 시간입니다. 내일이라는 열매는, 오늘 수고하고 오늘 심어야만 기대할 수 있습니다. 그런데 벨릭스 총독이나 부자 청년, 그리고 우리는 어떻게 생각합니까? 비록 오늘은 틈이 없어서 심지 못하지만, 내일 여유가 생기면 열심히 하겠다는 것입니다. 비록 오늘은 바빠서 주님께서 요구하시는 것을 하지 못하지만, 내일은 오늘 못한 것까지 두 배로, 아니 열 배, 스무 배로 열심히 해서 채우겠다는 것입니다. 하지만 그런 말은 하나님도 속지 않을 뿐 아니라, 사람도 속지 않습니다.

초등학교 시절에 방학이 되면 선생님이 반드시 내 주는 숙제가 있었습니다. '일기 쓰기'였습니다. 선생님이 그 일기에 대단한 걸 요구하지 않습니다. 날짜 쓰고, 날씨 쓰고, 그날 뭐 했는지 한두 줄만 기록해도 됩니다. 너무 쉽지요. 그런데 세상에서 제일 힘든 숙제가 '일기 쓰기'입니다. 왜 힘들까요? 그건 너무 쉬워서 내일 해도, 며칠 몰아서 한꺼번에 해도 될 것 같기 때문입니다. 하지만 문제는, 그 쉬운 일기를 방학이 끝날 때까지 하루도 쓰지 못합니다. 오늘 안 하면, 내일 못 합니다. 그래서 포기하고 결국 한 대 맞고 끝냅니다.

오늘 심지 않은 열매를, 내일 열심히 했다고 거둘 수 있는 법은 없습니다. '너는 나를 따르라'는 주님의 명령은, '지금 바로' 순종하는 것이 신앙입니다. 그렇지 않으면 벨릭스 총독처럼, '단지 두려워하고 떠는 것'으로 끝나고 맙니다. 바울을 만난 벨릭스 총독의 최대 관심사가 무엇이었습니까? '돈'이었습니다. 예수님을 만난 부자 청년이 근심하며 돌아간 이유도 '재물이 많은 고로'였습니다. 우리가 창조주이신 하나님을 믿는 믿음이 있다 해도, 우리가 세상을 사는 동안은 '돈에 대해서, 먹고사는 문제에 대해서' 초월한 사람처럼 살 수 없습니다. 세례받은 지 얼마 안 되는 평신도는 먹고사는 문제를 걱정하지만, 신앙생활을 오래 한 목사나 장로는 먹고사는 문제 정도는 걱정하지 않고 삽니까? 아니요, 누구라도 그 문제는 쉽지 않은 부분이고, 손 놓을 수 없는 문제입니다. 하지만 그 문제에 대해서 마태복음 6장 24절에서 34절까지 이어지는 산상 설교에서, 예수님께서 가르쳐 주신 말씀이 있습니다. 그 결론 부분만 함께 보겠습니다.

> 마태복음 6:33-34, "그런즉 너희는 먼저 그의 나라와 그의 의를 구하라 그리하면 이 모든 것을 너희에게 더하시리라 34. 그러므로 내일 일을 위하여 염려하지 말라 내일 일은 내일이 염려할 것이요 한 날의 괴로움은 그 날로 족하니라"

'한 날의 괴로움'이 우리의 몫으로 견뎌져야 할 수도 있을 것입니다. 하지만 우리가 먼저 해야 할 일이 무엇입니까? "그의 나라와 그의 의를 구하는 것"입니다. 부자 청년에게 주셨던 말씀으로 비유하자면, "너는 나를 따르라."입니다. 하지만 그에 대한 우리의 반응은 언제나 어떻게 나옵니까? 근심하며 돌아가지요. "지금은 그냥 가라, 나중에 틈이 생기면 부르리라."입니다.

오늘날 교회와 성도들이 가진 가장 큰 문제가 바로 이것입니다. 좋은 신앙, 우리가 지키고 순종해야 할 신앙을, "우리의 전 인격과 인생을 오늘 주님께 드리고 따라야 할 것"으로 생각하지 않고 이벤트화, 사업화하는 것입니다. 교회를 건축하거나, 선교사를 파송하거나, 바자회 같은 활동으로 돈을 모아서 단기 선교 가서 돕고, 구제 잘하는 교회가 좋은 교회, 믿음 좋은 성도로 생각합니다. 오산리 순복음기도원에 가서 보면, 마치 무공 훈장처럼 그런 경력을 가진 목사님들과 성도님들이 얼마나 많은지 모릅니다. 세상에서 금식 기도 제일 많이 하고, 소위 기도빨 좋은 사람들은 거기 다 있습니다. 마치 세상에서 제일 공부 잘하는 사람들이 고시촌에 모여 사는 것과 같습니다. 그런데 정말 공부 잘하는 사람들은 어디에 있을까요? 대기업에 있겠죠. 행정직 공무원이든, 사법부나 경찰직 공무원이든, 거기서 자기 할 일 하면서 살겠지요.

지금 제가 드리는 말씀은, 취업 준비하고 공무원 시험 준비하는 사람을 무시하고 폄훼하는 것이 아니라 그분들이 공부하는 자체가 목적이 아니라는 것입니다. 그렇게 열심히 공부한 결과, 원하는 시험에 합격하여 이제는 고시원을 떠나고, 학원을 떠나서 일상생활로 돌아오는 게 목적 아닙니까? 부자 청년이 예수님에게, "어려서부터 모든 계명을 잘 지켰다."라며 자신 있게 말했습니다. 심지어 "내가 부족한 부분이 또 있습니까?"라며 거들먹거렸습니다. 잘했지요. 그러니 누가는, 예수님께서 그 청년을 사랑하셨다고 기록한 것입니다. 하지만 그 청년이 "어려서부터 잘 지켰다"고 했던 계명들은 자기를 자랑하고 홍보하는 용도로 사용됐지, 주님의 부르심에 순종하는 쪽으로 오지 않았습니다.

이것은 마치, 도서관에 있는 모든 책을 다 읽었다고 자랑하는 사람과 같습니다. 그렇게 책을 많이 읽었으면, 그 지식을 사용할 수 있게 나와야 하지 않을까요? 부자 청년은 계명은 다 지켰노라고 자부했지만, 주의 부르심을 듣고는 근심했습니다. 왜요? 그가 더 중요하게 생각하는 '재물'은 포기할 수 없었기 때문입니다. 그래서 '그 후 나를 따르라'는 예수님의 부르심에 순종할 수 없었던 것입니다. 예수님께서 '나를 따르라'고 말씀하셨으니, 영적인 '무공 훈장'을 받을 만한 뭔가 대단한 일을 맡기실 모양이라고 생각되십니까? 예수님의 제자들을 보십시오. 그 사람들이 한 일이 무엇입니까? 최후의 만찬에서도 자기들 중에서 '누가 더 큰 자인지' 서로 다툴 만큼, 영적으로 인격적으로 미성숙한 사람들이었습니다.

하지만 그럼에도 불구하고 제자들이 부자 청년보다 나았던 점이 무엇일까요? 주의 부르심에 순종하여, 모든 것을 버려두고 주를 좇았다는 것입니다. 겟세마네 동산에서 예수님이 군사들에게 붙잡혀 가실 때 다 도망갔었고, 심지어 돌아가신 예수님을 매장할 때도 나타나지 않았던 비겁한 제자들이었습니다. 그러나 그들이 모든 것을 버려두고 예수님의 부르심에 응했었기에, 부활하신 예수님께서 그 제자들을 다시 찾아오셨고, 그들은 진짜 사도가 될 수 있었습니다. 오늘 우리가 배우고 따라야 할 신앙생활도 이와 같은 것입니다. "주님의 부르심에 응답하라, 주를 따라야 한다."라고 말씀드리니까, 뭔가 대단한 순종을 요청하는 것처럼 보여서 고민하실 것 같은데, 그런 뜻이 아닙니다. 먼저는 부자 청년처럼 겉으로 드러나는 신앙생활은 잘하는 것 같은데, 자신의 인격과 일상을 주님께 드리는 부분에서는 순종하지 못하는 부분을 고쳐야 합니다.

둘째는, 주의 말씀을 들었을 때 자기에게 주시는 하나님의 감동이 있습니다. 벨릭스는 그 감동을 두려움으로 느꼈습니다. 무슨 두려움이겠습니까? 죄를 심판하시는 하나님에 대한 두려움과 그를 부르시는 하나님의 음성이었을 것입니다. 하지만 벨릭스가 보였던 반응은 어땠습니까? "지금은 가라, 내가 틈이 있으면 너를 부르리라."라고 하면서 그 부르심, 그 감동에 응답하지 않았습니다. 그러면서도 '돈을 받을까 바라는', 세상에 대한 욕심은 전혀 줄지 않았습니다. '돈'은 우리가 세상을 사는 동안 우리의 삶의 질을 결정해 줄 수 있는 요소 가운데 하나이지만, 돈의 많고 적음이 우리 신앙의 질을 결정하는 것은 아닙니다.

> 요한계시록 3:17-19, "네가 말하기를 나는 부자라 부요하여 부족한 것이 없다 하나 네 곤고한 것과 가련한 것과 가난한 것과 눈먼 것과 벌거벗은 것을 알지 못하는도다 18. 내가 너를 권하노니 내게서 불로 연단한 금을 사서 부요하게 하고 흰 옷을 사서 입어 벌거벗은 수치를 보이지 않게 하고 안약을 사서 눈에 발라 보게 하라 19. 무릇 내가 사랑하는 자를 책망하여 징계하노니 그러므로 네가 열심을 내라 회개하라"

이 말씀은 라오디게아교회에 주신 책망이요, 권면의 말씀입니다. 그들은 "우리는 부자라, 부족한 것이 없다."라고 자부했지만, 그들의 실제 신앙 면에서는 "곤고하고, 가련하고, 가난하고, 눈 멀고, 벌거벗은" 상태였습니다. 주님께서는 영적으로 가난하고, 수치스러운 상태에 있으면서도 전혀 부족함을 느끼지 못하고 있는 라오디게아교회를 사랑하는 마음으로 책망하셨습니다. 그러면서 주님께서는 그들에게, "불로 연단한 금을 사서 부요해지라."라고 하셨습니다. '불로 연단한 금'은 시련을 가리켜서 말합니다. 시련은 모든 것이 풍족하여 부족한 것이 없을 때는 느끼지 못하는 감정입니다.

예수님께서는 "심령이 가난한 자"가 복이 있다고 하시면서, "천국이 그의 것"이라고 말씀했습니다(마 5:3). 세상에서 '부족함을 느끼지 못할 만큼 부요한 것'은 모두가 부러워할 만한 복이지만, 천국을 소망하고 하나님을 의지하는 면에서는 가련하고 가난할 수 있습니다. 우리가 알아야 할 것은, 우리가 거할 처소가 세상이 아니라 천국이라는 것입니다. 성경은 우리의 육체를 가리켜서 '무너질 장막 집'으로 묘사합니다(고후 5:1). 이 육체의 장막 집이 무너지고 나면, 우리는 하나님께서 지으신 영원한 집을 소유하게 될 것입니다. 비록 우리가 육체의 집에서 탄식하며 살지라도 기뻐할 수 있는 것은, "하늘로부터 오는 우리의 처소" 곧 하늘의 몸을 입게 될 것이기 때문입니다(고후 5:2-4).

그리고 하나님께서는 그에 대한 보증으로 우리에게 성령을 주셨습니다(고후 5:5). 우리가 아직 세상에서 주와 따로 살고 있지만, 우리는 항상 담대할 수 있습니다. 왜 그렇습니까? 그것은 "우리가 보이는 것으로 살지 않고 믿음으로 살고 있기 때문"입니다(고후 5:6-7). 그래서 바울은 성도 된 우리가 어떻게 살아야 하는지 분명하게 가르쳐 줍니다.

> 고린도후서 5:16-17, "그러므로 우리가 이제부터는 어떤 사람도 육신을 따라 알지 아니하노라 비록 우리가 그리스도도 육신을 따라 알았으나 이제부터는 그같이 알지 아니하노라 17. 그런즉 누구든지 그리스도 안에 있으면 새로운 피조물이라 이전 것은 지나갔으니 보라 새것이 되었도다"

저와 여러분은 육신을 따라 사는 사람이 아니라, 그리스도를 따라 사는 새것이 된 사람들입니다. '새것'이 되었다는 말은, 우리의 관심과 목표가 벨릭스 총독처럼 자기 욕심을 따라 사는 것이 아니라 하나님께서 원하시는 분량에 닿아 있다는 것입니다. 하나님께서 우리에게 요구하시는 것이 무엇일까요? 하나님 나라의 백성답게, 하나님의 자녀라는 이름에 걸맞은, 무엇보다 하나님과 영원히 함께 살며 교제할 수 있는 수준의 사람이 되는 것입니다.

> 요한복음 17:13-14, "곧 내가 그들 안에 있고 아버지께서 내 안에 계시어 그들로 온전함을 이루어 하나가 되게 하려 함은 아버지께서 나를 보내신 것과 또 나를 사랑하심 같이 그들도 사랑하신 것을 세상으로 알게 하려 함이로소이다 14. 아버지여 내게 주신 자도 나 있는 곳에 나와 함께 있어 아버지께서 창세 전부터 나를 사랑하시므로 내게 주신 나의 영광을 그들로 보게 하시기를 원하옵나이다"

아버지 하나님과 아들 예수 그리스도가 하나인 것처럼, 그리스도께서 우리를 자기와 하나가 되게 해 주셨습니다. 그리스도와 하나가 된 우리는, 그리스도로 인해 하나님과 하나가 된 것입니다. 서로 다른 남녀가 결혼하여 둘이 한 몸이 됐다고 했을 때, 그 한 몸은 육체가 합쳐져서 한 몸이 됐다는 것이 아니라, 생각과 목표, 마음이 하나가 됐다는 뜻입니다. 우리가 하나님과 하나가 됐다고 했을 때, 하나님의 마음과 생각, 그분의 뜻이 우리의 마음과 생각, 우리의 뜻과 목표가 됐다는 뜻입니다. 하나님은 우리와 하나가 되기 위해 하나밖에 없는 당신의 아들을 내주셨습니다. 그러면 우리는 하나님과 하나가 되기 위해 뭘 포기하고, 뭘 드리고 있습니까?

우리의 신앙과 영적 수준이 하나님께서 원하시는 분량까지 자라야 할 이유입니다. 우리 인격과 성품과 인생을 살아가며 지향하는 목표와 세계관이, 하나님의 부르심마저 가볍게 여기는 벨릭스 총독과 달라야 하는 이유입니다. 우리는 '틈이 나고, 여유가 생기면 순종하는' 사람이 되어서는 안 됩니다. 자신의 영적 상태를 늘 돌아보면서, 하나님에 대해서 "곤고하고, 가련하고, 가난하고, 눈 멀고, 벌거벗었으면서도" 깨닫지 못하고 있는지 살펴봐야 합니다. 그래서 저와 여러분, 우리 하와이한빛장로교회가 '주의 부르심과 인도하심'에 더욱 민감하게 반응하며 열심을 낼 수 있기를 기원합니다.

사도행전 25:6~12

가이사에게 갈 것이라

"베스도가 그들 가운데서 팔 일 혹은 십 일을 지낸 후 가이사랴로 내려가서 이튿날 재판 자리에 앉고 바울을 데려오라 명하니 7. 그가 나오매 예루살렘에서 내려온 유대인들이 둘러서서 여러 가지 중대한 사건으로 고발하되 능히 증거를 대지 못한지라 8. 바울이 변명하여 이르되 유대인의 율법이나 성전이나 가이사에게나 내가 도무지 죄를 범하지 아니하였노라 하니 9. 베스도가 유대인의 마음을 얻고자 하여 바울더러 묻되 네가 예루살렘에 올라가서 이 사건에 대하여 내 앞에서 심문을 받으려느냐 10. 바울이 이르되 내가 가이사의 재판 자리 앞에 섰으니 마땅히 거기서 심문을 받을 것이라 당신도 잘 아시는 바와 같이 내가 유대인들에게 불의를 행한 일이 없나이다 11. 만일 내가 불의를 행하여 무슨 죽을 죄를 지었으면 죽기를 사양하지 아니할 것이나 만일 이 사람들이 나를 고발하는 것이 다 사실이 아니면 아무도 나를 그들에게 내줄 수 없나이다 내가 가이사께 상소하노라 한대 12. 베스도가 배석자들과 상의하고 이르되 네가 가이사에게 상소하였으니 가이사에게 갈 것이라 하니라"

벨릭스는 바울에게 처벌받아야 할 죄가 없음을 알고도 무려 2년 동안이나 계속 감옥에 가둬 두었습니다(행 24:27). 그렇게 한 이유는, 바울을 고소한 유대인들의 마음을 얻기 위함이었습니다. 죄 없는 사람을 풀어 주는 것은 재판관이 해야 할 당연한 의무입니다. 하지만 벨릭스는 어떤 방법으로든지 바울을 반드시 죽이려고 하는 대제사장과 그의 영향력 아래 있는 유대인들의 눈치를 보지 않을 수 없었습니다.

 지난 시간에도 말씀드렸던 것처럼, 벨릭스는 노예 출신이면서도 약삭빠른 성품으로 신분 상승을 이루었을 뿐만 아니라, 로마 최고의 부자가 됐던 사람입니다. 그런 벨릭스에게 있어서 죄수로 붙잡혀 온 바울은 어떤 존재였을까요? 벨릭스는 그가 살아온 인생 자체가 공정이나 정의를 기대할 수 없는 사람입니다. 그런 그가 유대 지배 계층의 반대를 무릅쓰고 바울을 위해 줄 이유가 없었습니다. 결국, 벨릭스는 자신의 자리를 지키려고 아무것도 하지 않는 방법을 택했습니다.

 그렇게 2년의 세월이 지난 후, 벨릭스의 후임으로 '보르기오 베스도'라는 사람이 유대의 총독으로 부임하게 됩니다. 역사 기록에 따르면, 가이사랴에서 유대인과 헬라인 사이에서 큰 분쟁이 있었는데, 해결하는 과정에서 벨릭스가 개입해서 유대인들을 심하게 탄압했다고 합니다. 혼란한 상황을 자신의 사리사욕을 채울 기회로 삼아서 많은 유대인을 투옥하고, 그들의 재산을 약탈했으며, 그 과정에서 희생된 유대인들이 많이 생긴 것입니다. 유대 공동체의 산헤드린 공회는 로마에 대표단을 파견해서 강력한 항의를 했고, 로마 정부는 벨릭스를 소환하고 그 후임으로 베스도를 보낸 것입니다. 그런데 그런 상황에서도 벨릭스는 바울을 풀어 주지 않고 계속 가둬 두었습니다. 징계를 받아서 소환되는 중에도 유대인들의 반감을 조금이나마 누그러뜨려서, 자기가 받게 될 처벌의 수위를 최대한 낮춰 보려는 의도였습니다. 요세푸스의 기록에 따르면, 엄한 징계를 받을 뻔했던 벨릭스는 그의 형 팔라스의 도움으로 형벌을 면했다고 합니다.

벨릭스의 후임으로 가이사랴에 부임한 베스도는, 도착한 지 3일 만에 대제사장과 산헤드린 공회를 비롯한 유대인 지도부가 있는 예루살렘으로 올라갔습니다[1]. 오늘날처럼 교통수단이 발달한 상황에도 긴 여행을 하면 몸이 많이 피곤합니다. 로마에서부터 예루살렘까지는 비행기로 가도 3시간 20분 거리입니다. 사도행전 26장부터 28장에는 바울이 가이사랴 감옥에서 로마까지 압송되는 과정이 기록되어 있는데, 그 기간이 6개월도 더 걸렸습니다. 베스도 역시 아무리 짧게 잡아도 수개월은 족히 걸렸을 거리를 여행하고도, 부임하자마자 하루만 쉬고 다음 날 곧바로 예루살렘으로 올라온 것입니다. 유대 지방의 총독으로 부임한 베스도는 무엇보다 유대 민족의 종교적, 정치적 중심지인 예루살렘의 지도자들을 만나서 실태를 파악하려 했던 것으로 보입니다. 이렇게 보면, 베스도는 전임자인 벨릭스와는 전혀 다른 성향의 총독으로 보입니다.

베스도가 예루살렘에 오자 "대제사장들과 유대인 중 높은 사람들이 바울을 고소"했습니다[2]. 요세푸스의 기록에 따르면, 이때의 대제사장은 '이스마엘'이라는 사람이었습니다. 그리고 베스도가 총독으로 부임한 후 얼마 지나지 않아서, 헤롯 아그립바 2세 왕은 대제사장을 다시 '요셉'이라는 사람으로 교체했다고 합니다. 원래 대제사장은 한 명뿐인 종신직으로, 전통상 그의 아들에게 계승되었습니다. 하지만 로마의 지배를 받게 된 후로는, 대제사장직이 권력자들에 의해 자주 바뀌게 되었습니다. 때로는 '아나니아'처럼 전임자를 죽이고, 대제사장이 되는 사람도 있었습니다. 그렇다 보니 원래는 율법에 따라 한 명뿐이어야 할 대제사장이 전임 대제사장, 증경 대제사장 등 다수의 대제사장이 동시에 존재하게 된 것입니다. 신약 성경에서 '대제사장들'이란 표현이 계속 등장하는 이유가 이 때문입니다.

'유대인 중 높은 사람'이라는 표현은, '산헤드린 공회의 의원들'로 보입니다. 유대 지방의 신임 총독으로 온 베스도는, 유대인의 지도자들에게 인사하고 그들의 민원 사항을 들어 주는 것으로 그의 임무를 시작하려고 했습니다. 정치나 외교의 가장 첫째 되는 요소가 '소통'이기에, 베스도는 관할 지방의 유력자들과의 관계를 좋게 맺기 위해서 그들의 요구 사항을 들으려 했던 것입니다. "대제사장들과 높은 사람들"은 그 기회를 이용해서 바울을 죽이려고 했습니다. 벨릭스가 바울을 잡아가둔 지 2년이 지났지만, 바울을 죽이려고 하는 그들의 계획이 조금도 약해지지 않고 오히려 더 단단해져 있음을 볼 수 있습니다.

3, "베스도의 호의로 바울을 예루살렘으로 옮기기를 청하니 이는 길에 매복하였다가 그를 죽이고자 함이더라"

대제사장과 유대인의 높은 사람들은, 정식 재판을 통해서는 바울을 죽일 수 없다는 것을 확인했습니다. 그래서 베스도가 바울에 관해서 아무것도 모르는 상황을 이용하려 한 것입니다. 그들은 바울에 대한 재판을 예루살렘에서 열어 달라고 요구했습니다. 신임 총리가 그들의 요구를 받아들여서 바울이 예루살렘으로 돌아올 때, 자객을 매복해 두었다가 중간에 바울을 죽이려고 계획한 것입니다. 여기서 우리가 알아야 할 것이 있습니다. 아무 죄가 없는 바울이 2년간이나 총독의 감옥에 갇혀 있는 것은, 너무나 억울하고 이해할 수 없는 상황입니다. 그리고 바울을 둘러싼 모든 환경은, 바울에게 절대적으로 불리한 상태였습니다. 바울을 고소한 대제사장과 유대인의 높은 사람들은 바울을 죽이려 하고 있습니다. 전임 총독이었던 벨릭스는 '돈만 밝히는' 탐관오리의 전형적인 인물입니다.

그런데 바울에게 절대적으로 불리한 상황이 오히려 그의 생명을 지켜 줬습니다. 만약 벨릭스 총독에게 조금이라도 양심이나 정의감이 남아 있어서 바울을 '무죄 방면'해 줬더라면, 바울은 그 풀려난 2년 안에 죽었을지도 모릅니다. 하지만 억울한 옥살이일망정 바울이 총독의 감옥에 갇혀 있는 상태였기에, 바울을 죽이겠다고 맹세하며 금식했던 사람들조차 바울을 건드리지 못했던 것입니다. 그러면 바울은 감옥 바깥에서 이런 일들이 벌어지고 있었던 것을 알았을까요? 어쩌면 2년이 넘도록 아무런 변화 없이 감옥 안에 갇혀 있는 자신의 신세가 답답하게 느껴졌을 수도 있었을 것입니다. 당시의 이런 상황은 성경을 통해 글로 읽는 우리들만 알 수 있는 내용입니다. 그런데 이것은 오늘을 사는 저와 여러분도 별로 다르지 않다고 생각됩니다.

우리도 살다 보면 "도대체 나에게 왜 이런 일이 생기는지 이해할 수 없는" 일들을 많이 만나지 않습니까? 사람마다 조금씩 다르겠지만 억울한 일을 당하기도 하고, 뜻밖의 사고를 당하거나, 건강상의 문제가 생기거나, 인간관계에서 문제가 생기기도 합니다. 그리고 바울이 2년이 넘도록 억울한 감옥살이를 했던 것처럼, 우리가 만나는 그런 당황스러운 일들 역시 우리의 잘못이나 실수가 없음에도 생길 수 있습니다. 그럴 때 우리는 어떻게 그런 상황을 극복하고 견뎌 낼 수 있겠습니까?

오늘 본문 말씀이 그 위로를 줍니다. 바울이 억울하게 견뎌 내고 있는 그 2년의 세월은, 하나님께서 그의 생명을 안전하게 보호해 주시는 기간이었습니다. 다만 당사자인 바울은, 그 기간이 하나님께서 자신을 적극적으로 보호해 주시는 시간이었다는 것을 알지 못했을 것입니다. 그렇다면 역으로 생각해서, 우리가 현재 당하는 여러 가지 힘든 현실도 사실은 하나님께서 우리를 보호하고 편들어 주시는 상황일 수도 있음을 알아야 합니다.

대제사장과 유대인 중 높은 사람들은, 새로 부임한 총독이 자신들과 우호적인 관계를 맺으려고 일부러 찾아온 상황을 이용해서 바울을 죽이려고 했습니다. 하지만 베스도는 전임자와 달리, 공과 사를 구별할 줄 아는 관리였습니다. 바울을 예루살렘으로 데려와서 재판하게 해 달라는 요청에, 자기가 곧 가이사랴로 돌아갈 예정이니 대표자를 선정해서 그곳에서 바울을 고소하라고 한 것입니다.

> 4-5, "베스도가 대답하여 바울이 가이사랴에 구류된 것과 자기도 멀지 않아 떠나갈 것을 말하고 5. 또 이르되 너희 중 유력한 자들은 나와 함께 내려가서 그 사람에게 만일 옳지 아니한 일이 있거든 고발하라 하니라"

베스도는 가이사랴에 도착해서 하루만 그곳에 머물고, 총독 업무에 관한 인수인계도 제대로 하지 못한 상황에서 곧장 예루살렘으로 찾아왔습니다. 아마도 그 이유는, 벨릭스 총독이 유대인에게 행한 잘못된 행동으로 인해 로마로 소환된 상황이기에, 유대인 지도자들을 만나는 것이 가장 시급했을 것입니다. 그런 상황에서 유대인 지도자들이 원하는 죄수 한 사람을 내주고 그들의 마음을 얻을 수 있다면, 베스도 자신을 위해서는 나쁘지 않은 선택일 수도 있었습니다. 하지만 베스도는 그런 상황에서도, 총독으로서 자기의 임무를 정확하게 수행하는 쪽으로 일을 처리하고 있습니다.

베스도는 바울이 무슨 이유로 가이사랴에 붙잡혀 있는지 모르는 상황입니다. 그래서 섣부른 약속으로 바울을 유대인 지도자들에게 내주기보다는, 그들의 대표자가 자신과 함께 가이사랴로 가서 정식으로 고소하라고 대답한 것입니다. 앞으로도 계속 살펴보겠지만, 베스도는 정직한 재판관으로 유대 지도자들이 바울을 고소한 사건을 법과 원칙에 따라 공명정대하게 판결하려고 했던 사람입니다. 베스도는 자기 생각만을 고집하지 않고, 자신의 부임을 축하하기 위해 찾아온 아그립바 2세에게도 바울이 고소당한 사건에 대한 자문을 구했습니다. 베스도는 아그립바 왕에게 자기가 심문한 바울에 대해서 이렇게 말했습니다.

> 26-27, "그에 대하여 황제께 확실한 사실을 아뢸 것이 없으므로 심문한 후 상소할 자료가 있을까 하여 당신들 앞 특히 아그립바 왕 당신 앞에 그를 내세웠나이다 27. 그 죄목도 밝히지 아니하고 죄수를 보내는 것이 무리한 일인 줄 아나이다 하였더라"

그리고 바울을 심문해 본 아그립바 왕 역시 베스도와 같은 결론을 내렸습니다.

> 사도행전 26:30-32, "왕과 총독과 버니게와 그 함께 앉은 사람들이 다 일어나서 31. 물러가 서로 말하되 이 사람은 사형이나 결박을 당할 만한 행위가 없다 하더라 32. 이에 아그립바가 베스도에게 이르되 이 사람이 만일 가이사에게 상소하지 아니하였더라면 석방될 수 있을 뻔하였다 하니라"

여기서 두 번째로 우리가 살펴보려고 하는 부분은, 하나님께서 일반 계시의 방법으로 우리에게 주신 '시민 정부의 지도자와 위정자들'의 역할에 관한 것입니다. 하나님께서는 사람들의 방탕함이 억제되고, 모든 것이 선한 질서로 그들 가운데서 행해지게 하기 위해서, 세상이 법률과 정책에 의해 다스려지기를 원하십니다. 하나님을 모르는 사람들, 아니 하나님의 존재를 부정하는 사람들이라도, 법을 위반하고 죄를 지으면 그에 합당한 처벌을 받게 된다는 사실을 압니다. 하나님을 부정하는 자만큼 교만한 사람이 세상에 또 어디 있겠습니까? 하지만 그렇게 교만한 사람이라도 '법의 칼'을 가진 세상의 위정자는 두려워합니다. 이것이 바로 하나님께서 세상에 왕과 정부와 위정자를 세우신 목적입니다.

하나님께서는 정부와 위정자의 손에 칼을 쥐여 주셔서 '범죄자를 처벌하고, 선을 행하는 자들을 보호하게 하는 방법'으로 하나님을 알 수 있게 하셨습니다. '죄를 지으면 벌을 받는다'는 사실은 하나님을 모르는 사람, 심지어 어린아이라 할지라도 다 알고 인정하는 상식입니다. 그렇다면 "하나님께서 죄악으로 가득한 세상을 심판하신다."라는 것도, 하나님을 믿는지 아닌지 여부와 상관없이 인정할 수밖에 없는 상식입니다. 그래서 동양과 서양, 옛날 사람과 현재 사람 모두 공감하는 상식에서 나온 말이 '권선징악'입니다. 비록 정부와 위정자가 부정부패하여 악한 자를 편 들고, 지은 죄에 합당한 벌을 내리지 않는다고 할지라도, 하나님께서 그들을 벌하신다는 사상입니다.

물론 세상의 모든 정부와 위정자가 하나님께서 그들에게 위임해 주신 권력을 올바르고, 합당하게 사용하지 않을 수도 있습니다. 독일의 히틀러나 러시아의 푸틴, 북한의 김일성 삼부자처럼 파괴적이고 잔혹하게 자기에게 위임된 권력을 남용할 수도 있을 것입니다. 하지만 성경의 역사를 보면, 북이스라엘을 멸망시킨 앗수르와 남유다를 멸망시킨 바벨론처럼, 그렇게 권력을 남용한 왕과 제국들이 모두 심판받았습니다. 그들뿐이겠습니까? 그 후로도 헬라 제국과 로마 제국이 멸망했고, 한때 세계를 평정하고 제국을 꿈꿨던 나라들이 모두 패망하여 역사책의 기록에만 남았습니다. 반면에 불법한 판결로 인해 십자가 처형을 당하신 예수 그리스도와 로마 정부와 동족들의 핍박으로 인해 순교당할 수밖에 없었던 교회는 지금도 건재합니다.

우리가 이것을 알아야 합니다. 기독교회의 존립은, 이른바 주류 세력으로 또는 세상으로부터 존중받고 인정받는 것에 달려 있지 않습니다. 오히려 타락한 중세 교회처럼, 교황이 왕을 임명하고 세상의 정치가 교회의 영향력 아래 있었을 때, 복음은 빛을 잃었고 교회는 존재의 가치를 상실했습니다. 그렇다면 교회가 교회다웠을 때는 언제였을까요? 세상에서 핍박받았을 때였습니다. 성도들이 밝은 세상에서 지낼 수 없어서 지하 무덤인 카타콤에 숨어서 살 수밖에 없었을 때, 오히려 성도들은 더욱 주를 의지하고 천국을 소망하며 살았습니다. 하나님께서는 당신의 아들 예수 그리스도조차 불의한 판결을 내린 빌라도의 결정 아래에 두셨습니다. 그리고 예수님은 그 판결에 따라 십자가에 못 박혔습니다. 오늘 본문에 바울이 벨릭스 총독의 방치 속에서 2년 동안이나 억울한 옥살이를 해야 했던 것도 같은 이유입니다.

하나님께서는 교회가 힘을 발휘해서 세상을 바꾸라고 말씀하지 않으셨습니다. 비록 불의하고 불법한 정부라 할지라도, 그래서 핍박과 죽임을 당할지라도 교회와 성도들은 하나님께서 위임하신 정부와 법에 순종하면서 살게 하셨습니다. 합당하고 공의롭게 권력을 사용하는 정부이든, 잔인하고 불법적으로 권력을 남용하는 정부이든, 성도들은 그 권력에 순종하면서 하나님의 섭리를 배워야 합니다. 하나님을 의지하며 살아가는 법을 배워야 하고, 천국을 소망하며 살아야 합니다.

지난 시간에 살펴본 벨릭스 총독은 부정부패한, 정의롭지 못한 사람이었습니다. 그 결과 벨릭스는 자기 자리를 지키지 못하고 물러나게 됩니다. 반면에 새로 부임한 베스도 총독은 공정하게 판결하려고 애를 썼던 사람입니다. 그리고 하나님께서는 그 베스도를 통해서 바울을 로마로 보냈습니다. 그나마 다행이었던 것은, 바울이 가이사랴 감옥에 갇혀 있던 2년여의 기간에 바울이 동료들의 도움을 받는 것이 허락되었다는 것입니다(행 24:23). 그리고 바울은 그 2년 동안 에베소서, 빌립보서, 골로새서, 디모데전후서, 빌레몬서, 히브리서와 같은 서신서를 기록하여 교회와 성도들을 가르쳤습니다. 억울하게 갇혀 있는 자신의 처지를 비관하면서 하나님을 원망한 것이 아니라, 복음을 맡은 사도로서 자기가 할 수 있는 일, 자기가 해야 할 일을 한 것입니다.

> 디모데전서 4:4-5, "하나님께서 지으신 모든 것이 선하매 감사함으로 받으면 버릴 것이 없나니 5. 하나님의 말씀과 기도로 거룩하여짐이라"

하나님께서 우리에게 허락하신 모든 환경이 선한 것입니다. 우리가 할 일은 하나님의 말씀과 기도로 자신을 돌아보면서, 하나님의 자녀와 그 나라의 백성으로서 합당한 존재가 될 수 있도록 만들어져야 할 것입니다.

가이사랴로 돌아온 베스도는, 다음 날 즉시 바울에 대한 재판을 열었습니다[6]. 이런 근거로 보면, 베스도는 자기의 책무를 성실하게 수행한 사람으로 보입니다. 2년 전에 '더둘로'라는 변호사를 데리고 왔던 유대인 지도자들은, 이번에는 많은 사람을 동원해서 재판정의 분위기를 자기들에게 유리하게 이끌어 가려 했습니다. 많은 사람이 여러 가지 죄목으로 바울을 고소해서, 마치 바울이 사형받아 마땅한 중범죄자인 것처럼 몰아가려고 했던 것입니다. 유대인 지도자들은, 거짓 증인이라 할지라도 '두세 사람의 증인'만 있으면 유죄가 입증된 것으로 여기는, 유대인의 재판을 염두에 둔 것으로 보입니다. 하지만 베스도는 유대인의 재판이 아니라, 로마법에 따른 재판을 하고 있습니다. 많은 사람이 바울을 고소하고 있지만, 정작 그 죄를 입증할 만한 증거는 하나도 내놓지 못했다고 기록하고 있기 때문입니다.

> 7, "그가 나오매 예루살렘에서 내려온 유대인들이 둘러서서 여러 가지 중대한 사건으로 고발하되 능히 증거를 대지 못한지라"

자신을 변호할 기회를 얻은 바울은, 유대인과 관계된 '율법이나 성전'이나 로마 정부에 관계된 '가이사 황제에게' 아무런 죄도 짓지 않았다고 말했습니다[8]. 바울이 이렇게 말한 것은, 유대인들이 바울을 가리켜 "전염병 같은 자요, 천하에 흩어진 유대인을 모아 반란을 꾀하는 우두머리"라고 했기 때문입니다(행 24:5). 양측의 증언을 모두 들은 베스도는,

바울에게 "예루살렘에 올라가서 이 사건에 대하여 내 앞에서 재판을 받겠느냐?"고 물었습니다.[9] 아무리 생각해 봐도 유대인 지도자들이 데리고 온 증인들이 말하는 것처럼, 바울은 황제를 반역하려고 하는 이단의 우두머리로 보이지 않았던 것입니다. 그래서 재판정을 로마의 법에 따라 판결해야 하는 가이사랴 법정이 아니라, 유대인의 종교법이 우선시되는 예루살렘의 공회로 바꾸길 원하는지 물은 것입니다.

베스도가 바울에게 이렇게 물은 것은, 유대에 새로 부임한 총독으로서 갖는 현실적인 정치적 부담 때문이었던 것으로 보입니다. 바울에 대한 유대인 지도자들의 적대감은 이 재판을 통해서도 확인된 바입니다. 하지만 베스도는, 바울에게서 어떤 죄도 찾을 수 없었습니다. 하지만 그렇다고 바울에 대한 유대인 지도자들의 분노를 모른 체하고 바울을 그냥 풀어 줄 순 없는 노릇입니다. 왜냐하면, 그의 전임자였던 벨릭스가 유대인 지도자들이 로마 정부에 항의한 것 때문에 로마로 소환되고, 그 자리에 자신이 들어온 것이기 때문입니다. 베스도의 질문에 바울은 이렇게 대답했습니다.

> 10-11, "바울이 이르되 내가 가이사의 재판 자리 앞에 섰으니 마땅히 거기서 심문을 받을 것이라 당신도 잘 아시는 바와 같이 내가 유대인들에게 불의를 행한 일이 없나이다 11. 만일 내가 불의를 행하여 무슨 죽을 죄를 지었으면 죽기를 사양하지 아니할 것이나 만일 이 사람들이 나를 고발하는 것이 다 사실이 아니면 아무도 나를 그들에게 내줄 수 없나이다 내가 가이사께 상소하노라 한대"

바울은 로마 시민으로서 자신의 권리를 사용함과 동시에, 베스도가 자기에게 한 제안이 로마법을 어기는 것임을 분명히 밝히고 있습니다. 그에 더하여 자기가 유대인들에게 불의를 행한 것이 없다는 사실을 베스도 당신도 잘 알지 않느냐며 되묻고 있습니다. 바울은 자기가 죽을죄를 범했다면 사형당하는 것도 사양하지 않겠다고 했습니다. 하지만 베스도가 확인한 것처럼, 바울이 고발당한 죄가 사실에 근거하지 않은 것을 알고도 자신을 유대인들에게 내준다면, 로마법을 어긴 것이라고 말했습니다. 결국, 베스도는 배심원 회의를 통해서 유대인들이 바울에 대해 고소한 소송을 가이사 황제에게 보내겠다고 최종 판결을 내렸습니다.

12, "베스도가 배석자들과 상의하고 이르되 네가 가이사에게 상소하였으니 가이사에게 갈 것이라 하니라"

흥미로운 것은, 베스도는 자신의 판결을 지키기 위해서 바울이 가이사 황제 앞에 설 수 있도록 안전하게 호송해야 할, 또 다른 의무가 생긴 것입니다. 다시 말씀드려서 바울을 죽이려는 유대인들의 음모는 소용없게 된 것입니다. 오늘 우리는 바울의 생명을 지키시는 하나님의 섭리하심을 살펴보고 있습니다. 바울이 가이사랴 감옥에 갇혀 있는 동안 여러 권의 서신서(성경)를 써서 교회와 성도들을 돌보고, 우리에게 복음의 진리를 가르쳐 준 것은 감사한 일입니다. 하지만 당시 바울의 형편은, 형기도 정해지지 않아서 언제 풀려나게 될지 기약할 수 없는, 그래서 너무나 답답하고 막연한 죄인 아닌 죄수의 신분이었습니다.

우리가 이것을 이해해야 합니다. 예수 믿고, 신앙생활을 잘하면 모든 일이 잘 풀리고, 어렵고 곤란한 일은 절대로 당하지 않느냐? 그렇지 않을 수도 있습니다. 어쩌면 누군가는 바울이 당하고 있는 현실처럼, 이유도 모른 채 고통과 괴로움이 연속인, 끝이 보이지 않는 캄캄한 동굴 같은 상황을 견디고 있는지도 모릅니다. 그럴 때 우리는 어떻게 그와 같은 상황을 통과하는 것이 바른 믿음을 가진 사람의 자세일까요?

> 빌립보서 4:4-7, "주 안에서 항상 기뻐하라 내가 다시 말하노니 기뻐하라 5. 너희 관용을 모든 사람에게 알게 하라 주께서 가까우시니라 6. 아무것도 염려하지 말고 다만 모든 일에 기도와 간구로, 너희 구할 것을 감사함으로 하나님께 아뢰라 7. 그리하면 모든 지각에 뛰어난 하나님의 평강이 그리스도 예수 안에서 너희 마음과 생각을 지키시리라"

앞서도 말씀드린 것처럼, 빌립보서는 바울이 감옥에 갇혀 있는 상태에서 빌립보교회에 보낸 옥중 서신입니다. 바울은 무슨 기뻐할 일이 있었기에 바깥에 있는 성도들에게 항상 '기뻐하라, 내가 다시 말하노니 너희들은 기뻐하라'고 말하는 것일까요? 5절에 '관용'이라고 표현된 원어의 뜻은, "손해를 보고 역경을 당하는 상황에서도 쉽게 동요되거나 넘어지지 않고 평정심을 유지하는 인내"를 뜻하는 말입니다. 바울이 그렇게 억울하고 답답한 상황에서도 평정심을 유지할 수 있었던 것은, '주께서 가까우시니라', 주의 재림 곧 공의로우신 하나님께서 심판하시고 판결하실 때가 가까이 올 것이니 걱정하지 말라는 것입니다.

공의로우신 하나님께서는 죄 없는 바울이 억울한 옥살이를 2년 동안이나 하고 있는 것을 모르는 척 그냥 넘어가지 않으시고, 공정하게 판결해 주실 것입니다. 그러니 우리가 할 일은 염려하지 말고, 기도와 간구로 하나님께 아뢰면 됩니다. 중요한 것은 "모든 지각에 뛰어난 하나님의 평강이 그리스도 예수 안에서 너희 마음과 생각을 지키신다."라는 것입니다[7]. 하나님께서 바울의 억울한 사정을 다 아셨으니 바울을 즉시 감옥에서 풀려나게 해 주시는 것이 아니라, 그의 마음과 생각을 지켜 주셨습니다.

'하나님의 평강'은 인간이 스스로 만들어 내거나 누릴 수 있는 것이 아닙니다. 그 평강은 하나님께서 주시는 것이며, 그 평강을 받은 사람은 어떤 상황에서도 불안하지 않고, 의심에 빠지지 않도록 성령께서 마음과 생각을 지켜 주십니다. 우리는 잠시 뒤에 일어날 일도 알지 못하는 미련한 존재입니다. 하지만 하나님께서 유대인들의 음모에서 바울을 지켜 주신 것처럼, 오늘 저와 여러분도 가장 우리에게 안전하고 좋은 방법으로 우리를 지켜 주실 것입니다. 그러니 아무 염려하지 마시고, 기도와 간구로 하나님께 아뢰면서 감사함으로 하나님의 도우심을 구하는 저와 여러분이 되길 기원합니다.

사도행전 25:17~22

바울이 주장하는 그 일

"그러므로 그들이 나와 함께 여기 오매 내가 지체하지 아니하고 이튿날 재판 자리에 앉아 명하여 그 사람을 데려왔으나 18. 원고들이 서서 내가 짐작하던 것 같은 악행의 혐의는 하나도 제시하지 아니하고 19. 오직 자기들의 종교와 또는 예수라 하는 이가 죽은 것을 살아 있다고 바울이 주장하는 그 일에 관한 문제로 고발하는 것뿐이라 20. 내가 이 일에 대하여 어떻게 심리할지 몰라서 바울에게 묻되 예루살렘에 올라가서 이 일에 심문을 받으려느냐 한즉 21. 바울은 황제의 판결을 받도록 자기를 지켜 주기를 호소하므로 내가 그를 가이사에게 보내기까지 지켜 두라 명하였노라 하니 22. 아그립바가 베스도에게 이르되 나도 이 사람의 말을 듣고자 하노라 베스도가 이르되 내일 들으시리이다 하더라"

베스도가 유대의 새로운 총독으로 부임하자, 헤롯 아그립바 왕과 그의 여동생인 버니게가 축하 인사를 하기 위해서 베스도를 찾아왔습니다[13]. 헤롯 아그립바 왕은 그 전의 어떤 왕들보다 더욱 철저하게 로마에 충성했던 사람으로, 로마 황제는 그런 아그립바에게 유대 주변의 많은 영토를 하사했습니다. 이처럼 아그립바 왕은 로마와 밀착된 관계 속에서 특혜를 받고 있었기 때문에, 유대에 새로운 총독이 올 때마다 찾아와서 인사하는 것을 잊지 않았습니다.

14절에 아그립바 왕이 그곳에 여러 날을 머물렀다고 기록했습니다. 아마도 아그립바 왕은 전임자였던 벨릭스와는 전혀 다른 성향인, 신임 총독 베스도에 대해서 좀 더 많은 정보를 얻고 싶었을 것입니다. 역사 기록으로 보면, 아그립바와 전임 총독 벨릭스는 닮은 점이 상당히 많습니다. 성공 지향적이고 처세술에 능해서, 로마 황제로부터 최대한 많은 특혜를 받아 내기 위해서 자기가 할 수 있는 모든 일을 다 한 것입니다.

그에 비해서 베스도는 자기에게 유리한 일을 하기보다는, 자기가 해야 할 임무를 성실하게 수행하는 그런 성향의 사람이었습니다. 로마에서부터 가이사랴까지 수개월이 걸려 도착해서는, 단 하루만 쉬고 다음 날 총독의 임무를 수행하기 위해서 예루살렘으로 올라갔던 사람입니다. 총독의 가장 주된 임무가 유대인들의 민원을 잘 해결해서 그들의 불만을 없애고, 로마 정부에 대한 반감을 없애는 것이었기에 그 일에만 집중해도 괜찮습니다. 대제사장과 유대인의 높은 사람들이, 벨릭스가 2년 동안 처리하지 않고 떠난 바울에 대한 고소 건에 관해, 그들이 원하는 대로 해 줘도 문제될 것이 없습니다. 베스도는 유대인들의 민원을 해결해 주려고 예루살렘으로 왔고, 유대인 지도자들이 강력하게 원하는 민원을 들어주는 것은 그의 권한이자 의무였기 때문입니다.

그런데 베스도는 유대인 지도자들의 요청을 들어주어 그들로부터 호감과 지지를 얻고, 그것을 통해 자신의 리더십을 증명하는 쪽으로 권한을 사용하지 않았습니다. 오히려 유대인 지도자들을 정식 재판정이 있는 가이사랴로 불러서, 공정한 재판을 통해 바울이 고소당한 사건에 대해서 정확한 진실을 파악하려고 했습니다. 처세술과 사리사욕을 채우는 데에 능한 아그립바 왕이 수일간 가이사랴에 머물렀던 이유는, 그런 신임 총독 베스도의 성향을 파악하기 위해서였을 것입니다. 그에 관한 정황은, 베스도가 아그립바에게 바울의 유무죄 여부에 관해서 물었을 때, 베스도의 생각에 공감하면서 동조하는 모습에서 확인할 수 있습니다.

> 사도행전 26:32, "이에 아그립바가 베스도에게 이르되 이 사람이 만일 가이사에게 상소하지 아니하였더라면 석방될 수 있을 뻔하였다 하니라"

그러면 아그립바 왕은 원래부터 공명정대한 판결을 내리는 사람이었을까요? 유대 지역의 치안 유지나 세금 징수 등 실질적인 통치를 하는 사람은 총독입니다. 아그립바 왕은 직접 유대를 통치하는 것이 아니라, 로마 황제로부터 대제사장의 임명과 파면권, 성전의 재정과 제사장을 관리하는 권한을 받은 사람입니다. 따라서 아그립바 왕은 종교 공동체인 유대 사회 내에서 영향력이 막강했습니다. 베스도는, 아그립바 왕이 '대제사장과 성전에 관한 권한'을 부여받은 사람이므로, 유대인 지도자들과 바울 사이에서 일어난 갈등에 관해 잘 알 것으로 생각했습니다. 베스도가 아그립바에게 조언을 구한 것도 바로 이런 이유 때문이었습니다. 그래서 바울도 아그립바 앞에서 변론할 기회를 얻게 된 것을 감사한다고 했습니다.

> 사도행전 26:2-3, "아그립바 왕이여 유대인이 고발하는 모든 일을 오늘 당신 앞에서 변명하게 된 것을 다행히 여기나이다 3. 특히 당신이 유대인의 모든 풍속과 문제를 아심이니이다 그러므로 내 말을 너그러이 들으시기를 바라나이다"

앞서도 말씀드렸지만, 아그립바 왕은 사건의 진실이 무엇이며, 정의로운 판결이 무엇인지에 대해서는 별로 관심이 없는 사람입니다. 바울이 고소당한 사건과 같이 '종교적이고 정치적인' 사건의 경우, 진실 여부와 상관없이 대제사장과 유대인 지배계층을 편들어 주는 것이 당연했던 사람입니다. 그런데 아그립바는 지금까지 자기가 해 오던 대로 정치적 판결을 내리는 대신에, 베스도 총독의 생각에 동의하는 쪽으로 자신의 의견을 말했습니다(행 26:32). 바울이 고소당한 사건을 바라보는 베스도의 생각은 이랬습니다.

> 18-19, "원고들이 서서 내가 짐작하던 것 같은 악행의 혐의는 하나도 제시하지 아니하고 19. 오직 자기들의 종교와 또는 예수라 하는 이가 죽은 것을 살아 있다고 바울이 주장하는 그 일에 관한 문제로 고발하는 것뿐이라"

베스도가 예루살렘에 오자마자 대제사장과 유대인의 높은 사람들이 바울에 관해서 이런저런 고소를 많이 하기에, 바울이 나쁜 사람인 줄 알았다는 것입니다. 그런데 고소하는 내용을 들어 보니, 베스도 자기가 짐작했던 악행의 혐의는 하나도 없고, "예수가 죽었는데 다시 살았다고 했다더라." 그런 것이었다는 것이지요.

그리스 로마 신화에 나오는 신들을 인정하고 섬기는 로마 사람의 입장에서, 바울을 고소한 사람이나 바울이 하는 변론이 도무지 이해할 수 없는 사건입니다. 고소·고발이 이루어지고, 죄의 경중에 따라 형량이나 손해 배상이 이루어지려면 실정법을 어긴 증거와 증인이 있어야 하는데, 그런 건 하나도 없었습니다. 그러니 로마 사람인 베스도는, "바울이 지은 죄가 무엇인지 그리고 대제사장과 유대인의 높은 사람들은 왜 바울을 죽이려고 하는지" 알 수가 없었습니다. 그래서 베스도가 볼 때 이 사건은, 유무죄를 가리는 재판할 사건이 아니라 "공부를 너무 많이 한 바울이, 미친 소리를 하는 것"처럼 들렸습니다.

> 사도행전 26:24, "바울이 이같이 변명하매 베스도가 크게 소리 내어 이르되 바울아 네가 미쳤도다 네 많은 학문이 너를 미치게 한다 하니"

오늘 우리가 주목해서 살펴봐야 하는 내용이 바로 이것입니다. 구원받지 못한 사람, 우리를 구원하시는 하나님을 모르는 사람들에게 있어서 복음의 진리는, '미친 소리', '별것도 아닌 것 가지고 싸우는 소리'로 들립니다. 그런데 보십시오. "그리스도가 고난받으시고 다시 살아나셨다."라는 바울의 말은, 베스도에게는 미친 소리처럼 들렸을지 모르지만, 바울은 목숨을 건 말입니다. 그것 때문에 바울은 채찍과 매를 맞았고, 감옥에 갇혔으며, 순교하게 됩니다. 바울이 전하는 그 복음을 듣고 믿음을 가졌던 초대 교회 성도들 역시, 바울처럼 핍박을 당하고 곤고한 삶을 살았으며, 그중에 죽임을 당한 사람들도 많습니다.

그렇다면 오늘 저와 여러분이 받은 복음은 어떤 복음인가 하는 것입니다. 누군가에게는 핍박을 견디고, 곤고와 궁핍을 감내하고, 목숨을 걸어야 했던 복음이었는데, 오늘 우리에게 이 복음은 어떤 의미로 이해되고 적용되고 있습니까? 바울과 초대 교회 성도들이, 종교 개혁 시대에 이와 같은 신앙 고백을 하고 믿음을 지켰던 사람들이 견디고 감내했던 복음의 열매들이 우리에게도 있습니까? 오늘날 교회와 강단에서 선포되는 말씀 속에는, 바울을 비롯해서 우리 믿음의 선조들이 지켜 오고 계승해 주신 복음의 진리에 대한 기대감이 별로 없습니다. 어쩌면 베스도가 아그립바 왕에게 말한 것처럼, "예수라 하는 이가 죽은 것을 살아 있다고 주장하는"[19] 그런 시시한 이야기에 별로 관심이 없는 것입니다.

그 대신 "예수를 믿었더니 은가락지도 못 끼던 내가 다이아몬드 반지 끼고 살게 됐다, 큰 집에 좋은 차 타며 살게 됐다."라는 성공 신화만 가득한 곳이 됐습니다. "열심히 기도해서 내면에 감춰진 가능성을 발견하고, 자기 계발을 통해 자신을 새롭게 하면, 나를 위하시는 주님께서 성공하게 해 준다."라는 '번영 신앙'이 있습니다. 그런데 여러분, 성경이 우리에게 가르쳐 준 복음은 그런 내용이 아닙니다.

> 고린도전서 15:12-19, "그리스도께서 죽은 자 가운데서 다시 살아나셨다 전파되었거늘 너희 중에서 어떤 사람들은 어찌하여 죽은 자 가운데서 부활이 없다 하느냐 13. 만일 죽은 자의 부활이 없으면 그리스도도 다시 살아나지 못하셨으리라 14. 그리스도께서 만일 다시 살아나지 못하셨으면 우리가 전파하는 것도 헛것이요 또 너희 믿음도 헛것이며 15. 또 우리가 하나님의 거짓 증인으로 발견되리니 우리가 하나님이 그리스도를 다시 살리셨다고 증언하였음이라 만일 죽은 자가 다시 살아나는 일이 없으면 하나님이 그리스도를 다시 살리지 아니하셨으리라 16. 만일 죽은 자가 다시 살아나는 일이 없으면 그리스도도 다시 살아나신 일이 없었을 터이요 17. 그리스도께서 다시 살아나신 일이 없으면 너희의 믿음도 헛되고 너희가 여전히 죄 가운데 있을 것이요 18. 또한 그리스도 안에서 잠자는 자도 망하였으리니 19. 만일 그리스도 안에서 우리가 바라는 것이 다만 이 세상의 삶뿐이면 모든 사람 가운데 우리가 더욱 불쌍한 자이리라"

기독교 복음은, '부활과 천국의 소망'을 근거로만 성립됩니다. 바울이 베스도 총독과 아그립바 왕 앞에서, 무엇을 근거로 자기를 변론하고 있는지 자세히 살펴보고 기억해야 하는 이유가 이것 때문입니다. 바울이 2년 동안 가이사랴 감옥에 갇혀 있었던 것은, "자기 내면의 가능성을 발견하고, 자기 계발을 하려고" 갇혀 있었던 것이 아닙니다. "비록 지금은 감옥에 갇혀 있는 신세이지만, 언젠가 석방이 되면 보란 듯이 성공할 수 있을 거라는 기대" 속에서 죄수의 삶을 살고 있었던 것도 아닙니다.

바울은 베스도와 아그립바 앞에서 마지막 변론 기회를 얻고 발언하고 있습니다. 그 변론이 끝나고 나면, 예수님처럼 유대인들에게 내줘서 죽임을 당하게 될지, 아니면 다시 감옥으로 돌아가서 지금까지처럼 계속 살게 될지 모르는 상황입니다. 지난 2년간 한 번도 열리지 않았던 재판이었기 때문에, 다시 감옥으로 돌아가면 언제 또다시 재판이 열리게 될지, 혹은 거기서 죽게 될지 전혀 모릅니다. 그와 같은 절박한 상황에서, 마치 유언처럼 바울이 전하는 말이 무엇이었습니까? 유대인들이 십자가에 못 박아 죽였던 예수가 부활했다는 것과 그 예수를 자기가 직접 만났으며, 그 사실을 사람들에게 알리라는 명령을 받았다는 것입니다. 한마디로 바울의 신앙은 부활 신앙이었으며, 바울이 기대하는 것 역시 하나님께로 돌아와 죄 사함과 거룩함을 얻은 성도들이 천국의 복을 얻는 것이었습니다.

> 사도행전 26:18, "그 눈을 뜨게 하여 어둠에서 빛으로, 사탄의 권세에서 하나님께로 돌아오게 하고 죄 사함과 나를 믿어 거룩하게 된 무리 가운데서 기업을 얻게 하리라 하더이다"

그리스도를 믿는 우리에게 부활과 천국이 없고, 다만 세상에서의 삶이 전부라면, 우리가 믿는 믿음은 모두 헛된 것이고 우리는 누구보다 불쌍한 사람일 것입니다. 하지만 바울이 역설적인 표현으로 이렇게 말한 것은, 그리스도 예수를 믿는 우리에게 부활과 천국이 확실하게 있음을 가르쳐 준 것입니다. 그래서 바울이 왕과 총독과 배심원으로 참석한 귀족들에게 이렇게 말했습니다.

> 사도행전 26:19, "바울이 이르되 말이 적으나 많으나 당신뿐만 아니라 오늘 내 말을 듣는 모든 사람도 다 이렇게 결박된 것 외에는 나와 같이 되기를 하나님께 원하나이다 하니라"

나처럼 죄수의 신분으로 결박된 것만 빼고는 "나와 같이 되기를 원하나이다." 무슨 말입니까? 예수 믿고 구원받아서 부활과 천국의 복 받기를 원합니다. 오늘날 성도들 중에서 복음에 관해 잘못된 이해를 하고 있는 사람이 많습니다. 복음을 '착하게 사는 것, 성실하고 모범적으로 사는 것, 다른 사람에게 피해 주지 않고 도와주면서 사는 것' 이런 식으로 이해하는 것입니다. 물론 그 이면에는, 예수님을 믿는다고 하면서, 그 사람의 사는 모습이 전혀 모범적이지 않을 뿐만 아니라, 부끄럽게 여겨지는 성도들이 있기 때문일 것입니다. 그래서 예배 시간에 윤리와 도덕을 강조하고, 소외된 이웃과 사회적 약자들을 돕자는 설교가 많아지고, 교회의 사역도 그런 쪽으로 집중하는 면도 있습니다.

그런데 사도들과 종교 개혁자들이 우리에게 전해 준 복음은 그런 것이 아닙니다. 책임감 있고, 성실하고, 정무적 판단으로 자기 유익을 취하기보다는 법과 원칙에 따라서 정의롭게 재판하는, 베스도 총독의 모습을 통해 답을 얻을 수 있습니다. 일반적 기준으로 베스도 총독은 존경받을 만하고, 흠잡을 것이 없는 지도자입니다. 유대 지역에 새로 부임한 총독으로서, 유대인 지배 계층의 요구를 들어주면서 자신의 정치적 입지를 강화하는 쪽으로, 자신의 권력을 사용하지 않았습니다. 오히려 바울이 고소당한 사건을 공명정대하게 재판함으로, 첫 시작부터 유대인 지배 계층과의 관계가 틀어지는, 결과적으로 자신에게는 불리한 판결을 내렸습니다.

그런 이유 때문이었는지, 베스도는 불과 2년 만에 총독 자리에서 물러나게 됩니다. 이것은 그의 전임자였던 벨릭스가 유대인을 학대하고, 그들의 재산을 약탈했었음에도, 8년 동안 총독으로 있었던 것과 비교되는 모습입니다. 이렇게 보면 사람들, 특히 지배 계층에 있는 사람들은 정직하고 공명정대한 사람보다 부정부패하더라도 자기들의 요구를 들어주는 사람을 좋아하는 것 같습니다. 아그립바 왕 역시, 바울을 재판한 이 사건에 대해서는 올바른 판단을 했습니다. 그는 유대인의 풍습과 종교적인 문제에 관해서 아주 잘 아는 사람이었습니다. 그가 로마 황제의 인정을 받고, 재임하는 동안 더 넓은 영토를 하사받을 수 있었던 것은, 유대인들이 황제에게 문제를 만들지 않도록 잘 관리했기 때문입니다. 다시 말해서 아그립바 왕은, 대제사장과 유대인의 높은 사람들의 요구를 잘 들어줬던 사람이었다는 것입니다.

아무것도 모르는 신임 총독 베스도와는 달리, 아그립바는 바울이 무슨 이유로 감옥에 갇혀 있고 왜 유대인 지도자들이 바울을 죽이려 하는지 잘 알고 있습니다. 성경과 역사 기록으로 확인된 아그립바 왕의 성향으로 보면, 유대인의 높은 사람들과 대립 관계에 있는 바울의 편을 들어 줄 이유가 없는 사람입니다. 그런 아그립바 왕이 바울이 붙잡혀 온 사건에 대해서 내린 판결이 성경에 기록됐다는 것은, 당시 유대 지배 계층의 사람들 역시 그 판결을 알았다는 것입니다. 그런 면에서 보면, 아그립바 왕은 지금까지 유대 지배 계층 사람들의 편을 들어 줌으로 자신의 입지를 다져 왔던 행보에서 반대 방향으로 간 것입니다.

적어도 본문의 바울 사건에 관해서는, 자신의 유불리를 따지기보다는 올바른 판단을 했고, 공명정대한 판결을 한 것입니다. 하지만 법적 판결과는 별개로, 그들은 복음을 '하찮은 소리나[19] 미친 사람이 하는 소리'(행 26:24)로 여겼고, '그리스도인이 되기를 거절'(행 26:28)했습니다. 우리가 주목해서 봐야 하는 부분이 바로 이것입니다. 베스도와 아그립바가 '복음'에 대해서 하찮게 생각하고, 그리스도인이 되기를 거절한 이유는, 복음이 그들에게 주는 실제적인 유익이 없기 때문입니다. 그들은 하나님을 믿는 유대 백성을 통치하는 왕이었고, 총독이었습니다. 바울이 베스도와 아그립바에게 복음을 전하고 있지만, 그는 죄수의 신분으로 그들 앞에 있는 것이고, 그들은 바울의 생사여탈을 결정할 수 있는 사람들입니다. 그러니 바울이 전하는 복음이 뭐 그리 대단하게 들렸겠습니까?

그런데 오늘날 신앙생활 하는 성도들이 이해하고 있는 '복음'도, 베스도와 아그립바 왕이 이해하고 있는 수준에 머물러 있는 것처럼 보일 때가 많습니다. 복음은, 바울이 성경에서 말한 바와 같이 "부활의 첫 열매이신 그리스도를 따라, 그에게 속한 우리도 부활하여 하나님의 영광에 참여하게" 되는 것입니다. 한마디로 우리 믿는 성도들의 목표는, 부활과 그 이후의 세상에 있습니다. 하지만 성경은 그 목표까지 가기 전에, 세상의 것을 내려놓을 것을 요구합니다.

> 마가복음 10:29-30, "예수께서 이르시되 내가 진실로 너희에게 이르노니 나와 복음을 위하여 집이나 형제나 자매나 어머니나 아버지나 자식이나 전토를 버린 자는 30. 현세에 있어 집과 형제와 자매와 어머니와 자식과 전토를 백 배나 받되 박해를 겸하여 받고 내세에 영생을 받지 못할 자가 없느니라"

이 말씀은 예수님을 찾아왔던 부자 청년이, "네게 있는 것을 다 팔아 가난한 자들에게 주고 와서 나를 따르라"(눅 10:21)라는 말을 듣고, 재물이 많아 근심하며 돌아간 뒤에 예수님께서 제자들에게 하신 말씀입니다. "나와 복음을 위해 집이나 형제나 자매나 부모나 자녀나 논밭을 버린 사람은, 이 세상에서 그 모든 것을 백배나 받는다."라는 말은 무슨 뜻일까요? 그리고 왜 예수님께서는 이 말씀을, 부자 청년에게 "네게 있는 것을 다 팔아 가난한 자들에게 주고 와서 나를 따르라."라고 말씀하신 뒤에 가르쳐 주셨을까요?

예수님께서 부자 청년에게 하신 말씀을 오해하는 사람들은, "부자는 천국에 가기 어렵고 가난한 사람이라야 천국에 갈 수 있는 것"처럼 해석합니다. 하지만 지난 시간에도 말씀드린 것처럼, 예수님이 하신 말씀의 초점은 '너는 나를 따르라'입니다. 예수님을 따르는 데 있어서 방해되는 것이라면, 그것이 청년이 근심하며 돌아갈 수밖에 없었던 재물이든, 형제자매나 부모와 자녀든 떠날 수 있어야 합니다. 여기서 예수님께서 하신 말씀의 초점은, "나와 복음을 위해서 다 버리고 떠나라."라는 것이 아니라, "이 세상에서 그 모든 것을 백배나 받는다."라는 것입니다.

주를 위해 부모나 자식을 버린 자는 이 세상에서 백배나 받고, 복음을 위해 형제자매를 버린 자도 이 세상에서 백배나 보상받는다는 말이 무슨 뜻일까요? 하나님으로부터 의인이라는 칭호를 들었던 욥은, '자신이 지은 죄의 결과'가 아닌 이유로, 인간으로서 감당할 수 없을 만큼 큰 고난을 경험한 사람입니다. 욥이 재앙을 당했다는 소식을 들은 친구들은 욥을 찾아와서, "하나님께서 까닭 없이 벌을 주겠느냐면서 네 죄악을 회개하라."라고 다그쳤습니다(욥 22장). 하지만 욥이 고난을 당한 것은 그가 범한 죄 때문이 아니었습니다. 욥이 고난당하기 전까지 그가 가졌던 신앙은, '하나님께 죄 범하지 않고 착하고 바르게 살면, 하나님께 예배 잘 드리면 복 받는다'는 수준이었습니다.

욥이 가졌던 이 신앙의 지식은, 욥의 친구들이 가졌던 지식과 똑같았습니다. 그래서 욥에게 재앙이 내렸다 함을 들은 친구들이 욥을 찾아와서 했던 말이, "좋은 말로 할 때 빨리 하나님께 회개하라."라는 것이었습니다. 그런데 하나님께서 욥기를 통해 우리에게 주시는 교훈은, "네 죄를 회개하라."가 아니라 "기독교 신앙은 인과응보나 권선징악이 아니"라는 것입니다. 세상의 종교나 철학, 인간 세상을 움직이는 도덕률은 '인과응보, 권선징악'입니다. 뭐든지 자기가 행한 대로 응보를 받게 되어 있으니 잘 살아야 한다는 것입니다. 욥과 그의 세 친구들이 가졌던 신앙의 지식도 그런 수준이었습니다. 하지만 욥기 38~42장에서 욥을 찾아와서 하나님께서 하신 말씀은, "나는 누군가의 허락이나 동의를 받아야 하는 신이 아니라는 것"이었습니다.

> 욥기 38:4-7, "내가 땅의 기초를 놓을 때에 네가 어디 있었느냐 네가 깨달아 알았거든 말할지니라 5. 누가 그것의 도량법을 정하였는지, 누가 그 줄을 그것의 위에 띄웠는지 네가 아느냐 6. 그것의 주추는 무엇 위에 세웠으며 그 모퉁잇돌을 누가 놓았느냐 7. 그 때에 새벽 별들이 기뻐 노래하며 하나님의 아들들이 다 기뻐 소리를 질렀느니라"

> 욥기 41:11, "누가 먼저 내게 주고 나로 하여금 갚게 하겠느냐 온 천하에 있는 것이 다 내 것이니라"

'온 천하에 있는 모든 것'이 다 하나님의 것입니다. 그 '모든 것'에는 인간의 생사화복과 흥망성쇠까지 모두 포함됩니다. 하나님께서 욥에게 이와 같은 말씀을 하신 이유는 무엇일까요? 욥이 하나님께 했던 대답에서 그 답을 얻을 수 있습니다.

> 욥기 42:5, "내가 주께 대하여 귀로 듣기만 하였사오나 이제는 눈으로 주를 뵈옵나이다"

하나님께서 욥에게 원하셨던 것은, "들어서 어렴풋이 알고 있는 하나님이 아니라, 눈으로 보고 귀로 들은 하나님을 정확하게 아는 것"이었습니다.

> 요한1서 1:1-3, "태초부터 있는 생명의 말씀에 관하여는 우리가 들은 바요 눈으로 본 바요 자세히 보고 우리의 손으로 만진 바라 2. 이 생명이

나타내신 바 된지라 이 영원한 생명을 우리가 보았고 증언하여 너희에게 전하노니 이는 아버지와 함께 계시다가 우리에게 나타내신 바 된 이시니라 3. 우리가 보고 들은 바를 너희에게도 전함은 너희로 우리와 사귐이 있게 하려 함이니 우리의 사귐은 아버지와 그의 아들 예수 그리스도와 더불어 누림이라"

하나님께서 욥에게 재앙과 같은 고난을 겪게 하신 것은, "하나님 아버지와 그의 아들 예수 그리스도와 더불어 누릴 수 있는 사귐의 기쁨"을 주기 위해서였습니다.

> 욥기 42: 12-15, "여호와께서 욥의 말년에 욥에게 처음보다 더 복을 주시니 그가 양 만 사천과 낙타 육천과 소 천 겨리와 암나귀 천을 두었고 13. 또 아들 일곱과 딸 셋을 두었으며 14. 그가 첫째 딸은 여미마라 이름하였고 둘째 딸은 긋시아라 이름하였고 셋째 딸은 게렌합북이라 이름하였으니 15. 모든 땅에서 욥의 딸들처럼 아리따운 여자가 없었더라 그들의 아버지가 그들에게 그들의 오라비들처럼 기업을 주었더라"

욥이 받은 양과 소, 낙타와 암나귀의 수는, 욥이 처음 가졌던 재산의 두 배입니다. 그래서 어떤 사람들은, 욥처럼 갑절의 복을 달라고 기도하기도 합니다. 그런데 이 말씀은 고난을 잘 통과하면 복을 두 배로 주신다는 말씀이 아닙니다. 이 말씀을 양성평등의 관점에서 이해하는 자유주의 신학자들은, '족장 시대요 남성주의 시대에서 여성의 향상된 사회적 지위를 인정하는 말씀'이라고 주장합니다. 이 말씀은 그런 뜻도 아닙니다. 유대 사회에서 사람의 숫자에도 포함되지 않는 여자, 곧 욥의 딸에게도 그들의 오라비들처럼 기업을 주었더라는 말씀입니다. 그래서 이 말씀은, "온 천하의 주인이신 하나님께서 욥을 통해 당신의 기업을 남자와 여자 모두에게 주신", 곧 하나님 나라에서 받을 복을 상징하는 말씀입니다.

이 복은 누가 받습니까? 하나님과 사귐이 있는 사람, 구원받은 사람이 받습니다. 예수님께서는 이 복을 '부자 청년'에게 주기 위해서, "네가 가진 것을 다 팔아 가난한 사람에게 나눠 주고 너는 나를 따르라."라고 말씀하신 것입니다. 하지만 예수님을 따를 수 없도록 그 청년의 발목을 잡는 것이 있었지요. 그것이 부자 청년에게는 많은 재물이었습니다. 오늘 본문에 나오는 베스도 총독과 아그립바 왕은, 그들이 가진 권세와 능력이었을 것입니다. 그들이 자기 손에 가진 재물을 의지하고 권세와 능력을 의지했었기에, 복음은 '하찮은 소리'나 '미친 소리'에 불과한 말로 들렸던 것입니다.

그러면 오늘 저와 여러분에게 있어서 복음은 얼마만큼의 가치로 여기고 있습니까? "주를 위해 부모나 자식을 버린 자는 이 세상에서 백배나 받고, 복음을 위해 형제자매를 버린 자도 이 세상에서 백배나 보상받는다."라고 했습니다. 부모나 자식, 형제와 자매를 백배를 받으면, 도대체 몇 명이 되는 것입니까? 그래서 '백배'라고 하는 숫자는 수량을 의미하는 것이라기보다는, 하나님께서 주시는 복을 받은 사람이 느끼는 만족감과 행복감을 상징하는 개념입니다. 주의 자녀와 소유가 된 백성이 그리스도 안에서 누리는 사귐과 기쁨을 공유하는 만족감과 행복감이, 그 전에 자기를 위해 살 때보다 백배나 더하는 것입니다.

저는 좋아하지 않는 말이지만, "자식은 전생에 원수"라는 속담이 있지 않습니까? 자식만 원수일까요? 형제, 자매가 실제로 원수처럼 지내는 사람도 많습니다. 왜 그렇습니까? 모두 자기를 위해 살기 때문입니다. 자기가 힘들고 어려울 때는 도움 받기를 원하지만, 정작 자기 형제와 자매가 어려운 일을 당했을 때 모든 재산을 내놓고 도와줄 수 있는 사람은 많지 않습니다. 그러니 아쉬운 사람의 처지에서 생각하면, 섭섭하고 배신감을 느끼게 됩니다. 하지만 또 반대편의 처지에서 보면, 도와주지 못할 사정이 백 개도 넘습니다. 그런데 인생의 소망이 세상에 있지 않고, 부활과 천국을 바라며 사는 사람이라면, 조금 더 넉넉하게 배려할 수 있는 삶을 살 수 있을 것입니다.

그렇게 모인 새로운 가족, 새로운 공동체가 바로 교회입니다. 초대교회 성도들이 자기 재산과 소유를 자기만의 것으로 주장하지 않고, 서로 나눠 주고 공유하는 삶을 살았습니다. 마케도니아와 아가야 지방의 교회가 예루살렘의 성도들을 위해 연보를 해서 도왔습니다. 그렇게 교회는 일면식도 없는 형제자매들을 서로 보살폈습니다. 누군가에게는 하찮은 소리와 미친 소리처럼 들리는 복음이, 누군가에게는 생명을 바쳐서라도 전하고 싶은 참된 진리였던 이유가 바로 이것입니다. 저와 여러분, 우리 모두가 이 복음의 기쁨을 누리기 원합니다.

사도행전 26:24~29

나와 같이 되기를 원하나이다

"바울이 이같이 변명하매 베스도가 크게 소리 내어 이르되 바울아 네가 미쳤도다 네 많은 학문이 너를 미치게 한다 하니 25. 바울이 이르되 베스도 각하여 내가 미친 것이 아니요 참되고 온전한 말을 하나이다 26. 왕께서는 이 일을 아시기로 내가 왕께 담대히 말하노니 이 일에 하나라도 아시지 못함이 없는 줄 믿나이다 이 일은 한쪽 구석에서 행한 것이 아니니이다 27. 아그립바 왕이여 선지자를 믿으시나이까 믿으시는 줄 아나이다 28. 아그립바가 바울에게 이르되 네가 적은 말로 나를 권하여 그리스도인이 되게 하려 하는도다 29. 바울이 이르되 말이 적으나 많으나 당신뿐만 아니라 오늘 내 말을 듣는 모든 사람도 다 이렇게 결박된 것 외에는 나와 같이 되기를 하나님께 원하나이다 하니라"

바울이 아그립바 왕과 베스도 총독 앞에서 다시 한번 복음을 전하고 있습니다. 베스도는 바울이 죄를 범하지 않았다는 것을 분명히 알고 있었습니다(행 25:25). 바울에게 죄가 없다는 것은 그를 심문했던 천부장 루시아(행 23:29)나 벨릭스 총독(행 24:22-23) 모두 똑같이 판단했던 결론이었습니다. 하지만 그럼에도 바울은 2년이 넘도록 여전히 가이사랴 감옥에 붙잡혀 있었습니다. 죄 없는 바울이 이렇게 오랫동안 억울한 감옥살이를 할 수밖에 없었던 표면적인 이유는, 유대인 지배 계층의 요구를 무시할 수 없었던 정치적 상황 때문이었습니다. 바울을 무죄로 석방했을 경우 유대인들의 강한 저항에 부딪칠 것이 뻔했기에, 천부장이나 벨릭스 총독은 바울을 가둬 두는 것으로 책임을 회피한 것입니다.

그런데 성경은 바울이 이렇게 오랫동안 억울한 감옥살이를 할 수밖에 없었던 실제적인 이유를 말해 주고 있습니다. 그것은 바울이 이스라엘뿐만 아니라 이방을 위하여 보냄을 받은 사도로서, 하나님께서 그를 보내실 가장 좋은 때가 임할 때까지 기다리도록 하신 것입니다. 성경에는 '때'에 관해서 아주 많이 반복해서 말씀하고 있습니다. 특히 복음서에서는 예수님께서 42번이나 '때'에 관해서 강조하여 말씀했습니다.

> 마가복음 1:15, "이르시되 때가 찼고 하나님의 나라가 가까이 왔으니 회개하고 복음을 믿으라 하시더라"

예수님께서 세상에 오신 것은, '그때'가 하나님께서 메시아를 세상에 보내실 가장 적합한 '때'였기 때문입니다. 예수님께서 공생애 사역을 하시는 동안, 유대인들이 예수님을 죽이려고 여러 번 시도했지만 성공하지 못했던 이유도, 아직 '때가 이르지 않았기 때문'이었습니다.

> 요한복음 7:30, "그들이 예수를 잡고자 하나 손을 대는 자가 없으니 이는 그의 때가 아직 이르지 아니하였음이러라"

하지만 '때'가 이르렀을 때, 예수님께서는 죄인의 손에 팔려 붙잡히셨습니다.

> 마태복음 26:45, "이에 제자들에게 오사 이르시되 이제는 자고 쉬라 보라 때가 가까이 왔으니 인자가 죄인의 손에 팔리느니라"

그리고 하나님께서 예정하신 '때'에, 예수님은 자신의 육체를 십자가 위에서 하나님께 드려서, 사람의 죄를 용서하시려는 하나님의 뜻을 완성하셨습니다.

> 누가복음 23:44-46, "때가 제육시쯤 되어 해가 빛을 잃고 온 땅에 어둠이 임하여 제구시까지 계속하며 45. 성소의 휘장이 한가운데가 찢어지더라 46. 예수께서 큰 소리로 불러 이르시되 아버지 내 영혼을 아버지 손에 부탁하나이다 하고 이 말씀을 하신 후 숨지시니라"

이제 하나님께서는 가장 적합한(예정된) '때'에, 당신의 뜻을 따라 우리에게 구원의 복음을 듣게 하시고, 그 안에서 약속의 성령을 받아 믿음을 얻게 하십니다.

> 에베소서 1:9, 11, 13, "그 뜻의 비밀을 우리에게 알리신 것이요 그의 기뻐하심을 따라 그리스도 안에서 때가 찬 경륜을 위하여 예정하신 것이니 11. 모든 일을 그의 뜻의 결정대로 일하시는 이의 계획을 따라 우리가 예정을 입어 그 안에서 기업이 되었으니 13. 그 안에서 너희도 진리의 말씀 곧 너희의 구원의 복음을 듣고 그 안에서 또한 믿어 약속의 성령으로 인치심을 받았으니"

이처럼 바울이 2년 만에 신임 총독 베스도와 아그립바 왕 앞에서 재판을 받고, 베스도의 지휘를 따라 로마로 가게 된 것은 '하나님의 때'에 따른 것입니다. 하지만 하나님께서 당신의 '뜻과 때'를 따라 바울을 로마로 보내실 때도, 기적이 아니라 세상의 법과 질서를 따라 보내고 있다는 사실을 우리가 알아야 합니다. 천지를 창조하시고 만물을 주관하시는 하나님께서는, 당신의 뜻을 따라 바다를 갈라 길을 내기도 하시고, 태양을 멈추거나 뒤로 물러가게도 하십니다.

그러나 그것은 하나님의 하나님 되심을 나타내 보이기 위해서 특별한 계시로 사용한 방법이지, 늘 기적을 보여 주는 방법으로 자신을 증명하시지는 않습니다. 오히려 하나님께서는 믿는 우리뿐만 아니라 하나님을 믿지 않는 사람들에게도, 완벽한 일반 계시를 통해 자신의 지혜와 능력을 증명해 보이십니다. 기독교 신앙을 신비한 현상과 기적을 중심으로 바라보는 사람들은, 그런 경험을 통해 성령의 역사하심을 확인하고 하나님께 영광을 돌릴 수 있다고 주장합니다. 물론 그와 같은 특별한 경험은, 따르는 사람들에게 분명한 확신을 줄 것입니다.

하지만 우리가 알아야 할 것이 있습니다. 하나님께서는 홍해 바다를 가르고, 그 가운데 마른 땅으로 이스라엘 백성들을 인도하셨고, 그들을 추격하던 애굽의 정예 군인들은 그 바다에서 몰살했습니다. 놀라운 기적을 경험한 이스라엘 백성들은 하나님을 찬송하며 기뻐했습니다.

> 출애굽기 15:1, 4-5, "이 때에 모세와 이스라엘 자손이 이 노래로 여호와께 노래하니 일렀으되 내가 여호와를 찬송하리니 그는 높고 영화로우심이요 말과 그 탄 자를 바다에 던지셨음이로다 4. 그가 바로의 병거와 그의 군대를 바다에 던지시니 최고의 지휘관들이 홍해에 잠겼고 5. 깊은 물이 그들을 덮으니 그들이 돌처럼 깊음 속에 가라앉았도다"

성경학자들의 추산으로 이백만 명이 넘는 이스라엘 백성들이 이 놀라운 구원의 기적을 경험했습니다. 그러면 홍해를 건넌 후 모세와 아론, 이스라엘 백성들은 무엇을 했습니까? 또 기적을 경험하고 싶어서,

건너왔던 바다를 다시 갈라 달라고 기도했습니까? 기적을 경험한 후에 그들은, 메마른 광야로 들어가서 40년 동안 하나님의 임재를 상징하는 구름 기둥과 불기둥의 인도를 따라 옮겨 다니면서 생활했습니다. 갈라진 바다 사이를 지나서 생명을 건진 것이 하나님의 특별 계시의 은혜였다면, 그들의 광야 생활은 하나님의 일반 계시 안에서 순종하는 삶을 사는 것이었습니다.

이 같은 구약 이스라엘 백성들의 광야 생활은, 신약 성도들의 삶과 비교됩니다. 구약 이스라엘 백성이 배를 만들거나 다리를 건설해서 홍해를 건넌 것이 아니라 하나님의 능력으로 홍해를 건넌 것처럼, 우리도 예수님의 은혜로 구원받았습니다. 구약 이스라엘 백성이 구름 기둥과 불기둥이라는 하나님의 인도를 따라 광야의 삶을 살았던 것처럼, 우리도 성경 말씀의 인도를 따라 살아가고 있습니다. 구약 이스라엘 백성이 광야에서 시험과 미혹을 받기도 하고, 하나님을 원망하고 불평하다가 징계를 받았던 것처럼, 우리도 그와 방불한 경험을 하며 살아갑니다. 분명한 것은, 하나님께서 그들에게 약속하셨던 때에 가나안 땅으로 인도하셨던 것처럼, 우리도 '때'가 이르면 영원한 천국에서 주와 함께 살게 될 것입니다.

하지만 약속받은 가나안 땅과 천국에 이르기 전까지, 구약 이스라엘 백성들과 오늘날 성도들은 광야와 같은 세상에서, 일반 계시의 법칙을 따라 살아야 합니다. 무슨 말씀을 드리고 있는지 이해되시나요? 우리가 예수 신앙을 가졌다고 해서 특별한 세상에서 사는 것이 아니라, 일반과 똑같은 삶을 살고 있다는 것입니다. 바울이 하나님으로부터 그리스도의 증인과 사도로 사는 삶을 살라고 명령을 받았으니, 그가 그 사명을 따라 사는 동안 늘 기적을 경험하며 살았을까요?

성경에서 확인하는 바와 같이 억울한 감옥살이를 2년이나 했고, 돌과 채찍에 맞고, 동족의 배신과 바다에서 죽을 뻔했으며, 춥고 헐벗고 배고픈 삶을 살았습니다. 본문에서 보는 것처럼, 아그립바 왕과 베스도 총독, 그리고 귀족들 앞에서 당당하게 복음을 전하고는 있지만, 그의 신분은 총독의 처분을 기다리는 죄수였습니다. 로마법과 유대인 종교 지도자들 사이에서 정치적 판결을 내려왔던 총독이, 바울에게 어떤 처분을 내릴지 모르는 상태에서 마냥 기다릴 수밖에 없었습니다.

오늘 본문은 이와 같은 이해의 바탕 위에서 살펴봐야 합니다. 바울은 하나님의 특별한 부르심과 사명을 받은 사람입니다. 예수 믿는 사람을 핍박하던 사람이, 어느 날 특별한 경험으로 예수님을 만나게 되고, 이방 전도를 위해 보냄을 받은 사도로서 평생을 살았던 사람이 바울입니다. 그는 전도하다가 돌에 맞고, 채찍에 맞고, 감옥에 갇히고, 죽을 위험을 경험하고, 춥고 헐벗고 배고프고 궁핍한 삶을 살았던 것도 감내했던 사람이었습니다. 그렇다 보니 바울을 생각할 때, '주를 만나서 변화된 사람' 그리고 '주를 위해서 헌신의 열정을 다했던 사람'의 대표 모델로 내세우는 경향이 많습니다. 그런데 바울은 자신을 '주를 위해 열심히 일한 사람'으로 소개하지 않습니다.

> 16, "일어나 너의 발로 서라 내가 네게 나타난 것은 곧 네가 나를 본 일과 장차 내가 네게 나타날 일에 너로 종과 증인을 삼으려 함이니"

주님께서 바울에게 "네가 나를 본 것과 앞으로 너에게 보여 줄 일에 대하여 너를 증인으로 삼겠다."라고 하셨습니다. '증인으로 삼겠다'는 말씀의 뜻이 무엇일까요? 바울은 이렇게 말합니다.

> 디모데전서 1:12-16, "나를 능하게 하신 그리스도 예수 우리 주께 내가 감사함은 나를 충성되이 여겨 내게 직분을 맡기심이니 13. 내가 전에는 비방자요 박해자요 폭행자였으나 도리어 긍휼을 입은 것은 내가 믿지 아니할 때에 알지 못하고 행하였음이라 14. 우리 주의 은혜가 그리스도 예수 안에 있는 믿음과 사랑과 함께 넘치도록 풍성하였도다 15. 미쁘다 모든 사람이 받을 만한 이 말이여 그리스도 예수께서 죄인을 구원하시려고 세상에 임하셨다 하였도다 죄인 중에 내가 괴수니라 16. 그러나 내가 긍휼을 입은 까닭은 예수 그리스도께서 내게 먼저 일체 오래 참으심을 보이사 후에 주를 믿어 영생 얻는 자들에게 본이 되게 하려 하심이라"

이 말씀의 뜻이 무엇입니까? "주님께서 나에게 은혜를 베푸셔서, 죄인 중에서도 두목 같은 나를 만나 주신 것은, 영생 얻는 자들에게 보여 줄 본"이라는 것입니다. 그래서 이 말씀을 "예수님을 만나기 전에는 하나님을 위한다는 명목으로 열심히 예수 믿는 사람을 핍박하던 바울이, 예수님을 만난 후에는 열심히 복음 전하는 사도가 됐다." 이렇게 이해하면 안 됩니다. 그런데 디모데전서에서 바울이 하는 말은 그런 뜻이 아닙니다. "자격이 없는 정도가 아니라, 깊은 감옥에 처넣거나 벌을 줘도 시원치 않을 나 같은 인간에게 주님께서 넘치도록 풍성한 은혜를 베풀어 주셨다."라는 뜻입니다. 그래서 바울이 강조하는 것이 무엇입니까?

고린도후서 5:14-17, "그리스도의 사랑이 우리를 강권하시는도다 우리가 생각하건대 한 사람이 모든 사람을 대신하여 죽었은즉 모든 사람이 죽은 것이라 15. 그가 모든 사람을 대신하여 죽으심은 살아 있는 자들로 하여금 다시는 그들 자신을 위하여 살지 않고 오직 그들을 대신하여 죽었다가 다시 살아나신 이를 위하여 살게 하려 함이라 16. 그러므로 우리가 이제부터는 어떤 사람도 육신을 따라 알지 아니하노라 비록 우리가 그리스도도 육신을 따라 알았으나 이제부터는 그같이 알지 아니하노라 17. 그런즉 누구든지 그리스도 안에 있으면 새로운 피조물이라 이전 것은 지나갔으니 보라 새 것이 되었도다"

바울은 구원받은 우리가 사람들을 대할 때 육체를 따라 보지 않길 원한답니다. 육체, 곧 세상적인 관점을 따라 보지 않겠다는 것은, 사람들이 자신의 유·불리함이나 친소 관계에 따라서 상대를 대하는 것처럼 하지 않겠다는 것입니다. 어떤 사람이든 주를 만나서 구원의 은혜를 받기 전까지는 죄인일 수밖에 없습니다. 그것은 바울 자신이 누구보다 잘 아는 사실입니다. 그리스도를 만나기 전에 바울은 누구보다 열심히 예수 믿는 사람들을 핍박했던 사람이었습니다. 당시 바울이 얼마나 무서웠으면 예수 믿는 사람들이 다메섹까지 도망갔겠습니까? 그런데 바울은, 그렇게 도망간 사람까지 붙잡아 오겠다고 추격했던 사람입니다.

그랬던 바울이 예수님을 만나고 나서, 이제는 그 반대의 처지가 됐습니다. 예전에는 같은 편이었던 유대인들이 바울을 표적으로 삼고 죽이려 하고 있습니다. 바울을 죽이기 전에는 먹지도 마시지도 않겠다고 맹세까지 한 사람이 40명이 넘고, 맹세한 때부터 2년이 지났음에도 아직도 그 분노를 풀지 않고 있습니다. 답답하고 위험한 상황이 바울에게 계속 이어지고 있습니다. 주님께서 맡겨 주신 사명을 이행하려면 하루라도 빨리 감옥에서 나가야 합니다. 하지만 감옥 바깥에는 바울을 죽이려는 사람들이 기회를 엿보며 지키고 있었습니다.

바울을 재판하는 사람들 역시, 바울에게 죄가 없는 것을 알면서도 그를 무죄 석방했을 때 자기들에게 불이익이 올까 봐 다른 이에게 판결을 미루고 있습니다. 만약 바울이 육체를 따라 사람들을 대하는 사람이었다면, 재판하는 총독과 왕에게 로마 시민인 자기가 당하고 있는 부당함과 억울함을 호소했을 것입니다. 그런데 바울은 자신의 억울함을 호소하는 대신에 사람들에게 이렇게 말했습니다.

29, "바울이 이르되 말이 적으나 많으나 당신뿐만 아니라 오늘 내 말을 듣는 모든 사람도 다 이렇게 결박된 것 외에는 나와 같이 되기를 하나님께 원하나이다 하니라"

"결박된 것 외에는 나와 같이 되기를 하나님께 원합니다.", 무슨 말입니까? "당신들도 내가 받은 구원의 은혜를 받기를 하나님께 기도합니다." 이런 당당함은 어디서 오는 것일까요?

고린도전서 4:9-13, "내가 생각하건대 하나님이 사도인 우리를 죽이기로 작정된 자 같이 끄트머리에 두셨으매 우리는 세계 곧 천사와 사람에게 구경거리가 되었노라 10. 우리는 그리스도 때문에 어리석으나 너희는 그리스도 안에서 지혜롭고 우리는 약하나 너희는 강하고 너희는 존귀하나 우리는 비천하여 11. 바로 이 시각까지 우리가 주리고 목마르며 헐벗고 매맞으며 정처가 없고 12. 또 수고하여 친히 손으로 일을 하며 모욕을 당한즉 축복하고 박해를 받은즉 참고 13. 비방을 받은즉 권면하니 우리가 지금까지 세상의 더러운 것과 만물의 찌꺼기 같이 되었도다"

하나님께서 사도인 우리를 사형장의 죄수들처럼 제일 천한 자리에 두셨답니다. 굶고, 목마르고, 헐벗고, 매 맞으며, 집도 없이 떠돌아다니고, 욕을 얻어먹고, 핍박을 당하고, 세상의 쓰레기와 만물의 찌꺼기 같은 존재가 되고 말았습니다. 하나님의 사도인 자신들이, 천사와 사람들에게 구경거리가 됐다는 것입니다. 그런데 희한합니다. 바울의 이 고백 속에는 인간적인 분노나 원망이 없습니다. 오히려 "모욕을 당한즉 축복하고 박해를 받은즉 참고 비방을 받은즉 권면"합니다. 이런 모습은 바울이 "내가 주님으로부터 복음을 전하라는 사명을 받았다"는 책임감만으로는 설명할 수 없는 표현입니다. 그렇지 않습니까?

우리는 '사도 바울'이라는 인물을 생각할 때, 너무 '사역 중심'으로 생각합니다. 그가 세계를 다니면서 복음을 전했고, 14권이나 되는 성경을 기록했으며, 순교할 때까지 사도로서의 사명을 완수했다는 것에 주목합니다. 그래서 교회에서도 '우리도 구원받았으니 한 사람이라도 전도해야 하지 않겠냐, 선교사가 되지 못한다면 보내는 선교라도 해야 한다'며 전도를 독려합니다. 물론 주님께서 제자들과 바울에게 주신 선교의 명령에는 그런 면이 있습니다.

> 사도행전 1:8, "오직 성령이 너희에게 임하시면 너희가 권능을 받고 예루살렘과 온 유대와 사마리아와 땅 끝까지 이르러 내 증인이 되리라 하시니라"

그런데 우리가 어떻게 그런 증인이 될 수 있는지, 바울이 보여 준 '증인'으로서 살아가는 삶의 모범이 무엇인지에 관해서는 잘 이해하지 못하는 것 같습니다. 바울이 "이전 것은 지나갔으니 보라 새것이 되었도다"^{(고}

후 5:17)라고 했습니다. '새것이 되었다'는 말은, 자신의 존재 이유와 삶의 목표가 새롭게 바뀌었고, 그에 따라서 세상을 사는 방법이 바뀌었다는 뜻입니다. 그 결과 "모욕을 당한즉 축복하고, 박해를 받은즉 참고, 비방을 받은즉 권면"하는 삶을 살게 된 것이고, 만물의 쓰레기처럼 된 것도 자랑하는 자가 된 것입니다. 그뿐만 아니라 "그러므로 내가 너희에게 권하노니 너희는 나를 본받는 자가 되라"(고전 4:16)라고 하면서 너희도 나를 본받아서 살라고 했습니다. 바울이 권면하는 것이 무엇입니까? '새것이 되라', '변화된 삶을 살라'는 것입니다.

저를 포함해서 오늘날 성도들이 가진 가장 큰 문제가 무엇입니까? 주를 본 사람으로서, 바울과 같은 '근본적인 변화'가 없는 것입니다. 교회는 잘 나오고, 헌금도 잘하고, 교회 봉사나 기도 모임이나, 각종 성경 공부에 참석해서 신앙의 지식은 많아지는데, 정작 필요한 '인격과 삶의 변화'가 없습니다. 신앙생활을 오래 할수록 눈에 힘은 더 들어가고, 사람들에게 하는 말 속에는 가시가 돋쳐 있습니다. 다른 사람의 티는 잘 지적하면서 자기 들보는 내버려 둡니다. 그리스도 안에서 '새것'이 된 성품과 삶의 변화는 없고, '업적 자랑'만 있습니다.

그래서 부활하신 예수 그리스도를 만난 바울이 어떤 모습과 방법으로 '그리스도의 증인'이 되고 있는지 우리가 배워야 합니다. 교회마다 '총동원 주일', '전도 폭발', '사람을 강권하여 데려다가 내 집을 채우라'처럼, 가서 사람들을 데려오라는 구호와 이벤트는 많이 있습니다. 그런데 정작 밖에 있는 사람들을 '데리러 간 사람'과 그 사람에게 이끌려 '따라온 사람'이, 그다음에 어떻게 살아야 하는지에 대해서는 가르쳐 주지 않습니다. 기독교가 아닌 다른 종교에서도 가르치는 것처럼, '지성이면 감천'이라고 "열심히 기도하고 신을 섬기면 복 받는다."라는 이야기만 가득합니다. 그런데 기독교 복음은 그런 것이 아닙니다.

> 에베소서 4:17-20, "그러므로 내가 이것을 말하며 주 안에서 증언하노니 이제부터 너희는 이방인이 그 마음의 허망한 것으로 행함 같이 행하지 말라 18. 그들의 총명이 어두워지고 그들 가운데 있는 무지함과 그들의 마음이 굳어짐으로 말미암아 하나님의 생명에서 떠나 있도다 19. 그들이 감각 없는 자가 되어 자신을 방탕에 방임하여 모든 더러운 것을 욕심으로 행하되 20. 오직 너희는 그리스도를 그같이 배우지 아니하였느니라"

"너희는 이방인이 그 마음의 허망한 것으로 행함 같이 행하지 말라." 무슨 말입니까? 세상을 목표로 삼고 사는 사람들처럼 살지 말라는 것입니다. '허망한 것'이란 말은, '목표 없이 허공에다가 쏘는 화살'이라는 뜻입니다.

지난 2월 24일 러시아가 우크라이나를 침공한 이후, 두 달 가까이 전쟁이 이어지고 있습니다. 군사 전문가들은 두 나라의 군사력을 비교하면서 1주일 이내에 러시아가 승리할 거로 예상했지만, 현재까지는 러시아의 피해가 더 큰 것으로 나타나고 있습니다. 우크라이나 군대의 예상 밖 선전을 보면서 전문가들은 원인을 분석하고 있습니다. 기관마다 다양한 평가를 내놓고 있지만, 공통적인 의견은 우크라이나 군대는 나라를 지키겠다는 분명한 목표가 있지만, 러시아 군대에는 목표가 없다는 것입니다.

어제 뉴스를 보니 우크라이나 군인이, 70년 전에 만든 대전차 수류탄을 드론을 이용해서 러시아군의 탱크나 장갑차 위에 떨어뜨려서 폭파하고 있다고 합니다. 그 대전차 수류탄은 아마도 6.25 전쟁 시절에 사용했던 것으로 보입니다. 너무 오래되고 성능도 떨어져서 창고 구석에 버려뒀던 무기를 꺼내서, 드론을 이용해서 한 대당 200억도 넘는 러시아 탱크를 파괴하는 데 사용한 것입니다. 이런 전투 방법은 지금까지 한 번도 사용하지 않던 새로운 방법입니다. 여러 이유가 있겠지만, 탱크의 사정거리가 40~50km에 달하는 반면, 드론은 가까운 거리에서 조종하기 때문에 발각되는 순간 생명을 잃게 됩니다.

그럼에도 분명한 목표가 있는 우크라이나 군인들은 목숨을 걸고 싸우는 반면, 러시아 군인들은 가장 기본적인 경계도 하지 않고 있다가 당하고 있는 것입니다. 심지어 러시아의 전투기와 공격 헬기들은, 목표를 정확하게 타격할 수 있는 정밀 유도 폭탄을 장착하고 있으면서도, 아무 데나 폭탄을 떨어뜨린다고 합니다. 그 이유는, 우크라이나 군인들이 가지고 있는 휴대용 미사일에 격추당할 것이 두려워서, 가지고 간 폭탄을 목표 근처에 대충 떨어뜨리고 도망가는 것입니다. 폭탄 하나당 수억~수십억에 달하는 고급 무기를 허공에 떨어뜨리고 있으니, 그 전쟁에서 어떻게 이기겠으며, 이긴다 한들 그 손해를 어떻게 감당하겠습니까?

그런데 "마음의 허망한 것으로 행하는" 삶 역시 똑같은 결과를 낳습니다. 우리는 세계를 움직이는 기업가들의 죽음에 관한 소식을 자주 듣습니다. 세상에서 그 누구도 이루지 못한 업적을 남기고, 셀 수 없을 만큼 많은 돈을 벌고, 천상천하 유아독존의 권력을 누린 사람이라 할지라도 죽음을 피하지 못합니다. 세상을 목표로 사는 사람이 이루어 놓은 최고의 결과가 결국 죽음인 것입니다. 그래서 바울은 "자신을 방탕에 방임하여 모든 더러운 욕심을 따라 사는" 사람들처럼 살지 말라고 하면서, 너희는 그리스도를 그같이 배우지 않았다고 했습니다.

> 에베소서 4:21-24, "진리가 예수 안에 있는 것 같이 너희가 참으로 그에게서 듣고 또한 그 안에서 가르침을 받았을진대 22. 너희는 유혹의 욕심을 따라 썩어져 가는 구습을 따르는 옛 사람을 벗어 버리고 23. 오직 너희의 심령이 새롭게 되어 24. 하나님을 따라 의와 진리의 거룩함으로 지으심을 받은 새 사람을 입으라"

우리는 썩어 가는 욕심을 따라 사는 사람들이 아니라, 의와 진리의 거룩함으로 지으심을 받은 '새것'이 된 사람으로 살아야 합니다. '새것', '새사람'이 되었다는 것은, 실제적인 삶의 변화가 있었다는 뜻입니다. 설교를 시작하면서 바울이 사도로서 행한 사역을 주목해서 보기보다는, 예수를 만난 이후 변화된 그의 삶의 모습을 주목해야 한다고 말씀드렸습니다. 바울이 이룬 사역의 결과물들은, 예수님을 만난 이후 변화된 그의 삶에서 나온 열매입니다.

바울이 "오늘 내 말을 듣는 모든 사람도 나와 같이 되기를 하나님께 원하나이다"[29]라고 했는데, 이 말씀의 의미를 정확하게 알아야 합니다. 사람이 세상에서 그 어떤 성공과 업적을 이루었다 해도, 그 모든 것은 홍수로 심판받아 멸망한 세상처럼 다 소멸하고 사라질 것들입니다. 세상은 우리의 목표가 될 수 없다는 뜻입니다. 그래서 바울이 '나와 같이 되기를 원한다'고 한 말의 뜻은, "하나님을 따라 의와 진리의 거룩함으로 지으심을 받은 새사람"이 되길 원한다는 뜻입니다. 근본적으로 세상을 사는 이유와 목적과 방법이, 예전에 자기 욕심을 따라 살던 방식에서 떠나 새롭게 변화된 사람으로 살게 되길 원한다는 것입니다.

바울이 '나와 같이 되기를' 이렇게 한 말을 기억하시기 바랍니다. 구원받은 이후에도 "하나님을 따라 의와 진리와 거룩함으로 변화된 새사람"으로 살지 못하고, 여전히 욕심을 따라 허망한 것을 좇는 사람이 되어선 안 됩니다. 오늘은 부활 주일입니다. 부활의 첫 열매이신 그리스도처럼 우리도 부활의 영광과 기쁨에 참여하게 될 것입니다. '부활'이란 육체에 속한 모든 것은 죽고, 그리스도에게 속한 새것으로 다시 살아난다는 뜻입니다. 구원받은 사람, 새것이 된 사람으로서 우리에게 실제적인 변화가 있어야 합니다. 그 부분에 대해서는 다음 주에 좀 더 자세하게 말씀드리겠습니다. 저와 여러분도 이 부활의 몸을 덧입기를 원합니다.

사도행전 26:15~18

너로 종과 증인을 삼으려 함이니

"내가 대답하되 주님 누구시니이까 주께서 이르시되 나는 네가 박해하는 예수라 16. 일어나 너의 발로 서라 내가 네게 나타난 것은 곧 네가 나를 본 일과 장차 내가 네게 나타날 일에 너로 종과 증인을 삼으려 함이니 17. 이스라엘과 이방인들에게서 내가 너를 구원하여 그들에게 보내어 18. 그 눈을 뜨게 하여 어둠에서 빛으로, 사탄의 권세에서 하나님께로 돌아오게 하고 죄 사함과 나를 믿어 거룩하게 된 무리 가운데서 기업을 얻게 하리라 하더이다"

지난 시간에 바울이 아그립바 왕과 베스도 총독 앞에서 "이렇게 결박된 것 외에는 나와 같이 되기를 하나님께 원하나이다"[29]라고 한 말의 뜻을 살펴봤습니다. 바울이 말한 '나와 같이 되기를 원한다'는 뜻은, "당신들도 나처럼 복음 전하는 사람이 되길 원한다."라는 뜻이 아닙니다. 같은 맥락에서 우리는, 바울이 복음을 전하는 사도로서 이룬 신앙의 업적들, 곧 이방에 교회를 세우고 성경을 기록한 것들만 주목하면 안 됩니다. 물론 바울이 신약 교회에 끼친 신앙의 영향력은 독보적이라 할 만큼 대단합니다. 하지만 바울이 "당신들도 나와 같이 되길 원한다."라고 했을 때, 그 말이 '당신들도 열심히 해서 나처럼 업적을 남기라'는 의미가 아니라는 것은 분명합니다.

빌립보서 4:17, "형제들아 너희는 함께 나를 본받으라 그리고 너희가 우리를 본받은 것처럼 그와 같이 행하는 자들을 눈여겨 보라"

지난 시간에도 말씀드린 것처럼, 빌립보교회는 바울이 소아시아를 벗어나 배를 타고 유럽의 입구라 할 수 있는 마케도니아 지역으로 건너와서 세운 첫 교회입니다. 빌립보교회는 바울이 로마 감옥에 갇혀 있을 때, 에바브로디도라는 사람을 바울에게 보내서 그의 수형 생활을 도왔던, 바울의 첫사랑 같은 교회입니다(빌 4:18). 하지만 또 한편으로는 바울을 시기하면서, 로마 감옥에 갇혀 있는 바울을 괴롭히려는 의도로, 이기적인 야심으로 복음을 전하는 사람도 있었습니다(빌 1:15-17).

이처럼 빌립보교회 안에는 주 안에서 바울을 신뢰하고 좋아하면서 따르는 성도들도 있었지만, 바울을 시기하고 괴롭히려는 마음을 가진 성도들도 있었습니다. 이렇게 바울에 대한 호불호가 명확하게 구분되고 있는 빌립보교회 성도들을 향해 바울은, '너희는 함께 나를 본받으라'고 말하고 있습니다. 그래서 우리는 '나를 본받으라'고 한 이 말씀의 뜻을 정확하게 알아야 합니다.

빌립보서 1:14-17, "형제 중 다수가 나의 매임으로 말미암아 주 안에서 신뢰함으로 겁 없이 하나님의 말씀을 더욱 담대히 전하게 되었느니라 15. 어떤 이들은 투기와 분쟁으로, 어떤 이들은 착한 뜻으로 그리스도를 전파하나니 16. 이들은 내가 복음을 변증하기 위하여 세우심을 받은 줄 알고 사랑으로 하나 17. 그들은 나의 매임에 괴로움을 더하게 할 줄로 생각하여 순수하지 못하게 다툼으로 그리스도를 전파하느니라"

보시는 것처럼 빌립보교회에는 바울을 좋아하고 따르는 사람이든지, 그를 시기하고 미워하는 사람이든지 그들이 원하는 방법으로 복음을 전하고 있었습니다. 그리고 바울은 자기를 괴롭게 하려고 복음을 전하는 사람들이 있음을 알고도, "어떤 방법으로 전하든지 그리스도만 전파된다면 나는 기뻐하겠다."라고 했습니다.

> 빌립보서 1:18, "그러면 무엇이냐 겉치레로 하나 참으로 하나 무슨 방도로 하든지 전파되는 것은 그리스도니 이로써 나는 기뻐하고 또한 기뻐하리라"

이런 근거로 보면 '나를 본받으라'고 한 말이, 전도를 많이 하라고 독려하는 말이 아님은 분명합니다. 그러면 '나를 본받으라'고 말한 것은 무슨 뜻일까요?

> 빌립보서 2:1-5, "그러므로 그리스도 안에 무슨 권면이나 사랑의 무슨 위로나 성령의 무슨 교제나 긍휼이나 자비가 있거든 2. 마음을 같이하여 같은 사랑을 가지고 뜻을 합하며 한마음을 품어 3. 아무 일에든지 다툼이나 허영으로 하지 말고 오직 겸손한 마음으로 각각 자기보다 남을 낫게 여기고 4. 각각 자기 일을 돌볼뿐더러 또한 각각 다른 사람들의 일을 돌보아 나의 기쁨을 충만하게 하라 5. 너희 안에 이 마음을 품으라 곧 그리스도 예수의 마음이니"

"한마음 한뜻으로 같은 사랑을 가지고 하나가 되라, 무슨 일을 하든지 다툼이나 허영으로 하지 말고, 자기보다 남을 낫게 여기는 겸손한 마음"을 가지라고 합니다. 빌립보교회 성도들은, 어떤 방법으로든 복음 전하는 전도의 일은 잘했습니다. 하지만 그들의 실생활에서는, 한마음 한뜻으로 하나가 되는 사랑이 없었고, 주를 위한다고 하면서도 다툼과 허영으로 했으며, 교만한 자세로 남을 무시했습니다. 그런가 하면, 자기 이익만을 생각하면서 다른 사람은 돌보지 않았습니다. 그래서 바울이 '나를 본받으라'고 한 말의 뜻은, 예수 만난 사람의 실제적인 삶의 변화를 요청하는 것임을 알 수 있습니다.

> 16, "일어나 너의 발로 서라 내가 네게 나타난 것은 곧 네가 나를 본 일과 장차 내가 네게 나타날 일에 너로 종과 증인을 삼으려 함이니"

예수님은 바울을 어떤 분명한 사실에 대한 유력한 증인으로 삼기 원했습니다. 그것이 무엇입니까? "부활하신 주님을 본 일과 앞으로도 그에게 나타날 일"입니다. 예수님께서 바울에게 나타나 보이신 이유는, 마치 '강 건너 불구경'하는 것처럼 사람들에게 가십거리 이야기하듯, 소문을 퍼뜨리라고 나타나신 것이 아닙니다. 예수님께서 그를 "어둠에서 빛으로, 사탄의 권세에서 하나님께로 돌아오게"[18] 하신 그 일의 증인으로, 그것을 전달할 종으로 바울이 부름을 받은 것입니다. 이것은 예수님께서 산상 수훈을 통해 사람들에게 하셨던 말씀과 같은 내용입니다.

> 마태복음 5:14-16, "너희는 세상의 빛이라 산 위에 있는 동네가 숨겨지지 못할 것이요 15. 사람이 등불을 켜서 말 아래에 두지 아니하고 등경 위에 두나니 이러므로 집 안 모든 사람에게 비치느니라"

'너희는 세상의 빛'이라고 했습니다. '빛'을 쳐다보고 있는 사람이 아닙니다. 전에는 우리도 '어둠'이었고, '어둠'에서 살던 사람이었습니다(엡 5:8). 하지만 이제 우리는 '주 안에서 빛'이 되었습니다. 그 말은 '어둠에서 빛으로 변화된 모습'이 있어야 한다는 뜻이며, 실제로 우리가 빛의 자녀처럼 살라는 것입니다. 만약 우리가 '빛의 자녀'처럼 살지 않는다면, 사람들이 우리를 보고 하나님께 영광을 돌리지 않을 것입니다.

기독교 신앙에 있어서 가장 큰 장애물은 '빛으로 돌아온 변화'가 없는 것입니다. 예배드리고, 헌금하고, 기도 열심히 하고, 교회에서 하는 일에 열심을 내는 것은 잘하는데, 정작 '빛에 속한' 또는 '빛으로 변한' 사람의 삶이 없는 것입니다. 예수 믿는 사람임을 증명하는 표시가 밥 먹기 전에 기도하는 정도만 된 것입니다. 물론 집이나 교회가 아닌 공중 장소에서, 음식을 먹기 전에 하나님께 기도하고 먹는 사람의 신앙은, 그렇지 않은 사람보다는 훨씬 나은 것입니다. 하지만 그렇게 공개된 장소에서 자기가 하나님께 속한 사람이라는 것을 기도하는 것으로 드러냈으면, 하나님 편이 된 사람다운 합당한 모습을 보여야 합니다. 공중의 장소에서 기도하고 음식을 드시게 된다면, 보편적인 공중 예절을 잘 지키고 여러분의 목소리가 다른 테이블에 들리지 않도록 주의하시기 바랍니다. 식당이나 맥도날드 같은 곳에서 다른 사람도 들을 수 있을 만큼 기도하고 음식을 먹는다면, 적어도 그 자리에서 다른 사람에 대한 뒷담화는 하지 마십시오.

만약 여러분의 자녀나 손주가 주일 학교에서 성경을 배우고, 기독교 신앙의 기초를 배우고 있다면, 그 아이들 앞에서도 여러분의 행동을 돌아보시기 바랍니다. '아이들은 어른의 거울'이라는 격언이 있습니다. 아이들은 어른의 행동을 보고 배운다는 뜻입니다. 특히 가정에서 기독교 신앙의 실제 생활을 배우는 어린아이들은, 자기들의 눈에 비치는 어른의 행동과 삶의 모습이 기독교 신앙의 정답이라고 생각하게 됩니다.

> 마태복음 5:16, "이같이 너희 빛이 사람 앞에 비치게 하여 그들로 너희 착한 행실을 보고 하늘에 계신 너희 아버지께 영광을 돌리게 하라"

예수님께서 '너희는 세상의 빛'이라고 했습니다. '빛'은 그 색이 무슨 색이든, 사람들에게 그대로 보일 수밖에 없습니다. 초록색 빛이면 초록색으로, 빨간색 빛이면 빨간색으로 보입니다. 우리가 자녀들에게 비치는 그 빛으로, 자녀들은 하나님을 생각하게 될 것입니다. 그리고 자녀들 앞에 비치는 그 빛은, 평상시 우리의 일상에서 비치는 모습입니다. 저는 예수 믿는 사람은 절대 술을 마시면 안 된다고 주장하는 편은 아닙니다. 하지만 앞서도 말씀드린 것처럼 식당에서 밥 먹기 전에 기도했으면, 어떤 종류의 술이든지 술은 안 마시는 게 좋다고 생각합니다.

우리보다 앞서간 신앙인들이 우리에게 전해 준 기독교 신앙의 좋은 전통이 금연과 금주이기도 하고, 그것이 교회의 덕을 세우는 데 유익하기 때문입니다. 같은 맥락에서 가정에서도 만약 술을 마셔야 할 일이 있다면, 자녀에게 들키지 말고 드시기 바랍니다. 술 마시는 것이 죄냐, 아니냐를 말씀드리는 것이 아닙니다. 그것이 신앙생활 하는 데 있어서 덕과 유익이 되냐, 아니냐를 보자는 것입니다. 학창 시절을 생각해 보면, 그때도 일찍부터 술 담배를 하는 친구들이 있었습니다. 그 친구들은 그것들을 하면서 일찍 어른이 된 것처럼 생각했지만, 건강상으로나 생활의 좋은 습관 면으로 보나 유익하지 않다는 것은 다 아는 사실입니다.

어둠이었던 우리가 이제는 '빛'이 되었습니다. 성질 자체가 바뀐 것입니다. 그런데 바뀐 것은 하나도 없고, 입으로만 복음을 말하니까 복음이 힘이 없습니다. 교인들이 모인 모임에서도 마찬가지입니다. 예수를 믿는 사람이나 안 믿는 사람이나 인생의 목표가 비슷하고, 관심이 비슷하고, 자랑이 비슷합니다. 세상에서 성공한 것이 자랑이고, 명품으로 치장한 것이 자랑입니다. 더 심각한 것이 뭐냐 하면, 예수 믿는 사람들은 '절대로 지지 않는 것'입니다.

장로교단의 노회나 감리교단의 연회처럼 목사님들이 모여서 회의를 할 때, 남자들이 많이 모이다 보니 쉬는 시간에 족구나 축구 같은 운동 경기를 자주 합니다. 시작할 때는 연장자인 목사님께서 기도한 뒤에 웃으면서 시작합니다. 하지만 경기가 시작되고 나면 얼마나 치열한지 모릅니다. 우리가 찬 공이 선을 넘었는지 안 넘었는지 가지고 싸웁니다. 그리고 우겨서라도 절대 지지 않습니다. 신앙과 전혀 상관없이 친목하자고 시작했는데 얼굴 붉히고 싸우고 끝납니다. 족구 지고, 축구에 졌다고 우리 믿음에 손해 보는 것 없습니다. 그런데 다들 얼마나 승부욕이 강한지 "내가 이겨야 하나님께 영광"이 된다고 생각합니다. 계속해서 예수님의 산상 설교를 보겠습니다.

> 마태복음 5:43-48, "또 네 이웃을 사랑하고 네 원수를 미워하라 하였다는 것을 너희가 들었으나 44. 나는 너희에게 이르노니 너희 원수를 사랑하며 너희를 박해하는 자를 위하여 기도하라 45. 이같이 한즉 하늘에 계신 너희 아버지의 아들이 되리니 이는 하나님이 그 해를 악인과 선인에게 비추시며 비를 의로운 자와 불의한 자에게 내려주심이라 46. 너희가 너희를 사랑하는 자를 사랑하면 무슨 상이 있으리요 세리도 이같이 아니

하느냐 47. 또 너희가 너희 형제에게만 문안하면 남보다 더하는 것이 무엇이냐 이방인들도 이같이 아니하느냐 48. 그러므로 하늘에 계신 너희 아버지의 온전하심과 같이 너희도 온전하라"

"네 이웃을 사랑하라는 것을 너희가 들었으나."라고 했습니다. 무엇이 옳은지, 어떻게 사람을 대해야 하는지 알고 있다는 것입니다. 그런데 그것 말고도 또 하나 들은 말이 있습니다. "네 원수는 미워해도 된다."입니다. 그런데 이런 삶은 "남이 나에게 하는 대로 대하는 이방인들"이 사는 방식입니다. 우리는 그렇게 살아도 되는 사람들이 아닙니다. 우리는 '빛'이기 때문입니다. "하늘에 계신 너희 아버지의 온전하심과 같이 너희도 온전하라."라고 했습니다. 그 하나님은 어떤 분입니까? "해를 악인과 선인에게 비추시며, 비를 의로운 자와 불의한 자에게 내려 주시는 분"입니다. 하나님께서 선인과 악인에게 똑같이 하시는 것은, 그분이 '빛'이시기 때문입니다.

캄캄한 동굴에서 바깥으로 나올 때, 동굴 밖에서 비치는 빛을 따라 나오게 됩니다. 그 빛은 착한 사람에게는 비치고, 나쁜 사람에게는 비치지 않는 빛입니까? '빛'은 그것을 보는 사람이 누구든지, '빛'이라는 존재 자체로 비치는 것입니다. 하나님께서 우리를 '세상의 빛'으로 보내셨으니, 우리는 그 빛을 비추면 됩니다. 만약 우리가 의를 행하게 된다면, 그것은 하나님께서 의로우시기 때문입니다[7]. 우리가 선한 일을 하게 된다면, 그것 역시 하나님께서 선한 분이기 때문입니다.

우리가 행하는 모든 일이 '변화된 신분'으로부터 이루어진다는 것을 기억하십시오. 원수를 사랑하고, 우리를 박해하는 사람을 위해 기도할 수 있는 동력이 무엇입니까? 우리의 근본 체질, 곧 정체성이 변했기 때문에 할 수 있는 것입니다. 우리에게 변화된 삶, 이방인과 구별된 다른 삶을 요구하시는 이유가 무엇입니까? 우리가 '빛의 자녀'요 '하나님께 속한 자'가 됐기 때문입니다. 그래서 주님께서 하신 말씀은 "너희는 착하게 살아야 한다, 그러니 노력해라."라는 말씀이 아닙니다. 그것이 바로 변화된 우리의 신분이고 책임이라는 뜻입니다.

> 요한1서 3:8, "죄를 짓는 자는 마귀에게 속하나니 마귀는 처음부터 범죄함이라 하나님의 아들이 나타나신 것은 마귀의 일을 멸하려 하심이라"

"죄를 짓는 자는 마귀에게 속했기 때문"이라고 했습니다. 반면에 우리가 죄를 지을 수 없는 이유는, 우리가 하나님께 속해 있기 때문이라고 했습니다. 여기서 사도 요한이 말한 "하나님께로부터 난 자마다 죄를 짓지 않는다."라고 한이 말씀은, 신앙상의 윤리나 도덕을 논하는 것이 아니라는 것을 알아야 합니다. 사도 바울은 죄에 관해서 말할 때, '하나님과 분리된 상태, 하나님을 모르는 상태' 그래서 죄로 인해 '사망 아래 있는 상태'로 설명했습니다.

그에 비해서 사도 요한은 '죄는 불법'이라고 말합니다. '죄'가 '불법'이라고 한 것은, "하나님과 분리된 사람, 방향 없는 사람의 행동"을 뜻하는 것입니다. 죄란, 사망이고 생명이 없는 것입니다. 생명이 없는 곳에서는, 생명이 있으므로 생기는 당연한 결과물을 기대할 수 없습니다. 그래서 그것을 '불법'이라고 했습니다. 생명이 없는 나무, 죽은 나무가 열매를 맺지 못하는 것은 당연합니다. 하지만 생명이 있는 나무임에도 열매를 맺지 않는다면, 그것은 불법입니다. 예수님께서 잎만 무성하고 열매는 없는 무화과나무를 저주하니 말라 죽었습니다. 왜 그렇습니까? 마땅히 있어야 할 열매가 없는 '불법을 한 나무'이기 때문입니다. 사도 요한이 이 서신서의 수신자들에게, 같은 신앙을 고백한다고 하면서 신앙의 본질에서 떠나 있는 사람들의 잘못된 문제들에 대해서 답을 제시하고 있습니다.

우리가 성경을 읽으면서 어렵다고 느끼는 이유가 이런 부분 때문입니다. 성경의 저자마다 중요하게 여기고 강조한 부분이 서로 다르고, 그 다른 부분이 서로 충돌하는 것 같고, 맞지 않게 느껴지기 때문입니다. 앞서 말씀드렸던 바울은 죄와 구원에 관해서 설명할 때, 가능성이라곤 전혀 찾을 수 없는 인간의 상태와 그런 인간을 구원하시는 하나님의 은혜를 강조합니다. 그에 비해서 야고보 사도는, "행함이 없는 믿음은 죽은 것"(약 2:26)이라고 하면서, "행함으로 너의 믿음을 보이라"(약 2:18)라고 강조합니다.

이처럼 어떤 사도는 우리가 알아야 할 복음의 근본적인 지식을 강조하기도 하고, 또 다른 사도는 복음에 대한 순종의 행위나 실천을 강조하기도 합니다. 하지만 중요한 것은 우리 그리스도인이 정확하게 알아야 할 지식을 강조하든, 신앙의 실천을 강조하든 결국은, '하나님 안에 있는 생명'으로 가야 합니다. 그리고 그 '생명'이 있음을 알 수 있는 가장 대표적인 현상이 뭐냐고 할 때 사도 요한은, 요한1서 서신서 전체에서 '사랑'이라고 표현하는 것입니다.

> 요한1서 3:10, "이러므로 하나님의 자녀들과 마귀의 자녀들이 나타나
> 니 무릇 의를 행하지 아니하는 자나 또는 그 형제를 사랑하지 아니하는
> 자는 하나님께 속하지 아니하니라"

사도 요한은 하나님의 생명이 주어진 자, 하나님의 생명이 발휘되는 곳에는 사랑이라는 행위가 나타나게 된다고 강조하고 있습니다. 그래서 하나님의 자녀들과 마귀의 자녀들이 궁극적으로 다른 점이 무엇이냐고 할 때, '의를 행하는 자'와 '의를 행하지 않는 자'로 구분해서 설명합니다. 그러면 '의'는 어떻게 표현됩니까? 사랑하는 자와 그렇지 않은 자로 구분됩니다. 우리가 가져야 할 신앙의 본질이 무엇이냐고 할 때, 성경의 저자마다 강조하는 여러 부분이 있지만 '하나님의 생명'이고, 요한은 그것을 '사랑'이라고 말합니다. 앞서 8절에 "죄를 짓는 자는 마귀에게 속했기 때문"이라고 했습니다. 요한이 말한 죄는 '윤리나 도덕', '실정법을 범한 죄'를 말하는 것이 아니라, 하나님을 떠나 '생명'이 없으므로 그 '결과' 역시 나올 수 없는 것을 의미합니다.

> 요한1서 3:9, "하나님께부터 난 자마다 죄를 짓지 아니하나니 이는 하나
> 님의 씨가 그의 속에 거함이요 그도 범죄하지 못하는 것은 하나님께부터
> 났음이라"

여기 '하나님의 씨'라는 말씀이 나옵니다. 하나님에게서 난 사람 곧 구원을 얻은 자는 생명, 다시 말씀드려서 그 안에 생명의 본질이 되는 '씨'가 있다는 뜻입니다. 우리에게 있는 '씨'는 하나님으로부터 받은 것이기 때문에, 받은바 구원에 합당하게 살지 못할 때도 그 '씨' 안에 있는 생명으로 인해 살게 된다는 뜻입니다. 그래서 "하나님께로서 난 자

마다 죄를 짓지 아니한다."라는 말은, 우리 안에 '하나님의 씨인 생명이 있다면, 그로 인한 열매를 얻게 된다'는 말의 역설적 표현입니다. 우리는 '하나님의 씨', 곧 '생명'을 가진 사람입니다. 따라서 하나님과 우리는, 하나님의 본체와 그에게서 나온 씨처럼 따로 분리해서 생각할 수 없는 관계입니다. 그러면 본체이신 하나님은 어떤 분이냐고 했을 때, '사랑이시다'라고 말합니다.

> 요한1서 4:16, "하나님이 우리를 사랑하시는 사랑을 우리가 알고 믿었노니 하나님은 사랑이시라 사랑 안에 거하는 자는 하나님 안에 거하고 하나님도 그의 안에 거하시느니라"

포도나무에서는 포도 열매가 맺고, 사과나무에는 사과 열매가 맺습니다. 하나님은 사랑이시라고 했을 때, 그에게서 나온 우리도 사랑일 수밖에 없습니다. 하나님은 어떻게 그 사랑을 우리에게 주셨습니까? 아들도 아끼지 않고 주셨습니다. 그러면 우리는 어떻게 하나님을 사랑해야 할까요? 주님께서 우리를 사랑하셔서 자기 목숨까지도 아끼지 않고 내주신 것처럼, 오늘 우리에게도 그에 합당한 사랑을 요구하십니다. 이 사랑은 "내가 너한테 한 개 줬으니 너도 나에게 하나 내놔라." 이런 것이 아닙니다. 사랑의 본체인 하나님에게서 나온 씨를 받았으니 그 열매를 맺으라는 것입니다.

> 고린도전서 13:4-7, "사랑은 오래 참고 사랑은 온유하며 시기하지 아니하며 사랑은 자랑하지 아니하며 교만하지 아니하며 5. 무례히 행하지 아니하며 자기의 유익을 구하지 아니하며 성내지 아니하며 악한 것을 생각하지 아니하며 6. 불의를 기뻐하지 아니하며 진리와 함께 기뻐하고 7. 모든 것을 참으며 모든 것을 믿으며 모든 것을 바라며 모든 것을 견디느니라"

이 말씀을 정확하게 이해하지 못하면, 자기가 뭔가를 해야 할 것으로 생각합니다. 그런데 이 말씀은 "너희가 오래 참아라, 온유해라, 시기하지 말고 자랑하지 말고, 무례하게 굴지 말아라, 힘들어도 이 꽉 깨물고 견뎌라." 그런 뜻이 아닙니다. "너희는 세상의 빛이라.", "하나님의 씨가 너희 안에 있다."라는 말씀처럼, 성도된 우리의 신분과 존재와 정체성이 변했으니, 변한 결과가 나온다는 뜻입니다. 우리 안에 무슨 인내심이 그렇게 많이 있어서, 우리에게 못되게 하는 사람에게 평정심을 유지하며 오래 참아 줄 수 있겠습니까?

바울이 자기를 재판하는 아그립바 왕과 베스도 총독에게, 나처럼 "결박된 것 외에는 나와 같이 되기를 하나님께 원하나이다."라고 말하고 있습니다. 그들은 바울에게 죄가 없다는 것을 알고도 풀어 줄 생각을 하지 않는 악당들입니다. 억울하고 분할 만도 한데, 바울은 그들에게 분노를 표현하지 않았습니다. 오래 참고 온유한 마음으로 복음을 전하면서, 그들도 은혜를 받아서 변화된 존재가 되길 진심으로 바라는 것입니다. 어떻게 바울은 그럴 수 있었을까요? 바울 자기에게 있는 인격과 도량과 인내심으로 그들을 사랑하는 것이 아닙니다. 죄인 중에 괴수 같았던 바울을 사랑하셨던 주님께서, 바울 앞에 있는 저 악당들도 사랑하여 구원하실 수 있기에, 바울이 그들에게 분노할 수 없는 것입니다.

첫째는 바울 안에 있는 '하나님의 씨'가 바울을 그렇게 변하게 한 것이고, 둘째는 하나님이 싫어하는 것을 할 수 없기 때문에 그런 행위를 하지 않는 것입니다. 하나님께서는 당신이 사랑하는 사람에게 누군가 무례하게 하는 것을 싫어합니다. 그래서 하나님을 사랑하는 우리는 다른 사람에게 무례하게 대할 수 없습니다.

> 창세기 12:3, "너를 축복하는 자에게는 내가 복을 내리고 너를 저주하는 자에게는 내가 저주하리니 땅의 모든 족속이 너로 말미암아 복을 얻을 것이라 하신지라"

아브라함을 사랑하신 하나님께서, 당신의 사랑을 이렇게 표현하셨습니다. 이 말씀은 우리에게 주신 말씀이기도 하고, 우리가 지켜야 할 말씀이기도 합니다. 우리가 "악한 것을 생각하지 아니하며, 불의를 기뻐하지 아니하며, 진리와 함께 기뻐하는" 이유는, 우리 안에 있는 '하나님의 씨'로 인해 변화됐기 때문입니다. 그리고 우리 안에 있는 '생명의 씨'는, 그에 합당한 열매가 맺는 것으로 사람들의 눈에 보이게 됩니다.

> 30-32, "왕과 총독과 버니게와 그 함께 앉은 사람들이 다 일어나서 31. 물러가 서로 말하되 이 사람은 사형이나 결박을 당할 만한 행위가 없다 하더라 32. 이에 아그립바가 베스도에게 이르되 이 사람이 만일 가이사에게 상소하지 아니하였더라면 석방될 수 있을 뻔하였다 하니라"

바울을 심문한 왕과 총독과 그 자리에 함께한 귀족들이 내린 결론이, "이 사람은 사형이나 결박을 당할 만한 행위가 없었다."였습니다. 오늘 우리가 이 말씀에서 배워야 하는 바울의 신앙이 이런 모습입니다. 주를 만나서 변화된 바울이, 빌립보교회 성도들과 오늘날 저와 여러분에게 '나를 본받으라'며 가르쳐 준 신앙의 모범이 바로 이것입니다. 매를 맞고, 채찍에 맞고, 억울하게 감옥살이를 하고, 춥고 굶고 헐벗고 목마르고 궁핍한 삶을 살면서도 의지력으로 버티고, 인내심으로 참으라는 것이 아닙니다. 존재가 변했으니, 변화된 열매가 맺어지게 될 것이라는 뜻입니다. 그래서 우리는 자랑할 게 없습니다. 나에게서 나온 것이 아니기 때문입니다.

사랑하려고 노력하지 마십시오. 대신 사랑의 열매가 맺어지게 하십시오. 착해지려고 노력하지 마십시오. 대신 착한 열매가 맺어지게 하십시오. 분노를 감추고 참으려고 노력하지 마십시오. 대신 십자가의 주님을 생각하십시오. 앞에 말씀드린 것이 '내 의지', '내 노력', '내 행위'로 어떻게든지 만들어 보려고 애쓰는 것이라면, 뒤에 나오는 것들은 속성이 바뀌었기에 절로 맺는 것들입니다. 기억하실 것은, 우리 안에 '하나님의 씨, 곧 생명의 씨'가 있다는 것입니다. 어떤 사람은 그 '씨'가 아직 '씨앗 자체'로 남아 있는 사람도 있을 것이고, 어떤 사람은 땅속에 심어져서 '씨앗'이 썩고 문드러지는 과정일 수도 있을 것입니다.

그런가 하면 이제 움이 트고 싹이 나는 사람도 있을 테고, 사도 요한과 바울처럼 언젠가 우리도 '사랑의 열매'가 풍성히 맺힌 것을 보게 될지도 모릅니다. 하지만 언젠가 우리도 "하늘에 계신 우리 아버지의 온전하심과 같이 우리도 온전해질"(마 5:48) 때까지, 우리 믿음의 경주를 계속해야 할 것입니다. 저와 여러분, 우리 하와이한빛장로교회가 이 신앙의 경주를 잘 해 나가길 기원합니다.

사도행전 27:21~32

그러므로 여러분이여 안심하라

"여러 사람이 오래 먹지 못하였으매 바울이 가운데 서서 말하되 여러분이여 내 말을 듣고 그레데에서 떠나지 아니하여 이 타격과 손상을 면하였더라면 좋을 뻔하였느니라 22. 내가 너희를 권하노니 이제는 안심하라 너희 중 아무도 생명에는 아무런 손상이 없겠고 오직 배뿐이리라 23. 내가 속한 바 곧 내가 섬기는 하나님의 사자가 어제 밤에 내 곁에 서서 말하되 24. 바울아 두려워하지 말라 네가 가이사 앞에 서야 하겠고 또 하나님께서 너와 함께 항해하는 자를 다 네게 주셨다 하였으니 25. 그러므로 여러분이여 안심하라 나는 내게 말씀하신 그대로 되리라고 하나님을 믿노라 26. 그런즉 우리가 반드시 한 섬에 걸리리라 하더라 27. 열나흘째 되는 날 밤에 우리가 아드리아 바다에서 이리 저리 쫓겨가다가 자정쯤 되어 사공들이 어느 육지에 가까워지는 줄을 짐작하고 28. 물을 재어 보니 스무 길이 되고 조금 가다가 다시 재니 열다섯 길이라 29. 암초에 걸릴까 하여 고물로 닻 넷을 내리고 날이 새기를 고대하니라 30. 사공들이 도망하고자 하여 이물에서 닻을 내리는 체하고 거룻배를 바다에 내려 놓거늘 31. 바울이 백부장과 군인들에게 이르되 이 사람들이 배에 있지 아니하면 너희가 구원을 얻지 못하리라 하니 32. 이에 군인들이 거룻줄을 끊어 떼어 버리니라"

27장은 바울이 다른 죄수들과 함께 로마로 압송되는 과정을 설명합니다[1]. 바울의 로마행에는 사도행전을 기록한 누가와 데살로니가 사람 아리스다고가 동행하면서 바울을 도왔습니다[2]. 아리스다고는 빌레몬서[1:24]와 골로새서[4:10]에서 바울의 동역자로, 또 그와 함께 로마 감옥에 갇힌 자로 소개될 만큼, 바울을 가장 가까이서 도왔던 사람입니다. 베스도 총독은 백부장에게 바울에 대한 특별한 관리를 부탁한 것으로 보입니다. 그래서 비록 죄수 신분이었지만 로마로 향하는 바울의 출발은 괜찮아 보입니다. 그를 돕는 두 명의 동료가 있었고, 배를 통제하는 백부장이 바울에게 호의적이었으며, 바울이 친구들에게 대접받는 것을 허락했기 때문입니다[3]. 그 친구들은 배가 정박한 시돈에 거주하던 그리스도인들로 보입니다.

하지만 로마로 향하는 바울의 여정은, 그 길이 너무나 험악했습니다[27-28장]. 바울이 탄 배는 지중해를 건너 로마로 곧장 갈 수 있는 큰 배가 아니었습니다. 그래서 해안을 따라 작은 항구들을 들러서 로마로 갈 사람들과 화물들을 실은 후, 이탈리아로 가는 큰 배로 옮겨 탄 후에 가게 됩니다[6]. 그 후 바울이 탄 배는 거센 바람 때문에 처음 예정했던 항로로 가지 못하고 돌아가야 했고[7], 결국 '유라굴로'라는 광풍을 만나서 배가 파선하게 됩니다[14].

성공을 기대하면서 많은 짐을 싣고 배에 탔던 사람들은 그들의 전 재산을 바다에 던져야 했고, 살 소망이 끊어진 사람들은 오랫동안 음식도 먹지 못했습니다[21]. 그 와중에 배를 몰던 선원들은 거룻배를 타고 도망하려고 시도했고, 바울의 말을 들은 백부장은 거룻배의 줄을 끊어 버리기도 했습니다[30-32]. 풍랑에 표류하던 배는 두 물살이 합쳐지는 곳에 말려들어서 뱃머리는 모래톱에 박혀서 움직이지 못하고, 배 후미는 큰 파도에 부딪혀 깨지기 시작했습니다[41]. 이렇게 배가 해안에 처박혀 부서지자 죄수들을 호송하던 군인들은, 혹시라도 죄수들이 도망칠까 두려워서 책임을 면하려고 죄수들을 죽이려 했습니다[42].

이렇게 한 치 앞도 예측할 수 없는 상황에서 바울과 함께했던 누가는, 마치 자신은 재난의 당사자가 아닌 것처럼 기행문을 쓰듯이 사도행전을 기록하고 있습니다. 7~8절에 보면, 바울이 탄 배가 강하게 부는 바람 때문에 비교적 가까운 거리도 쉽게 가지 못하다가, 결국 바람을 피해 멀리 돌아가는 길을 택했습니다[8]. 하지만 그마저도 여의치가 않자, 작은 항구에 정박하여 며칠 더 기다리게 됩니다. 이런 상황에서 선장과 선주는 하루라도 빨리 로마로 가려고 했고, 바울은 지금 출발하면 생명까지도 위험해질 거라고 경고하면서 의견이 나뉘었습니다.

> 9-10, "여러 날이 걸려 금식하는 절기가 이미 지났으므로 항해하기가 위태한지라 바울이 그들을 권하여 10. 말하되 여러분이여 내가 보니 이번 항해가 하물과 배만 아니라 우리 생명에도 타격과 많은 손해를 끼치리라 하되"

바울이 탄 배는 날씨의 영향으로 인해, 처음에 계획했던 일정보다 더 오랫동안 로마로 가지 못하고, 작은 항구인 그레데에 머물러 있었습니다[21]. 당시에는 오늘날처럼 오랫동안 곡물을 안전하게 보관하는 기술이 없었을 것입니다. 게다가 날씨마저 좋지 않아서, 배에 실은 곡물의 상품 가치가 떨어지는 것을 막으려면, 하루라도 빨리 로마로 가는 것이 선장과 선주의 책임이었을 것입니다. 백부장이 로마로의 출항을 결정한 두 번째 이유는, 지금 머물고 있는 항구가 겨울을 보내기에 적합하지 않은 장소였다는 것입니다. 강한 바람을 피해서 '간신히' 들어왔던[7] 작은 항구에서, 276명이나 되는 그 많은 사람이 숙소를 구하고 겨울을 보내기에는 어려운 점이 있었을 것입니다.

세 번째 이유는, 배가 정박해 있는 항구가 워낙 작고 좁은 곳이어서 겨울의 거센 폭풍을 견디기에는 적합하지 않았다는 것입니다. 현재의 위험을 잠시 피해서 들어오긴 했지만, 방파제도 부실한 작은 항구에서 겨울을 지날 때까지 계속 머무는 것은 더 큰 위험을 자초하는 일이었습니다. 백부장과 간수들 역시 하루라도 빨리 죄수들을 인계해 주고 쉬고 싶었을 것입니다. 이처럼 백부장과 선주와 선장이 그곳을 떠나서, 하루라도 빨리 로마로 가려고 했던 합리적이고 정당한 이유는 차고 넘칠 만큼 많았습니다. 당시 바울이 탔던 배는, 알렉산드리아에서 로마까지 운송하는 곡물(밀)을 싣고, 거기에 276명이나 되는 사람들이 탄, 당시로서는 아주 큰 배였습니다.

역사학자들에 의하면, 당시 배를 소유한 선주(개인 또는 기업)는 로마 정부와 특별한 계약을 맺고 여객과 무역을 허가받았다고 합니다. 예를 들면, 백부장처럼 로마 정부의 관료에게 배의 출항과 정박까지 명령할 수 있는, 배에 관한 실제적인 통제 권한을 맡긴 것입니다. 백부장은 하루라도 빨리 로마로 가야 하는 수많은 합리적인 이유와 바다 전문가의 말을 믿고 출항을 결정했습니다. 그리고 그것은 백부장의 책무이기도 합니다. 바울은 지금 출발하면 생명의 위험뿐만 아니라 큰 손해를 볼 거라고 경고했습니다. 하지만 백부장은 바울의 말을 듣지 않고, 바다 전문가의 말을 따랐습니다.

11. "백부장이 선장과 선주의 말을 바울의 말보다 더 믿더라"

이것은 세상이 움직이는 당연한 원리입니다. 하지만 문제는 이처럼 당연하게 움직이는 세상의 원리가 향하는 끝에는, 언제나 죽음이 있다는 것입니다. 바다의 전문가인 배의 선장과 선주, 그리고 그들의 조언을 듣고 출항을 결정한 백부장은, 자기들의 경험과 지식을 근거로 가장 좋은 방법을 선택했습니다. 바울은 배가 파선하게 될 것을 알고도 그 배에 타야만 했습니다. 그는 로마로 압송되는 여러 죄수 중의 한 사람에 불과했기 때문입니다. 자기가 가는 길이 죽음을 향하고 있다는 것을 알고 가는 사람과 모르고 가는 사람은, 위험과 위기에 빠졌을 때 그것을 대하는 삶의 자세가 다를 수밖에 없습니다.

이런 모습은 오늘날 우리 성도들이 살아가는 인생과 너무나 닮아 있습니다. 우리가 하나님의 자녀요, 거룩한 나라의 백성으로 살고 있지만, 그것은 장차 우리가 누리게 될 영원한 특권이고, 현재 우리는 세상 속의 한 사람에 불과합니다. 따라서 우리는 세상이 결정하고 통치하는 원리 안에서 살아갈 수밖에 없습니다. 오늘 본문은 그런 우리가 어떤 신앙의 자세로 살아야 하는지 가르쳐 주고 있습니다.

20-21, "여러 날 동안 해도 별도 보이지 아니하고 큰 풍랑이 그대로 있으매 구원의 여망마저 없어졌더라 21. 여러 사람이 오래 먹지 못하였으매 바울이 가운데 서서 말하되 여러분이여 내 말을 듣고 그레데에서 떠나지 아니하여 이 타격과 손상을 면하였더라면 좋을 뻔하였느니라"

큰 풍랑으로 인해 구원의 여망마저 사라지고, 파도에 요동치는 배 안에서 오랫동안 음식도 챙겨 먹지 못한 상황에서 배에 탄 사람들은 절망에 빠져 있었습니다. 바울은 그 사람들에게, "내 말을 듣고 그레데에서 떠나지 않았다면 이 손해는 보지 않았을 것"이라고 말했습니다[21]. 바울이 이렇게 말한 것은, 그들의 잘못된 선택을 원망하려는 것이 아니라, 출발하기 전에 떠나면 안 된다고 했던 말이 옳았다는 것을 확인시키는 말이었습니다. 구원받은 성도와 세상 사람이 다른 점은, 세상의 원리를 따라 사는 사람들이 장차 마주하게 될 마지막 결과를 아는 사람과, 그것을 모르는 사람의 차이입니다. 그에 대해서 잠언 기자는 이렇게 말했습니다.

> 잠언 22:3, "슬기로운 자는 재앙을 보면 숨어 피하여도 어리석은 자는 나가다가 해를 받느니라"

"재앙을 보면 숨어 피한다."라고 했습니다. 위험할지 아닌지 잘 모르겠는 상황이 아니라, 눈앞에 재앙이 뻔히 보이니 숨어 피하는 것이 당연합니다. 그런데 "나가다가 해를 받는다."라는 말은, 이렇게 재앙이 눈앞에 보이는 상황에서도 고집을 부리면서 계속 진행하다가 결국 망한다는 뜻입니다. 그러면 슬기로운 자와 어리석은 자는 왜 이렇게 다른 선택을 하는 것일까요? 앞뒤의 말씀을 같이 보면, 왜 이런 상반된 선택을 하게 되는지 알 수 있습니다.

> 잠언 22:2, "가난한 자와 부한 자가 함께 살거니와 그 모두를 지으신 이는 여호와시니라"

가난한 자와 부한 자, 이 모든 사람을 지으신 분은 여호와 하나님이

십니다. 그런데 그들뿐만 아니라 겸손한 자가 있고, 그렇지 않은 사람이 있습니다.

> 잠언 22:4, "겸손과 여호와를 경외함의 보상은 재물과 영광과 생명이니라"

가난한 자와 부한 자, 어리석은 자와 슬기로운 자의 차이는 어디서 나옵니까? 여호와를 경외하는 겸손한 자세에서 나옵니다. 그래서 잠언 기자는 많은 재물이나 보석보다 은총, 곧 하나님께서 베푸시는 은혜를 택하라고 말합니다.

> 잠언 22:1, "많은 재물보다 명예를 택할 것이요 은이나 금보다 은총을 더욱 택할 것이니라"

세상은 자기가 수고해서 먹고, 자기가 이룬 업적 위에서 사는 원리로 작동합니다. 그러니 세상에서는 '은총'이나 '은혜'라는 말이 어울리지 않습니다. '은총'이나 '은혜'는 내 공로나 업적이 아니라, 누군가로부터 혜택을 받은 것입니다. 그러면 사람은 자기가 수고해서 얻은 재물과 자신의 수고나 공로와 상관없이 은혜로 받은 것 중에서 무엇을 더 좋아할까요? 자기가 이룬 것을 더 좋아합니다. 그래서 누군가로부터 공짜로, 선물로 받은 것도, "다 자기가 잘해서 받은 것"이라고 하면서 그 원인을 자기 공로에서 찾습니다. 1등 복권에 당첨이 된 것도, "자기가 번호를 잘 선택해서, 자기가 그 시간 그 점포에서 파는 복권을 사서" 당첨됐다고 하면서 자기 공로에서 원인을 찾습니다. 그래서 세상에는 '은총'이나 '은혜'라는 말이 없습니다.

물론 '스승의 은혜', '부모님의 은혜'처럼, '은혜'라는 말도 합니다. 사실은 그 말을 하는 자기가 더 예의 발라 보이고, 도리를 아는 사람처럼 보일 때 사용합니다. 잠언과 전도서는, 지혜의 왕이요 모든 영광을 다 가졌던 솔로몬이 노년에 쓴 책입니다. 그래서 '은이나 금보다 은총을 더욱 택하라'는 말을 기억해야 합니다. 솔로몬은 남아프리카 말라위의 시바 여왕이 그의 지혜를 들으려고, 많은 예물을 준비해서 일부러 찾아올 만큼, 세상적으로는 아쉬울 것이 없는 왕이었습니다. 그런데 자기 손으로 모든 성공을 이뤘던 솔로몬이, '은총'을 택하라고 말합니다. 왜 그랬을까요?

> 전도서 2:4-8, "나의 사업을 크게 하였노라 내가 나를 위하여 집들을 짓고 포도원을 일구며 5. 여러 동산과 과원을 만들고 그 가운데에 각종 과목을 심었으며 6. 나를 위하여 수목을 기르는 삼림에 물을 주기 위하여 못들을 팠으며 7. 남녀 노비들을 사기도 하였고 나를 위하여 집에서 종들을 낳기도 하였으며 나보다 먼저 예루살렘에 있던 모든 자들보다도 내가 소와 양 떼의 소유를 더 많이 가졌으며 8. 은 금과 왕들이 소유한 보배와 여러 지방의 보배를 나를 위하여 쌓고 또 노래하는 남녀들과 인생들이 기뻐하는 처첩들을 많이 두었노라"

많은 재물과 권력과 명성과 성공이 솔로몬에게 아무런 위로가 되지 못했습니다. 그래서 우리가 알다시피, 전도서의 핵심 주제는 '모든 것이 헛되도다'입니다.

> 전도서 1:14, "내가 해 아래에서 행하는 모든 일을 보았노라 보라 모두 다 헛되어 바람을 잡으려는 것이로다"

솔로몬이 은과 금보다 '은총'을 더욱 택하라고 말하는 이유를 아시겠습니까? 솔로몬은 전도서의 마지막 결론을 이렇게 맺고 있습니다.

> 전도서 12:13-14, "일의 결국을 다 들었으니 하나님을 경외하고 그의 명령들을 지킬지어다 이것이 모든 사람의 본분이니라 14. 하나님은 모든 행위와 모든 은밀한 일을 선악 간에 심판하시리라"

"하나님을 경외하고 그의 명령들을 지킬지어다 이것이 모든 사람의 본분이다." 잠언 22장에서 말한 슬기로운 사람은, '여호와를 경외하는 겸손한 사람'입니다. 그 하나님께서 바울 같은 당신의 사자들을 사람들에게 보내어 당신의 뜻을 전달하시고, 성경 말씀을 통해 하나님의 뜻을 깨닫게 하십니다. 그때 우리는 어떻게 해야 합니까? 슬기롭고 겸손하게 말씀에 순종해야 합니다.

사람이 미래를 어떻게 예측할 수 있겠습니까? 주역과 점성술을 배우고, 타로점이나 토정비결을 배워서 알 수 있을까요? 우리에게 은총을 베풀어 주기 원하시는 하나님께서, 성경의 저자들과 당신의 종을 보내어, 기록된 말씀과 선포된 말씀으로 깨달아 알도록 해 주십니다.

> 로마서 10:14-15, "그런즉 그들이 믿지 아니하는 이를 어찌 부르리요 듣지도 못한 이를 어찌 믿으리요 전파하는 자가 없이 어찌 들으리요 15. 보내심을 받지 아니하였으면 어찌 전파하리요 기록된 바 아름답도다 좋은 소식을 전하는 자들의 발이여 함과 같으니라"

이 말씀은 어떤 사람이 믿음을 갖고 구원받게 되었을 때, 그 믿음을 얻게 되는 과정을 시간의 역순으로 기록하여 강조한 말씀입니다. 하나님께서 아름다운 좋은 소식을 전하는 자를 보내서 전파하게 하십니다. 그러면 사람이 그 전파된 말을 듣고 믿음을 갖게 되고, 하나님을 부르게 됩니다.

> 로마서 10:13, "누구든지 주의 이름을 부르는 자는 구원을 받으리라"

하나님께서 당신의 종을 보내어 구원의 아름답고 기쁜 소식을 듣게 하십니다. 그때 슬기로운 사람, 겸손한 사람은, 그 소식을 듣고 겸손히 하나님을 경외함으로 재물과 영광과 생명의 보상을 받게 됩니다(잠 22:4). 그러면 구원의 아름답고 기쁜 소식만 있을까요? 아니요, 그 반대도 있습니다. 그 기쁜 소식을 듣고도 무시하는 사람들, 들으려고 하지 않는 사람들입니다. 그리고 성경은 구원받지 못한 사람들의 결말은 '심판과 지옥 멸망'이라고 말합니다.

하나님께서 성경과 복음 전하는 사람을 통해서 구원의 복음을 전해 주셨습니다. "슬기로운 자는 재앙을 보면 숨어 피한다."라고 했습니다. 이미 알려진 소식이고, 누구나 보고 아는 상황이라는 뜻입니다. 너무 당연한 말이지만, 모든 사람은 다 죽습니다. 그리고 죽음 이후에는 두 가지 길밖에 없습니다. 재앙을 피해 구원받은 사람과 영원한 멸망에 빠진 사람입니다. 슬기로운 사람은 겸손하게 그 말씀을 듣고 순종하여 재앙의 길을 피합니다. 하지만 어리석은 자는 그 말씀을 듣고도 교만하여, 고집을 피우면서 자기가 원하는 일을 계속하다가 결국 해를 입고 망하게 됩니다(잠 22:3).

하나님께서 바울을 통해 백부장과 선장에게 장차 일어날 일을 알려 주셨습니다. 하지만 그들은 하나님을 경외하는 마음이 없었습니다. 당연히 그들은 자기들의 경험과 바다에 대한 지식만 믿고 출항을 결정했습니다. 그 결과 어떻게 됐습니까? 모든 재산을 다 바다에 던져 버리고 목숨만 건졌습니다. 어리석게도 하나님의 경고를 무시하고 고집대로 나가다가 해를 입은 것입니다. 우리가 주목해서 봐야 하는 것은, 그 어리석은 사람들에게 다시 한번 구원의 소식을 전하는 사람으로 바울이 있었다는 것입니다. 이것이 중요합니다.

예수님께서 산상 수훈에서 '너희는 세상의 빛'이라고 하셨습니다(마 5:14). 지난 시간에도 말씀드린 것처럼, 빛은 그 자체로 자신의 존재를 드러냅니다. 빛이 필요한 곳, 있어야 할 곳은 아무것도 보이지 않는 어둠 속입니다. 거센 풍랑으로 자기들의 모든 재산을 바다에 던져 버리고, 아무것도 먹지 못한 채 살 소망마저 잃어버린 사람들 속에, 하나님께서 '빛'으로 보낸 바울이 있었습니다. 오늘 저와 여러분, 우리 하와이 한빛장로교회가 필요한 곳이 바로 그런 곳입니다.

예수 믿으면 파도와 풍랑이 없고, 우리가 하는 모든 일이 만사형통일 것 같습니까? 아무리 예수를 잘 믿어도, 우리 현실에 파도와 풍랑이 오는 것은 막지 못합니다. 신약 성경이 기록되던 사도 시대뿐만 아니라, 그때부터 지금까지 바울처럼 예수님을 잘 믿은 사람이 없습니다. 하지만 그의 인생 전체는 거센 풍랑 속이었습니다. 왜 그렇습니까? 하나님께서 그를 빛으로 삼아 어둠 속으로 보내셨기 때문입니다.

혹시 여러분의 인생을 생각하면서 "나는 왜 이렇게 살고 있나, 왜 내 인생은 하루도 편할 날 없이 폭풍과 파도, 힘듦과 어려움의 연속일지" 생각되십니까? 여러분의 주변을 돌아보시기 바랍니다. 하나님께서 여러분을 그 어둠 속에 빛으로 보내셨을 수도 있기 때문입니다. 빛이 존재하는 이유는, 어둠을 밝게 하여 그 안에 있는 사람들이 볼 수 있게 하기 위해서입니다. 바울이 거센 풍랑으로 인해 모든 것을 잃고, 살 소망까지 잃어버린 사람들에게 희망의 소식, 기쁜 소식을 전해 주고 있습니다.

> 22, "내가 너희를 권하노니 이제는 안심하라 너희 중 아무도 생명에는 아무런 손상이 없겠고 오직 배뿐이리라"

바울은 무엇을 근거로 이렇게 자신 있는 말을 할 수 있었을까요?

> 23-24, "내가 속한 바 곧 내가 섬기는 하나님의 사자가 어제 밤에 내 곁에 서서 말하되 24. 바울아 두려워하지 말라 네가 가이사 앞에 서야 하겠고 또 하나님께서 너와 함께 항해하는 자를 다 네게 주셨다 하였으니"

바울은 하나님께서 자신에게 천사를 보내어, 자신뿐만 아니라 그와 함께 항해하는 사람들의 생명을 살려 주겠다고 약속하셨다고 사람들에게 전해 주었습니다. 그리고 바울은 그가 한 말이 이루어질 것을 증명하는 증표로 이렇게 말했습니다.

> 26, "그런즉 우리가 반드시 한 섬에 걸리리라 하더라"

그 후로 14일째 되는 날 밤에, 정말로 배가 한 섬 가까이 이르렀습니다(27-29). 선원들이 수심을 재 보니 약 37m쯤 됐고, 다시 재 보니 28m쯤 됐습니다. 이렇게 배가 육지와 가까워지자, 선원들은 암초에 걸릴까 해서 닻을 내리고 날이 밝기를 기다리는 척하다가, 거룻배를 몰래 바다에 띄웠습니다. 선원들이 배에 탄 사람들을 버려두고 자기들끼리만 도망가려고 한 것입니다. 그런데 다른 사람들 몰래 선원들이 이런 시도를 하는 것을 바울이 알고서, 백부장과 군인에게 그 사실을 알렸습니다. 그리고 백부장은 군인들을 명하여 거룻배의 줄을 끊어 버리게 했습니다.

30-32, "사공들이 도망하고자 하여 이물에서 닻을 내리는 체하고 거룻배를 바다에 내려 놓거늘 31. 바울이 백부장과 군인들에게 이르되 이 사람들이 배에 있지 아니하면 너희가 구원을 얻지 못하리라 하니 32. 이에 군인들이 거룻줄을 끊어 떼어 버리니라"

거룻배는 배가 침몰하게 될 경우, 배에 남아 있는 사람들이 마지막으로 생존을 의지할 수 있는 유일한 희망입니다. 하지만 백부장은 바울의 말을 듣고, 스스로 그 희망의 줄을 끊어 버렸습니다. 백부장의 이런 결단은, 배가 출발하기 전에 바울의 말을 무시했던 것과 반대되는 모습입니다. 백부장의 마음을 바꾸게 된 원인은 무엇이었을까요? 앞서도 말씀드렸던 것처럼, 그들이 탄 배가 거센 폭풍에 표류하면서 살 소망까지 끊어지고 흑암만이 가득했던 때에, 백부장은 바울을 통해서 '빛'을 봤습니다.

25, "그러므로 여러분이여 안심하라 나는 내게 말씀하신 그대로 되리라고 하나님을 믿노라"

하나님을 믿지 않는 백부장이, "하나님께서 나에게 말씀하신 그대로 되리라고 나는 믿노라."라고 말하는 바울의 말을 신뢰하고 그를 따랐다는 것을 주목하십시오. 하나님께서 '세상의 빛'으로 그리스도인들을 세상에 보내신 이유가 이것입니다. 비록 그들은 아무것도 보지 못하지만, 바울을 통해서는 빛을 보게 된 것입니다.

> 마태복음 5:14-15, "너희는 세상의 빛이라 산 위에 있는 동네가 숨겨지지 못할 것이요 15. 사람이 등불을 켜서 말 아래에 두지 아니하고 등경 위에 두나니 이러므로 집 안 모든 사람에게 비치느니라"

'빛'은 '어두운 곳에 있는 모든 사람에게 비치게' 하려고 필요한 것입니다. 그래서 예수님께서 "너희 빛이 사람 앞에 비쳐야 한다."라고 말씀하셨습니다.

> 마태복음 5:16, "이같이 너희 빛이 사람 앞에 비치게 하여 그들로 너희 착한 행실을 보고 하늘에 계신 너희 아버지께 영광을 돌리게 하라"

여기 '착한 행실'이라는 표현이 나옵니다. '착한 행실'이 무엇일까요? 사람들은 다른 사람에게 친절하게 대하고 도와주는 것, 사회적 약자나 소외된 사람들을 돌아보고, 봉사 활동 등을 하며 사회에 이바지하는 것으로 생각합니다. 그런데 예수님께서 말씀하신 '착한 행실'은 그런 뜻이 아닙니다. 예수님의 말씀에 답이 있습니다. "너희 빛이 사람 앞에 잘 비치는 것"입니다. 그리고 그것을 통해 사람들이 "하늘에 계신 아버지께 영광을 돌리게 하는 것"입니다.

로마로 압송되는 죄수에 불과한 바울이 하는 말이 얼마나 대단하게 여겨졌을까요? 그러니 백부장은, 배가 출항하기 전에 바울이 지금 떠나지 않는 것이 좋겠다고 말했을 때 그 말을 듣지 않았던 것입니다. 하지만 삶과 죽음이 교차하는 위기의 순간에, 하나님께서 바울에게 하셨던 말씀이 그대로 이루어지자, 백부장은 바울을 통해 '빛'이신 하나님을 신뢰하게 됐습니다. 그리고 백부장은 바울의 말을 따라 유일한 생명줄과 같은 '거룻배를 매단 줄'을 끊어 버리는 것으로, 스스로 탈출할 수 있는 마지막 방법을 없애 버렸습니다. 이 말씀은 오늘날 세상에서 신앙생활 하는 우리에게 큰 교훈을 줍니다.

절망스러운 상황에서 바울은 배에 함께 탔던 276명에게⁽³⁷⁾ 위로와 소망을 줬을 뿐만 아니라, 백부장을 통해 그들이 지금부터 해야 할 일을 가르쳐 줬습니다. 그리고 실제로 그들은 바울이 말한 것처럼, 한 사람도 빠짐없이 구조되어 로마로 가게 됩니다(행 28:14). 바울과 함께 배에 탄 사람들이 재앙을 실감하기 전까지는, 그들이 배를 통제하는 줄 알았고, 배가 로마에 도착하면 큰 성공을 이루고 부자가 될 줄 알았습니다. 하지만 재앙이 닥치자 그들은 자기들의 전 재산을 바다에 던질 수밖에 없었고, 배를 통제하던 백부장은 그 권한을 바울에게 의지할 수밖에 없었습니다.

아직 재앙이 이르기 전에는 바울의 경고가 철저하게 무시됐던 것처럼, 우리들의 신앙생활도 세상 사람들의 눈에는 미련하게 보일지도 모릅니다(고전 1:18). 하지만 어둠이 내리고, 재앙이 닥치자 배에 탄 모든 사람은 그들의 생명을 바울에게 의지했고, 하나님께서는 그들의 생명을 바울의 손에 맡기셨습니다[24]. 하나님께서 어둠인 세상에, 저와 여러분을 '빛'으로 보내셨다는 사실을 기억하시기 바랍니다.

우리 성도의 존재감, 우리 교회가 세상에서 맡은 역할이 바로 이것입니다. "그러므로 여러분이여 안심하라.", 어둠인 세상에서 사는 사람들에게 이 말을 해 줄 수 있는 유일한 사람은, '빛'으로 세상에 보냄을 받은 우리 성도들뿐입니다. 바다와 배의 전문가인 선주와 선장은 그들에게 다가올 재앙을 알지 못했습니다. 그래서 배를 통제하고 명령하는 백부장은 전문가의 말을 듣고 따랐습니다. 여호와를 경외하는 바울이 다가올 재앙을 경고했지만, 아무도 듣지 않았습니다. 세상은 언제나 이렇습니다. 재앙이 닥치고 피해를 실감하기 전까지는 하나님의 말씀을 듣지 않습니다. 그렇게 앞만 보고 나가다가 결국 해를 입는 것입니다.

로마로 가는 배에 탄 모든 사람은 성공을 기대했을 것입니다. 하지만 오직 한 사람, 바울은 하나님을 경외하며 그분의 말씀을 듣고 순종한 사람이었습니다. 바울의 존재감은 폭풍에 배가 표류하고, 파도에 배가 깨지자 드러났습니다. 배에 탄 모든 사람의 생명이 바울로 인해 보호받은 것입니다. 오늘 저와 여러분이 세상에 있는 이유가 이것입니다. 우리는 세상의 성공을 부러워하고 그들이 사는 방식을 흉내 내고 따라가며 사는 사람들이 아닙니다. "나는 내게 말씀하신 그대로 되리라고 하나님을 믿노라." 우리는 큰 빛이든, 작은 빛이든, 이 '빛'으로의 사명만 잘 감당하고 살면 됩니다. "여러분이여 안심하라.", 어둠 속에 있는 세상이 저와 여러분 우리 하와이한빛장로교회를 통해 하나님을 만나게 되고, 믿음을 얻게 되길 기원합니다.

사도행전 27:33~37

머리카락 하나도 잃지 않으리라

"날이 새어 가매 바울이 여러 사람에게 음식 먹기를 권하여 이르되 너희가 기다리고 기다리며 먹지 못하고 주린 지가 오늘까지 열나흘인즉 34. 음식 먹기를 권하노니 이것이 너희의 구원을 위하는 것이요 너희 중 머리카락 하나도 잃을 자가 없으리라 하고 35. 떡을 가져다가 모든 사람 앞에서 하나님께 축사하고 떼어 먹기를 시작하매 36. 그들도 다 안심하고 받아 먹으니 37. 배에 있는 우리의 수는 전부 이백칠십육 명이더라"

바울을 태운 배가 출항한 그레데 섬은, 길이 약 254km, 넓이 약 10~56km의 지중해에서 가장 큰 섬 중에서 하나라고 합니다. 바울이 디모데, 빌레몬과 더불어 편지를 보냈던 '디도'가 이곳에서 목회했습니다. 그레데 섬 중앙에는 높이가 2,100m나 되는 이다(Ida)산맥이 있는데, 이 산맥의 영향으로 서로 다른 두 기류가 충돌하여 태풍이 자주 발생한다고 합니다. 본문에 기록된 '유라굴로'라고 하는 광풍이 바로 그것입니다. 문제는 돛을 펴고 바람을 타고 운항하던 당시의 배가 이렇게 태풍에 휘말리게 되면, 선원들이 방향을 조정할 수 없는 상태가 되어 표류하게 된다는 것입니다.

13~14절에 보면, 배가 "그레데 해변을 끼고 항해하다가 얼마 안 되어 섬 가운데로부터 유라굴로라는 광풍이 크게 일어났다."라고 했습니

다. 바울이 탄 로마로 가는 배가 출항한 지 얼마 되지도 않아 큰 풍랑을 만났습니다. 당시 상황이 얼마나 심각했던지, 출항한 지 사흘 만에 선원들은 배에 실은 화물들뿐만 아니라, 배에 필요한 기구들까지도 모두 버려야 했습니다[18-19]. 하지만 그렇게 배를 가볍게 한 후에도, 계속되는 광풍으로 인해 여러 날 동안 해도 별도 보이지 않았고, 사람들은 구원의 여망마저 사라졌습니다[20]. 이런 절망적인 상황에서 바울은, 지난밤에 하나님께서 자신에게 천사를 보내어 주신 약속을 사람들에게 말해 주면서, 그들의 생명이 안전할 거라고 말했습니다.

하나님을 모르는 사람들은 자기들의 계획대로 로마에 도착하기만 하면, 성공과 번영을 이룰 것으로 희망했지만, 바다의 광풍 앞에서 무용지물이 되고 말았습니다. "구원의 여망마저 없어졌더라."라는 말에는, 그들의 생명이 위태로웠다는 것뿐만 아니라, 모든 재산을 잃어버려서 살아도 산 것이 아닌 처지가 됐다는 뜻도 있습니다. 이것은 너무나 안타까운 일입니다. 세상의 모든 꽃과 나무, 산과 들판이 화려한 아름다움만 드러내지 않습니다. 아름다운 색과 모양을 자랑할 때도 있지만, 그 아름다움이 다 떨어져서 초라할 때도 있고, 매서운 한파에 마치 메말라 죽은 것처럼 보일 때도 있습니다.

하지만 그렇게 얼어 죽은 것처럼 보였던 나무와 들판에도, 하나님의 섭리하심을 따라 다시 생명이 움트고 꽃과 열매가 생겨서 풀벌레와 짐승들이 먹습니다. 하루살이들, 한 계절 또는 한 해 밖에 못 사는 창조물들, 심지어 해와 달도 하나님의 영광을 선포하고, 그분의 놀라운 솜씨를 서로 전하며 노래합니다.

시편 19:1-4, "하늘이 하나님의 영광을 선포하고 궁창이 그의 손으로 하신 일을 나타내는도다 2. 날은 날에게 말하고 밤은 밤에게 지식을 전하니 3. 언어도 없고 말씀도 없으며 들리는 소리도 없으나 4. 그의 소리가 온 땅에 통하고 그의 말씀이 세상 끝까지 이르도다 하나님이 해를 위하여 하늘에 장막을 베푸셨도다"

그들이 노래하고 선포하는 하나님의 영광은 무엇일까요? 여호와 하나님은 완전하시다, 그분의 교훈과 율법은 진실하며 의롭다는 것입니다.

시편 19:7-10, "여호와의 율법은 완전하여 영혼을 소성시키며 여호와의 증거는 확실하여 우둔한 자를 지혜롭게 하며 8. 여호와의 교훈은 정직하여 마음을 기쁘게 하고 여호와의 계명은 순결하여 눈을 밝게 하시도다 9. 여호와를 경외하는 도는 정결하여 영원까지 이르고 여호와의 법도 진실하여 다 의로우니 10. 금 곧 많은 순금보다 더 사모할 것이며 꿀과 송이꿀보다 더 달도다"

시편 기자는 '여호와의 율법'을 통해 하나님을 소개하고 있습니다. 여호와의 율법은 완전하여 죄로 인해 영 죽은 영혼을 다시 살리십니다. 여호와의 증거는 확실하여 어리석은 자에게 하나님을 알게 하십니다. 여호와의 교훈은 자기 백성을 올바른 목적지로 인도하여 기쁨을 줍니다. 여호와의 계명은 눈을 밝게 하여 하나님의 계시를 정확히 이해하게 해 줍니다. 여호와께서는 당신의 백성들이 영원토록 여호와를 경외하면서 그 도를 따라 정결하게, 하나님의 자녀와 백성답게 살도록 인도하십니다. 그 여호와의 법은 확실하고 의로워서, 변하지 않는 유일한 진리입니다.

그 여호와의 율법과 교훈과 증거가 무엇입니까? 예수 그리스도입니다. 그래서 여호와의 율법, 그 율법의 완성이신 예수 그리스도는 "금 곧 많은 순금보다 더 귀하고, 꿀과 송이 꿀보다 더 단", 참되신 하나님의 선물입니다. 앞서도 말씀드렸지만, 하나님의 창조 원리는 '소생' 곧 다시 살리는 것입니다. 하나님께서 창조하신 모든 만물이, 그 창조의 원리를 따라 살고 있습니다. 하지만 하나님의 모양과 형상을 따라 지음을 받은 사람은, 그 자신의 죄로 인해 다시 살지 못하고 '죄의 형벌' 곧 영원한 멸망을 받을 수밖에 없게 됐습니다. 그래서 하나님께서는 자기 아들을 세상에 보내시어, 그를 통해 죄인인 인간이 다시 살아날 수 있는 구원의 길, '부활과 영생의 길'을 우리에게 주셨습니다.

거센 풍랑으로 인해 자기들의 모든 재산을 바다에 던져 버리고, 구원의 여망마저 잃어버린 사람들에게 바울을 보내 주신 이유가 바로 이것 때문입니다. 하나님을 모르는 사람들은 수일간 계속되는 풍랑 속에서 비록 살아 있지만, 실제는 죽은 것과 다름없는 모습으로 공포에 떨고 있었습니다. 그런 상황에서 바울은 사람들에게 안심하라고 하면서 희망을 주고 있습니다. 하나님께서 당신의 사자를 사람들에게 보내어 하나님을 알게 하신 것입니다. 그리고 오늘 본문에서 바울은, 그 사람들에게 먹을 것을 나눠 주고 있습니다. 예수님께서 마지막 만찬 자리에서 하나님께 기도한 후 제자들에게 떡을 떼어 나눠 주신 것처럼, 바울도 그들에게 떡을 떼어 나눠 준 것입니다.

> 35-36, "떡을 가져다가 모든 사람 앞에서 하나님께 축사하고 떼어 먹기를 시작하매 36. 그들도 다 안심하고 받아 먹으니"

이 말씀은 예수님께서 제자들에게 가르쳐 주신 성만찬과 같은 의미는 아닙니다. 하지만 바울은 사람들 앞에서 '하나님께 기도하고 평안하게 식사하는' 모습을 보여 주면서, 하나님의 약속을 믿는 그의 믿음을 증명해 보였습니다. 오늘 저와 여러분이 배워야 할 신앙의 모습이 바로 이런 면입니다. 하나님을 아는 사람과 모르는 사람, 부활과 구원의 소망이 있는 사람과 없는 사람의 차이는 위기의 순간에서 증명됩니다.

그런데 지금 드리는 말씀은, 위기에 빠졌을 때 '용감한 척, 믿음이 있는 척'하자는 이야기가 아닙니다. 하나도 안 괜찮으면서, 괜찮은 척하자는 말도 아닙니다. 우리 믿음의 힘과 근거가 어디에서 생기는지 정확하게 알고 소유하자는 것입니다. 믿음은 '내 확신, 내 결정, 내 인내와 끈기'로 붙잡고 버티는 것이 아닙니다. 믿음은 '믿음의 대상이 누구며, 그분이 어떻게 일하시는지 아는 것'에서 나옵니다.

예수님께서 베드로와 야고보, 요한을 데리고 변화산에 올라가셨을 때, 한 아버지가 귀신 들린 아들을 데리고 남아 있는 제자들을 찾아와 고쳐 달라고 부탁했습니다. 하지만 제자들은 귀신을 쫓아내지 못했고, 오히려 많은 군중과 서기관(율법 학자)까지 와서 그들과 논쟁할 만큼 구경거리가 되고 말았습니다. 귀신 들린 아이의 아버지는 예수님께 와서 자기 아들이 지금까지 했던 행동을 설명하면서, "무엇을 할 수 있으면 도와달라"(막 9:21-22)고 했습니다. 그러자 예수님께서는 아이의 아버지에게 이렇게 말씀하셨습니다.

마가복음 9:23, "예수께서 이르시되 할 수 있거든이 무슨 말이냐 믿는 자에게는 능히 하지 못할 일이 없느니라 하시니"

이 말씀은 성도들이 많이 오해하고 있는 성경 구절 가운데 하나입니다. 이 말씀은 "진심으로 믿고 구해야 결과가 이루어지지, 믿지 않고 의심하면 원하는 결과를 얻을 수 없다." 이런 뜻이 아닙니다. 귀신 들린 아들의 치료를 바라는 아버지의 진심은 누구보다도 간절했을 것입니다. 하지만 그 아버지가 확신하지 못하는 것이 무엇입니까? 예수님께서 정말 자기 아들을 고칠 수 있을지, 없을지에 관한 것입니다. 그래서 예수님께서 꾸짖으신 것은, 아들의 치료를 바라는 아버지의 진심이 부족하다는 것이 아니라, 믿음의 대상인 예수님을 믿지 못하는 것을 꾸짖으신 것입니다. "네가 부탁하고 있는 대상, 그분이 누구시며 예수님이 무엇을 하실 수 있는지 전혀 모르는구나, 너는 나에 대한 믿음이 필요하다." 이 말씀입니다. 그래서 예수님의 이 말씀은 집으로 돌아온 후 제자들의 질문에 대한 답변에서 다시 확인됩니다.

> 마가복음 9:28-29, "집에 들어가시매 제자들이 조용히 묻자오되 우리는 어찌하여 능히 그 귀신을 쫓아내지 못하였나이까 29. 이르시되 기도 외에 다른 것으로는 이런 종류가 나갈 수 없느니라 하시니라"

기도는, 내 힘과 능력으로 할 수 없는 것을 하나님께 부탁하고 맡기는 것입니다. 그래서 기도란, "내가 열심히 기도하면 이루어지고, 그렇지 않으면 안 이루어진다." 이런 뜻이 아닙니다. 만약 본인이 열심히 기도해야만 뜻이 이루어진다고 한다면, 그 기도의 대상이 꼭 하나님이 아니어도 되지 않겠습니까? 누가 누구보다 오랫동안 큰 목소리로 목이 쉬도록 기도했고, 소나무 뿌리를 뽑았고, 공동묘지 옆에서 철야 기도했고… 이런 싸움으로 가는 것은, 기도를 오해한 것입니다.

금식 역시, 이제부터 일어나는 일은 내 힘으로 된 것이 아님을 고백하는 것입니다. 그래서 기도나 금식이란, 부탁하는 자의 성실함이나 열심의 문제가 아니라 '그 일을 누가 할 수 있는지' 그리고 '그분을 믿고 신뢰하는지'에 관한 문제입니다. 우리의 믿음이 정말 필요한 순간에 힘을 내지 못하는 이유가 이것 때문입니다. 믿음의 근거를 자기의 성실함이나 확신을 중심으로 붙잡고 있기 때문입니다. 우리의 성실함이나 확신은 언제나 뚜렷한 한계 안에서만 작동합니다. 그런데 본문에 등장하는 바울은 한계 범위를 벗어나는 믿음을 보여 주고 있습니다. 모두가 절망하고 구원의 여망마저 포기했을 때, 믿음을 보인 것입니다. 바울은 어떻게 그런 믿음을 보일 수 있었을까요? 하나님이 누구신지 정확하게 알았기 때문입니다. 또한, 그가 자신을 하나님께 온전히 맡겼기 때문입니다. 자신을 하나님께 온전히 맡긴다는 것은 무슨 뜻일까요?

> 누가복음 9:57-58, "길 가실 때에 어떤 사람이 여짜오되 어디로 가시든지 나는 따르리이다 58. 예수께서 이르시되 여우도 굴이 있고 공중의 새도 집이 있으되 인자는 머리 둘 곳이 없도다 하시고"

예수님께서 공생애 활동을 하실 당시에 "주님, 어디로 가시든지 내가 따르겠습니다.", 이렇게 예수님을 따르겠다고 하는 사람들이 있었습니다. 심지어 바다 건너까지 일부러 예수님을 찾아오는 사람들도 있었습니다. 그런데 예수님께서는 그 사람들을 보시면서 "너희가 나를 찾는 것은 떡을 먹고 배부른 까닭"(요 6:26)이라고 하시면서, 그들을 허락하지 않으셨습니다. 왜 허락하지 않으셨을까요?

사람들이 예수님을 따라다니면서 얻는 유익이 있었을 것입니다. 병자를 고치시고, 귀신을 쫓아내시고, 오병이어의 기적 등을 목격하는 것입니다. 예수님을 따르는 사람으로서 그 현장을 증언하는 핵심 증인이 되는 것입니다. 그런데 예수님께서는 자기를 따르겠다는 사람에게 그것만 봐서는 안 되고, 그 전에 먼저 알아야 할 것이 있다고 말씀하십니다. "여우도 굴이 있고 공중의 새도 집이 있지만 나는 머리 둘 곳도 없다.", 즉 예수님을 따른다고 해서 살 집과 머리 둘 곳이 보장되는 것은 아니라는 뜻입니다. 예수님을 따르는 것이 무엇을 의미하며, 무엇을 각오해야 하는지 알아야 합니다.

바울은 디모데에게 보낸 편지에서 "데마는 이 세상을 사랑하여 나를 버리고 데살로니가로 갔고 ~ 누가만 나와 함께 있느니라"(딤후 4:10-11)라고 했습니다. 바울의 이 말은, 바울이 전하는 복음 곧 예수 그리스도를 사랑하여 남아 있는 사람과 예수님보다 세상을 더 사랑하여 예수를 버리고 떠난 사람을 말한 것입니다. 성경은 세상과 예수를 한 손에 쥔 동전처럼 모두 취할 수 있다고 하지 않습니다. 하나를 취하면 다른 하나는 버려야 하고, 떠나야 한다고 말합니다. 그래서 예수를 믿는 '믿음'을 얻게 될 때, 필수적으로 요구되는 것이 '회개'입니다. '회개'는 단순히 자신의 잘못을 뉘우치고 반성하는 것이 아닙니다. '회개'는 "지금까지 내가 목표로 설정하고 가고 있던 방향을 돌이키는 것"입니다. 바꿔 말해서, "하나님 없이 세상이 전부인 줄 알고 살던 사람이, 방향을 돌이켜서 예수 그리스도께로 그 얼굴을 향하고, 그분만을 바라보며 사는 것"입니다. "주 예수를 믿으라"(행 16:31)라는 말의 뜻도 그와 같습니다.

어떤 사람이 예수님을 찾아와서 "어디로 가시든지 나는 따르겠다."라고 했습니다. 참 기특하지 않습니까? 그런데 예수님께서는 그 사람을 칭찬하기보다는, "나는 집도 없고, 머리 둘 곳도 없다."라고 하시면서 다시 생각해 보라고 말씀하셨습니다. 왜 그러셨을까요? 그가 예수님을 찾아온 실제 이유, 목적을 아셨기 때문입니다. 그래서 예수님을 따르면 의식주 문제 정도는 해결되리라는 생각은 그 사람의 기대이지, 예수님께서는 그와 같은 약속을 해 주지 않으셨습니다.

> 누가복음 9:59-60, "또 다른 사람에게 나를 따르라 하시니 그가 이르되 나로 먼저 가서 내 아버지를 장사하게 허락하옵소서 60. 이르시되 죽은 자들로 자기의 죽은 자들을 장사하게 하고 너는 가서 하나님의 나라를 전파하라 하시고"

자기를 따르겠다고 한 사람에게 "인자는 집도, 머리 둘 곳도 없다."라고 하신 예수님께서, 그 사람이 아닌 또 다른 사람에게는 나를 따르라고 말씀하셨습니다. 아마도 그 사람은 예수님을 따른다는 것이 무엇을 의미하며, 무엇을 각오하고 감내해야 하는지 아는 사람이었을 것으로 보입니다. 그런데 부름을 들은 그 사람은 '아버지의 장례'를 치러야 하는 사람이었습니다. 그래서 예수님께 '아버지의 장례'를 치르고 와서 따르겠다고 말했습니다. 그러자 예수님께서 뭐라고 하셨습니까? "죽은 자들로 자기의 죽은 자들을 장사하게 하고 너는 가서 하나님의 나라를 전파하라." 이렇게 말씀했습니다. 이 말씀의 의미는 그다음에 이어지는 말씀과 함께 연결해서 봐야 이해할 수 있습니다.

> 누가복음 9:61-62, "또 다른 사람이 이르되 주여 내가 주를 따르겠나이다마는 나로 먼저 내 가족을 작별하게 허락하소서 62. 예수께서 이르시되 손에 쟁기를 잡고 뒤를 돌아보는 자는 하나님의 나라에 합당하지 아니하니라 하시니라"

또 다른 사람이 "먼저 내 가족과 작별한 뒤에 주를 따르겠다."라고 한 것입니다. 이 두 사람의 대답에서 공통점을 찾으셨습니까? '먼저'입니다. "내가 주를 따르겠습니다." 하지만 "먼저 내 아버지의 장례를 치르고, 먼저 내 가족과 작별한 뒤에 예수님을 따르겠습니다." 이렇게 '먼저'라는 전제가 있습니다. 그래서 마가복음 9장의 이 말씀을, "예수님은 아버지의 장례도 치르지 못하게 하고, 가족과 작별 인사도 허락하지 않는 분"이라는 오해를 하면 안 됩니다.

이 말씀은, 우리의 신앙이 정당한 기초 위에 세워져 있는지를 묻는 말씀입니다. "내가 주를 따르겠습니다, 주를 따르는 것이 무엇을 의미하고 무엇을 각오해야 하는지 잘 압니다. 하지만 그렇더라도 '먼저' 인간 된 도리는 해야 하지 않을까요?" 하나님을 이런 식으로 생각한다면, 하나님에 대해서 정말 모르는 사람입니다. 여러분은 하나님께서 정말로 우리에게 부모와 자녀 관계, 가족과 형제 관계도 다 끊고 하나님만 따르라고 명령하신다고 생각하십니까? 하나님은 사람이 지켜야 할 처음 계명으로, "네 부모를 공경하라."라는 계명을 주신 분입니다.

그럼에도 예수님께서 "죽은 자들로 자기의 죽은 자들을 장사하게 하고 너는 가서 하나님의 나라를 전파하라.", "손에 쟁기를 잡고 뒤를 돌아보는 자는 하나님의 나라에 합당하지 아니하니라."라고 하신 것은 신앙의 우선순위를 묻는 것입니다. 우리는 종종 이런 약속을 합니다. "언제 식사 한번 같이하시죠." 이 말은 같이 밥을 먹겠다는 말입니까, 안 먹겠다는 말입니까? 애매합니다. 진짜로 같이 밥 먹을 생각이 있다면 구체적인 날짜, 시간, 장소를 잡았겠죠. 하지만 그렇게까지는 아직 생각이 없는 것입니다. 그렇다고 "당신과 함께 밥 먹을 생각이 없다." 이런 것도 아닙니다. 그냥 인사차 하는 말입니다.

"내가 주를 따르겠습니다. 하지만 먼저 해야 할 일이 있네요. 지금 나 바쁩니다." 무슨 말인지 아시겠습니까? 아버지 장례만 치르면, 해야 할 일이 끝날까요? 가족들과 작별 인사만 하면 즉시 그곳을 떠나 예수님을 따를 수 있을까요? 아니요, 그 일이 끝나고 나면, 먼저 해야 할 다른 일들이 또 생길 것입니다. 결국, 그 사람이 예수님을 따르겠다고 하는 것은 말뿐인 순종이지, "손에 쟁기를 잡고 뒤를 돌아보는 한" 실제적인 순종으로 이어지지 않는다는 뜻입니다. 우리 믿음이, 위기의 순간에 빛을 발하고 세상과 다름을 증명해 보였던 사도 바울이나 성경에 기록된 사람들처럼 되지 못하는 이유가 무엇일까요? 주를 따르지 않겠다는 것이 아닙니다. 진심으로 주를 따르고 싶고, 그렇게 할 것이지만, 그전에 우리가 '먼저 해야 할 일들'이 너무 많아서 못 따르는 것입니다. 우리의 믿음, 우리의 기도, 우리의 금식은 주로 언제, 어떻게 사용됩니까? '기도와 금식'이라는 믿음의 행위마저도 자기 필요를 채우기 위해서 사용합니다.

하나님은 사람이 만든 우상이 아닙니다. 사람들은 자기들 손으로 우상을 만들고, 그 우상에게 제사와 치성을 드려서 그 노력이 하늘에 닿으면 소원을 이룰 수 있다고 생각합니다. 그래서 어느 종교든지 소원을 이루려는 사람에게 형식과 정성을 요구합니다. 하지만 하나님께서는 외모나 형식이 아닌, 그 사람의 중심을 보신다고 했습니다.

> 사무엘상 16:7, "여호와께서 사무엘에게 이르시되 그의 용모와 키를 보지 말라 내가 이미 그를 버렸노라 내가 보는 것은 사람과 같지 아니하니 사람은 외모를 보거니와 나 여호와는 중심을 보느니라 하시더라"

하나님은 사람들이 제물만 바치고, 제사만 잘 드리면 좋아하는 우상이 아닙니다. 사람들이 양 떼와 소 떼를 끌고 하나님을 찾아와도, 하나님께서는 그들의 마음을 보시고 만나 주지 않으십니다(호 5:4-6). 하나님은 제사나 번제보다 하나님을 아는 것을 원하시며(호 6:6), 하나님의 말씀(율법)을 기억하고 순종하는 것을 원하십니다(호 4:6). 그 대표적인 사건이 사울 왕에게 아말렉을 진멸하라고 명령하신 것입니다.

아말렉은 이스라엘 백성들이 광야 생활을 할 때 전쟁을 걸어왔던 나라입니다. 여호수아의 군대가 아말렉과 전쟁할 때, 산꼭대기에 선 모세가 아론과 훌의 도움을 받아 해가 질 때까지 지팡이를 든 손을 내리지 않음으로 승리했습니다. 하나님께서는 그 사건을 책에 기록하여 기념하게 하고, 여호수아와 후손들에게 외우도록 해서, 아말렉을 천하에서 기억도 못 하게 하라고 하셨습니다. 그러면서 하나님께서 친히 당신의 이름으로 이렇게 맹세하셨습니다.

> 출애굽기 17:16, "이르되 여호와께서 맹세하시기를 여호와가 아말렉과 더불어 대대로 싸우리라 하셨다 하였더라"

이스라엘이 광야에서 가장 어려운 시기를 보내고 있을 때, 아말렉이 얼마나 그들을 괴롭게 했으면 하나님께서 친히 그들과 대대로 싸우겠다고 하셨겠습니까? 그런데 왜 하나님께서 사울에게 아말렉을 진멸하라고 하셨는지 그 이유를 모르면, 하나님은 어린아이까지 다 죽이라고 명령하시는 무서운 분으로 오해합니다.

> 사무엘상 15:2-3, "만군의 여호와께서 이같이 말씀하시기를 아말렉이 이스라엘에게 행한 일 곧 애굽에서 나올 때에 길에서 대적한 일로 내가 그들을 벌하노니 3. 지금 가서 아말렉을 쳐서 그들의 모든 소유를 남기지 말고 진멸하되 남녀와 소아와 젖 먹는 아이와 우양과 낙타와 나귀를 죽이라 하셨나이다 하니"

하나님은 이유 없이 사람을 죽이는 잔인한 분이 아닙니다. 하나님은 아말렉이 하나님의 백성들을 잔인하게 대적한 죄에 대하여, 그에 합당한 벌을 내리신 것입니다. 하지만 사울 왕은 그 하나님의 명령을 듣지 않고, 하나님을 거역했습니다. 아말렉의 왕을 살려 줬고, 살찐 양과 소를 전리품으로 가져온 것입니다. 이유가 무엇이었습니까? 가장 좋은 것으로 하나님께 제사하려고 했다는 것입니다. 하지만 사울 왕의 이런 변명은 하나님 앞에서 받아들여지지 않았습니다.

> 사무엘상 15:22-23, "사무엘이 이르되 여호와께서 번제와 다른 제사를 그의 목소리를 청종하는 것을 좋아하심 같이 좋아하시겠나이까 순종이 제사보다 낫고 듣는 것이 숫양의 기름보다 나으니 23. 이는 거역하는 것은 점치는 죄와 같고 완고한 것은 사신 우상에게 절하는 죄와 같음이라 왕이 여호와의 말씀을 버렸으므로 여호와께서도 왕을 버려 왕이 되지 못하게 하셨나이다 하니"

하나님께서 믿는 자에게 순종을 요구하시는 이유는, 단지 그들이 종교적인 제사나 제물을 드린다고 해서 그 믿음이 완성되지 않는다는 것을 보여 주는 것입니다. 믿음은 그 대상이 되시는 하나님이 누구시며, 그 하나님께서 요구하시는 것이 무엇인지 정확하게 알고, 그 말씀에 온전히 순종하는 것이 좋은 믿음입니다. 그렇지 않고 믿는 자의 행위, 그가 드리는 진심과 정성이 중심이 되면 '우상에게 절하는 죄'와 같은 것이 됩니다.

경주 석굴암은, 주차장부터 불상이 있는 석굴암까지 약 600m를 걸어야 합니다. 넉넉한 넓이의 산길과 양옆의 나무들이 그늘을 만들어 줘서, 어린아이와 함께 걸어도 불편함을 느끼지 못할 만큼 산책하기에 좋은 길이었습니다. 그런데 재미있는 것은, 그 길고 넓은 길이 포장도로가 아닌 흙길이라는 것입니다. 그리고 그 길에는 누군가 방금 청소한 것처럼 보이는 싸리빗자국이 있었습니다. 큰 차 두 대도 넉넉하게 교차할 만큼 넓은 길이 600m나 되는데, 한국처럼 도로를 잘 만드는 나라에서 포장하지 않은 흙길로 남겨 둔 이유가 무엇일까요? 그곳에 거주하는 스님들이 자기들의 믿음을 사람들에게 증명해 보이는 방법이, 그 길고 넓은 흙길을 매일 빗자루로 쓸어 내는 것입니다. 신을 증명하는 방법이 빗자루로 청소하는 것뿐이라면 너무나 안타까운 일입니다.

바울은 그런 식으로 하나님을 증명해 보이지 않았습니다. 아니요, 정확하게 말하면 하나님께서는 바울을 통해서 자신을 증명해 보이셨습니다. 배에 탄 276명 전원의 생명을 지켜 주신 것입니다. 우리 믿음이 이렇게 증명되어야 합니다. 며칠째 이어지는 거센 풍랑으로 인해 사람들은 자기들의 전 재산을 바다에 던져 버렸고, 14일째 음식도 먹지 못하고 죽은 것과 다름없는 상태였습니다. 그런 상황에서 바울은 사람들 앞에서 '하나님께 기도하고 평안하게 식사하는' 모습을 보여 주면서, 하나님의 약속을 믿는 그의 믿음을 증명해 보였습니다. 하나님의 약속을 받은 믿음, 구원 얻는 믿음은 이렇게 증명되는 것입니다.

> 로마서 8:31-32, "그런즉 이 일에 대하여 우리가 무슨 말 하리요 만일 하나님이 우리를 위하시면 누가 우리를 대적하리요 32. 자기 아들을 아끼지 아니하시고 우리 모든 사람을 위하여 내주신 이가 어찌 그 아들과 함께 모든 것을 우리에게 주시지 아니하겠느냐"

우리의 믿음은 아무 힘도 능력도 없는 내가 무언가를 만들어 내는 것이 아니라 우리를 위하시고, 우리를 편들어 주시는 하나님으로 인해 증명되는 것입니다. 저와 여러분, 우리 하와이한빛장로교회가 이와 같은 하나님에 대한 바른 지식 안에서, 더욱 하나님을 힘써 알고 그 말씀에 순종하며 살기 원합니다.

사도행전 28:1~10

기도하고 안수하여 낫게 하매

"우리가 구조된 후에 안즉 그 섬은 멜리데라 하더라 2. 비가 오고 날이 차매 원주민들이 우리에게 특별한 동정을 하여 불을 피워 우리를 다 영접하더라 3. 바울이 나무 한 묶음을 거두어 불에 넣으니 뜨거움으로 말미암아 독사가 나와 그 손을 물고 있는지라 4. 원주민들이 이 짐승이 그 손에 매달려 있음을 보고 서로 말하되 진실로 이 사람은 살인한 자로다 바다에서는 구조를 받았으나 공의가 그를 살지 못하게 함이로다 하더니 5. 바울이 그 짐승을 불에 떨어 버리매 조금도 상함이 없더라 6. 그들은 그가 붓든지 혹은 갑자기 쓰러져 죽을 줄로 기다렸다가 오래 기다려도 그에게 아무 이상이 없음을 보고 돌이켜 생각하여 말하되 그를 신이라 하더라 7. 이 섬에서 가장 높은 사람 보블리오라 하는 이가 그 근처에 토지가 있는지라 그가 우리를 영접하여 사흘이나 친절히 머물게 하더니 8. 보블리오의 부친이 열병과 이질에 걸려 누워 있거늘 바울이 들어가서 기도하고 그에게 안수하여 낫게 하매 9. 이러므로 섬 가운데 다른 병든 사람들이 와서 고침을 받고 10. 후한 예로 우리를 대접하고 떠날 때에 우리 쓸 것을 배에 실었더라"

바울을 포함해서 276명이 탄 배가 '유라굴로'라고 하는 광풍에 의해 표류하다가 한 섬 근처의 모래톱에 부딪혀서 크게 파손되었습니다. 배에 탔던 모든 사람이 구조된 후 알아보니, 그 섬의 이름은 '멜리데'였습니다. 다행스럽게도 그 섬에 살던 원주민들은, 배에서 구조된 바울 일행에게 적대적인 행위를 하지 않고 동정을 베풀어 주었습니다. 여러 날 동안 비를 맞고, 바다를 헤엄쳐 나온 사람들에게 불을 피워 줌으로 추위에 지친 몸을 따뜻하게 할 수 있도록 배려해 준 것입니다.

2절에 보면, 원주민들이 그들에게 특별한 동정을 하여 영접했다고 했습니다. 이것은 그들이 베풀어 준 친절이 일상적인 친절이 아니라 특별한 친절, 곧 하나님께서 바울에게 하셨던 약속의 성취였음을 알 수 있습니다(행 27:24-25). 하나님의 자녀요 백성인 우리가 가진 특별한 위로와 기쁨이 바로 이것입니다. 하나님은 당신의 택하신 백성에게 약속을 주시고, 그것을 반드시 이루십니다.

> 이사야 45:21-23, "너희는 알리며 진술하고 또 함께 의논하여 보라 이 일을 옛부터 듣게 한 자가 누구냐 이전부터 그것을 알게 한 자가 누구냐 나 여호와가 아니냐 나 외에 다른 신이 없나니 나는 공의를 행하며 구원을 베푸는 하나님이라 나 외에 다른 이가 없느니라 22. 땅의 모든 끝이여 내게로 돌이켜 구원을 받으라 나는 하나님이라 다른 이가 없느니라 23. 내가 나를 두고 맹세하기를 내 입에서 공의로운 말이 나갔은즉 돌아오지 아니하나니 내게 모든 무릎이 꿇겠고 모든 혀가 맹세하리라 하였노라"

성경에 "나는 하나님이라 다른 이가 없느니라." 이렇게 하나님께서 자신을 유일한 하나님으로 소개한 곳이 많습니다. 그 하나님께서 자신의 이름을 두고 맹세하며 한 약속이 무엇입니까? "내 입에서 공의로운 말이 나갔은즉 돌아오지 않는다.", 약속을 지킨다는 것입니다. 바울이 탄 배가 거센 풍랑으로 인해 표류할 때, 하나님께서 천사를 바울에게 보내어 배에 탄 모든 사람의 생명이 안전할 것이라고 말씀하셨습니다^(행 27:22). 그리고 하나님의 약속은 배에서 탈출한 사람들의 생명과 건강이 육지에서도 그곳 원주민들에 의해 보호받고 회복되도록 지켜지고 있음을 볼 수 있습니다.

> 시편 121:5-8, "여호와는 너를 지키시는 이시라 여호와께서 네 오른쪽에서 네 그늘이 되시나니 6. 낮의 해가 너를 상하게 하지 아니하며 밤의 달도 너를 해치지 아니하리로다 7. 여호와께서 너를 지켜 모든 환난을 면하게 하시며 또 네 영혼을 지키시리로다 8. 여호와께서 너의 출입을 지금부터 영원까지 지키시리로다"

최근 들어 새로 만들어진 단어가 있습니다. '금수저', '흙수저' 이런 말입니다. 재산이나 능력이 많은 부모에게서 태어난 자녀는 '금수저', 그렇지 못한 사람은 '흙수저', 이렇게 현대판 신분세로 출신 성분을 구분하는 것입니다. 사회적 불공정과 불평등을 비판하는 의미로 생긴 단어이지만, 많은 사람에 의해 공감되는 단어이기에 익숙하게 사용되는 말입니다. 영화나 드라마에 보면, '금수저' 출신들은 어디를 가든지 당당합니다. 심지어 뻔뻔하고, 안하무인이기까지 합니다. 돈이 곧 능력이고 계급이기 때문입니다.

천지를 지으신 하나님께서 우리를 지키시고, 우리의 그늘이 되겠다고 하셨습니다. 하나님께서는 해와 달뿐만 아니라 모든 환란으로부터 우리를 지키겠다 하셨습니다. 그렇다면 오늘 저와 여러분은 '금수저'입니까, '흙수저'입니까? 그런데 우리는 세상의 '금수저' 정도가 아니라 '전능하신 하나님의 자녀'임에도 불구하고, 세상의 '금수저' 출신들이 가진 당당함이나 자긍심 정도도 없습니다. 세상의 '금수저'들은 오직 자기만을 위해 삽니다. 하지만 하나님께서는 바울 한 사람을 보호하기 위해서 그와 함께 배에 탄 276명의 생명을 함께 건져 주셨습니다. 바로 이런 것이 우리가 가져야 할 자긍심과 당당함의 원천입니다. 여러분이 있으므로 인해서 여러분 주변의 사람들이 하나님의 긍휼을 입습니다. 세상의 가치에 여러분을 맞추지 마시고, 눈을 들어 하나님을 보시기 바랍니다.

3절에 바울이 나무 한 묶음을 불에 넣을 때 독사가 그의 손을 물었다고 했습니다. 그것을 본 원주민들은 "바울이 바다에서는 구조되었지만, 그가 지은 죄로 인해 공의가 실현되었다.", 즉 뱀에 물렸으니 곧 죽게 될 것이라고 서로 말했습니다[4]. 동서고금을 막론하고 누군가 이런 종류의 재앙을 연거푸 당하는 사람을 본다면, 사람들은 그 사람을 향해 "하늘이 그를 벌한 것"이라는 평가를 하곤 합니다. 보름이 넘는 기간을 풍랑으로 인해 바다에서 표류하다가 간신히 목숨을 건지고 육지로 올라왔는데, 곧바로 독사에 물렸으니 왜 그런 평가가 안 나오겠습니까? 그런 생각이나 평가는 하나님을 믿지 않는 사람이라 할지라도, 하나님께서 일반 계시로 세상에 주신 원리에 따라 사람들이 경험으로 아는 지식입니다. 그래서 어느 시대, 나라와 민족이라도 '권선징악'의 원리는 똑같이 갖고 있습니다.

하지만 성경에는 이와 같은 '권선징악'의 원리가 늘 공식처럼 적용되는 것은 아니라는 것을 '욥'을 통해서 가르쳐 줍니다. 사탄의 시험으로 인해 모든 자녀와 재산을 잃고, 온몸에는 심한 악창이 나서 깨진 기와로 가려운 상처를 긁어야 했던 욥은, 누가 봐도 벌 받는 모습이었습니다다. 그런 욥을 찾아온 친구들은, 따뜻한 위로의 말로 욥을 편들어 주기보다는 "죄를 지었기 때문에 하나님께서 벌을 주신 것"이라며 빨리 회개할 것을 촉구했습니다.

> 욥기 4:7-9, "생각하여 보라 죄 없이 망한 자가 누구인가 정직한 자의 끊어짐이 어디 있는가 8. 내가 보건대 악을 밭 갈고 독을 뿌리는 자는 그대로 거두나니 9. 다 하나님의 입 기운에 멸망하고 그의 콧김에 사라지느니라"

> 욥기 5:17, "볼지어다 하나님께 징계받는 자에게는 복이 있나니 그런즉 너는 전능자의 징계를 업신여기지 말지니라"

하나님께서 주신 일반 계시의 측면에서 보면, 욥의 친구가 한 말은 정당합니다. 하나님은 까닭 없이 재앙을 내리시는 분이 아니고, 죄 범한 사람과 그 도시를 향해서도 진노를 오래 참으시는 분입니다. 그래서 죄 없는 동생 아벨을 죽인 가인을 참으셨고, 홍수 시대에 심판을 참으셨고, 소돔과 고모라에 의인 열 사람이 있는지 찾을 때까지 기다리셨습니다. 하지만 공의로우신 하나님께서는 죄를 못 본 체하고 넘어가시는 분이 아닙니다. 앞서 이사야가 하나님께서 자신의 이름으로 맹세한 것을 지키신다고 하셨는데, 성경에는 그 하나님께서 죄를 심판하겠다고 하신 말씀이 너무나 많습니다.

> 시편 96:13, "그가 임하시되 땅을 심판하러 임하실 것임이라 그가 의로 세계를 심판하시며 그의 진실하심으로 백성을 심판하시리로다"

전도서 12:14, "하나님은 모든 행위와 모든 은밀한 일을 선악 간에 심판 하시리라"

하나님은 당신의 의로 세계를 심판하시며, 은밀한 죄까지도 모두 심판하십니다. 하지만 하나님의 심판은, 인간이 생각하는 '권선징악'의 원리로만 작동하지 않습니다. 오히려 그 논리를 뛰어넘는 하나님의 지혜와 섭리가 있습니다. 그에 대한 대표적인 예로 등장하는 사람이 바로 '욥'입니다. 만약 하나님께서 언제나 '권선징악'의 원리로 죄지은 사람과 세상을 곧바로 심판하신다면 저와 여러분은 세상에서 살지 못할 것입니다. 그렇지 않습니까? 오히려 하나님께서 죄인까지도 참고 기다리시기 때문에 그나마 우리가 숨 쉴 공간이 있는 것입니다. 그래서 우리는 함부로 다른 사람을 평가하고 판단하는 일을 조심해야 합니다.

욥의 친구들이 욥을 찾아와서 '죄를 회개할 것'을 촉구했지만, 하나님께서는 욥이 당한 고난이 그가 범한 죄 때문이 아니었다고 말씀하셨습니다. 그러면서 욥의 친구들이 함부로 판단한 죄를 책망하며 번제를 드리라고 했습니다.

욥기 42:7-8, "여호와께서 욥에게 이 말씀을 하신 후에 여호와께서 데만 사람 엘리바스에게 이르시되 내가 너와 네 두 친구에게 노하나니 이는 너희가 나를 가리켜 말한 것이 내 종 욥의 말 같이 옳지 못함이니라 8. 그런즉 너희는 수소 일곱과 숫양 일곱을 가지고 내 종 욥에게 가서 너희를 위하여 번제를 드리라 내 종 욥이 너희를 위하여 기도할 것인즉 내가 그를 기쁘게 받으리니 너희가 우매한 만큼 너희에게 갚지 아니하리라 이는 너희가 나를 가리켜 말한 것이 내 종 욥의 말 같이 옳지 못함이라"

오늘 본문에서 확인하는 것처럼, 어떤 사람이 예상치 못한 불행한 일을 당했을 때 그 원인이 반드시 그 사람이 범한 죄 때문이 아닌 경우도 많습니다. 그것을 설명하는 또 다른 예가 '날 때부터 맹인이었던 사람'에게서 확인됩니다.

> 요한복음 9:1-3, "예수께서 길을 가실 때에 날 때부터 맹인 된 사람을 보신지라 2. 제자들이 물어 이르되 랍비여 이 사람이 맹인으로 난 것이 누구의 죄로 인함이니이까 자기니이까 그의 부모니이까 3. 예수께서 대답하시되 이 사람이나 그 부모의 죄로 인한 것이 아니라 그에게서 하나님이 하시는 일을 나타내고자 하심이라"

제자들은 권선징악의 원리를 따라 '날 때부터 맹인이었던 사람'은 누군가가 범한 죄의 결과물이라고 생각했습니다. 그래서 그 죄를 지은 사람이 본인이었는지, 그의 부모였는지 물은 것입니다. 예수님께서는 제자들의 물음에 대해서 "그에게서 하나님이 하시는 일을 나타내고자 하심이라." 이렇게 대답하셨습니다. 오늘 본문에 바울이 독사에게 물린 사건도, '하나님의 하시는 일'을 그곳에 있던 원주민들과 배에서 구조된 사람들에게 보여 주기 위해 생긴 것입니다. 원주민들은 바울이 살인과 같은 심각한 죄를 지었기 때문에, 바다에서 구조되고도 뱀에게 물려서 죽게 되었다고 생각했지만, 바울은 죽지 않았을 뿐만 아니라 오히려 멀쩡했기에 사람들은 그를 '신'이라고 생각했습니다[6].

우리는 하나님의 생각과 뜻을 모릅니다. 그분이 어떻게 일하시는지도 모릅니다. 그래서 함부로 단정 짓고, 쉽게 말하는 것을 늘 조심해야 합니다. 바울이 독사에 물린 사건은, 그가 사람들을 위해서 하나님께서 보내신 사자라는 것을, 배에 탔던 사람들뿐만 아니라 원주민에게도 알게 하는 표징이었습니다. 배에 탔던 사람들은 바울로 인해 음식도 먹고, 기력을 회복하여 파선된 배에서 내려 육지로 빠져나올 수 있었습니다. 만약 그들이 14일이 넘도록 아무 음식도 먹지 못한 상태로 그냥 있었다면, 배가 모래톱에 걸려서 가까운 거리에 육지가 있었더라도 나올 수 없었을 것입니다. 하지만 바울의 말을 듣고, 그가 나눠 주는 음식을 먹었기에 그나마 가까운 거리라도 헤엄쳐서 나올 수 있었던 것입니다. 그래서 본문에, 바울이 독사에 물린 것을 보며 원주민들이 서로 수군대며 말할 때, 배에서 내린 사람들은 바울에 대해서 아무 말도 하지 않은 것을 봅니다.

누가가 사도행전을 이렇게 기록한 것은, 바울이 독사에 물리고도 아무런 해도 받지 않은 사건이 원주민들에게 교훈을 주려고 쓴 것임을 알려 주는 말씀입니다. 7~9절에 보면, 그 섬에 가장 높은 '보블리오'라는 사람이 바울 일행을 영접하여 친절하게 대접해 줬고, 바울은 열병을 앓고 있는 그의 부친을 고쳐 줬다고 했습니다. 그뿐만 아니라 바울 일행이 그곳에 머무는 동안 여러 가지로 깍듯하게 그들을 대접했을 뿐 아니라, 떠날 때는 그들이 필요한 물건까지도 챙겨 주었습니다. 본문에는 '보블리오' 가정이 구원받았는지, 안 받았는지, 또는 그 섬에 사는 사람들이 구원받았는지에 관한 설명은 없습니다. 하지만 신약 성경의 기록을 보면, 그 가정뿐만 아니라 그 섬에 사는 사람들도 구원받았음을 짐작할 수 있습니다.

예수님께서 세상에 오셔서 사람들의 병을 고쳐 주고 귀신을 쫓아 주신 이유는, 단지 사람들이 겪고 있는 고통에서 해방을 주려고 고쳐 주신 것이 아닙니다. 사람이 지은 죄의 결과는 각종 병과 귀신에게 고통 받다가 결국 죽는 것입니다. 예수님께서는 그 원인이 되는 '죄'의 문제를 해결해 주려고 세상에 오셨습니다. 그래서 예수님이나 사도들에 의해 병 고침을 받고 귀신에게서 해방된 사람들은, 육체의 고통뿐만 아니라 '죄' 문제까지도 해결받고 구원받은 사람들입니다. 왜 그렇습니까? 예수님이 세상에 오신 이유가 바로 그것이기 때문입니다.

　　8, "보블리오의 부친이 열병과 이질에 걸려 누워 있거늘 바울이 들어가
　　　서 기도하고 그에게 안수하여 낫게 하매"

바울이 '기도와 안수'로 보블리오의 부친이 걸린 열병과 이질을 고쳐 주었습니다. 지난 시간에도 말씀드린 것처럼, '기도'란 "내 힘과 능력으로 할 수 없는 것을 하나님께 부탁하고 맡기는 것"입니다. 그래서 '기도'는, 행위를 하는 사람의 성실함이나 열심의 문제가 아니라, '그 일을 이루어 주시는 분의 능력'을 믿고 맡기는 것입니다. '안수' 역시 마찬가지입니다. 바울이 병자의 머리에 '안수'하면, 바울에게서 신비로운 능력이나 기운이 병자에게로 옮겨져서 그 사람이 낫는 것입니까? 아닙니다. '안수'란 하나님 앞에 제물을 드리는 엄숙한 '봉헌 의식'과 같은 것입니다.

구약 성도들이 제물을 가지고 제사장에게 왔을 때, 제사장은 그 사람의 죄를 제물로 가져온 짐승 위에 안수하고 하나님께 드림으로 죄를 용서받았습니다. 그래서 '안수' 역시, 그 행위를 한 제사장이 제물을 가

겨온 사람의 죄를 용서하는 것이 아니라, 그 제물을 받으시는 하나님께서 그의 죄를 용서하는 것입니다. '안수'는 제물을 가져온 사람의 죄가 제물로 바칠 짐승 위에 전가되었음을 표시하는 의식이지, '안수' 자체가 특별한 능력이 아니라는 것을 알아야 합니다. 그런데 오늘날 '안수'에 대해서 성경에 근거하지 않은 잘못된 인식을 하고 있는 성도들이 많습니다. 능력 있는 목사님이나 누군가로부터 '안수 기도'를 받으면, 하는 일이 잘되고 병도 낫고, 하여간 바라는 복을 받게 된다고 생각하는 것입니다.

성경에 '안수'함으로 어떤 일을 하게 되는 몇 가지 사례들이 있습니다. 첫째는, 앞서도 말씀드린 것처럼 '죄 용서'가 필요한 제물을 드릴 때입니다.

> 레위기 4:24, "그 숫염소의 머리에 안수하고 여호와 앞 번제물을 잡는 곳에서 잡을지니 이는 속죄제라"

둘째는, '안수'함으로 그 사람을 백성의 대표로 삼을 때입니다.

> 민수기 27:22-23, "모세가 여호와께서 자기에게 명령하신 대로 하여 여호수아를 데려다가 제사장 엘르아살과 온 회중 앞에 세우고 23. 그에게 안수하여 위탁하되 여호와께서 모세에게 명령하신 대로 하였더라"

셋째는, 복음 전하는 자로 세워 파송할 때입니다.

> 사도행전 13:2-3, "주를 섬겨 금식할 때에 성령이 이르시되 내가 불러

시키는 일을 위하여 바나바와 사울을 따로 세우라 하시니 3. 이에 금식하며 기도하고 두 사람에게 안수하여 보내니라"

넷째는, 초대 교회 당시에 처음 믿음을 가진 사람들이 자신이 구원받은 하나님의 백성임을 확인할 수 있는 표징으로, 안수받을 때 그들에게 성령이 임했습니다.

사도행전 8:16-17, "이는 아직 한 사람에게도 성령 내리신 일이 없고 오직 주 예수의 이름으로 세례만 받을 뿐이더라 17. 이에 두 사도가 그들에게 안수하매 성령을 받는지라"

이 외에 사도들이 '안수'해 주니까 안수받은 사람에게 신비로운 능력이 생겨서, 그들도 다른 사람에게 '안수'하면 성령이 임하는 그런 일은 없습니다. 오히려 사마리아 성의 시몬이라는 마술사가 베드로에게 돈을 주면서 자기도 그런 권능을 달라고 할 때, 베드로에게 큰 책망을 받고 쫓겨났습니다.

사도행전 8:18-22, "시몬이 사도들의 안수로 성령 받는 것을 보고 돈을 드려 19. 이르되 이 권능을 내게도 주어 누구든지 내가 안수하는 사람은 성령을 받게 하여 주소서 하니 20. 베드로가 이르되 네가 하나님의 선물을 돈 주고 살 줄로 생각하였으니 네 은과 네가 함께 망할지어다 21. 하나님 앞에서 네 마음이 바르지 못하니 이 도에는 네가 관계도 없고 분깃 될 것도 없느니라 22. 그러므로 너의 이 악함을 회개하고 주께 기도하라 혹 마음에 품은 것을 사하여 주시리라"

앞서 성경에서 '안수'함으로 어떤 일을 하게 되는 네 가지 사례들을 살펴봤습니다. 그 첫 번째 사례였던, 죄 사함을 위해 제물 위에 안수하는 것은, 예수님께서 이미 우리의 죄를 용서해 주셨기 때문에 지금은 필요하지 않은 '안수'입니다. 둘째와 셋째 사례는, 같은 의미이지만 구약과 신약으로 시대가 다른 것입니다. 지금은 목사나 장로, 선교사 등을 파송할 때 교단에서 '안수'하여 임명합니다.

오늘날 기독교회 내에서 가장 오해가 많은 것이 네 번째 사례입니다. 성경에 사도들이 안수할 때 그들에게 성령이 임하는 일이 기록되어 있습니다. 그래서 지금도 그와 같은 성령의 역사가 계속될 수 있다고 주장하는 것입니다. 하나님께서 하시는 일을 사람이 '그럴 수 있다, 없다' 이렇게 단정할 순 없습니다. 하지만 우리는 성경과 이천 년간 이어 온 교회의 역사와 그 안에서 가르쳐 온 선조들의 바른 신앙의 가르침에서 교훈을 얻어야 합니다. 이것이 전제되지 않고, 자기 혼자 또는 일부 사람만 공감하는 새로운 주장을 믿고 따르게 되면, 바른 신앙의 진리에서 벗어나게 될 수 있습니다.

그래서 바른 신앙을 가르치는 많은 목사와 교사(신학 교수)들이 경계했던 것이 '신비주의'입니다. 성경은 사람들에게 하나님 자신을 계시하시는 '신비한 기적들'로 가득한 책입니다. 하나님의 창조가 신비요, 노아의 홍수가 신비입니다. 하나님께서 이스라엘을 자기 백성으로 삼으신 것이 신비요, 애굽에서 그들을 구원하신 것도 신비입니다. 가장 큰 신비는, 사람들을 구원하기 위해 자기 아들을 세상에 보내신 것입니다. 이렇듯 기독교는 '하나님의 신비하신 역사' 위에 세워져 있습니다. 하지만 하나님께서 신비한 방법으로 자신의 일을 행하시는 것과 사람이 신비한 것을 추구하면서 하나님을 증명하려고 하는 것은 전혀 다른 일입니다.

  오늘날 성령 하나님의 이름으로 신비한 역사를 보이는 사람들이 하는 대표적인 행위 가운데 하나가 '안수'입니다. 우리가 성경의 증거들로 살펴보았지만, '안수'가 필요했던 네 가지 사례 중에서 목사나 장로 안수나 선교사 파송을 제외하면, 마지막 네 번째 사례뿐입니다. 하지만 복음이 처음 전해지던 사도들의 때와 동네마다 교회가 가득하고, 각종 방송과 인터넷, 출판 등으로 복음이 전해진 현재를 똑같이 적용할 순 없습니다. 초대 교회 당시에는 사람들이 예수가 누구신지, 구원받은 증거가 무엇인지 몰랐기 때문에 성령의 임하심을 통해서 구원받은 사람에게 직접적인 확신을 주었습니다. 무엇보다 당시에는 '성경'이 기록되던 때여서, 사람들이 인간을 구원하시려는 하나님의 뜻과 그것을 이루시는 하나님의 방법을 알지 못했습니다.

  하지만 지금은 하나님께서 '성경'을 통해서 자신의 모든 뜻과 방법을 가르쳐 주셨고, 성령께서 '기적'이라는 사건만이 아니라 우리 안에 '내주하심'도 배웠습니다. 이것이 대단히 중요합니다. 하나님께서 우리를 당신의 백성으로 택하시고 구원하시는 이유는, 사람을 창조하셨던 때와 같이 우리를 관계 속으로 부르신 것입니다. 그래서 예수님께서 최후의 만찬 이후에 제자들을 위해 기도하실 때도, 그리스도로 인해 우리도 하나님과 하나가 되고, 그 사랑을 알게 해 달라고 하셨습니다.

요한복음 17:22-24, "내게 주신 영광을 내가 그들에게 주었사오니 이는 우리가 하나가 된 것 같이 그들도 하나가 되게 하려 함이니이다 23. 곧 내가 그들 안에 있고 아버지께서 내 안에 계시어 그들로 온전함을 이루어 하나가 되게 하려 함은 아버지께서 나를 보내신 것과 또 나를 사랑하심 같이 그들도 사랑하신 것을 세상으로 알게 하려 함이로소이다 24. 아버지여 내게 주신 자도 나 있는 곳에 나와 함께 있어 아버지께서 창세 전부터 나를 사랑하시므로 내게 주신 나의 영광을 그들로 보게 하시기를 원하옵나이다"

여기에 '온전함을 이루어 하나가 됨', '사랑을 알게 함'이라는 표현이 나옵니다. 이것을 가장 잘 알 수 있는 관계가 '포도나무 비유'입니다(요 15:1-10). 이미 그리스도와 우리는 '포도나무와 가지'처럼 한 몸이 되었습니다. 그리고 성자 예수님과 성부 하나님, 그리고 성령 하나님은 한 분 하나님입니다. 우리 신앙이 '기적'이나 '신비'가 아니라 성경을 통해 가르쳐 주신 하나님의 말씀 위에 세워져야 하는 이유가 바로 이것입니다. 무당은 자기가 섬기는 신의 능력을 증명해 보이려고 맨발로 작두를 타고, 의뢰자의 죽은 조상의 영혼을 자기 몸에 끌어들여서 그 목소리를 흉내 내기도 합니다. 사울 왕도 신접한 여인을 통해 죽은 사무엘을 불러왔습니다(삼상 28:7-20). 그러면 신접한 여인이 불러온 사무엘은 정말 사무엘 제사장이었을까요? 예수님은 거지 나사로의 비유에서, 영혼을 구원하는 일이라도 '모세와 선지자'를 통해서 듣게 하시지 죽은 자를 다시 보내지 않는다고 했습니다(눅 16:19-31).

이와 같은 성경의 기록이 우리에게 가르쳐 주는 교훈이 무엇일까요? 말씀으로 천지를 창조하신 하나님께서는, 같은 능력의 말씀으로 우리를 부르시고, 믿음을 갖게 하시고, 하나님께 나오도록 하십니다.

> 누가복음 16:31, "이르되 모세와 선지자들에게 듣지 아니하면 비록 죽은 자 가운데서 살아나는 자가 있을지라도 권함을 받지 아니하리라 하였다 하시니라"

'모세'는, 모세를 통해 말씀하신 율법, 곧 성경을 뜻하는 말이고, '선지자'는, 하나님께서 구원하고자 하는 사람을 위해 보내신 '말씀 전하는 자'를 가리킵니다. 하나님께서는 '성경과 말씀 전하는 목사와 교사'를 통해 믿음을 얻게 하십니다. 세상에서도 신용이 좋고, 신뢰 관계가 충분한 사이에서는 약속만으로도 충분합니다. 하지만 사소한 부탁에도 담보가 필요하고 증거가 필요한 사람이라면, 그 두 사람의 관계는 서로 믿지 못할 사이라는 것은 경험칙으로 알 수 있습니다.

우리가 하나님의 존재와 우리에게 구원을 주시는 하나님의 뜻을 알고, 믿기 위해서 성령의 은사와 기적이 필요하다고 한다면, 그 관계는 어떤 관계일까요? 얼마나 하나님의 말씀이 못 미더웠으면 기적을 요구하고, 표징을 요구합니까? 그래서 기적을 보고 믿는 믿음은 좋은 믿음이 아니라 고약한 믿음입니다. 목사님이 '안수'해 주면 마음에 위로가 되고, 하는 일이 잘될 것 같은 기분이 듭니까? 다시 생각해 보시고 여러분의 믿음을 점검하시기 바랍니다. 성경만으로 충분하고, 초대 교회 때부터 지금까지 보내 주신 목사와 교사들을 통해 우리에게 가르쳐 준 바른 교리의 말씀만으로도 충분합니다. 말씀을 믿지 못하는 것은, 그 말씀을 주신 하나님을 믿지 못하는 것과 같습니다. 저와 여러분, 우리 하와이한빛장로교회가 바른 믿음의 터 위에 서기 원합니다.

사도행전 28:30~31

담대하게 거침없이 가르치더라

"바울이 온 이태를 자기 셋집에 머물면서 자기에게 오는 사람을 다 영접하고 31. 하나님의 나라를 전파하며 주 예수 그리스도에 관한 모든 것을 담대하게 거침없이 가르치더라"

사도행전은 우리의 기대와 달리 그 마지막이 조금 석연치 않게 끝이 납니다. 바울은 그가 책임 맡은 복음을 사람들에게 전하기 위하여, 특히 로마 황제를 만나기 위하여 죽을 각오를 하고 마지막 전도 여행을 시작했습니다. 잡힐 것도 알았고, 죽을지도 모르는 모든 위험을 무릅쓰고 예루살렘에 올라왔고, 붙잡혔고, 여러 번 죽을 뻔한 고비를 넘긴 후 드디어 로마에 도착한 것입니다. 하지만 지금까지의 그의 각오나 여태껏 일어났던 여러 위태로웠던 사건들에 비하자면, 끝이 아무것도 없이 끝나는 것 같은 느낌을 우리가 지울 수가 없습니다. 로마 황제를 만났다든가, 사람들을 복음으로 어떻게 항복을 시켰다든가, 그래서 로마에도 교회를 세웠다고 하는, 우리가 기대하는 전도의 결과물이 없습니다.

사도행전은 부활하신 예수님께서 "땅 끝까지 이르러 내 증인이 되리라"(행 1:8)라고 명령하신 후 하늘로 승천하시는 모습을 사람들이 목격한 것으로 시작됩니다. 오순절 성령 강림 사건이 있었고(행 2:1-3), 한번 전도에 삼천 명씩 세례를 받고 그리스도께로 돌아오는 역사도 있었습니다 (행 2:41). 다메섹으로 가는 길에 예수님을 만난 사울이 복음을 전하는 사도로 변화된 사건도 있었고, 병자를 고치고 귀신을 쫓아내며 죽은 자도 살린 기적들이 있었습니다.

그뿐이겠습니까? 로마로 오는 길에 바다에서 유라굴로라 하는 폭풍을 만나서 배가 파선하고, 간신히 육지로 올라와서는 독사에 물리는 사건도 있었습니다. 그로 인해 바울은 멜리데 섬의 원주민들로부터 살인자라는 오해도 받았습니다. 하지만 하나님께서는 바울을 통해 '보블리오'라 하는 그 섬의 가장 높은 사람의 가정과 그 섬의 사람들을 구원하기 원하셨고, 그렇게 그 섬을 구원했습니다. 그런데 정작 로마에 와서는 만 2년 동안 자기 셋집에 머물면서 자기를 찾아온 사람들에게 담대하고 거침없이 복음을 가르쳤다고 하면서 끝납니다. '자기 셋집에 머물렀다'[30]라는 말은, 바울이 자기를 지키는 한 군인과 함께 가택에 연금된 상태였음을 의미합니다.

> 16. "우리가 로마에 들어가니 바울에게는 자기를 지키는 한 군인과 함께 따로 있게 허락하더라"

성경학자들은 당시 바울을 재판하던 사람이, 유대의 베스도 총독과 바울을 호송했던 책임자 율리오가 작성한 긍정적인 보고서를 참고했을 것으로 추정합니다. 바울을 감옥에 감금하지 않고, 군인 한 사람만 지정해서 바울이 집에 머물면서 일상생활을 할 수 있도록 허락한 것은, 비교적 가벼운 처벌이었습니다. 당시 로마법은 구속된 사람에 대한 고소 만료 기간이 18개월이었다고 합니다. 그 기간 내에 고소한 사람은 정확한 증거를 내놓아야 했고, 만약 무고한 사람을 고소했다면 그에 대한 처벌 역시 무거웠다고 합니다. 바울이 2년 동안 연금된 상태로 지내야 했던 이유는, 바울을 고소한 유대인들이 그에 대한 정확한 증거를 내놓지 못했기에 무죄 판결로 석방된 것으로 보입니다.

바울이 감옥이 아니라 셋집에서 2년 동안 머물 수 있었던 것은, 빌립보교회가 바울을 위해 헌금을 보내 주었기 때문으로 보입니다(빌 4:18). 만약 집을 구할 형편이 못 되었다면, 바울은 로마 감옥에 갇혔을 것입니다. 하지만 바울이 셋집에 머물고 있었기에, 자기를 찾아온 사람들에게 복음을 가르칠 수 있었고, 그로 인해 로마에서는 복음이 안정적으로 전파될 수 있었습니다. 오늘 우리가 살펴보려고 하는 것은, 왜 하나님께서는 결과를 보여 주지 않고 끝내 버린 책이나 영화처럼 사도행전을 이렇게 기록하게 하셨는지에 관한 것입니다. 분명 바울은 로마 황제를 만나서 복음을 전하려는 목표가 있었고, 수많은 위험과 어려움을 극복하고 로마까지 왔음에도 그의 마지막은 너무나 허무해 보입니다. 폭풍을 견디고, 뱀의 독을 이긴 결과치고는 뭔가 큰 것 한방이 없기 때문입니다. 칼을 들었으면 두부라도 썰든지, 하다못해 양파 다지기라도 해야 하지 않겠습니까?

그런데 사도행전이 이렇게 끝나게 되는 데에는 하나님의 큰 뜻이 있습니다. 그것은 하나님께서 당신의 사자, 당신의 백성을 목표 달성을 위한 도구나 일회용 소모품 정도로 사용하지 않는다는 것입니다. 그런 면에서 기독교 신앙생활은 너무 평범하고 사소하다는 진리를 배우게 됩니다. 하나님께서는 "하나님 나라를 위하고, 하나님의 뜻을 이루는 큰일, 큰 사업, 큰 성공을 이루는 목적 달성"을 위해서 우리를 소모품처럼 사용하시지 않습니다. 오히려 너무나 사소하고 평범해서, 이까짓 것을 하나님께서 받으시겠나 싶은 일에 우리를 부르십니다. 그리고 그 평범한 것을 받으시고 더 기뻐하십니다.

우리는 그것을 천지를 지으신 하나님의 창조 원리에서 발견할 수 있습니다. 그 원리가 무엇이냐고 했을 때, 평범하지만 풍성하게 주시는 하나님의 은혜입니다. 사람들이 좋아하는 것은 언제나 특별한 것입니다. 희귀하고 비싼 것입니다. 가장 대표적인 것이 보석입니다. 구하기 어려운 명품일수록 비싸고, 한정판으로 만든 자동차나 하나밖에 없는 그림이 비싼 법입니다. 똑같이 땅을 파면 나오는 물이라도 검은색 물, 돈이 되는 석유를 더 좋아합니다.

남아공에서 선교할 때, 경유지였던 아랍에미리트에서 하룻밤 머문 적이 있습니다. 석유가 나오는 그 나라는, 그 나라 시민에게 생활비와 주택을 주고, 병원 치료비와 대학 학비 전액을 대 주는, 우리로서는 아주 부러운 나라였습니다. 물론 그 혜택은 그 나라 남자에게서 태어난 시민에게만 주는 혜택이었습니다. 하지만 그런 금전적인 혜택 말고는, 인간이 돈을 주고 조성한 곳이 아닌 다른 장소는 나라 전체가 모래사막뿐인 황폐한 나라였습니다. 땅을 팠을 때, 물이 나오는 땅과 석유가 나오는 땅 중에서 더 좋은 땅은, 당연히 물이 나오는 땅입니다. 인간의 욕심을 채우는 용도라면 석유가 필요하겠지만, 근본적인 생존 문제를 해결하는 데 있어서 석유는 필요 없습니다. 목마를 때 석유를 마실 수 없고, 석유를 넣고 밥을 지을 순 없기 때문입니다.

하나님께서는 가장 좋은 것은 모든 사람에게 골고루 나눠 주십니다. 해를 악인과 선인에게, 비를 의로운 자와 불의한 자에게 내려 주십니다 (마 5:45). 인간 생존에 필수적인 물과 공기가 많고 나무가 많습니다. 우리에게 주신 복음도, 그것이 너무나 귀하고, 복되고, 좋은 것이기에 누구든지 예수 이름을 믿는 자, 그 이름을 부르는 자에게 구원을 주신다고 하셨습니다. 그 구원의 은혜는 뭔가 특별한 공로를 세우거나, 비싼 값을 내야 얻을 수 있는 것이 아닙니다. 창조의 은혜처럼 모두가 받을 수 있고, 누릴 수 있는 은혜입니다.

인간이 좋아하는 것과 하나님께서 기뻐하시는 것은 이렇게 큰 차이가 있습니다. 인간은 자기 욕심을 채울 수 있는 자기만의 것을 좋아하지만, 하나님께서는 가장 좋은 것은 믿는 자나 믿지 않는 자나 모두에게 나눠 주십니다. 사도행전의 마지막이, 바울이 2년 동안 자기 셋집에 머물면서 담대하고 거침없이 복음을 가르쳤다고 기록하고 마무리되는 이유가 바로 이것입니다. '담대하고 거침이 없었다'고 하기에는 바울이 처한 상황 자체가 너무 초라하지 않습니까? 하지만 이 말은, 사람의 기준을 가진 우리가 보는 관점에서 초라할 뿐이지, 하나님의 관점에서 바울이 복음을 전하는 모습은 담대하고 거침이 없었던 것입니다.

성경을 읽으면서 우리가 이 '관점의 차이'를 정확하게 알아야 합니다. 우리가 좋아하는 것은 '남다르고 특별한 것'입니다. '공로가 될 만한 것'입니다. 그래서 바울이 독사에 물리고도 멀쩡한 것을 보면서 열광합니다. 루스드라에서 복음을 전할 때는 사람들이 바울에게 돌을 던져 죽인 후 사람들이 성문 밖에 버렸습니다. 하지만 죽은 줄 알았던 바울이 다시 살아나서, 성안으로 되돌아가 제자들을 만난 것을 보면서 가슴이 뜨거워집니다(행 14:19-20).

바울이 행한 수많은 기적은, 오늘날 그의 표적을 따르는 추종자들로 넘쳐납니다. 그 이유가 무엇입니까? '남다르고 특별하기 때문'입니다. 하지만 하나님께서 찾으시는 사람은 '남다르고 특별한 사람'이 아닙니다. 오히려 평범하게 자기의 일을 감당하면서 현실을 견디는 사람을 찾으십니다. 가장 대표적인 사람이 모세입니다. 모세는 이스라엘뿐만 아니라 세계 역사를 둘러봐도 손꼽히는 지도자입니다. 아무것도 없는 모래사막 광야에서 200만 민족을 이끌고 40년을 견뎌 냈다는 것만 봐도, 그의 리더십에 대해서는 재론의 여지가 없어 보입니다. 하지만 이런 외부의 평가와 달리 모세가 살아야 했던 실제 광야의 삶은 인내하고, 견뎌 내는 삶이었습니다.

민수기 12:3, "이 사람 모세는 온유함이 지면의 모든 사람보다 더하더라"

모세가 누구입니까? 애굽 왕 바로 앞에서 열 가지 재앙을 내리고 홍해를 갈라 자기 백성을 건너게 했고, 추격하던 바로의 군대는 홍해에서 다 죽었습니다. 손에 든 지팡이 하나로 반석에서 물을 내기도 했고, 아말렉과의 전쟁을 승리로 이끌었으며, 수많은 기적으로 하나님의 살아 계심을 백성들에게 증명해 보였습니다. 하나님께서 이스라엘 백성의 죄를 심판하겠노라고 하셨을 때는, 자기 이름을 생명책에서 빼더라도 용서해 달라고 기도했던 사람이 모세입니다(출 32:30-35).

하지만 이스라엘 백성들은 조그마한 건수만 있으면 모세를 원망했고, 차라리 애굽에서 살 때가 더 좋았다고 불평했으며, 돌을 들어 모세를 죽이려고 했습니다. 모세를 도와야 할 백성의 지휘관들이 당을 결성하여 모세를 대항할 때도, 하나님께서 결정할 때까지 그 수모를 고스란히 당했던 사람입니다(민 16장). 그 모든 것을 모세는 어떻게 감당했을까요? 성경은 그가 온유했다고 설명합니다. '온유'란 무엇입니까? 사전적 의미로는 "성격이 온화하고 부드러움"으로 되어 있는데, 성경에서 '온유'는 "하나님의 뜻에 맡김, 기다림, 급하지 않음"입니다.

> 로마서 12:2-3, "너희는 이 세대를 본받지 말고 오직 마음을 새롭게 함으로 변화를 받아 하나님의 선하시고 기뻐하시고 온전하신 뜻이 무엇인지 분별하도록 하라 3. 내게 주신 은혜로 말미암아 너희 각 사람에게 말하노니 마땅히 생각할 그 이상의 생각을 품지 말고 오직 하나님께서 각 사람에게 나누어 주신 믿음의 분량대로 지혜롭게 생각하라"

모세는 그 누구보다 성격이 급했고, 자기 뜻을 굽히지 않았던 사람입니다. 급한 성격으로 자기 백성을 학대하는 애굽 군인을 쳐서 죽였고, 하나님께서 부르실 때도 "보낼 만한 사람을 보내소서."라고 하며 거절했던 사람입니다(출 4:13). 그랬던 모세가 하나님의 뜻을 분별하기 시작했습니다. 우상 숭배를 한 이스라엘 백성들을 모두 죽이는 것이 하나님의 진심인지 분별한 것입니다. 물론 하나님께서는 길바닥의 돌들로도 당신의 백성을 만드실 수 있는 분입니다. 하지만 이스라엘 백성을 애굽에서 구원하신 이유는, 당신의 백성을 하나님께서 정하신 땅으로 인도하기 위함이었습니다. 그러니 모세는 자기 이름이 생명책에서 지워지더라도, 하나님께서 최초에 의도하셨던 뜻이 훼손되지 않도록 이스라엘 백성을 위해서 자기를 희생하려 한 것입니다.

> 출애굽기 32:30-32, "이튿날 모세가 백성에게 이르되 너희가 큰 죄를 범하였도다 내가 이제 여호와께로 올라가노니 혹 너희를 위하여 속죄가 될까 하노라 하고 31. 모세가 여호와께 다시 나아가 여짜오되 슬프도소이다 이 백성이 자기들을 위하여 금 신을 만들었사오니 큰 죄를 범하였나이다 32. 그러나 이제 그들의 죄를 사하시옵소서 그렇지 아니하시오면 원하건대 주께서 기록하신 책에서 내 이름을 지워 버려 주옵소서"

자신을 희생해서라도 백성을 구원하고자 했던 모세의 이 기도가, 예수님께서 붙잡히시던 밤에 겟세마네 동산에서 하신 기도와 비교되는 이유입니다. 하나님께서 보시는 것과 인간이 보는 것의 '관점의 차이'가 있다고 말씀드렸습니다. 인간이 중요하게 여기는 것은 '공로, 공헌, 성과, 성공, 유명해짐' 이런 것입니다. 그래서 신앙생활도 그런 면을 강화하는 쪽으로 하려고 합니다.

> 마태복음 7:22-23, "그날에 많은 사람이 나더러 이르되 주여 주여 우리가 주의 이름으로 선지자 노릇 하며 주의 이름으로 귀신을 쫓아내며 주의 이름으로 많은 권능을 행하지 아니하였나이까 하리니 23. 그때에 내가 그들에게 밝히 말하되 내가 너희를 도무지 알지 못하니 불법을 행하는 자들아 내게서 떠나가라 하리라"

"선지자 노릇을 하고, 주의 이름으로 귀신을 쫓아내고, 많은 권능을 행하는 것"은 오늘날 성도들도 많은 관심을 갖고 따라 하고 싶어 하는 은사들입니다. 하지만 예수님께서는 그들에게 "내가 너희를 도무지 알지 못한다."라고 했습니다. 그러면서 그들에게 덧붙인 말이 무엇입니까? '불법을 행하는 자들'입니다. 주의 이름으로 귀신도 쫓아내고, 권능도 많이 행했는데 왜 불법입니까? 주님께서 그들에게 그 일을 맡기지 않았기 때문입니다.

책임을 맡은 사람이 일하는 것과 그 업무와 관계없는 사람이 마치 자기에게 그 일과 관련된 권한이 있는 것처럼 일을 행사하는 것은 전혀 다른 일입니다. 그 일이 성공했냐, 실패했냐 하는 것은 판단과 평가의 기준이 아닙니다. 성공과 실패 여부에 상관없이 권한이 없는 사람이 그 일을 시도했다는 것 자체가 문제입니다. 왜 그렇습니까? 다른 사람의 이름을 사칭한 것이기 때문입니다. 예수님 시대에 왜 저런 사람들이 있었을까요? 그들도 예수님처럼 남달라 보이고, 특별해 보이길 원했기 때문입니다. 표면적으로는 그들이 예수님을 찾아와서 우리가 주의 이름으로 이러 저러한 일을 했다고 말했지만, 실제 그들이 하고 싶었던 말은 '우리나 너나 똑같다'입니다.

오늘날 개혁 교회가 '성령 운동'하는 사람들을 경계하는 이유가 이것 때문입니다. 성경과 교회 역사는 예수님의 열두 제자들이 활동하던 '사도 시대' 이후 '새로운 사도'를 인정하지 않습니다. 대신 성경의 가르침을 따라 목사와 교사, 장로와 집사를 세워 교회를 다스립니다. 하지만 '성령 운동'을 하는 사람들은 자기들이 '새로운 사도'라고 주장합니다. 그들은 자신들도 사도들의 때처럼 귀신을 쫓아내고, 성령이 임하게 하며, 신비한 은혜의 현상을 보여 줄 수 있다는 것을 그 이유로 보여 주기도 합니다. 하지만 예수님께서는, 너희가 귀신을 쫓아내고 많은 권능을 행하는 그 일을 실제로 할 수 있냐, 없느냐를 말하지 않았습니다. "내가 너희를 도무지 알지 못한다, 난 너희에게 그 일을 맡긴 적이 없다."입니다.

> 마태복음 7:24-27, "그러므로 누구든지 나의 이 말을 듣고 행하는 자는 그 집을 반석 위에 지은 지혜로운 사람 같으리니 25. 비가 내리고 창수가 나고 바람이 불어 그 집에 부딪치되 무너지지 아니하나니 이는 주추를 반석 위에 놓은 까닭이요 26. 나의 이 말을 듣고 행하지 아니하는 자는 그 집을 모래 위에 지은 어리석은 사람 같으리니 27. 비가 내리고 창수가 나고 바람이 불어 그 집에 부딪치매 무너져 그 무너짐이 심하니라"

"너희는 귀신을 쫓아낼 수 있냐, 많은 권능을 할 수 있냐."라는 것은 예수님께서 고려하는 사항이 아닙니다. 예수님께서 중요하게 보시는 것은 "내 말을 듣고 행하는지, 내 말과 상관없이 너희들이 원하는 것을 하고 있는지" 이것을 보십니다. 예수님께서 우리에게 하신 말은 무엇일까요?

> 갈라디아서 6:1, "형제들아 사람이 만일 무슨 범죄한 일이 드러나거든 신령한 너희는 온유한 심령으로 그러한 자를 바로잡고 네 자신을 돌아보아 너도 시험을 받을까 두려워하라"

"사람이 만일 무슨 범죄한 일이 드러났을 때", 선지자 노릇을 하는 사람은 어떻게 할까요? 자기가 마치 대단한 재판관이나 된 양 판단하고 평가할 것입니다. 앞서 모세의 예로 비교하자면, 모세가 십계명을 받으러 시내산에 올라갔을 때, 산 아래에 있던 백성들은 송아지 우상을 만들고 그것을 섬기면서 좋아했습니다. 하나님께서 패역한 이스라엘 백성들을 향해서 심판을 선포하실 때, 모세가 선지자 노릇을 하는 사람이었다면 장단을 맞추면서 다 죽이라고 했을 것입니다.

하지만 모세는 그렇게 하지 않았습니다. '온유한 심령으로' 하나님의 뜻을 분별한 후, 하나님께 그들이 범한 죄의 용서를 빌면서 자기를 희생하려 했습니다. '온유'라는 표현이 모세에게 적용되고, 예수님께 적용되는 이유가 이 때문입니다. 우리는 '온유'라는 말이 적합하지 않습니다. 대신 '예리하다', '공정하다' 이런 표현에 더 어울립니다. '공정하다'라고 하니까 정말로 '공명정대하다'를 생각하기 쉬운데, 실제로는 자기의 관점에서 '공정한 것'입니다. 상대편에서 보면 '많이 기운 것'이 되겠죠. 그래서 잘못된 것을 바로잡을 때도 내가 보는 관점에서 바로 잡으려고 합니다. 나는 손해 보는 것 하나 없이, 상대의 잘못을 '예리하고 공정하게 잘 지적해서' 고치려고 합니다.

그런데 온유한 모세와 예수님은 그렇게 하지 않으셨습니다. 먼저 자기 이름을 생명책에서 빼 달라고 했고, 먼저 십자가 위에서 피 흘리셨습니다. 자기가 먼저 희생한 후에, 잘못한 사람이 죄에서 돌아올 것을 촉구했습니다. 우리가 다른 사람의 잘못을 예리하게 지적해도, 그들이 돌아오지 않는 이유입니다.

> 디도서 3:2, "아무도 비방하지 말며 다투지 말며 관용하며 범사에 온유함을 모든 사람에게 나타낼 것을 기억하게 하라"

비방하고 다투는 방법으로는 그른 것을 옳은 쪽으로 바꿀 수 없습니다. '관용하라'고 했습니다. 너그럽게 대하는 것입니다. 무엇에 대해서요? 하나님께서 죄인인 우리에게 너그럽게 대해 주셨습니다. 기다려 주신 것입니다. 보통 가정에서 보면, 엄마 아빠보다는 할아버지 할머니가 더 너그럽습니다. 왜 그렇습니까? 오래 살아 보니까 정답과 오답처럼 보이던 것이 별 차이가 없더라는 것을 깨닫게 되기 때문입니다. 엄마 아빠는 자기 아이가 잘못하는 것이 팝콘 튀는 것처럼 눈에 확확 들어옵니다. 그래서 그것을 지적해서 잘못하는 것을 똑바로 잡아 주려고 합니다. 그런데 그걸 옆에서 보던 할아버지 할머니는 이렇게 한마디 하죠. "넌 더했다."

잘못을 비방하거나 다투는 방법이 아니라 조금 더 너그러운 방법으로, 앞서 예수님과 모세가 보였던 '온유'의 방법으로 먼저 본을 보여 주는 것입니다. 지금 이 말은, 아이들이 어떤 잘못을 했든지 봐주고 넘어가라는 말이 아닙니다. 모세가 자기 백성을 책임지고, 예수님께서 자기에게 맡겨진 영혼들을 끝까지 책임졌던, 그 책임을 면하려는 이유로 비방이나 다툼을 사용하지 말라는 것입니다. 다른 사람의 잘못을 바로잡겠다고 하면서 화가 나는 이유가 무엇입니까? 너의 잘못된 행동이 내 책임이 아니라는 것을 증명하려고 하니까 화가 나는 것입니다. 그래서 마지막에 늘 하는 말이 있죠. "저게 누굴 닮아서 저러는 건지." 하지만 예수님은 마귀를 비방하거나 그와 다투는 방법으로 우리를 구원하지 않았습니다. 오히려 우리의 죄를 혼자 뒤집어쓰고 십자가 위에서 죽는 방법으로 구원했습니다. 옳은 것을 옳다고 말하기는 쉽습니다. 하지만 옳은 것을 옳게 만들기는 어렵습니다. 그것은 시간이 필요하고, 인내가 필요하고, 관용이 필요하기 때문입니다.

바울이 만 2년간 자기 셋집에 머물면서 자기를 찾아온 사람들에게, 담대하고 거침없이 복음을 가르쳤다는 내용을 확인하고 있습니다. 그가 담대하고 거침없이 가르쳤던 복음의 진수가 그의 서신서에 나와 있습니다. 그 서신서들에서 강조하는 것이 무엇입니까? 귀신을 쫓아내고, 많은 권능을 행하라는 것입니까? "성령 안에서 기도하고 서로를 위해 기도하라."입니다. 왜 기도해야 합니까? 견디고 참아야 하니까 기도하는 것입니다.

한국에 있을 때 경영하던 어린이집 정원 중앙에 오래된 감나무가 있었습니다. 마치 하와이의 나무처럼 사방으로 뻗은 가지와 잎으로 정원 전체에 그늘이 지는 큰 나무였습니다. 그런데 그 감나무가 진짜 멋있을 때는 잎이 무성할 때가 아닙니다. 가을에 잎이 다 떨어지고, 빨간 홍시가 앙상한 가지마다 가득 달렸을 때입니다. 잎이 무성하고 꽃이 폈던 것은, 그 빨간 홍시를 만들어 내기 위해서였습니다. 나뭇잎이 무성할 때의 감은 홍시가 아니라 너무 떫어서 먹지 못할 감입니다. 하지만 찬 서리에 나뭇잎이 다 떨어지고 나면, 살짝만 건드려도 터질 만큼 잘 익은 홍시가 됩니다.

우리의 신앙생활도 그와 같습니다. 찬 서리를 견뎌 내고, 속상함을 이겨 내고, 온유함으로 누군가의 잘못을 감싸 안는 그 과정에서 잎사귀가 떨어질 것입니다. 사람마다 다르겠지만, 그 잎사귀는 자기를 지탱해 오던 가장 중요한 것들이요, 마치 자기 정체성과 같은 것일지도 모릅니다. 로마에 오기 전까지 바울의 정체성은 무엇이었습니까? 황제를 만나서 복음을 전하겠다는 남다른 목표였습니다. 유대인들에게 매를 맞고, 가이사랴 감옥에 갇히고, 바다 폭풍에 사경을 헤매고, 독사에 물렸어도 이겨 냈던, 신이라 칭송받던 사람이었습니다(행 14:12, 28:6).

하지만 하나님께서는 그런 바울을 2년간 셋집에 발을 묶어 놓고, 그를 찾아오는 사람들에게 복음을 전하도록 하시면서 신앙생활의 모델을 가르쳐 주셨습니다. 결국, 신앙생활은 무엇입니까? 앞서 하나님께서는 가장 좋은 것은 모든 사람에게 풍성하게 주신다고 말씀드렸습니다. 우리 신앙생활은, 하나님께서 우리에게 주신 지지고 볶는 삶의 일상에서 주신 말씀에 순종하는 것입니다. 남편을 견디고, 아내를 견디고, 자식 새끼들을 참고 인내하면서, 온유를 배우고 십자가를 배우는 것이 바로 신앙생활입니다. 그것이 쉽지 않으니까 기도할 수밖에 없고, 성령을 의지할 수밖에 없는 것입니다.

사도행전에 많은 기적이 소개되어 있고, 성령께서 임하시더라는 말씀이 있으니까 복음 역사는 기적과 능력의 역사라고 생각하기 쉽습니다. 그게 아니라는 것을 보여 주기 위해 사도행전의 결론이 저렇게 허무하게 끝납니다. 실제 초대 교회는, 사도행전에 기록되지 않은 성도들의 순종 위에 세워졌습니다. 박해를 피해 지하 무덤으로 숨어 들어가서, 그곳에서 온유를 배우고, 관용을 배우고, 서로를 위하면서 교회를 세우는 법을 배웠던 성도들로 인해 세워졌습니다. 오늘날의 교회도 성도들의 실제 삶 위에 세워지고 이어질 것입니다.

하나님께서 바울을 복음 전하는 자로 특별히 세우셔서 당신의 일을 맡겼습니다. 바울은 일생을 고난과 핍박 속에서 살았고, 순교로 그의 생을 마쳤습니다. 하지만 하나님께서 모든 성도에게 바울과 같은 삶을 명하지는 않으십니다. 오히려 창조의 원리와 같이 가장 좋은 것을 모든 사람에게 은혜로 주시면서, 그 안에서 하나님을 예배하고 기뻐하며, 감사하게 하십니다. 저와 여러분이 평범하게 부름을 받았다는 사실에 감사하기 바랍니다. 그리고 그 평범함 속에서 "마땅히 생각할 그 이상의 생각을 품지 말고 하나님께서 나누어 주신 믿음의 분량대로 지혜롭게"(롬 12:3) 신앙생활 하기 바랍니다.